Creative Arts Therapies Approaches in Adoption and Foster Care

입양과 위탁 양육을 위한

창조적 미술치료

Donna J. Betts 편저 | 최선남 · 이혜선 · 이민정 · 이은주 · 최은우 공역

학지사

역자 서문

미술치료를 처음 접했을 때 나는 그 신선함에 감탄했고, 내담자의 삶을 이미지로 만났을 때는 믿을 수 없을 정도의 놀라운 경험도 하였다. 미술치료실에서 내담자를 만나 온 지 20년의 시간이 지난 현재는 미술치료의 핵심이 사람, 즉 내담자에게 있다는 것을 진심으로 이해하게 되었다.

이 책을 함께 번역한 미술치료사들은 미술치료에서 사람이 중요하다는 것을 절실하게 깨달은 시점에 『Creative Arts Therapies Approaches in Adoption and Foster Care(입양과 위탁 양육을 위한 창조적 미술치료)』라는 책을 접하게 되었다. 이 책을 읽으면서 미술치료사들은 내담자들이 표현한 그림, 시, 음악, 드라마, 놀이, 모래상자에 빠져들게 되었고, 그 어느 하나 소중하지 않은 것이 없었다.

『입양과 위탁 양육을 위한 창조적 미술치료』는 입양과 위탁 양육을 하는 실천가만을 위한 것이 아니라 미술치료사, 예술치료사, 어린이, 청소년 그리고 가족과 함께하는 치료사에게 유용한 창조적 미술치료를 소개하고 있다.

번역자들은 처음에 이 책의 제목을 '감동을 전하는 미술치료 이야기'로 결정했었다. 치료의 단계에서 때로는 내담자와 함께 숨을 쉬고, 때로는 호흡을 멈추며, 내담자의 삶을 공유하는 과정들이 우리의 마음에 와닿았기 때문이다. 그러나 결국 마지막 교정의 단계에서 원서의 제목을 이 책에 그대로 반영하여 '입양과 위탁 양육을 위한 창조적 미술치료'로 결정하였다. 감동을 뛰어넘어 입양과 위탁 양육이라는 제목 그 이상을 독자가 이해하기를 바라는 마음에서였다.

이 책이 미술치료사와 내담자가 함께하는 과정에서 모두에게 서로의 창조성을 교류하고 만날 수 있게 하는 길이 되기를 기대하며, 이를 통해 미술치료의 가능성이 더 넓어지게 되고, 치료실에서 치료사와 내담자가 온전히 함께할 수 있는 창조적 과정이 일어날 수 있기를 바란다.

마지막으로, 좋은 책이 세상에 나와 많은 치료사에게 울림을 주기를 바라는 학지사 김진환 사장님께 감사드린다. 그리고 학지사의 편집부 이영봉 님에게도 고마움을 전한다.

2021년 1월

역자 일동

추천사

비밀스러움, 부끄러움 등 입양에 관한 고정관념과 편견은 입양에 부정적인 영향을 미쳤다. 그러나 더 중요한 것은 입양이라는 제도에 의해 삶에 영향을 받는 사람이 많다는 것이며, 입양이 사실상 삶의 어떤 측면에서 어쩔 수 없는 차선이 아니라는 것을 우리 사회가 알고 있다는 점이다. 그럼에도 여전히 우리는 입양이 두 번째 선택이기 때문에 가족을 형성하는 열등한 방법이어야 한다는 개념을 강화시켜 왔다. 우리는 종종 친부모를 열등한 존재로 만들고("어떤 여성이 자신의 혈육을 포기하겠는가?"), 입양 부모를 감수성 있는 존재로 만든다("당신이 아이를 갖지 못하게 되어 유감입니다."). 그리고 최악의 경우, 모욕적으로 묘사하는 '입양아'라는 단어를 사용하면서("너는 입양아야!") 무고한 아이들을 문제아나 범법자로 간주한다. 이러한 인위적인 상황에 분리, 상실, 손상된 정체성 형성 그리고 입양의 실질적인 문제를 추가하면 입양가족 구성원(특히 모든 연령대의 입양아뿐만 아니라 양부모와 친부모)이 임상 진행 과정에서 지나치게 과장되어 있다는 것을 쉽게 이해할 수 있다.

입양이라는 과정은 그 지역사회로부터 보살핌을 제공받지 못하고 있으며, 입양 관련 문제를 다루는 다수의 정신건강전문가는 입양아에 대한 잘못된 고정관념을 진실이라고 믿고 있다. 그것은 (의도치 않게) 수많은 입양아 및 이와 관련된 사람을 병리화시킨다. 그리고 너무 많은 이론과 치료법이 공식적인 훈련이 아닌 독단적·개인적 또는 대표적이지 않은 경험을 통해 만들어지고 시행되고 있다. 이 논의의 목적과 관련하여 가장 명백한 점은 입양이라는 것이 비밀스럽게 이루어지기 때문에 수많은 정신건강전문가가 정확한 정보를 축적시킬 수 없거나 자신의 전문이론을 기반으로 할 수 있는 견고한 치료 모델이 부족하다는 것이다.

이러한 배경을 바탕으로 입양 및 위탁 양육에서 창조적인 미술치료적 접근법이 중요한 이유는 두 가지이다. 첫째, 창조적 미술치료의 접근이 무엇보다도 매우 유용한 도구가 될 수 있다는 것이다. 이 책에 소개된 사례들은 임상치료사가 치료에서 가장 중요하게 생각하는 문제를 이해하는 데 도움을 준다. 제시된 사례들은 독자에게 개별 사례의 제한된 정보가 아닌 통찰력과 상황을 파악할 수 있게 하고, 입양 및 위탁과 관련된 문제를 생각하고 다루는 새로운 방법을 제공한다. 둘째, 단순하면서도 복합적이다. 입양은 수 세기에 걸쳐 이루어졌으며, 그 수는 현재 미국의 직계 가족 중 약 8천만 명에서 1억 명에 이른다. 그러나 (감사하게도 수치스럽고 비밀스러운 안개로 덮여 있던 것이 마침내 밝혀지고 있다) 상대적으로 이 주제에 대한 연구가 많지 않았고, 관련 서적의 출간도 적었다. 그래서 나는 우리에게 『입양과 위탁 양육을 위한 창조적 미술치료(Creative Arts Therapies Approaches in Adoption and Foster Care)』를 전해 준 Donna J. Betts에게 감사하다. 그 이유는 (수많은 실질적 기여 외에도) 우리 연구가 얼마나 진전되어 왔는지를 보여 주고 입양 및 위탁 양육이 마땅히 받아야 할 관심에 대한 시발점이 되었기 때문이다.

나는 이 책이 임상가와 내담자(입양아 및 그 관련자)에게 큰 도움이 될 것이라 생각하며, 독자들이 책에서 강조한 사례와 제목에서 결점을 찾지 않게 되기를 바란다. 이 책을 통해 모든 입양 및 위탁 양육에 치료가 필요하다는 메시지를 전달할 의도는 없다. 예를 들어, 입양이 본질적으로 문제가 있거나 입양인의 특정한 부정적 행동이 내재될 수 있다고 유추하는 것은 입양과 관련된 모든 기반을 약화시킬 것이다. 여기에 포함된 사례연구는 실제로 중요한 교훈을 전달하지만, 의도적인 선정 과정의 결과이므로 위탁 시설에서 입양되어 잘 자라고 있는 아이들에 관한 이야기로 가득 찬 책보다 더 보편적인 진실을 보여 주는 것은 아니다.

비(非)전통적 가족 구성원은 자신의 삶에서 보다 복잡한 문제를 다루어야 하며, 여기에는 종종 전문적인 지원이 필요한 문제가 포함되거나 선행된다. 이는 양부모, 이혼 부모, 미혼모, 동성 부모, 조부모, 다른 인종이나 종교를 가진 부모 등을 포함한 가족의 경우에 해당한다. 이러한 가족 구성원들은 임상 진행과정에서 과장되거나 불완전한 상태로 묘사된다. 우리는 이러한 사람들을 병리화하는 것이 공정하거나 건설적이지 않다는 것을 배웠다(또한 여전히 배우고 있다). 왜냐하면 이는 별개의 문제이며 자신의 규범적인 패턴과 행동에 의해 정의되기 때문이다. 우리가 그 편견을 입양에 서서히 적용해 왔다는 것은 놀라운 일이 아니며, 균형감의 부족은 불완전한 치료 결과와 이론을 야기할 수 있다.

쉬운 예로 입양에 대해 매우 긍정적인 견해를 가진 임상전문가 및 입양가족을 직접 치료한 임상전문가를 포함하여 지난 몇 년간 인터뷰한 대다수의 정신건강전문가들은 임상 진행과정에서의 입양아가 과장되어 있다고 언급한다. 그리고 그들은 반증이 없는 한 아마도 (필연적으로) 입양 그 자체가 잘못되었다는 것을 주된 증거로 인용할 것이다. 그러나 명확한 데이터(논쟁의 여지가 없는 명백한 사실)의 부족에도 불구하고 과장의 전제가 사실이라고 가정한다면, 이 현상에 대한 다양한 설명이 있다. 예를 들어, 일부 부모와 임상전문가는 입양아가 일반 가정에서 태어난 자녀의 경우와 크게 다를 수 있는 규범적 발달 단계를 거친다는 것을 알지 못한다. 한편, 부모는 아이들이 입양된 사실로 인해 같은 반 친구들로부터 놀림을 받거나 입양 사실에 무관심한 선생님으로부터 과제를 받고 한 행동들의 이유를 살피지 않는다. 또한 부모가 자녀의 가계, 가족력 또는 생물학적 부모의 행동 배경에 대해 거의 알지 못하기 때문에 도움을 구하는 순간 그들은 단지 '나도 어렸을 때 그랬어. 곧 괜찮아질 거야.'라는 생각만 할 수도 있다. 게다가 입양을 하기 위해서는 상당한 비용이 들기 때문에 국내 또는 해외로부터 아이를 입양한 사람들은 일반인에 비해 더 부유하고 고학력자인 경향이 있다. 그 결과, 자신과 가족 구성원을 위해 정신건강서비스를 쉽게 찾고 잘 받아들이는 경향이 있다.

즉, 입양 관련 문제로 진단받은 일부는 실제로 특정 상황에서 '정상적으로' 행동하고 있거나, 관련이 없는 질환으로 고통받고 있다. 그 반대의 경우도 마찬가지이다. 불임 때문에 입양을 선택한 아버지는 딸과의 언쟁으로 인해 상담을 받으러 왔음에도 불구하고 입양에 대한 무의식적인 분노에 대해 치료받아야 할 수도 있다. 예를 들어, 대학 진학으로 집을 떠난 아이 때문에 우울증으로 도움을 요청한 여성은 임상전문가가 이미 자신의 과거를 알고 있을 것이라고 여기면서, 수십 년 전 그녀가 첫 아기를 포기한 후의 슬픔에 대한 상담을 요구할지도 모른다.

임상전문가가 입양아 및 다른 입양가족 구성원들에게서 확인하는 문제들이 가공의 것이거나 생각보다 덜 심각해 보인다는 것은 아니다. 우리는 위탁 양육의 경우 친부모와 이별하여 한 가정에서 다른 가정으로 옮겨진 아이가 어느 정도의 정서적 · 심리적 또는 발달상의 상처로부터 벗어날 수 없음을 알고 있다. 그러나 개인적인 문제와 그 치료법은 전문가의 불충분한 정보나 잘못된 시각을 통해 평가되어 처음 나타나는 것과는 다를 수 있다. 분명한 것은 치료는 진단을 내렸을 때 가장 효과적이라는 것이다. 유감스럽게도, 입양에 대한 전례 없는 관심과 애착이 있음에도 불구하고 오랜 미신으로 인해 선생님부터 사회사업가, 의료 전문가 등에 이르기까지 사람을 돕는 직업을 가진 많은 미국인이 그들의 목표를 분명히 보지 못했다. 『입양과 위탁 양육을 위한 창조적 미술치료』와 앞으로 이어질 다른 책들은 입양 및 위탁 양육 문제를 직설적으로, 정직하게 그리고 완전히 새로운 발상을 통해 다룸으로써 현실을 변화시키는 데 도움이 될 것으로 기대한다. 수십 년 동안 사람들이 속닥거리는 것 이상으로는 이 문제에 관해 좀처럼 이야기하지 않을 때 새로운 아이디어를 도출해 낸다는 것은 어려운 일이다. 이 책의 출판은 새로운 시대의 도래를 알린다.

ADAM PERTMAN, EXECUTIVE DIRECTOR

Evan B. Donaldson Adoption Institute

Author: Adoption Nation

www.adoptionnation.com

편저자 서문

미술, 춤/운동, 드라마, 음악, 시 및 치유 과정의 일부로서 심리극을 포함하는 창조적 미술치료는 입양 및 위탁 양육과 관련된 내담자들을 상담하는 데 있어 효과적인 접근법이다. 창조적 미술치료 서비스는 학교, 병원, 지역정신건강센터, 치료 시설 및 개인 클리닉을 포함한 다양한 곳에서 가족 및 개인에게 제공된다. 가족이나 개인이 적극적으로 상담 서비스를 찾거나 치료를 추천받을 수도 있다. 예를 들어, 가족은 입양된 자녀가 입양 사실을 알게 된 것과 관련하여 미술치료가 적절한 방식이라고 생각할 수 있다. 또는 7세에 입양되어 친부모를 잃게 된 것을 슬퍼하는 입양된 자녀는 드라마치료 모임에서 자신의 감정을 해소할 기회를 가질 수 있다. 학교에 다니는 위탁 아동은 개별 음악치료 세션에서 위안을 찾을 수 있다. 또는 아기를 포기한 후 깊은 슬픔에 잠긴 생모는 시 치료 모임의 도움을 받아 상실감을 해소할 수 있다.

이 책은 입양과 위탁 양육에서의 창조적 미술치료 접근법의 관점을 제시한다. 창조적 미술치료사에게 이 책이 특히 관련성이 있다고 생각하지만, 사회복지, 상담, 심리학, 정신과, 간호학, 교육 및 관련 직업 분야의 사람들을 포함하여 광범위한 임상전문가에게도 이 접근법을 소개하려고 한다. 각 장에서는 입양 및 위탁 양육에서 창조적 미술치료 접근법의 발달과 최신의 적용법에 대해 언급한다.

각 장은 다양한 임상 환경에서 적용될 수 있는 창조적 미술치료 및 현재의 임상과정에서 나타나는 다양한 아이디어를 반영한다. 제1부(1~7장)는 입양에 초점을 맞추고 있다. 심리 역학, 애착, 사회적 역할, 가족 체계, 스트레스와 대처, 대상 관계,

외상, 인지 행동 및 생물학적 관점을 포함한 입양 적응에 관한 이론적 관점을 제시한다. 신뢰, 애착, 포기, 거절, 자존감, 정체성 통합, 슬픔 및 상실과 같은 다양한 심리 구조에 대해 탐구한다. 또한 해외 및 타 인종 간의 입양을 포함한 특정 입양 인구의 입양 형태를 보여 주며, 개인, 그룹 및 가족 치료의 형식을 요약하고 있다. 미술, 드라마, 음악, 놀이 및 모래상자 치료를 포함한 치료에 관한 접근은 주로 사례연구 방식으로 제시된다. 어떤 경우에는 진단 및 평가에 대해 논의한다.

제2부(8~12장)는 위탁 양육에 대한 탐구에 중점을 두고 있다. 사회 시스템에서 창조적 미술치료사의 역할과 애착 및 위탁 양육 연구, 즉 자존감, 경계, 죄책감, 수치심, 상실, 모호함, 공격성, 분열, 거절, 외상과 같은 문제와 학대 및 방치, 회복력, 그리고 행동 및 정서적 교란에 대한 주제 등을 다루고 있다. 이 부분에서 논의된 사례의 매체는 드라마치료법, 관객 참여형 연극 및 위탁 가정 치료에 대한 창조적 미술 접근법의 활용을 포함하여 개별치료 세션뿐만 아니라 다양한 치료 및 교육에서 수집한 것이다.

마지막으로, 제3부(13~16장)는 여러 문화와 인종에 걸쳐 있는 문제를 탐구하는 데 초점을 두고 있다. 점차 다른 나라와 다른 배경 아이들의 입양과 위탁 양육이 대중화됨에 따라 이 주제는 많은 창조적 미술치료사의 작업에서 특히 중요하다.

해당 분야에서 출판된 책이 거의 없기에 이 책의 저자는 그 필요성에 대해 정의하고 많은 실무자가 유용하다고 생각할 만한 작업들을 한데 모았다. 이 프로젝트에 참여한 각 저자는 입양 및 위탁 양육을 받는 사람들과 함께 일하면서 창조적 미술치료법 적용에 대한 관심이 증대되는 것을 환영한다. 이 책이 창조적 미술치료를 접해 보지 못한 독자들에게는 해당 주제에 관한 아이디어 및 실질적 정보에 대한 수요를 충족시키는 데 도움이 되기를 바란다.

Donna J. Betts

서론

입양 및 위탁 양육은 거주지 배정의 영구성 측면에서 서로 다른 사회 시스템이지만 부모 및 보호자의 상실과 같은 문제에서 유사점을 공유한다. 미국 아동청소년정신의학회(American Academy of Child and Adolescent Psychiatry: AACAP, 1999)에 따르면 매년 약 12만 명의 아이들이 미국으로 입양된다. 최근 수십 년 동안 미국 내 입양 가능한 아동의 수는 줄어들었지만, 국내외의 많은 아이들은 여전히 가정이 필요하다.

몇몇 연구에 따르면, 입양아는 정신건강치료 환경의 외래 및 입원환자로서 과장되어 있다(Wierzbicki, 1993; Brodzinsky et al., 1998). 그러나 이는 일부의 양부모 및 전문가의 소개 및 반응 편향 때문일 수 있다(Brodzinsky et al., 1998). 나아가 입양된 아이들 중 일부가 행동 또는 정서적 발달에 대한 어려움을 겪을 수 있으나, 이는 입양과 관련된 문제에서 기인한 것일 수도 있고 아닐 수도 있다(AACAP, 1999).

AACAP는 위탁 양육을 부모 이외의 사람이 아이를 상시 또는 임시로 돌보는 것이라고 정의한다. 이러한 형태의 대안 양육은 친부모가 그들을 돌보지 못하는 아이들에게 도움을 주는 가정환경을 제공하기 위한 것이다(AACAP, 1998).

위탁 양육의 거주지 배정은 지난 10년 동안 극적으로 증가하여, 미국에 거주하는 50만 명이 넘는 아이들이 위탁 양육 서비스를 받고 있다. 그러나 그 수가 증가함에도 불구하고 위탁 양육 대상 아이들과 양부모가 지역사회에서는 거의 '보이지 않으며' 필요한 지원 및 자원은 종종 부족하다(AACAP, 1998).

자라 온 가정에서 벗어나 위탁 양육되는 것은 힘들고 스트레스를 받는 경험이다.

대다수의 위탁 아동은 심각한 학대 또는 방치의 형태로 고통받아 왔다. 또한 위탁 양육 아동들의 약 30%는 심각한 정서, 행동 및 발달 장애가 있고, 일반적으로 신체의 건강 문제도 나타난다(AACAP, 1998).

지난 10년 동안 친척 보호자('친족' 위탁 양육)의 수가 증가했지만 비(非)친족 위탁 양육, 즉 생물학적으로 아이와 관련이 없는 가정 부모의 수는 감소했다(AACAP, 1998). 그 결과, 많은 수의 아이들이 보호 시설에 남아 있게 되었다.

이 취약 계층과 상담할 때는 몇 가지 사항을 염두에 두는 것이 중요하다. Brodzinsky(1998)는 입양 문제가 임상전문가의 이론적인 지향에 관계없이 치료 과정에서 모호하고, 아이들에 의해 쉽게 표현되지 않았다고 주장했다. 치료사는 입양된 개인의 정신 내적인 면과 대인관계에서 나타나는 고유한 임상 주제에 보다 익숙해져야 하고, 입양에 특화된 문제를 대상으로 하는 전략, 평가 및 치료 기법의 레퍼토리를 확장해야 한다. 창조적 미술치료 평가 및 치료 기법은 전통적인 접근법의 성공적인 대안이다.

입양아 치료를 위한 효과적인 방법에는 라이프북, 연대기 그리기, 치료 의식, 일기쓰기, 글쓰기 역할 놀이 등이 포함되어 있다(Brodzinsky, 1998). 이러한 기법은 창조적 미술치료사의 작업에 통합될 수 있다. 예를 들어, Robertson(2001)은 Brodzinsky의 라이프북을 이용한 입양아와의 접근 방식을 채택하고 입양 문제를 해결하기 위한 예술 기반 전략을 고안했다. 라이프북은 입양아가 모아 놓은 문제와 가정한 것들을 파악하여 장기적인 구조와 관점을 제시할 수 있다. 이는 입양아가 삶의 시나리오와 상황을 상상해 보고 이야기를 전할 수 있도록 이미지를 만드는 방식으로 이루어진다. 이 과정은 입양된 내담자가 자신의 경험을 더 많이 받아들이도록 도울 수 있다. Brodzinsky가 제안한 방법을 시행하는 것 외에도, 창조적 미술치료사는 입양아와 함께 작업하기 위한 다른 전략을 마련해 왔는데 그 혁신적인 기법은 이 책에서 다루어진다.

창조적 미술치료사들은 입양 아동과 함께 작업한 것에 대해 거의 발표하지 않았다. 일부는 학회에서 그들이 발견한 내용을 발표했다. 최근 몇 년 동안, Klorer(2000)

는「채워지지 않는 배고픔: 위탁 양육에서 아이들의 애착 딜레마」라는 제목의 논문을, Laing(2000)은「특별한 욕구가 있는 아이들의 영속적 문제에 음악치료법 적용」이라는 연구를 발표했다. Layman(2000)은「미국에서의 위탁 양육 동향: 음악치료사에 대한 파급 효과」를 발표했다. 그리고 Betts(1999)는「입양과 예술치료: MARI® 카드 테스트©의 결과를 탐구하는 예비 연구」라는 포스터 세션을 발표했다. 이 프레젠테이션은 입양 및 위탁 양육을 전문으로 하는 창조적 미술치료사가 수행한 작업 샘플이다. 이 주제에 관해 출판된 또는 미출판된 작업 목록은 다음의 참고문헌에 제공되어 있다. 이 주제에 대해 발표된 자료가 부족하고 입양 및 위탁 양육에서 창조적 미술치료 접근법에 대한 정보가 분명히 필요하다는 점을 감안할 때, 이 책의 출간은 시기적절하고 환영받을 만하다.

참고문헌

American Academy of Child and Adolescent Psychiatry. (1998). Foster care [Fact Sheet]. Washington, DC: Author.

American Academy of Child and Adolescent Psychiatry. (1999). The adopted child [Fact Sheet]. Washington, DC: Author.

Betts, D. J. (1999, November). *Adoption and art therapy: A pilot study exploring results of the MARI® Card Test©.* Poster session presented at the 30th annual conference of the American Art Therapy Association, Orlando, FL.

Brodzinsky, D. M., Smith, D. W., & Brodzinsky, A. B. (1998). *Children's adjustment to adoption: Developmental and clinical issues.* Thousand Oaks, CA: Sage Publications.

Klorer, G. (2000, November). *An insatiable hunger: Attachment dilemmas of children in foster care.* Paper presented at the 31st annual conference of the American Art Therapy Association, St. Louis, MO.

Laing, S. (2000, November). *The application of music therapy to permanency issues of children with special needs.* Paper presented at the conference of the American Music

Therapy Association, St. Louis, MO.

Layman, D. (2000, November). *Foster care trends in the United States: Ramifications for music therapists.* Paper presented at the conference of the American Music Therapy Association, St. Louis, MO.

Robertson, B. (2001). Drawing a blank: Art therapy for adolescent adoptees. *The American Journal of Art Therapy 39*(3): 74-79.

출판된 작업: 창조적 미술치료 및 입양/위탁 양육

Black, C., & Kaczmarek, M. (1992). Projective drawings in the treatment and evaluation of a late-adopted child. *The American Journal of Art Therapy 31*: 10-16.

Coufal, R. (1983). Reunification with the adopted self: Art psychotherapy with adult adoptees. *In California Art Therapy Trends*, edited by E. Virshup, 103-116. Chicago, IL: Magnolia Street.

Fehlner, J. D. (1994). Art therapy with learning-blocked, depressed children. *The Canadian Art Therapy Association Journal 8*(2): 1-12.

Galbraith, N. (1978). A foster child's pictorial expression of ambivalence. *American Journal of Art Therapy 17*: 39-49.

Gonick, R., & Gold, M. (1992). Fragile attachments: Expressive arts therapy with children in foster care. *The Arts in Psychotherapy 18*: 433-440.

Harvey, S. (1990). Dynamic play therapy: An integrative expressive approach to the family therapy of young children. *The Arts in Psychotherapy 17*(3): 239-246.

Harvey, S. (1991). Creating a family: An integrated expressive approach to adoption. *The Arts in Psychotherapy 18*: 213-222.

Lyons, S. J. (1993). Art psychotherapy evaluations of children in custody disputes. *The Arts in Psychotherapy 20*: 153-159.

Pardeck, J. T. (1994). Using literature to help adolescents cope with problems. *Adolescence 29*(114): 421-427.

Peake, B. (1987). A child's odyssey toward wholeness through art therapy. *Special Issue: Childhood sexual abuse. Arts in Psychotherapy 14*(1): 41-58.

Robertson, B. (2001). Drawing a blank: Art therapy for adolescent adoptees. *The American Journal of Art Therapy 39*(3): 74-79.

미출판된 작업: 창조적 미술치료 및 입양/위탁 양육

Consoli-Barash, J. A. (1996). *I once was a lost foster child... Now I am found. How art therapy, a stable placement and group therapy resolved the trauma of abandonment in foster care*. Unpublished masters thesis. Rohnert Park, CA.

Flamer, B. (1978). *Seven adoptees: The changing and the chosen child*. Unpublished masters thesis. PI.

Gaskins, M. (1989). *An art therapy approach to adopted adolescent identity development: A single case study*. Unpublished masters thesis. UL.

Goodell, S. J. (1988). *Room for opposites: Use of expressive therapies to explore issues of abandonment and individuation with an adopted adolescent*. Unpublished thesis. UL.

Irving, M. C. (1995). Natalistic art in therapy theory: Working with birth and prenatal issues through art (Doctoral dissertation, Union Graduate School, 1995). *Disseration Abstracts International, 56/11*, 6394.

Jensen, S. (1975). *Attachment process: An art therapy approach—a comparative study of natural and adoptive mothers. Unpublished masters thesis*. LM.

Martin, G. W. (1982). A pictoral study of grief and loss in the life cycle (Doctoral disseration, The Union for Experimenting Colleges and Universities, 1981). *Disseration Abstracts International, 42/12*, 426.

Morris, M. (1981). *Art therapy with adoptive families: A literature review and grant proposal*. Unpublished masters thesis. LM.

입양 및 위탁 양육 자원

Art Therapy & Adoption Resources

www.art-therapy.us

National Adoption Information Clearing House

330 C Street, SW

Washington, DC 20447

Phone: (703) 352-3488 or (888) 251-0075

www.calib.com/naic/

차례

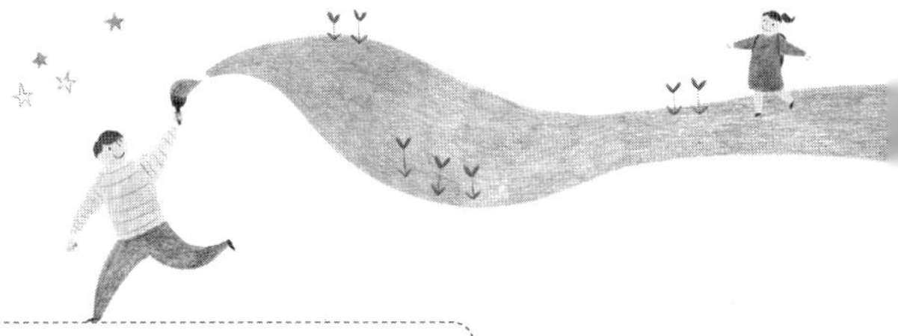

PART 01 입양

PART 02 위탁 양육

PART 03 다문화와 이(異)인종 간의 문제

PART 01

입양

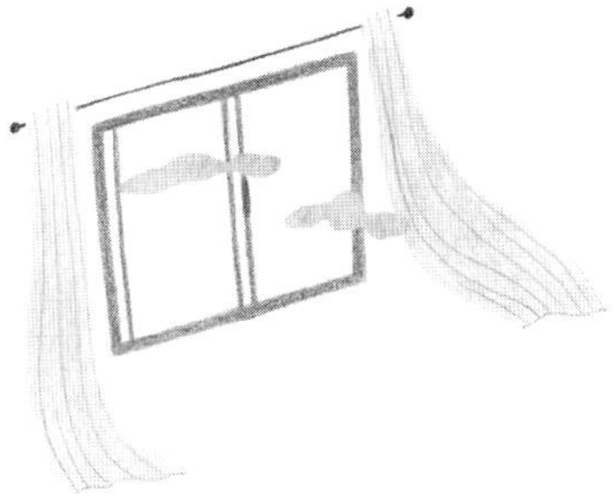

CHAPTER 01

다중장애를 가진 입양 아동의 정체성 형성을 위한 미술치료

DONNA BETTS

도입

정체성은 "특정 사물의 성질 혹은 상태이다."(Allen, 1990, p. 585) 정체성 형성은 삶의 초기에 시작된다. 임신기 태아 미술치료 이론은 태아기와 출생의 경험이 아동 발달에 영향을 미칠 수 있다고 말한다(Irving, 1995). 견고한 정체성 형성에 실패할 경우 Erikson이 분류한 정체성 혼란(자신이 누구인지, 무엇이 되고 싶어 하는지에 대한 의심)을 야기할 수 있다(Lifton, 1994 재인용). 이 장에서 다루게 될 내용은 입양아가 정체성 혼란을 겪을 수 있는 위험성이 더 높다는 것이다.

이 장에서는 입양 아동의 정체성 형성 과정에서 미술치료의 활용을 설명하기 위한 사례연구를 보여 준다. 입양 외에도 내담자의 정체성 문제와 관련된 주의력결핍 과잉행동장애(ADHD), 발모벽, 발작장애의 문제를 다루었다. 내담자의 정체성 통합을 촉진하는 미술치료의 이점에 대해 살펴보자.

입양: 출생의 유산 상실로 인한 정체성 혼란

Sants(1964: Hoopes, 1990 재인용)는 입양 아동의 정체성 형성 과정에서 나타나는 심리적 장애가 가계 혼란 또는 출생의 유산 상실로 인한 것임을 밝혀냈다. 과거, 현재, 미래에 걸쳐 끊임없는 역사적 · 유전적 애착이 정체성 통합 과정에서 중요하다(Erikson, 1968). 입양 아동은 유전적 애착이 부족하기 때문에 정체성 발달의 중요한 단계에서 어려움을 겪을 수 있다. 이는 이중 정체성의 원인이 될 수 있으며, 입양 아동이 그들의 과거 또는 미지의 자아에 대한 정보를 추구하도록 한다. 입양 아동에게는 또 다른 어려움이 있다. 그들은 자신을 완전히 이해하고 서로 다른 두 가지 유형의 부모를 온전히 받아들이기 위한 신뢰의 문제로 어려움을 겪을 수 있다(Rosenberg, 1992). 또한 포기는 자아 수용을 어렵게 하고 정체성 발달에 악영향을 미칠 수 있다. 왜냐하면 "원치 않는 사람이 된다는 것은 그 사람이 버림받거나 죽어도 된다는 것을 시사"하기 때문이다(Martin, 1982, p. 57). 따라서 입양아에게는 가계 혼란, 포기 및 이와 관련된 문제들을 받아들이면서 지속적인 어려움이 나타나며, 특히 이는 청소년기 정체성 발달 과정에서 두드러진다.

입양아와 미술치료

입양아의 슬픔과 상실에 대한 경험은 성인기까지 연장될 수 있으며 여기에는 자아 상실감뿐만 아니라 친부모에 대한 상실감까지 포함될 수 있다(Hoopes, 1990). 미술치료는 입양된 내담자가 상실감을 극복하고 정체성 통합으로 나아갈 수 있도록 도와줄 수 있다.

Lifton(1994)은 '하나되기(Becoming whole)'라는 챕터에서 예술가 Gordon Matta-Clark의 작품을 탐구했다. Matta-Clark는 글자 그대로 집을 반으로 잘라 다른 각도에서 사진을 찍어 버려진 집의 이미지를 보여 줬다. Lifton은 Matta-Clark의 작품에 대한 그녀의 경험을 애절하게 묘사했다.

> 나는 상실감으로 정신이 분열된 입양아의 사진을 상상해 보려고 노력했다. 외견상 절반은 제공된 재료로 만든 인공물이고, 반대쪽은 부재자에 의해 만들어졌다가 사라진 기억 속 금단의 영역이었다. 그리고 그 사이의 여백은 바로 심연이다. 나는 이 여백이 그 집에서 어두운 구석을 밝히고 이전에 보이지 않던 부분을 드러내는 것과 같은 방법으로 입양아에게 긍정적 효과를 줄 수 있는지 보았다. 여기에는 유사성이 있다. Matta-Clark의 목표는 어두운 무의식의 집을 밝히되 분리시키지 않는 것이며, 입양아의 목표는 어두운 무의식의 자아를 밝히고 하나로 만드는 것이다(p. 258).

'어두운 무의식의 자아'를 하나로 만듦으로써 입양아의 정체성을 좀 더 통합할 수 있다. Matta-Clark의 창의적인 과정을 통한 작품과 같이 자아 분열의 상징을 만드는 것은 미술치료를 통하여 정체성을 통합시킬 수 있는 성공적인 접근법으로 보인다.

아동기 정체성 형성 과정에서 미술치료의 활용

미술치료는 정체성 통합을 촉진하는 효과적인 양식이 될 수 있다(Tibetts & Stone, 1990). 특히 청소년기에 접어들기 시작하는 아동들은 이러한 방식을 통해 보다 성숙한 정체성을 형성함으로써 미술치료의 도움을 받을 수 있다. 청소년기는 "반복된 갈등, 불완전한 억압, 그리고 주요 발달 과정에서 경험하는 초기 단계에 대한 비정상적인 접근"의 시기이다(Greenacre: Shaw, 1981, pp. 73-74 재인용). 이 경험은 그들이 미술치료 과정에 순응하게 할 수 있다. 나아가 청소년은 내적 혼란을 표현하고자 하는 충동을 갖고 있다(Blos: Emunah, 1990 재인용). 이러한 요소들은 미술치료가 아동 및 청소년에게 잠재적으로 얻을 수 있는 효과적인 양식이라는 것을 보여 준다.

사례연구: Sara

백인 여성인 Sara(가명)는 정신과 클리닉의 외래 진료를 받을 당시 11세였고 5학년에 재학 중이었다. Sara는 생물학적으로 무관한 8세의 또 다른 입양아인 백인 남동생과 백인 양부모와 함께 살았다. Sara는 생후 4일 만에 입양되어 이전 병력은 알려지지 않았으나 생후 6개월 당시 발작장애 진단을 받았는데, 이는 주기적으로 침을 흘리고 근위부 야행성 기분저하증(proximal nocturnal dysthymia)과 손 부위 근육 긴장저하(hypotonia) 발생의 원인이 되었다. Sara는 천식도 있었으며, 매주 알러지 주사, 매일 ADHD에 대한 약(덱세드린)과 발작에 대한 약(테그레톨)을 복용했다.

Sara는 클리닉에서 진료가 필요한 특정 행동을 보였다. 그녀의 어머니는 Sara의 행동과 관련된 이력에 대해 다음과 같이 말했다. Sara는 성냥에 불을 붙이기 위해 소파 뒤에 숨곤 했으며, 어렸을 때부터 거짓말을 하는 경향이 있었고, 도둑질을 하다가 들킨 적도 있었다. Sara의 어머니는 속옷 서랍장에서 Sara가 소변을 묻힌 화장지를 발견한 적도 있었다. 또한 Sara는 눈썹과 속눈썹을 뽑는 발모벽을 갖고 있었다. 그녀는 자신이 학교 생활을 즐겁게 하고 있다고 말했지만, 아침 등교를 위한 준비 과정에 문제가 있었다. 그녀의 성적은 평균 수준이었고 유급당한 적은 없었지만 과제를 끝내는 데 어려움이 있다고 말했다. 그녀는 어른들과는 잘 어울렸지만 동기들과의 관계에 문제가 있었다. Sara가 분노를 표출할 때, 그 분노는 주로 양어머니에게 향했다.

초기 인터뷰에서 Sara는 자신이 입양되었다는 사실을 항상 주지하고 있는 듯하였다. Sara는 양부모와 애착관계가 형성되어 있고 분리의 문제가 없는 것처럼 보였으며, 그녀에게 입양에 대해 어떻게 생각하는지 물었을 때 "괜찮아요."라고 대답했다.

Sara의 초기 평가에서 나타난 예비 진단 내용은 발모벽, 산수 장애, 주요우울장애 제외, 범불안장애 제외, 야뇨증 제외, ADHD, 복합 부분발작, 야행성 긴장이상(nocturnal dystonia), 그리고 주요 지원 문제이다. Sara는 진단 내용에 따른 후속 조치를 위해 정신과 의사의 진찰을 받았고, 장기적인 개인 미술치료 서비스를 받았다. 이 세션은 병원의 개인 미술치료실에서 진행되었다. Sara의 어머니가 병원에 오기 위해서는 장거리 운전을 해야 했기 때문에 세션은 2주에 한 번씩 진행되었다.

자아 상징: 정체성 형성 초기

초기 인터뷰에서 Sara는 개와 토끼가 함께 있는 그림을 그렸다([그림 1-1]). 이 그림은 바로 완성되지는 않았지만, Sara가 미술치료 과정에서 만들어 낸 작품의 일부와 공통된 주제를 가진다. 개는 9개월 동안의 치료 과정에서 중요한 상징이 되었으며 그 의미는 나중에 밝혀질 것이다.

첫 미술치료 세션에서 Sara는 발모벽 때문에 그녀의 눈썹과 속눈썹이 다 빠져서 없어진 상태였다. 10월 초에 진행된 세션에서 Sara는 클레이를 사용하여 거북-개를 만들었다. Sara는 거북-개를 조각할 때 머리에 구멍을 내어 동물의 뇌에는 실제로 구멍이 있다고 말했다. 이 구멍을 만드는 과정은 Sara의 발작장애를 비유한 것 같았다. Sara는 구멍의 의미에 대해 이야기하지는 못했지만 그녀의 뇌 중심에서 일어나는 발작을 나타내는 것처럼 보였다. Sara가 두 개의 동물인 거북과 개를 결합하여 표현한 것도 흥미롭다. 머리를 숨기는 거북의 능력은 Sara에게 매력적이었을 것이다. 그녀는 특히 학교에서 발작을 일으켰을 때 자신의 머리를 숨기고 싶었을 수도 있다. 개는 Sara에게 위안을 주는 상징의 근원인 것처럼 보였지만 그 당시 Sara는 개의 의미를 전달하지 못했다.

그림 1-1

균열된 자아의 통합을 위한 노력

Sara의 두 번째 세션은 10월 중순경에 진행되었다. Sara는 보통 집안의 욕실에 홀로 있을 때 발모벽으로 인한 행동을 한다고 설명했다. 또한 그녀는 눈썹과 속눈썹을 뽑는 것을 멈출 수 있는 유일한 방법이 거울을 통해서 눈썹을 뽑는 자신의 모습을 보고 깨닫는 것이라고 말했다. Sara는 그녀의 손을 분주하게 하는 것이 발모벽에 대한 주의를 분산시키는 데 도움이 된다고 이야기했다.

Sara는 발모벽에 대한 경험을 설명하면서 몸통이 없는 팔 그림을 그렸다. 그런 다음 팔이 없는 기린 그림을 그렸다([그림 1-2]). 이 이미지에는 팔과 손이 없는 몸통을 그려 보는 또 다른 시도가 이어졌다. 세션 후반기에 Sara는 신체의 모든 부위가 온전한 불윙클(Bullwinkle)이라는 만화 캐릭터를 그렸다. 반대로 신체가 잘린 그림(Cohen & Cox, 1995)은 Sara의 심리적 장애와 의학적 문제의 범위를 고려할 때 균열된 자아를 통합하려는 시도를 반영할 수 있다.

그림 1-2

자화상: 자아 수용으로 나아가기

Sara는 동물/만화 그림에서 정체성을 은유적으로 표현했다. 나는 말 그대로 그녀의 자화상이 어떤 모습일지 궁금하여 Sara에게 자화상을 그릴 수 있는지 물었다. [그림 1-3]은 그 결과물로 완성된 자화상이다. Sara는 그림에 대해 "슬퍼요."라고 표현했고, "내가 학교에 있을 때의 모습처럼 보여요."라고도 했다. 이제 그녀의 슬픈

그림 1-3

감정과 그림을 더 행복하게 할 수 있는 방법에 대해 의논할 수 있었다. Sara는 자화상을 더 행복하게 보이도록 하기 위해 배경에 선생님과 몇 권의 책을 더 그려야 한다고 설명했다. 스스로 이러한 추가적인 자원을 그려 넣는 것은 Sara의 회복력을 반영한 것이다. 그녀는 입 모양을 미소 짓는 모습으로 바꿀 것이라고 덧붙였다. 더 많은 논의 끝에 Sara가 동료 관계에 대한 좌절감과 신체적 · 인지적 한계에 대해 알게 되면서 그것으로부터 슬픈 감정이 비롯되었다는 것을 알아차렸다. Sara의 정체성은 수많은 진단과 꼬리표 그리고 약물에 대한 의존성 때문에 남들과 다르다고 생각하는 것에서 멈춘 듯 보였다. Sara가 자신이 남들과 다르다는 요소를 받아들이지 못하고 거부하는 것이 정체성 발달을 어렵게 만드는 이유가 되었다. 자신을 받아들이는 것을 배우는 것이 미술치료의 필수 목표가 되었다.

가족 관계 탐구

11월에 진행된 다음 세션에서 Sara는 최근에 받은 성적이 향상되었다고 알려 주었다. 추가적으로 그녀의 눈썹과 속눈썹이 자라기 시작한 것을 통해 Sara의 발모벽 중단이 눈에 띄게 진전되었음을 알게 되었다. 이 세션에서 Sara는 입양된 남동생, 입양 부모 그리고 친구들과의 관계를 탐구했다. Sara는 남동생이 주목받는 것에 대해 부러운 감정을 표현했다. 자신과 남동생을 함께 그린 그림([그림 1-4])에서 그녀는 뒷짐을 진 자세의 인물을 그렸다. 손이 없는 것은 Sara의 발달 단계를 반영한 것일 수 있다(그녀에게는 손을 그리기가 너무 어려울 수 있다). 반대로, 등 뒤의 손에 뭔가가 있었는가? Sara에게 남동생으로부터 원하는 것이 있는지 묻자 "남동생이 나에게 개를 사 줬으면 좋겠어요."라고 대답했다. 애완동물을 갖고 싶어 하는 것이 Sara의 외로움, 고립감, 또래관계의 갈망을 반영한 것인가? 또는 그녀가 어머니, 아버지와 남동생과의 친밀감을 더 원했을 수도 있다(개는 무조건적인 사랑과 헌신의 상징이다).

그림 1-4

정체성에 대한 자제력의 영향

Sara가 11월 말에 미술치료실에 들어왔을 때 그녀의 눈썹과 속눈썹은 전혀 손상되어 있지 않았다. Sara가 모발을 뽑는 것을 멈춘 이유에 대한 직접적인 설명은 없었지만, 미술치료가 그녀의 발모벽을 조절하는 능력에 기여했을 가능성이 있다. 미술치료는 아이들의 행동 변화를 돕는 것으로 밝혀졌다(Rosal, 1993). Sara는 작품을 만들면서 종이에 그려진 각각의 선이 그녀가 행동한 직접적인 결과임을 알게 되었다. Sara는 행동과 결과 사이에 직접적인 연관성이 있다는 것을 강화를 통해 배우기 시작했다. 결국 이 경험은 미술치료 밖에서 완전히 일반화될 것이고, Sara는 다른 환경에서 자신의 행동을 변경하는 방법을 배울 것이다.

이번 세션에서 Sara는 10인치의 원이 그려진 종이 한 장을 받았다. 만다라 그림이 ADHD 아동의 주의력을 향상시키는 데 도움이 된다는 사실은 이미 입증되었다

그림 1-5

(Smitheman-Brown & Church, 1996). 원의 경계 안에서 Sara는 보라색 팬지를 그린 다음([그림 1-5]) 팬지로서의 자신에 대한 다음 설명을 글로 썼다(고딕체로 된 단어는 자극으로서 제공됨).

나는 팬지이다

나는 사람이 되고 싶다

나는 크고 멋진 집을 원한다

나를 절대 죽은 꽃이라 하지 마라

나는 계속 활짝 피어 있을 것이다

나는 몰래 쓰고 싶다

나는 정말 아름답다

나는 물이 필요하다

이 활동이 Sara의 강점과 욕구를 반영하는 것처럼 보였으나, 또한 이것은 근원적인 열등감을 나타냈다. '나는 계속 활짝 피어 있을 것이다'는 그녀가 겪는 어려움에도 불구하고 지속하겠다는 결심을 통해 그녀의 강함을 보여 준다. '나는 사람이 되고 싶다' '나를 절대 죽은 꽃이라 하지 마라'는 둘 다 자신의 독특함에 대한 Sara의 인식과 또래들과 어울리고 싶어 하는 절실한 욕구에 대해 언급한 것처럼 보인다. Sara는 그것과 상관없이 자신의 행동에 대한 통제를 향상시키기 위한 잠재적 인식을 반영하여 '아름답다'고 느꼈다. 그리고 이것은 Sara의 정체성 발달에 긍정적인 영향을 미쳤다.

자아 수용으로 나아가기

12월 초에 진행된 다음 세션에서 Sara는 자신과 가장 친한 친구가 함께 있는 그림을 완성했다([그림 1-6]). 이것은 그녀의 단점에도 불구하고 그녀를 좋아하는 누군가를 만들어 낸 최초의 표현이었다. 물감으로 그녀(왼쪽)는 빨간색 티셔츠를 입고 있는 모습을, 그녀의 친구(오른쪽)는 파란색 옷을 입은 모습으로 그렸고 배경은 파란색으로 표현했다. 마치 친구가 Sara의 삶의 배경으로 사라질 수 있는 것처럼 묘사했다. 그럼에도 불구하고 Sara가 친구를 묘사한 것은 그녀의 삶에서 긍정적인 측면을 인정하려는 의지의 표시인 것처럼 보였다. 또한 Sara와 그녀의 친구 모두 뒷짐을 지고 있었는데, 이것은 Sara와 남동생을 그린 그림과 비슷했다. 손을 그리기가 너무 어려웠나? 또는 장애가 있거나 무기력하거나 억압되어 있는 것은 아닌가?

그림 1-6

영웅으로서의 자아: 정체성 강화

Sara의 다음 세션은 12월 중순에 있었고 MARI 카드 테스트(MARI® Card Test©)가 진행되었다. Cox와 Frame(1993)은 MARI 카드 테스트를 Joan Kellogg, MA, ATR(1978/1984)이 개발한 투사검사 도구로 설명했다. MARI는 만다라(원) 그림에서 볼 수 있는 전형적인 이미지를 기반으로 한다.

평가의 목적은 Sara의 심리 구조에 대한 깊이 있는 통찰력을 얻는 것이었다. 평가하기 전에 Sara는 111/2×18인치 크기의 도화지 중심에 연필로 그린 10인치의 원이 있는 만다라 그림을 완성했다. 그녀는 만다라에 그리스 신 Pan을 묘사했다. Sara는 학교에서 신화에 대해 배우고 있었고, 이것이 그녀의 작품 중 일부에 반영되었다. Sara는 이 신이 공황을 만들어 낸 것으로 묘사했다. 브리태니커 온라인 백과사

전(1999)은 인간을 '공황 상태'의 공포에 몰아넣게 만들 수 있는 혈기왕성한 인물로 Pan을 정의하고 있다. Sara에 따르면, Pan은 '다른 사람들을 공황 상태에 빠뜨려 행복'했고, 용을 죽인 '영웅'이었다. 이 공황 테마는 발작장애로 자제력을 상실하면서 갖는 스스로의 불안 및 무의식적으로 (자신의 발작과 관련된 경련을 목격한) 다른 사람들에게 공포감을 일으킨 죄책감과 관련될 수 있다. 영웅 테마는 Sara 자신이 동료들로부터 존경받고 싶어 하는 욕망과 관련될 수 있으며, 여기서 영웅은 자신의 용, 즉 발모벽을 성공적으로 제거한 Sara 자신을 표현한 것일 수 있다.

MARI 카드 테스트는 만다라 그림이 완성된 직후 실시되었다. 테스트 결과는 다음과 같이 해석 가능했다(Cox & Bush, 1990에서 유래). ① 역동성은 그 당시 Sara에게 압도적인 것처럼 보였으므로 그녀는 역동성을 억압했다. ② Sara는 입양 가족들과 더 긴밀한 관계를 맺고 받아들여지길 원했다.

이어진 MARI 카드 테스트에서 Sara는 크레욜라 모델 매직으로 개와 눈사람을 만들었다. 그녀의 자아 상징으로 돌아가, Sara는 애완견을 기르자고 항상 주장했으나, 가족에게 알러지가 있어 개를 기를 수 없었다고 했다. Sara는 (입양한) 어머니가 눈사람을 좋아한다고 말했고, 그래서 Sara는 클레이 눈사람을 그녀의 어머니에게 선물할 예정이었다. 선물을 주는 것은 Sara가 어머니와의 관계를 연결하려는 상징적인 시도인 것 같았다.

대상부전: 약물의 도움 없이 자아 유지 시도

4주간의 세션이 끝나고 1월 초에 Sara의 태도와 외모에 극적인 변화가 나타났다. Sara는 덱세드린(Dexedrine)의 부작용을 겪고 있어 약물치료가 중단되면서 덱세드린 없이 2개월을 보냈다. 그 사이 Sara에게 다른 약물에 대한 시도가 있었으나 그 약물 중 어느 것도 덱세드린만큼 효과적이지 못했으며, 그 시도는 Sara에게 불쾌한 경험이었다. 부모님과 선생님을 통해 보고되고 내가 관찰한 바와 같이 Sara는 자신의 행동을 통제하는 데 더 큰 어려움을 겪고 있었고, 점점 더 산만하여 과제에 집중할 수 없게 되었다. 그녀의 생각은 흐트러지고 그 모습은 어수선해 보였다.

Sara의 태도 변화는 그녀의 작품에 반영되었다. 기존 그림 스타일이 비유적이고 질서 있으며 억제되었다면, 덱세드린이 없는 Sara의 작품은 선이 더욱 굵게 나타나고 무질서했으며 퇴행했다. 이러한 변화는 Sara가 1월 초 그녀의 세션에서 만든 작품에 어느 정도 반영되었다. 그녀는 '그리스의 토대(The Greek Foundation)'라는 제목의 이미지를 그렸고, 주제는 '지옥과 천국'이었다([그림 1-7]). 그림의 요소는 Sara의 스타일에 어울리지 않는 기본적이고 추상적인 형태로 구성되었다. 그러나 그림이 퇴행했음에도 불구하고 Sara는 이를 통해 어느 정도의 통찰력을 얻을 수 있었다. 그녀는 "누구나 선과 악의 요소를 모두 지니고 있어요."라고 하면서 "악의 요소가 있어도 좋았어요."라고 말했다. Sara는 어느 정도까지 자신의 '악'의 요소를 받아들일 수 있었는가? 이 문제는 자존감에 대한 Sara의 치료에 영향을 미쳤다.

덱세드린 투약은 한 달 후 재개되었다. 그녀가 시련을 겪는 과정에서 Sara의 발모

그림 1-7 그리스의 토대

벽이 다시 나타나지 않았다는 사실이 인상적이었다. 여하튼 덱세드린의 추가적인 처방 없이 Sara는 눈썹 및 속눈썹을 뽑고 싶은 욕구에 저항할 수 있었다. 1월 중순, Sara는 클로니딘(Clonidine)을 복용하기 시작했다. 이 약물은 Sara의 신체작용을 덱세드린만큼 크게 향상시키지 못했다.

일시적 자아 상실

1월 말에 진행된 세션에서 Sara는 집중하는 데 어려움을 겪었고 평소보다 더 빠르게 말하는 모습을 보였다. 이 혼란스러운 행동도 Sara의 작품에 반영되었다. 그녀의 첫 번째 그림([그림 1-8])은 서로 다른 방향으로 튀어나온 추상적인 선과 구불구불

그림 1-8

한 선으로 이루어져 있다. 이 선들의 혼돈이 만들어 낸 움직임, 시각적 긴장, 과장은 Sara의 행동 대상부전(behavioral decompensation)을 동일하게 반영한 것이다(Cohen & Cox, 1995).

Sara가 이 세션에서 만든 두 번째 이미지는 사각 스티로폼 판에 손가락으로 그린 것이다([그림 1-9]). Sara는 내면의 혼란을 표현하고자 했고, 발포 팔레트는 그녀의 억눌린 심적 에너지를 집중시키기 위한 안전한 용기(容器)를 제공했다. Sara의 퇴행은 그 시점에서 그녀의 통제를 벗어난 것처럼 보였으며, 이것은 무질서한 핑거페인팅에 반영되었다. 그림 작업이 완료되었을 때, Sara는 물감으로 뒤덮인 손을 허공에 들고 있었다. 그 순간 Sara는 손에 묻은 물감이 '나쁘다'고 했고, 심지어 '악'이라고 말했다. 그녀는 즉시 물감을 씻어 내지 않고 손에 묻은 채로 두었다. 이것은 Sara가 악의 요소를 용인할 수 있다는 표시인가? 그녀가 나의 지도를 바라는 것처럼 보여서, 나는 종이에 '악함'을 옮겨 보라고 제안했다. 그녀는 종이 위에 손자국으로 흉

그림 1-9

하고 나쁜 물감을 묻힌 다음 손을 씻었다. 상징적으로 이 과정은 Sara가 그녀의 '악함'과 관련된 약간의 자책과 죄책감을 풀어 주고 심지어 악의 요소를 받아들이는 데 도움이 되었을 수도 있다. 초기에 무질서했던 경험이 자존감을 퇴행시켜 Sara를 진정시키고 에너지를 발산하여 건강한 발달을 가능하게 해 주었다(Rabin & Haworth: Rubin, 1984b 재인용).

대응 메커니즘

다음 세션은 2월 초에 진행되었다. Sara에게 다음의 세 가지 이미지를 만들도록 요청했다. ① 현재 있는 곳을 그리고, ② 지금 있는 곳에서 너에게 도움이 되지 않는 요소를 빼고, ③ 도움이 되는 것은 추가하라. 이 작업에 사용된 매체에는 티슈 페이퍼 콜라주와 흰색 마분지로 만든 7인치 직경의 만다라 양식 3개가 포함되었다. [그림 1-10]은 Sara의 만다라 시리즈의 최종 결과물이다. 그녀의 첫 번째 만다라(왼쪽)의 경우, Sara는 밝은색의 티슈 페이퍼로 자신에 대한 긍정적인 감정을, 검정색으로는 현재의 슬픔과 좌절감을 나타냈다. 두 번째 만다라(가운데)의 경우, Sara는 도움이 되지 않는 검정색의 부분을 버리고 밝은색의 티슈만을 사용했다. 세 번째 만다라(오른쪽)의 경우, Sara는 여전히 밝은 색상을 사용했지만 '사물의 밝은 면'을 나타내는 노란색 티슈와 '좀 더 나아 보이게 하려는' 사랑의 빨강색을 추가했다. 그리고 마침내 그녀는 '추가 도움'을 나타내는 투명하고 밝은 파란색 티슈로 이미지 전체를 채웠다. 연한 파란색 종이는 그 아래에 있는 색상의 강도를 줄여 약물의 둔화 효과를 연상시켰다. Sara는 약물이 도움을 주었음에도 불구하고 그녀의 감정적인 삶을 무너뜨린다는 것을 어느 정도 알고 있는 것 같았다.

이 개입은 세 만다라를 만드는 과정에서 Sara가 통찰력을 얻는 데 도움이 되었다. 또한 Sara가 많은 어려움을 감당했기 때문에 그녀의 삶에서 긍정적인 영향을 인정할 수 있는 것이 중요하다고 생각했다. 마지막으로, Sara는 유익하고 도움이 되지 않는 요소에 대한 인식을 표현하기 위해 유색 티슈 페이퍼를 사용함으로써 통찰력

그림 1-10

과 자기표현 능력을 보여 주었다.

치료 종료 및 정체성 통합을 향한 다음 단계

Sara의 미술치료 세션은 2월 말에 종료되었다. 그때 Sara와 나는 우리가 다시 만날 것을 알지 못했기 때문에 이 마지막 세션을 치료의 끝으로 인식했다. 미술치료가 주는 이점에도 불구하고 주기적인 세션을 진행하기에는 거리가 너무 멀어 치료가 종료되었다. Sara의 어머니는 가족 치료를 위해 이전에 만났던 심리학자에게 Sara를 데려가기로 결정했다.

마지막 세션에서 Sara와 나는 지금까지 만든 Sara의 모든 작품을 검토했다. Sara의 작품에 대한 리뷰는 그녀의 회복과정을 확인할 수 있는 기회가 되었다. 치료를 끝내기 위해 Sara와 나는 그림을 그려서 교환했다. 그림에는 Sara를 위한 치료 과정과 그녀와 내가 함께했던 시간이 남아 있었다. Rubin(1984a)은 미술 작품이 치료에서 중간 매개체가 된다고 말했다. 중간 매개체는 자기위로와 불안 감소에 사용되는 항목이다(Edgerton & Campbell, 1994). Sara가 가지고 간 그림은 미술치료의 종료와 새로운 치료 사이의 전환기에 그녀와 함께할 것이다.

Sara는 첫 번째 그림에서 개를 묘사했고, 마지막 그림에서 웃고 있는 다른 개를 그렸다. Cirlot(1967)은 개가 충직함을 나타낸다고 설명했다. Sara의 자아 상징인 개의 중요성은 또래 또는 가족 구성원을 포함한 다른 사람들과의 충직함과 신뢰할 만한 관계의 필요성과 관련될 수 있다. Sara의 마지막 그림에서 개는 행복해 보였고, 사과를 남겨 놓은 채 미소 짓는 태양으로부터 걸어 나오고 있었다. 개는 지면에 닿아 있지 않았다. 아마도 자신이 공중에 떠 있어 어떻게 될 것인지 알지 못해 초조함을 느꼈을 것이다. 그럼에도 불구하고 이 그림의 전반적인 색조는 긍정적이고 명랑했으며, Sara의 전반적인 삶의 관점을 반영하고 있었다.

어려운 과도기: 자아 상실과 대응 메커니즘

Sara의 미술치료가 끝나고 2개월 후인 4월 초, 그녀의 어머니가 미술치료실에 연락을 해 왔다. Sara가 심리학자와의 치료 과정에서 공감대를 형성할 수 없었고 발모벽이 재발했다고 말했다. Sara와 그녀의 어머니는 나를 만나러 왔다. 특히 미술치료가 끝난 상황을 감안할 때 Sara가 새로운 치료사와 관계를 맺지 않으려는 것처럼 보였다. Sara는 미술치료 종료에 대한 결정에 자신의 목소리를 내지 못했다고 생각했다. 미술치료를 받지 못하는 것에 대한 Sara의 감정은 새로운 치료 환경으로 쉽게 전환하지 못하게 했고, 새로운 치료사와 관계 맺을 수 없도록 하는 것 같았다. 이 과정은 Sara가 생모를 잃은 것과 같은 상징적인 관계처럼 보였으며 Sara의 애착 문제와 관련이 있어 보였다.

Sara와 그녀의 어머니, 심리학자와 나는 궁극적으로 Sara가 심리학자를 계속 만나는 것에 동의했지만 6월까지 2~3주에 한 번 나와 미술치료 세션을 재개하기로 했다. 그리고 Sara와 나는 마지막 세션이 끝나고 난 뒤에 집 가까이에 있는 개인 병원에서 미술치료를 이어가기로 했다.

조각 모으기: 자아 수용 강화

4월 초에 방문했을 때 Sara는 나와 개인적으로 만났다. 그녀는 'Diana 왕세자비의 비니를 쓴 아기 곰'이라는 만다라 이미지를 완성했다. Sara는 이 보라색 곰을 모두가 좋아하는 '특별한' 인물로 묘사했다. Diana 왕세자비는 죽음으로 인해 전설이 되었다. 사망하기 전에도 주위의 사랑을 받았지만 죽고 난 뒤 그녀는 더욱 사랑받았다. 이 은유는 Sara의 상징적인 죽음(기존 미술치료의 종결) 후 개인 미술치료를 재개하도록 한 Sara 자신의 특별한 감정과 관련이 있을 수 있다. Sara는 자신이 미술 작품을 만드는 것을 그리워했으며, 그것이 과거에 도움이 되었음을 인정했다.

Sara는 4월 중순에 상담 세션으로 돌아왔다. 발모벽과 관련된 그녀의 행동은 중단되었다. Sara는 보호용 울타리 안에 있는 자신의 모습을 만다라 안에 그렸다. Sara가 스스로를 감싸는 것은 미술치료실에서 그녀의 안정과 억제된 안전이 필요하다는 인식과 관련이 있다. 그녀는 나무에 기대어 빛 속에서 책을 읽는 자신을 그렸다. 나무는 미술치료사에 대한 Sara의 의존성을 나타낼 수 있고, 빛은 Sara가 그녀의 문제를 밝혀내는 데 도움이 되는 치료법을 상징적으로 보여 주는 것일 수도 있다(P. Howie, 개인 관찰 내용, 1998. 4.).

또한 Sara는 이 세션에서 그녀가 '기분에 따라 색이 변하는 용'이라고 불렀던 그림이 실린 학교 신문을 공유했다. 이것은 이전에 그리스 신에게 살해당한 것과 같은 용인가? 이제는 Sara가 용을 받아들일 수 있는 것처럼 보였다. Sara는 스스로를 의인화한 보라색 팬지가 아름답다고 느꼈던 것처럼 "……그녀(용)의 색깔이 아름다워요." 라고 말했다.

불안과 자아 통제의 상실

6월 초에 진행된 다음 세션에서 Sara가 자신의 눈썹과 속눈썹을 뽑았다는 것이 분명해 보였다. Sara는 현재 스트레스 요인(즉, 학교에서 놀림을 당했고, 할머니는 최근에 돌아가셨으며, 숙제를 감당하기 어려움) 때문에 모발을 뽑고 싶은 욕구를 느꼈다고 했다. 나와의 세션이 곧 종료될 것이라는 Sara의 의식은 더 큰 스트레스였다. 그녀는 모발을 뽑는 것에 의존한 이유에 대해 말로 표현하는 대신 미술 작품 제작을 통해 표현했다. 파란 종이를 사용하여 Sara는 발모벽에 대한 그녀의 불행을 묘사했다. 그녀는 파란색 종이의 중앙에 '아니요, 나는 모발을 뽑고 싶지 않습니다.'라고 썼다. 빨간 종이를 사용하여 Sara는 자신을 행복하게 만들 어떤 상징을 만들었다. 그런 다음 그 상징을 만화 캐릭터와 함께 불행을 묘사한 부분에 붙여 넣었다. 그녀는 빨간 종이를 들어 올려 아래에 쓰여 있는 글을 볼 때마다 예뻐 보이기 위해 모발을 뽑지 않아야겠다고 다짐했다. 이 그림을 그리면서 Sara는 발모벽에 대한 새로운 시각을 갖게 되었다.

최종 종료

6월 말에 Sara와 나는 미술치료를 끝냈다. Sara는 여름에 자신이 래브라도 리트리버 강아지를 갖게 될 것이라는 소식에 흥분했다. 마지막으로 Sara와 나는 'Sara의 미래'라는 주제로 같은 페이지에 그림을 그렸다. 우리는 둘 다 Sara의 미래를 위한 긍정적 결과를 반영하는 이미지를 묘사했다. Sara는 나머지 작품과 함께 그림을 집으로 가져갔다.

종료한 지 한 달 후, Sara는 개인 상담을 하는 미술치료사에게 치료를 계속 받게 되었다. 그녀는 여름 내내 미술치료사와의 간헐적인 세션에 참석했다. 이 세션은 Sara가 발모벽을 통제하는 데 도움이 되는 것 같았다. 그러나 새로운 미술치료사가 여름이 끝나고 몇 주 동안 떠났을 때 Sara의 발모벽 관련 행동이 재발했다. 이 기간에 Sara의 어머니는 치료를 다시 시작할 수 있는지 여부를 결정하기 위해 나에게 연락했다. 나는 새 치료법으로 전환하는 것이 가능하다면 Sara에게 도움이 될 것이라고 어머니에게 설명했다. 나는 Sara와 전화 통화를 하기로 했으며, 대화를 통해 그녀의 새로운 미술치료사가 복귀할 때까지 Sara를 충분히 안심시킬 수 있었다.

Sara에게 무수히 많은 어려움이 있었음에도 불구하고, 그녀는 매우 결단력이 있었다. 그녀는 몇 가지 강점을 가지고 있었다. 그녀는 결단력과 예리한 통찰력을 가지고 있었고, 자신을 향상시키는 방법을 배우는 데 열정적이었다. 전반적으로 Sara가 미술치료에서 보여 준 진전은 인상적이었다. 이 치료법은 Sara에게 자아 수용력을 높이고 자존감을 키우며, 좀 더 통합된 정체성을 향해 노력할 수 있는 기반을 제공했다.

맺는 말

현재 15세인 Sara는 여전히 어려움을 겪고 있지만 고등학교에 다니고 있으며 활발한 사회 생활을 영위하고 있다. Sara는 더 이상 미술치료를 받지 않으며, 춤을 통한 자기표현을 즐긴다.

참고문헌

Allen, R. E. (Ed.). (1990). *The concise Oxford dictionary of current English*. 8th ed. Oxford: Clarendon Press.

Blos, P. (1962). *On adolescence: A psychoanalytic interpretation*. New York: The Free Press.

Bollas, C. (1987). *The shadow of the object: Psychoanalysis of the unthought known*. New York: Columbia University Press.

Cirlot, J. E. (1967). *A dictionary of symbols*. Oxford: Alden Press, Ltd.

Cohen, B. M., and Cox, C. T. (1995). *Telling without talking: Art as a window into the world of multiple personality*. New York: W. W. Norton & Company, Inc.

Cox, C. T. (1996). *Freud's and Erikson's psychosocial stages according to mandala assessment theory*. [Handout].

Cox, C. T., and Bush, C. A. (1990). *Possible interpretations of colors on stages*. Unpublished manuscript.

Cox, C. T., and Frame, P. (1993). Profile of the artist: MARI® Card Test© research results. *Art Therapy: Journal of the American Art Therapy Association 10*(1): 23-29.

Edgerton, J. E., and Campbell, R. J. (Eds.). (1994). *American psychiatric glossary* (7th ed.). Washington, DC: American Psychiatric Press, Inc.

Emunah, R. (1990). Expression and expansion in adolescence: The significance of creative arts therapy. *The Arts in Psychotherapy 17*(2): 101-107.

Encyclopedia Brittanica Online. Pan. Retrieved January 16, 1999, from http://members.eb.com/bol/topic?eu=59649&sctn=1

Erikson, E. H. (1968). *Identity, youth and crisis*. New York: W. W. Norton & Company, Inc.

Greenacre, P. (1957). The childhood of the artist. *Psychoanalytic Study of the Child, 12*: 447-472.

Hoopes, J. L. (1990). Adoption and identity formation. In D. M. Brodzinsky (Ed.), *The psychology of adoption* (144-166). New York: Oxford University Press.

Irving, M. C. (1995). *Natalistic art in therapy theory: Working with birth and prenatal issues through art*. Unpublished doctoral dissertation, Union Graduate School, Cincinnati, OH.

Kellogg, J. (1984). *Mandala: Path of beauty*. Lightfoot, VA: MARI. (Original work published 1978.)

Lifton, B. J. (1994). *Journey of the adopted self*. New York: Basic Books.

Martin, G. W. (1982). *A pictorial study of grief and loss in the life cycle*. The Union for Experimenting Colleges and Universities, Ann Arbor, MI (University Microfilms International).

Rosal, M. L. (1993). Comparative group art therapy research to evaluate changes in locus of control in behavior disordered children. *Arts in Psychotherapy 20*(3), 231-241.

Rosenberg, Elinor B. (1992). *The adoption life cycle*. New York: The Free Press.

Rubin, J. A. (1984a). *The art of art therapy*. New York: Brunner/Mazel.

Rubin, J. A. (1984b). *Child art therapy*, 2nd ed. New York: Van Nostrand Reinhold.

Sants, H. J. (1964). Genealogical bewilderment in children with substitute parents. *British Journal of Medical Psychology 37*(2): 133-141.

Shaw, J. A. (1981). Adolescence, mourning, and creativity. *Adolescent Psychiatry 9*: 60-77.

Smitheman-Brown, V., and Church, R. P. (1996). Mandala drawing: Facilitating creative growth in children with ADD or ADHD. *Art Therapy 13*(4): 252-260.

Tibbetts, T. J., and Stone, B. (1990). Short-term art therapy with seriously emotionally disturbed adolescents. *The Arts in Psychotherapy 17*: 139-146.

CHAPTER 02

미술치료를 이용한 병행치료에서 입양아의 정체성 탐구 이야기: 외계인, 조커, 동물, 인간

DONNA KAISER

크게 흥분한 Dean은 큰 외눈박이 녹색 외계인이 그려진 그림 일기(art journal)를 한장 한장 넘기며 보여 주었다. 외계인은 일종의 울타리, 아마도 우리 또는 감옥 안에 있는 것처럼 격자무늬 위에 그려져 있었다([그림 2-1]). 그것은 이전 6개월 동안 그린 위협적인 조커 그림과는 완전히 다른 어린아이의 수준으로 퇴행한 것이었다([그림 2-2]). Dean이 어머니, 누이와 함께 일 년 동안 가정 방문 치료(in-home family therapy)를 진행해 오면서 만들어 낸 여러 이미지를 검토하면서, 나는 이미지의 형태가 그의 자아 발견 과정에서 어떻게 진화해 왔는지 알 수 있었다. 이 장에서는 Dean의 작품 및 Dean과 어머니의 병행 미술치료법에 대해 살펴볼 것이다.

Dean(3세)과 그의 누나 Theresa(4세)는 공무원이었던 여성에게 입양되었다. Dean과 Theresa는 생모의 양육권이 종결된 후 위탁 가정에 있었다. 10대의 생모는 정신장애 진단을 받았고 중독 문제로 괴로워했다. 불특정한 방치 및 학대의 이력도

그림 2-1

그림 2-2

있었다. 그들의 양모는 대가족 생활에 능숙하였으며 항상 아이를 원했다. 사회복지기관은 아이들을 위한 멋진 미래를 기대할 수 있게 된 것에 대해 기뻐했다. 그 당시에는 양모와 아이들의 배경에 관한 정보가 거의 공유되지 않았으며, Griffin 가족이 새로운 가족 구조로 전환하는 데 도움이 되는 어떠한 서비스도 제공되지 않았다.

초등학교 시절에 두 아이는 모두 사회 적응과 관련된 문제가 있었지만, Theresa의 사춘기가 오기 전까지는 특별히 문제되지 않았다. Theresa는 자살 충동을 표출한 후, Dean이 11세가 될 때까지 정신과 치료 시설에 입원하여 치료를 받았다. Griffin 여사는 단호히 반대했으나 병원의 정신과 의사와 치료사가 이를 제지했다. 정신과 의사와 치료사는 Griffin 여사가 심각한 우울증을 앓고 있어 아이를 양육하기에 적절하지 않다고 판단했다. Theresa가 입원하는 동안 그곳에 머무르면서 받았던 몇 가지 치료 경험으로 인해 가족은 다른 종류의 치료적 도움에 대해서도 의심을 갖게 되었다. 따라서 Dean이 15세가 되어 문제가 나타났을 때, 가족 중심의 치료 서비스를 받아들이는 것을 꺼리며 양가감정을 갖게 되었다. 가장 큰 두려움은 Theresa와 Dean이 집에서 같이 퇴거당할 수 있다는 것이었다.

위탁

Dean은 증상 행동(symptomatic behaviors)을 보여서 우리 기관에 보내졌고, 그 결과 정신과에 단기 입원 조치되었다. 그는 한밤중에 자전거를 타고 범죄로 가득한 동네로 도망쳐 자신을 위험에 빠뜨리며 보모(protective mother)를 걱정스럽게 했다. 입원하기 약 6개월 전 Griffin 여사가 암 진단을 받고 항암 화학요법 치료를 마치자마자 도망쳤다. Griffin 여사는 그녀의 사춘기 자녀들을 돕는 동안 엄청난 스트레스를 받고 절망에 빠졌지만, 정신건강 시스템에 도움을 구하는 것에 대한 불신과 양가감정이 있었다. 사회복지기관은 방문 가족 서비스에서 추천한 아이 입양을 주선하였는데, 이는 우리 기관이 가정과 지역사회 환경에 중점을 두고 가정 내에서의 청소년 행동과 정신건강 문제를 관리하고 있었기 때문이었다. 우리의 목적은 다양한 스트레스로 고통받는 가정을 강화시켜 퇴거 조치(out-of-home placement)를 방지하고, 청소년을 위한 가정 양육 환경을 발전시키는 것이다. 우리는 자녀가 가정 안에서 안전하지 않은 경우를 제외하고는 자녀를 가정 밖에 두기보다 가정 안에서 자녀의 성장과 발달을 지원하는 것이 바람직하다고 믿었다. Griffin 여사는 마지못해 위탁에 동의했다.

Dean의 누나는 Griffin 여사의 의료 문제가 발생하기 전 일 년이 채 안 되어 요양시설에서 집으로 돌아왔다. 퇴원 후 심리치료 서비스에는 Theresa가 치료를 중단하기 전 몇 차례 보았던 개인치료사에게 치료를 받아야 한다는 것이 포함되었다. 왜냐하면, 가족 중 누구도 정신건강전문가와의 치료 또는 접촉에 대한 열망을 보이지 않았고, 실제로 Theresa가 가족치료 기간 동안 우리 기관이 제공하는 대부분의 서비스를 거부했기 때문이다. Theresa는 첫 번째 개인 미술치료에는 참여했지만, 어머니와 남동생은 집으로 방문하는 사회복지사와의 약속을 무시하였으며, 특히 어머니의 미술치료에 대한 궁극적인 열의를 미심쩍어 했다. Theresa는 어머니에게 우리를 신뢰할 수 없다고 종종 경고했고, 나중에는 어머니가 후회했던 민감한 가족 정보를 공개하도록 '강요'한 요양 시설의 사회복지사를 상기시켰다. 우리의 치료 팀과 어머니의 관계에 대한 Theresa의 감정은 이후 치료 관계를 형성하는 과정 내내 여러 균열로 어려움을 겪게 되는 장애가 되었다.

치료 계획을 진전시키는 것은 어려웠다. Griffin 가족은 치료를 불신하고 꺼렸다. 그러나 그들은 어머니의 병, 항암 화학요법 후 암의 재발에 대한 불안, 아이들의 사춘기 발달 문제 및 초기 병력과 관련된 미해결 상태의 애착 문제 등이 포함된 힘든 상황에서 가정을 유지하려는 강한 의지를 가지고 있었다. 가족 치료 접수를 마치고 기관의 책임자와 상담 사례 관리자는 미술치료가 바로 어머니가 받아들일 수 있는 치료 방법이 될 수 있다고 판단했다. 놀랍게도 Griffin 여사는 가족 단위 세션이 아닌 개별 세션의 미술치료 상담에 잠정적으로 동의했다. 그녀는 세션을 치료가 아닌 미술 수업으로 여기는 것처럼 보였다. 이는 그들의 신뢰를 얻기 위한 길고 느린 과정이었다. 많은 좌절과 위기가 Griffin 가족과 2년 넘게 함께 했던 더디고 체계적인 진행을 주기적으로 방해하였다.

이 가족을 위한 치료 팀에는 상담 사례 관리자 및 부모 교육을 담당하는 사회복지사, 부모를 지원하는 가족 옹호자, 그리고 가정을 기반으로 하며 치료를 지향하고 구조화된 멘토 활동을 통해 Dean을 돕는 인력이 포함되었다. 기관 소속 미술치료사로서 나는 Dean과 그의 어머니를 위한 개인 미술치료와 함께 가족을 위한 치료 계획을 세우기 위해 Dean과 가족의 미술치료 평가 및 개인 미술치료 평가를 실시하였다.

나는 Dean의 증상이 어머니의 암 진단과 관련이 있다고 생각했다. 그 증상이 사춘기의 정체성 발달 과정에서 발생했다는 사실은 치료팀이 애착 이론을 가족의 복합적인 역동성과 어머니의 암 발생과 같이 생명의 위협을 받는 위기 상황에서 다양한 스트레스 요인이 가족 구성원에게 어떠한 영향을 미치는지 이해하기 위한 기본 틀로서 고려한 것을 뒷받침해 주고 있다.

치료 지침에 관한 이론

Griffin 가족에 대한 치료 계획을 개념화할 때, 입양 과정에서 알려지지 않은 다양한 형태의 위탁 가정 알선이 두드러지게 나타났다. 가정 방문 서비스에 집중된 기관으로서 우리의 가장 중요한 목표는 퇴거의 위험이 있는 아이들을 둔 가정을 대상으로 임상 및 케이스 관리 서비스를 구현하는 것이었다. 통상적으로 개인치료, 부모 교육, 인지 · 행동 전략이 이와 같은 경우에 사용되었다. 그러나 아이들이 조기 애착 관계에서 불안전한 경험을 할 경우 보다 적합한 치료의 틀이 요구된다(Hughes, 1997). 이와 함께 입양이 가족에게 미치는 영향에 대한 지식은 우리의 치료 접근에 대한 생각의 길잡이가 되었다. Hughes(1997)는 다음과 같이 언급했다.

> 입양은 결혼과 꽤 닮아 있다. 대다수는 서로의 아픔을 해소하지만, 일부는 함께 있어도 불행하다. 어떤 이들은 상대방에 대한 자신의 기대를 낮추게 된다. 일부 소수에게는 사랑, 배움, 성장을 위한 멋진 경험이다. 성공적인 입양을 위해서는 결혼만큼의 보살핌, 사고 및 기술 훈련이 필요하다(p. 261).

입양 당시에 아이들의 이력에 대한 정보나 지원이 어머니에게 거의 전달되지 않았다. Griffin 여사는 아이들을 사랑하겠다는 소망과 그들을 위한 독립된 가정을 만들겠다는 그녀의 헌신이 충분할 것이라 믿었다. 이는 많은 양육자와의 관계에서 혼란을 경험한 아이들의 지속적인 발달을 뒷받침할 수 있는 가족 체계를 만드는 것이 필요하지만, 이것만으로는 충분하지 않다고 주장할 수 있다. 여기에 알려지지 않은 방치 및 학대에 관한 아이들의 경험도 있었다.

John Bowlby는 30년 전 런던의 태비스톡 클리닉(Tavistock Clinic)에서 정서적으로 문제가 있는 아이들과 가족을 치료한 경험을 바탕으로 애착 이론을 공식화했다(Cassidy, 1999). Bowlby는 아이들은 유아기와 아동기의 관계 패턴을 내부화시키고, 이러한 관계 스키마(schema)는 부모와 자녀가 어떻게 관련되어 있는지를 포함하여 삶의 중요한 모든 관계에 영향을 미친다고 믿었다. 1969년과 1980년 사이에 나온 그의 기념비적이고, 3부작이라 할 수 있는 『애착과 상실(Attachment and Loss)』이 출판된 이래, 애착 이론에 대한 연구가 아동, 청소년, 성인 및 가족의 범위로 확대되었다. 애착 이론은 인간관계와 행동의 복합성을 지속적으로 밝혀 주는 30여 년 간의 유익한 연구의 도움을 받았다. 개인의 초기 애착이 이후 사회 · 정서적 기능과 일관되게 연관되어 있다는 Bowlby의 이론을 경험적 · 개념적으로 뒷받침하는 내용을 포함하는 문헌이 있다. Bowlby(1979)에 따르면 다음과 같다.

> 모든 연령대의 인간이 어려움에 직면할 경우, 한 명 이상의 기댈 수 있고 신뢰할 수 있는 사람이 있다는 것을 확신할 때 가장 행복하고 자신의 재능을 최대한 활용할 수 있다는 증거가 축적되고 있다. 신뢰할 수 있는 사람 혹은 애착 대상(attachment figure)은 그들에게 필요한 안전한 기반을 제공하는 것으로 간주할 수 있다(p. 103).

대상관계 이론(object relations theory)의 파생물로서 애착 이론은 여러 가지 방식으로 미술치료 기법과 호환이 가능하며 평가 및 미술치료 개입법의 개발을 위한 투사적 그림 검사(projective drawings) 사용에 도움이 된다. 최근에 미술치료사들은 다양한 사람을 대상으로 한 그들의 작업을 알리기 위해 애착 체계(framework)를 도입했다(Kaiser, Holt, & Francis, 2001).

미술치료사로서의 작업에서 나는 내담자 문제에 대한 개념화와 치료 개입(treatment interventions)을 개발하기 위해 애착 이론을 사용했다. 미술치료 평가에서는 개인과 가족 모두에게 새 둥지 그림(Bird's Nest Drawing: BND; Kaiser, 1996)을 사용하여 내담자의 행동과 증상에 영향을 미치는 애착 안정성이 갖는 무의식적인 측면을 살펴보았다. 이 그림과 가족 그림의 정보는 주로 내담자의 불안정한 애착을 재구성하여 건강한 기능을 증진하는 프로세스를 지원하기 위한 애착 체계를 통합하는 데 유용하다. 가족과의 치료 작업에 착수할 때, 나는 애착 체계와 함께 사용된 미술치료가 가족 치료를 위한 가능성 있는 접근 방법이라고 믿었다.

Santrock(1989)에 의하면 애착은 친밀함(proximity)을 증진하고 안정을 제공하는 역할을 하는 한 쌍의 관계에 있는 두 사람이 보여 주는 행동으로 정의된다. 가족 관계에서 이 방정식에는 가족의 구성에 따라 부모-자녀, 형제자매, 동거 관계 등이 포함된다. 애착 행동 체계의 주요 기능은 아이들이 보호자와의 친밀함을 유지하는 복합적인 행동 양식을 통해 그들의 보호와 생존을 보장하는 것이다(Bowlby, 1969/1982).

시간이 지남에 따라 상호작용은 부모와 자녀 사이의 강한 애정의 유대감을 형성하는데, 이는 "애착과 관련된 정보의 조직을 위한 의식적 또는 무의식적인 규칙의 집합이며 그 정보에 대한 접근을 허용하거나 제한한다."(Main, Kaplan, & Cassidy, 1985, p. 92) 따라서 부모와의 상호작용은 아이에 의해 내면화되며 부모와의 유대를 넘어서는 관계 맥락에서 자기 자신과 다른 사람들에 대한 기대를 유도하는 스키마를 제공한다(Sroufe, 1988). 이 친밀한 감정적 유대는 스키마로 내재화되어 있으며 "자신과 타인 및 세계에 대한 인식을 결정짓는 초기 애착 관계에 대한 정신적 · 감정적인 반영"이라는 애착 관계 속에서 자신과 타인의 내적 작동 모델이라고 일컬었다(Bowlby, 1982: Levy & Orlans, 1998, p. 17 재인용).

Hughes(1997)가 지적했듯이 부모-자녀 관계는 스트레스를 받는 시기에 감정 재충전(emotional refueling)을 위해 자녀가 부모에게 의지하는 발달 단계이다. 그는 청소년기에도 부모와의 관계에서 비롯되는 감정의 재충전이 필요하다고 강조했다. 부모는 자녀의 애착 요구에 대해 다르게 반응하며, 이로 인해 아동의 애착 행동 패턴이 다양해지고 결과적으로 애착 형성의 다양한 범주로 이어진다(Mayseless, 1996). 아동기와 청소년기의 범주는 안정, 불안정한 회피와 양가감정, 그리고 무질서로 묘사되었다.

최적의 상태에 미치지 못할 경우, 보호자로부터 이용할 수 있을 만큼의 근접성과 보호를 보장받기 위해 아동의 적응 반응에서 불안정한 애착이 발생한다. 이러한 불안정한 애착 패턴은 아동기의 맥락에서 적합하고, 주요 애착 대상에 접근 가능하며 보호받을 수 있도록 발달하지만, 청소년기와 성인기에는 효과가 없다. 예를 들어, 우울한 부모를 둔 아이는 우는 욕구를 억제하고 안정감을 찾기 위한 전략을 개발하여 부모가 아이 옆에 더 오래 머물러 있게 할 수 있다. 이 같은 전략을 다른 사람들과의 관계에 적용할 경우, 그는 다른 사람들로부터 도움을 받고 협조적인 반응을 유도하는 방식으로 감정과 욕구를 전달할 가능성이 적어진다.

애착 이론 체계로 치료하는 것은 관계에서 보다 건강하고 적응력이 강한 감정 조절 및 상호작용의 발달을 지원하기 위해 내담자의 불안정한 애착 형성의 재작업 또는 재구성을 수반한다. 재구성이 기존에 내부화된 안전 스키마를 수정 혹은 복원하는 것과 관계없이 치료와 같은 보상적 관계 경험이라는 맥락에서 발생해야 한다. Ricks(1985)는 정서적으로 교정된 경험을 통해 개인의 애착 작동 모델에서 변화가 일어날 수 있는 방법을 논의했다. 이는 다음을 통해 발생한다.

> ……세 가지 주요 관계 유형에서 교정적 정서 경험은 시간 경과에 따라 초기의 동일한 관계 내에서의 변화를 통해 나타나고, 초기에 획득한 모델을 거부하게 하는 다른 관계에서의 반복된 경험을 통해 나타난다. 그리고 단일 관계 내에서 특별히 강한 감정적 경험으로 초기에 상정한 것을 거부하는 것을 통해 나타난다(p. 221).

따라서 부모가 자신의 불안정한 패턴을 보다 안정된 것으로 변화시킬 수 있다면, 이는 자녀와의 관계 패턴에 영향을 미쳐 불안정한 애착 모델을 재구성하기 위한 단계를 설정하게 된다. James(1994)는 외상을 경험한 아이들의 애착 치료를 위한 상담에서 애착의 성공적인 재구성을 위해 필요하다고 여기는 조건, 즉 안전, 보호 환경 및 치료 관계에 대해 논의했다.

치료는 피아제(Piaget) 이론의 의미에서 조절 과정을 자극하기 위해 오래되고 불안정한 작동 모델을 교란시키는 방법으로 볼 수 있다. 내담자와 공감하는 치료사와의 지속적인 관계에서 내담자는 새로운 경험이 감정적 개입의 거부 혹은 결핍에 대한 기대에 부응하지 못하기 때문에 불안정한 작동 모델에서 긍정적인 경험을 받아들이는 것을 지속할 수 없다. 이처럼 새롭게 재구성된 스키마를 만드는 것은 애착 이론 체계에서 근거한 치료 목표이며, 이는 과거의 작동 모델을 방해하는 반복적인 개입에 의해 나타나야 한다. Griffin 여사가 완전히 새로운 방식으로 치료사인 나와의 관계를 경험하는 것은 치료사를 신뢰하지 않는 그녀의 무의식적 가정에 도전하는 것과 같다. 이것은 또한 그녀가 다른 사람들로부터 지원과 보살핌을 얻을 수 있는 능력이 있다고 믿게 할 수 있다. 미술치료에서의 긍정적인 정서적 관계 경험은 그녀의 불안정성을 재구성하는 작업을 시작하여 그녀가 자녀들에게 더 공감할 수 있도록 만들 것이다. 치료적 맥락은 Griffin 여사와 자녀들과의 관계에서 '안전한 부모-자녀 애착'(Levy & Orlans, 1998)의 재창조를 통해 애착의 재구성 단계의 설정을 필요로 한다.

병행치료

나는 초기 평가 작업을 마치고 Griffin 가족에게 배정된 치료 팀과 함께 이들이 수용할 수 있는 방식으로 가족 구성원 및 현재 스트레스 요인의 여러 문제를 다루는 치료 계획을 수립하도록 도왔다. 어머니가 암과의 싸움에 직면한 상황에서 가족 기능이 지속할 수 있도록 지원하는 동안 자녀의 청소년기 발달, 가족 모두의 치료에 대한 불신, 입양 전 알려지지 않은 초기 아동기의 경험 등은 치료 팀에게 위협적인 요소였다. 큰 상실감에 힘들어하고 어머니의 암 투병의 결말을 가장 두려워했던 Griffin 가족에게 애착 이론 체계를 사용하는 것이 긍정적인 결과를 기대할 수 있는 접근법이었다. 미술치료 방식은 이미 가족에게 수용 가능한 것으로 확인되었다. 가족은 한 가지를 제외하고—어머니는 우리가 권장한 가족치료를 원하지 않았다—치료 계획을 수락했고, 치료는 보통 모든 내담자 가족과 함께 행해졌다. 그녀는 결국 일부 상담을 수용했으나 이전의 경험으로 인해 가족 상담을 특히 경계했다. 우리는 그들에게 명백히 필요한 체계적인 접근법을 사용할 수 있을 것인가? 우리는 Griffin 여사가 개인 미술치료에 동의했기 때문에 치료 계획을 병행치료 모델로 전환했다.

Chazan(1995)이 정의한 바와 같이 병행치료는 동일한 치료사가 부모와 자녀 한 쌍을 분리된 세션으로 치료하는 것이다. 이 모델은 치료사가 부모와 자녀, 그리고 각자의 주관적인 경험을 재구성하기 위해 그들의 개인적인 표현 세계 사이의 상호작용에 초점을 맞출 수 있도록 한다. 이는 애착 이론, 학습 이론 및 발달심리학에서의 각 개념을 통합하는 것을 기반으로 한다. 청소년 행동 문제에 대한 대부분의 치료 모델은 아동을 치료에 참여시키는 것을 지향하며, 치료가 중단될 때 다시 나타나는 증상을 일시적으로 개선하기도 한다(Hughes, 1997). 병행치료는 아이들의 애착 이력과 가족이 개인 미술치료 상담을 기꺼이 받아들이겠다고 한 부분에서 Griffin 가족의 요구에 부합하는 모델로 선정되었다.

Dean의 어머니의 미술치료

병행치료는 치료 대상(부모–자녀) 각 구성원의 발현 문제에 영향을 주는 주관적인 경험의 재구성을 돕기 위한 것이므로, Dean의 어머니와의 작업은 가족의 생태적 상황(ecological context)을 개선하는 데 중요한 것이라 여겨졌다. 우리는 Griffin 여사와의 최초 작업에서 그녀의 견해를 변화시키고, 그녀의 병에 대한 Dean의 반응을 보다 정확하게 측정할 수 있다고 믿었다(Chazan, 1995). 이것은 결국 그녀에게 가족이 스트레스를 많이 받고 있는 상황과 관련하여 Dean의 증상에 대한 새로운 시각을 제공할 것이다. 이론적으로 그녀가 공감할 수 있는 다른 사람들의 지원과 관심을 받을 가치가 있는 사람이라는 것을 받아들일 수 있게 도와줌으로써 아이들에 대한 대처 전략을 용이하게 할 수 있다. 이것은 온 가족이 그녀의 병을 둘러싼 스트레스에 대처하는 데 도움이 될 것이다. 치료 자체는 내담자가 과거의 문제 상황뿐만 아니라 직면한 문제 상황에 보다 잘 적응하는 데 필요한 새롭고 건강한 행동을 탐구할 수 있는 안정된 기반이나 환경을 제공하는 것으로 생각할 수 있다(Slade, 1999). Griffin 여사가 아이들을 위한 안정된 가족 기반을 조성할 수 있도록 나는 부모–자녀 관계를 방해하는 현재 또는 과거의 경험을 탐구하는 과정에서 그녀의 안전한 기반이 되어야 했다(Byng-Hall, 1995).

Griffin 여사와의 작업에서 나는 미술치료 세션 중에 나타난 우려사항을 파악하기 위한 환경을 제공하려 했다. 의미심장하게도, 그녀는 병에 대해 이야기하거나 가족 또는 자녀의 행동에 미치게 되는 영향을 고민해 보려는 욕구가 전혀 없어 보였다. Griffin 여사는 Dean 또는 Theresa의 행동에 대해 불평하고 가족의 일상적인 문제에 초점을 맞추어 상담을 시작했으나, 어린 시절 또는 아이들을 입양하기 전 젊은 여성이었을 때의 경험에 대해 이야기하기 위한 미술 작품 제작 과정에서 자극을 받곤 했다. 초기에는 문제해결에 뛰어들지 않고 아이들에 관한 그녀의 불평을 경청하기가 어려웠지만, 긴장을 풀고 그녀가 하는 말과 스트레스의 관점에서 함축된 감정에 집중하는 법을 익혔다. 참을성 있게 경청하는 자세를 전제로 Slade(1999)가 서술한 '듣는 임상(clinical listening)'과 내가 들은 바를 되돌아보는 것은 그녀의 작품에서 내적 경험을 드러내는 공간을 창출했다. 의미 있는 자료를 조금씩 만들어 가면서 역동성을 애착과 관련하여 이해할 수 있게 되었다. 동시에 나는 어머니의 병을 표면에 드러내고자 하는 애착 욕구의 측면에서 Dean과 Theresa의 행동을 재구성하면서 입양되기 전 부모와의 분열 경험에 중첩시켰음을 강조했다.

처음에는 그림이 기괴하고 일관성이 없었다. 그래서 개인적 또는 상징적 의미를 이해하기가 어려웠다. 그림은 암으로 투병 중인 것에 대한 불안함과 두려움을 표출하는 것처럼 보였다. 그녀의 이야기에 귀를 기울이면서 나는 그림에 숨겨진 감정과 관련된 정서적 견해를 해석하려고 했다. 어린 시절의 경험이나 현재의 상황을 둘러싼 두려움에서 묘사한 상처, 고통, 박탈을 반영하거나 인정하는 그녀의 능력이 처음에는 미미했지만, 마침내 그녀의 감정과 경험을 시각적 형태로 보다 분명하게 표현할 수 있게 되었다.

부분적으로 그녀는 감정이나 정서적 고통을 인정하는 것이 너무 어려웠기 때문에 무시하거나 회피하는 애착 형태(Bartholomew & Shaver, 1998)의 특성을 보였다. 무시하는 (애착 형태를 가진) 사람은 어린 시절에 보호자와의 경험을 바탕으로 내면화된 부정적 기대감으로 인해 밀접한 관계를 피한다. 자존감을 유지하기 위해 그들은 정서적 연결의 가치 또는 필요성을 방어적으로 부정한다. 회피의 애착 형태를 보이는 아이는 다른 사람을 필요로 하지 않는 태도를 보이고 종종 거절의 느낌과 사랑의 욕구를 분산시키기 위해 놀이 활동에 참여함으로써 깊은 외로움을 감추려 한다. Griffin 여사는 자신의 감정과 대인관계에 대한 욕구를 인정하는 것을 희생하면서 자신의 일과 부모 역할에 상당한 심적 에너지를 소비했다. Griffin 여사는 자신의 감정을 구두로 표현하기를 꺼렸지만 점차 그녀의 작품을 통해 내면을 표현했다.

Griffin 여사는 시간이 지남에 따라 그림 속 공간에 나타나는 풍부하고 강렬하며 신랄한 이미지로 묘사하지 않게 되었다. 그녀는 독특한 개인 스타일을 개발했을 뿐만 아니라, 자신의 미술 재료를 구입하여 미술관을 방문하고, 여성 작가의 삶을 탐구하며, 아이들을 위한 스케치북을 제공하기 시작했다. 우리 작업의 대부분은 그녀가 청소년기에 아버지를 잃은 것에 초점을 맞추었다. 그녀의 아버지가 암으로 사망한 사실을 밝히기까지는 거의 일 년이 걸렸다. 이는 우리 작업에서 몇 달 동안 그녀의 어린 시절에 대해 잠정적으로 공유하기 전에 선행된 중요한 전환점이었다. 그녀는 점진적으로 신중하게 자신의 발달의 과도기적 시점에서 사랑하는 아버지를 잃은 것을 슬퍼하기 시작했는데, 이는 비극적이게도 그녀의 자녀들의 현재 상황과 유사했다.

Griffin 여사가 여러 그림을 그리는 동안 황금빛 태양이 관찰되었다는 것은 흥미로운 사실이었다. 이 되풀이되는 상징은 세션이 진행되는 동안 시간을 들여 정교하게 그린 그림들에서 다양한 형태로 나타났다. 여러 해석이 가능하지만, 태양은 그녀의 죽은 아버지[또는 황금 아들(golden son)에 대한 그녀의 욕망]를 나타내는 것처럼 보였다. 그림은 꽤 감동적이었고 나는 그녀가 만든 특정 이미지를 상기시켜 주는 시를 발견했다. 그녀는 차례로 시를 사용하여 시에 대한 정서적 반응을 암시하는 또 다른 이미지의 창작에 대한 영감을 얻었다. 그녀는 종종 시를 그림에 콜라주로 표현하곤 했다. 궁극적으로 태양 이미지가 사라지고 그녀의 마지막 작품은 전형적 형태—치료 종료 시 선물한 그림에는 지팡이를 들고 성자 예복을 입은 채 언덕길을 따라 걷는 어두운 피부색의 인물이 있었다—를 가졌다. 이것은 마침내 그녀가 마음을 열고 예술적 탐구를 받아들이는 위험을 감수한 것에 대한 존경심을 불러 왔다.

Griffin 여사와 나 사이의 상호작용과 의사소통을 위한 용기(容器)로서의 미술을 통해 정서적인 유대관계가 형성됨으로써 그녀는 아이들에게 더 많은 관심을 보일 수 있었다. 점진적 변화가 가족의 상호작용에서 나타났고 이후 아이들의 작용에 긍정적인 영향을 미쳤다. 그러나 Griffin 여사의 치료 기간에 치료 관계에서의 분열이 몇 부분에서 나타나면서 Dean의 어머니와 가족이 나아갈 수 없게 서서히 위협했다. 치료 연합에서의 분열은 여러 가지 이유로 발생하며, 환자의 내면화된 기대가 치료 관계에 의해 새로운 형태로 어려움에 놓이기 때문에(Safran & Muran, 2000) 이러한 유형의 치료에서 나타날 수 있다. 분열이 일어났을 때 서서히 회복하는 데 수개월이 걸렸다. Griffin 여사와의 더 깊고 집중적인 작업에 비해, Dean과의 개별적인 미술치료는 다른 과정과 경험일 것이다.

Dean의 미술치료

그의 어머니는 과거의 문제, 특히 암으로 인한 아버지의 죽음을 둘러싼 미해결의 슬픔을 해소할 수 있도록 돕는 안전한 기반을 제공함으로써 Dean의 내적인 갈등을 더 잘 이해할 수 있기를 희망했다. 동일한 병으로 어머니를 잃을 수 있는 실제의 가능성에 직면하여 그의 무언의 공포는 인정되거나 언급되지 않았다. 개별 미술치료에서 나는 Dean이 비언어적으로 자신을 표현할 수 있는 수단을 제공하고, 이러한 문제를 어머니와 함께 더 직접적으로 다루기를 희망했다. Linesch(1988)는 청소년을 대상으로 한 미술치료가 언어, 통찰 지향적일 수는 없지만, 그 대신 정서적 표현을 위한 상징적 수단을 제공할 수 있다고 언급했다. 치료 팀은 Dean과의 작업을 일종의 보전 환경(holding environment)으로 여겼고, 그가 경험한 것을 그림으로 표현할 수 있는 공간으로 봄으로써 그의 감정적인 갈등을 다루기 위해 어머니와 함께 작업하게 되었다. 청소년기 삶에서 치료사의 존재는 "부모 또는 가족과 경쟁하거나 대신하지 않고, 양육에 더해지거나 확장 및 보충한다."고 할 수 있고(Boyd-Franklin & Bry, 2000, p. 102), 이는 애착 이론 체계를 일관되게 사용하는 하나의 견해이다.

Dean은 흥미로운 내담자였다. 이전에 함께 작업했던 대부분의 청소년과는 달리 그는 미술치료에 공개적으로 도전하거나 저항하지 않았다. 그는 순응하고 웃으며 공손했다. 분명히 성인으로부터의 개별적인 관심을 즐겼으며, 자기반성 능력은 거의 없었다. 행동과 태도는 더 어렸고, 이는 잠재연령기(latency-aged)에 있는 아이의 특징이었다. 그는 콜라주 재료를 거부하고 색연필로 그리는 것을 선호했다. 개인 및 가족 예술치료 평가에서 그렸던 초기의 그림은 알쏭달쏭했다.

그는 나를 위해 그렸던 그림을 들고 개인 평가 세션을 위해 우리 사무실에 방문했다. 그림 속 인물은 남성이고, Dean의 또래보다 좀 더 나이가 들어 보였으며, 마치 소리 지를 때처럼 입을 벌린 채 선글라스를 착용하고 있는 모습은 상당히 완성도 높은 사실적인 묘사였다. 분노, 저항, 흥분 등 어떤 종류의 감정을 표현했는지는 분명하지 않았다. 그림은 오로지 머리만 그려 놓은 상태였고 내가 그에게 이미지에 대한 연관성을 물었을 때 Dean은 당혹스러워했다. 그 남자에 대해 물어본 것과 상관없이 그는 단지 어깨를 으쓱하며 알지 못한다고 했다. 내가 생각할 수 있는 것은 '나는 인물의 안경이 궁금한데, 아마도 그가 보고 싶지 않은 것이 있는 것 같다.'라는 것이었다. 몸통 없이 입과 눈을 강조하여 묘사한 첫 번째 그림은 초기 개인 세션에서 치료 과정 동안 여러 형태로 반복되어 나타났다. 그의 외계인 시리즈를 본 뒤 그의 작품을 다시 살펴보고 나서, 나는 그것이 서로 다른 자아의 정체성 탐구에 대한 무의식적인 그림 표현인 것을 알게 되었다.

정체성 형성은 사춘기의 주요 발달 과제이며, 일부 개인에게는 성인기까지 확장될 수 있는 복잡하고 까다로운 노력이다(Muuss & Porton, 1998). 이 과정에서 탈선의 위험과 그에 따른 정체성 혼돈은 항상 나타난다. 정체성 혼돈은 혼란과 목표 지향 및 몰입의 결여로 특징지어진다. Muuss(1998)는 이전의 심리사회적 단계가 완전히 해결되지 않았을 때 정체성 탐구로 인해 청소년들이 직면하는 어려움을 언급했다.

> 불신, 수치심 및 의심, 죄책감 또는 열등감 문제가 청소년기에 머물러 있는 한, 정체성 문제의 원활하고 쉬운 해결은 어려워지고, 청소년의 정신사회적 문제(학교 문제, 약물 남용, 비행, 자살 및 자살기도, 성적 문란 등)는 초기 단계의 발달 결손의 결과로 이해될 수 있다(pp. 262-263).

성숙한 남성 인물에 대한 묘사는 그와 관련된 내부 갈등을 반영하는 것처럼 보였으나, 적어도 그가 정체성 탐색을 시작했다는 것을 암시했다. 그의 애착 형태는 훨씬 어린아이로서의 초기 표상과 정체성 탐색을 위한 미술 매체의 궁극적인 사용의 이해와 관련이 있다.

개인 미술치료 평가에서 Dean은 가족을 나무에 사는 두 마리의 작은 동물(그와 그의 누이?)로 묘사한 가족 그림을 그렸다([그림 2-3]). 이 이미지는 동물과 장난감에 대한 집착을 암시했으며 치료 과정에서 종종 표현되었다. 나무 옹이구멍에 있는 동물은 Dean의 모습을 반영한 것처럼 보였다. 사랑스러운 미소를 지닌 귀여운 곰 같은 생물이었다. 그것은 현재와 과거에 그의 애완동물에 관한 우리의 많은 대화를 예고했다. 그는 어머니가 작은 아파트에서 살 때에는 허락하지 않았던 늙은 개, 햄스터, 물고기를 다시 한 번 키우기를 원했다. 동물에 매료된 것과 함께 그는 자신의 오래된 장난감을 갈망했다. 애완동물과 장난감에 대한 갈망은 양육에 대한 충족되지 않은 욕구와 다른 사람과의 즐거운 놀이를 함께 하고 싶은 것에 대한 욕구를 나타냈다. 어느 날 그는 장난감 가게 관리자([그림 2-4])로 자신의 모습을 그렸고, 그가 상상할 수 있는 모든 장난감을 가지고 있다는 환상에 대해 이야기했다. 장난감 가게 관리자는 안경을 쓴 남성 인물을 그린 첫 번째 그림과 흡사했고 사춘기의 자기묘사가 담긴 동물과 장난감에 대한 집착과 연결되었다.

Dean의 가족 미술치료 평가에서 나온 가족 그림은 바닥에 앉아 있는 3명의 가족 구성원이 우노(Uno) 게임을 하고 난 뒤 다시 즐거운 놀이를 하고 싶어 하는 욕구를 표현한 것이었다. 가족은 얼굴이 없는 작은 막대기 모양으로 그려졌고, 각각의 카드에 담겼다. 이 이미지는 가족 구성원이 공동 활동에 참여했음에도 불구하고 그들 사

그림 2-3

그림 2-4

이의 감정적인 거리와 고립을 암시했다. 그들이 각자의 두려움과 감정적 갈등에 빠져들고 있는 동안 가족 상호 간의 놀이에 참여하고 있는 것처럼 보였는가? 이는 카드 위에 구부리고 있는 태아형 자세로 그려진 얼굴 없는 인물의 외로움과 가족이 함께 무언가 하는 것을 그림으로써 연결을 갈망하는 것을 암시했다.

가족 평가 중에 새 둥지를 그릴 것을 요청받았을 때, Dean은 그의 어머니와 누이가 그렸던 것과 모양과 스타일이 꽤 비슷하게 페이지의 중앙에 작고 빈 둥지를 한 가지 색을 사용하여 그렸다. 그가 그림에 '가족'이라는 제목을 붙였음에도 불구하고 이는 고립, 절망, 외로움을 암시했다. 둥지는 기울어진 채 페이지 중앙에 거의 완전한 원으로 그려졌다. 둥지는 어떤 내용물도 적절하게 담을 수 있는 속성이 결핍된 것처럼 보였다. 한 연구(Kaiser, 1996)에서 기울어져 알이나 새를 담지 못하는 둥지는 불안정적으로 애착이 형성된 여성에게서 빈번하게 나타났다. 이 그림은 Dean이 현재 가족들에게 적절하게 받아들여지지 않고 있다는 느낌을 무의식적으로 표현한 것일까? 그가 보여 준 증상, 이력 그리고 초기 그림을 바탕으로 Dean은 불안한 양가감정 또는 집착하는 애착 형태를 갖고 있는 것처럼 보였다.

집착하는 애착 형태를 보이는 청소년 또는 성인은 애착 관계와 어린 시절의 경험에 대해 설명하는 데 일관성이 없다(Bartholomew & Shaver, 1998). 이것은 Dean이 감정을 식별하고 표현할 수 없거나, 자신의 어린 시절 또는 현재의 삶의 경험을 묘사하는 데 자신의 그림과의 연관성을 훨씬 적게 부여하는 것과 일치했다. 이러한 일관성 없음은 집착과 함께 종종 부모와 같은 인물에 대한 화를 표현한 것일 수 있는데, 이는 해결되지 않은 초기의 아픔에 수반된 압도적으로 고통스러운 갈등의 상태로 나타날 수 있다. Dean의 가출은 암과의 전투에서 (그리고 감정적으로 사용할 수 없는) 그의 어머니에 대한 분노와 입양 가정에서 알게 된 세상의 억압 및 안전에 대한 호소가 그녀의 병으로 인해 무너진 것처럼 보였다. 집착하는 애착이 있는 사람들은 부모가 친밀감을 갖도록 돌봐 줌으로써 역할 전환을 보이려는 경향이 있고, 부모와 얽매여 있을 수 있으며, 발달적으로 보다 적절한 관계로 발전시키지 못한다(Karen, 1998). 이것은 Dean에게 분명 사실이었다. 그의 어머니는 Dean이 하루에 네 번씩 그녀의 행방을 확인하기 위해 직장에 전화했다고 불평했다.

미술치료 과정에서 Dean은 무수한 그림을 그렸고 마침내 예술에 대한 어머니의 열정을 따랐다. 그는 창조적인 과정을 통해 매체와의 안정감을 발달시켰으며, 학교 또래 집단에서 이를 강화할 가능성이 높았다. 고등학교 최고 학년 때 그는 미술 수업을 등록하여 인물화로 스케치북을 채우기 시작했는데, 이는 정체성 탐구를 위한 그림 일기의 일종이었다. 외계인은 누이와 어머니가 생모와 접촉할 가능성에 대해 논의할 때 한 권의 노트에 채워졌다. 외계인 시리즈는 Theresa가 자신의 어머니에게 연락을 취할 경우 나타날 수 있는 가능성을 이야기하는 것을 듣고 입양 상태에 대한 우려를 표명한 것일 수도 있다. 내부인 대 외부인의 지위와 그의 사회 환경이 자연스러운 부분이 아니라는 개념은 이러한 외계인을 끌어낸 후에 그림으로 표현되었을 수 있다. 다시 말하지만 그는 가능한 수단에 대한 논의에 참여하려는 나의 시도에 응하지 않았다. 점차 그림 속 인물들은 새롭고 사실적인 자화상에 이르렀다. 그가 그린 마지막 자화상 중 하나는 그가 나에게 주었던 첫 번째 그림의 보복이었다. 이제는 선글라스가 남자의 이마에 붙어 있어 안경을 쓴 슬픈 눈빛으로 우울한 질문을 생각하면서 내려다보는 듯한 사실적인 자화상이었다. 이 그림은 나로 하여금 그가 이제 현재 삶의 비극적인 면을 직면하기 시작했는지에 대해 궁금하게 했다.

내 요청에 따라 Dean은 치료 과정 동안 3개의 BND를 그렸다. 그리고 애착 이론의 개념과 안전한 사람이 둥지 안에 있는 모습이 묘사될 것으로 예상되는 것이 Dean과 그의 가족에게 알려졌을지라도, 이것이 그의 그림에 영향을 미치지 않을 것으로 보였다. 이전에 언급했듯이 그의 평가 그림은 연필로 그려진 작고 빈 둥지였다. 치료에서 약 일 년 반 동안 그는 다시 연필로 4개의 부화된 알과 함께 둥지를 그렸다. 치료가 끝날 무렵, 그는 큰 둥지와 그 안에 앉아 있는 큰 새를 색을 사용해 그렸다. 나는 이러한 진전이 표현된 것인지, 아니면 적어도 그의 애착 안정성이 보다 안전하고 긍정적으로 표현될 수 있을지 궁금했다.

힘겨운 종료

Dean이 18세가 되면 더 이상 우리 기관의 서비스를 받을 수 없게 된다. Griffin 여사는 이전에 여러 번 서비스를 종료하기를 희망했지만, 종료를 위한 계획을 세우기 시작할 때마다 계획을 벗어난 위기가 발생했다. 우리는 이 행동 순서를 가족의 결말에 대한 양면성의 표현으로 해석하고, 실제로 우리가 종료 상황에 직면했을 때 어렵지만 그것이 가족치료의 전반적인 성공에 영향을 미치는 중요한 사건이 될 수 있음을 알았다.

이를 준비하기 위해 우리는 몇 달 전부터 종료에 대해 논의하기 시작했고, 사회복지사는 지역사회가 Dean과 그의 가족을 위한 서비스에 접근하는 것을 도와주었다. Dean은 고등학교를 졸업할 준비를 하고 있었고, 우리는 이 과도기와 가족치료로부터 '졸업'을 기념하기 위해 축하행사와 의식을 계획했다. 나는 오랫동안 어머니와의 관계의 중요성에 대해 이야기하고 치료가 끝났을 때 우리 모두가 경험하게 될 상실에 대한 일반적인 반응에 대해 이야기했다. 치료의 종료는 Griffin 여사에게 특히 어려웠는데, 이는 그녀가 했던 작업의 깊이로 인한 것이어서 마지막 날에 함께 미술관을 방문하기 위해 특별한 준비를 했다. 여유롭게 시설을 둘러보면서 우리는 모든 사람이 한 일의 진전을 검토하고 함께 보낸 시간이 특별했음을 인정했다. 오랜 기간 그들과 함께 일했던 치료 팀과 가족 구성원 모두에게 우리 모두를 위한 변화가 일어났다.

이 가족의 미약하지만 점차 애착 안정성이 성장하면서 여러 가지 요소로 인해 복잡해졌으며, 가족과의 작업 집중도와 지속 기간을 고려했을 때 적어도 부분적으로는 성공한 것으로 판단했다. 우리는 미래의 어려움에 대처할 수 있는 가족의 역량을 지속적으로 시지할 수 있는 지원을 적절하게 마련했다고 확신했다. 또한 일정 기간 제공하려고 시도했던 안전한 기반이 적어도 부분적으로는 Dean과 그의 어머니에 의해 내면화되어 그 필요성을 인식하면서 도움을 청할 수 있는 능력을 증진시키는 데 도움이 되기를 희망했다. 나는 두 가족 구성원이 동시에 변화했기 때문에 '가족 기능의 전체 집합체가 변화되었음'을 기대했다(Chazan, 1995).

결론

이 장에서는 미술을 수단으로 한 정체성 탐구로써 한 청년 입양아의 잠재적인 첫 걸음에 초점을 맞추어 어려움에 처한 입양 가정의 부분적 측면과 집중치료만을 강조했다. 물론 가족과의 작업은 이 형식으로 탐구할 수 있는 것보다 더 많은 역동성과 개입을 포함했으며, 치료가 개념화되고 구현되는 방법을 설명하기 위해 복잡한 것을 다소 단순화시켰다. 애착 체계로 실시되는 병행 미술치료의 광범위한 개념적 관점은 입양 가정에서 애착 역학을 존중할 필요성을 조명하기 위해 강조되었다. 나는 애착 이론 체계와 함께 사용된 미술치료에서 부적응 반응의 위험에 처해 있는 가족을 위하여 가장 중요한 치료 계획을 개념화하는 방법에 대해 분명하게 밝히려고 했다. 그 이유는 선정된 내담자가 초기 부모 역할을 하는 인물과 분리되고 단절되었기 때문이다. 이 가정에서 자녀와 어머니는 모두 어머니가 암에 걸렸을 때 악화되는 애착 불안정의 증거를 보여 주었다.

우리 기관은 2년 이상 Griffin 가족과 함께 미술치료의 형식을 사용하여 어머니와 자녀를 병행치료하는 중심 치료 접근법(central therapeutic approach) 및 일련의 서비스를 제공했다. 이런 방식으로 가족 구성원은 그들의 이야기를 말할 수 있었고 우리는 그 이야기와 함께했다. 이상화된 어머니의 어린 시절에 대한 이야기를 탐구했고, 그녀는 자녀 발달을 돕기 위해 자신의 에너지를 해방할 수 있도록 돌보고 관심을 가질 만한 사람으로 자신의 시각을 재구성하는 것을 시작할 수 있었다. 정체성을 찾고 그가 청소년기에 누구인지에 대해 이해하려 노력하는 Dean의 이야기는 Griffin 여사의 병을 생각할 때 종종 가슴 아팠다. Dean의 정체성 이야기는 그와 어머니가 열정적으로 미술 작품을 만들어 내는 기간에 창작한 무수한 이미지에서 볼 수 있었다. 이 이미지들은 그가 말로 표현하기 힘든 이야기를 들려 주었다.

참고문헌

Bartholomew, K., and Shaver, P. R. (1998). Methods of assessing adult attachment: Do they converge? In J. A. Simpson and W. S. Rholes (Eds.), *Attachment theory and close relationships* (25-45). New York: Guilford Press.

Bowlby, J. (1969/1982). *Attachment and loss, Vol. 1: Attachment*. 2nd ed. London: Hogarth Press.

Bowlby, J. (1979). *The making and breaking of affectional bonds*. London: Tavistock.

Boyd-Franklin, N., and Bry, H. F. (2000). *Reaching out in family therapy: Home-based, school, and community interventions*. New York: Guilford Press.

Byng-Hall, J. (1995). Creating a secure family base: Some implications of attachment theory for family therapy. *Family Process 34:* 45-58.

Cassidy, J. (1999). The nature of the child's ties. In J. Cassidy and P. R. Shaver (Eds.), *Handbook of attachment: Theory, research, and clinical applications* (3-20). New

York: Guilford Press.

Chazan, S. E. (1995). *The simultaneous treatment of parent and child*. New York: Basic Books.

Hughes, D. A. (1997). *Facilitating developmental attachment: The road to emotional recovery and behavioral change in foster and adopted children*. Northvale, NJ: Jason Aronson.

James, B. (1994). *Handbook for treatment of attachment-trauma problems in children*. New York: Lexington Books.

Kaiser, D. H. (1996). Indications of attachment security in a drawing task. *The Arts in Psychotherapy 20*(1): 333-340.

Kaiser, D. H., Holt, E., and Francis, D. (2001). *The Bird's Nest Drawing: Using attachment theory in art therapy practice*. Unpublished paper presented at the 32nd Annual Conference of the American Art Therapy Association, Albuquerque, NM, November 7-11.

Karen, R. (1998). *Becoming attached: First relationships and how they shape our capacity to love*. New York: Oxford University Press.

Levy, T. M., and Orlans, M. (1998). *Attachment, trauma, and healing: Understanding and treating attachment disorder in children and families*. Washington, DC: Child Welfare League of America Press.

Linesch, D. G. (1988). *Adolescent art therapy*. Philadelphia, PA: Brunner/Mazel.

Main, M., Kaplan, N., and Cassidy, J. (1985). Security in infancy, childhood and adulthood: A move to the level of representation. In I. Bretherton and E. Waters (Eds.), Growing points of attachment theory and research. *Monographs of the Society for Research in Child Development 50*(1-2, Serial No. 209): 66-104.

Mayseless, O. (1996). Attachment patterns and their outcomes. *Human Development 39*(4): 206-223.

Muuss, R. E. (1998). Marcia's expansion of Erikson's theory of identity formation. In R. E. Muuss and H. D. Porton (Eds.), *Adolescent behavior and society: A book of readings* (260-270). Boston, MA: McGraw-Hill.

Muuss, R. E., and Porton, H. D. (1998). *Adolescent behavior and society: A book of readings*. Boston, MA: McGraw-Hill.

Ricks, M. H. (1985). The social transmission of parental behavior: Attachment across generations. *Monographs of the Society for Research in Child Development 50*(1-2): 211-227.

Safran, J. D., and Muran, J. C. (2000). Resolving therapeutic alliance ruptures: Diversity and integration. *Journal of Clinical Psychology 56*(2): 233-243.

Santrock, J. W. (1989). *Life-span development*. Dubuque, IA: William C. Brown.

Slade, A. (1999). Attachment theory and research: Implications for the theory and practice and individual psychotherapy with adults. In J. Cassidy and P. R. Shaver (Eds.), *Handbook of attachment: Theory, research, and clinical applications* (575-594). New York: Guilford Press.

Sroufe, L. A. (1988). The role of infant-caregiver attachment in development. In J. Belsky and T. Nezworski (Eds.), *Clinical implications of attachment* (18-38). Hillsdale, NJ: Lawrence Erlbaum.

CHAPTER 03

소속의 춤: 심상유도 음악치료를 통한 정체성 탐구

MARY REGINA REHER

초록

언어 및 문화적 수단을 통해 문제를 탐구하는 데 오랜 시간을 보냈던 원주민 입양아 내담자는 심상유도 음악치료(Guided Imagery and Music: GIM) 시리즈를 시작했을 때와 비교하여 완전한 변화와 치유를 경험했다. 내담자 Karen의 상담 회기 요약이 여기에 있다. 이 변형 시리즈의 여러 측면을 초기 아동기의 외상, 상실 및 슬픔, 소속 및 정체성 문제를 포함하여 탐색했다. 내담자의 원주민 인디언 배경과 영성은 시리즈 전반에 걸쳐 탐색 내내 이어졌다.

도입

심상유도 음악치료는 음악 중심의 의식 탐구로 정의된다. 그것은 사람들에게 웰빙에 대한 정서적 · 육체적 · 정신적 측면을 통합할 수 있는 기회를 제공할 뿐 아니라 더 큰 초월적 정체성을 일깨워 준다. GIM 세션은 내담자/여행자와 치료사/안내자 간의 대화로 시작된다. 이후 진행자는 내담자에게 몸을 완전히 이완시키거나 변화된 의식 상태를 만드는 데 도움이 되는 휴식과 초점 암시(focusing suggestion)를 유도한다. 그런 다음 특별히 배열한 클래식 음악 프로그램이 연주된다. 이와 같이 완전히 이완된 상태에서 음악을 듣는 동안, 보다 깊은 의식 수준으로부터 여행자에게 여러 가지 형태의 심상가 나타날 수 있다. 이 과정은 전개되는 경험에 대한 적극적인 증인으로서 여행자를 지지하고 공감하는 말을 해 주는 치료사/안내자에 의해 집중되고 격려된다. 동시에 진행자는 세션 진행 중 여행자가 소리로 표현하는 심상의 흐름을 전사(轉寫)한다. 음악 프로그램이 끝나면 진행자는 여행자가 완전히 이완된 상태로부터 돌아올 수 있도록 도와주고 세션 경험을 그의 삶에 통합하기 시작한다.

내담자 배경

내담자 Karen은 심상유도 음악치료(GIM) 상담을 받기 위해 나를 찾아왔을 무렵 42세였다. 나는 그녀가 자신의 영성에 대한 강한 연관성과 지역사회에서 때때로 의식을 진행하며 다른 사람들과 그것을 공유하려는 의지를 갖고 있는 원주민 출신임을 알고 있었다. 그녀는 유명한 원주민 조각가이자 작가인 사실혼 관계의 배우자와 어느 정도 밀접한 관계에 있었다.

Karen의 내담자 정보 시트 첫 부분에는 그녀에게 가벼운 관절염이 있고, 현재 폐경기를 겪고 있으며, 몇 가지 일과 관련된 문제가 있다고 언급되어 있었다. 그녀는 오지브웨이(Ojibway, 인디언 부족) 문화와 영성을 배우고 참여하는 것이 그녀의 삶을 변화시켰고 매우 축복받은 일이라고 언급했다. 가족에 관한 질문에 그녀는 입양되었으며 입양 가정에서 5명 중 막내라고 답했다. 이때 그녀의 생물학적 가족에 대한 언급은 없었다. 그녀는 사실혼 관계의 배우자인 Peter와 9세 아들 Simon과 함께 살았다.

내담자는 인디언 원주민 보호구역에서 이제 막 두 번째 의식(Vision Quest)을 완료했다. 그녀는 여전히 의식에 도취되어 있음에도 불구하고, 어린 시절과 원주민의 뿌리에 대해 탐구할 것이 더 있을지도 모른다고 느꼈다. Karen은 지적으로 문제가 있음을 알았지만, 다른 방식으로 더 깊은 수준에서 일하기를 원했다. 그녀의 목표는 무의식에 접근하고 치유를 위한 추가적인 탐구 방법을 개발하는 것이었다.

가족력

GIM 시리즈 내내 Karen의 배경에 대한 정보가 천천히 그리고 서서히 나타났다. 나는 그녀의 가족력의 많은 부분을 포함시켰는데, 이는 그녀의 세션에서 발생한 몇

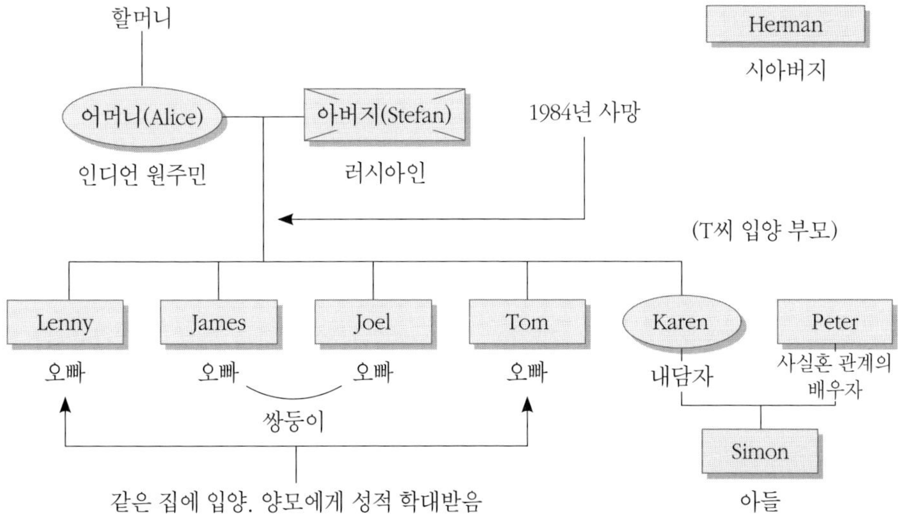

그림 3-1 가계도

가지 문제와 관련이 있기 때문이다. [그림 3-1]의 도표는 Karen의 가족 구조를 나타낸다.

초기 세션에서 나는 Karen의 생물학적 아버지가 러시아인이며, 1958년 '편집적 조현병 환자' 진단을 받아 보호 시설로 보내졌다는 것을 알게 되었다. 보호 시설로 보내지기 몇 달 전, 그는 석탄 난로(pot-velly stove)에 가스를 넣는 행동을 하는 등 점점 비합리적이고 폭력적으로 변했다. 내담자는 그 당시 유아였다. 그녀의 아버지는 36년 후인 1984년에 보호 시설에서 사망했다.

Karen의 어머니는 서스캐처원의 보호 구역에서 온 인디언 원주민이었다. 그녀는 사실혼 관계의 러시아인 배우자와 5명의 자녀로 구성된 가족이 있었음에도 불구하고, Karen의 아버지가 사망 당시 무슨 일이 있었는지에 대해 전혀 듣지 못했다. 그의 러시아인 친척들은 아마도 그들이 실제 결혼을 하지 않았다는 이유로 Karen의 어머니를 보잘것없는 사람으로 취급했던 것 같다.

내담자에게는 Lenny, James, Joel, Tom이라는 네 형제가 있었다. 아버지의 임종 직후 다섯 명의 아이들 모두가 시설 당국에 구조되었다. Lenny는 그중 가장 나이가 많았고(당시 6세) 가장 많은 일을 기억하고 있었다. 여기에는 아버지가 폭력을 행사하는 동안 여동생의 생명을 구한 것뿐만 아니라 다른 가족과 함께 살기 위해 Karen이 도망갔을 때 지켜 보았던 것도 기억하고 있다. Lenny는 남동생 Tom(네 번째 형제)과 같은 집에 입양되었다. Lenny와 Tom은 입양된 가정에서 양모로부터 성적 학대를 당한 것으로 보였다. 12세 때 Lenny는 양모를 총으로 쏘려 했고, 그 뒤 거리로 내몰려 혼자 힘으로 살아가야 했다.

현재 Lenny는 여전히 '노숙하는' 상황이며 마약 및 알코올 중독자, 편집적 조현병 환자로서 변변치 않은 삶을 살고 있다. Tom은 군대에 있었다. Tom은 그의 생물학적 근원을 향한 양모의 부정적 성향에 영향을 받아(2000년에 다른 형제로부터 놀라운 소식을 전화로 받게 될 때까지 오랜 기간) 가족을 무시했다.

James와 Joel(둘째와 셋째 형제)은 쌍둥이이다. 그들은 시설 당국에 구조되었을 때 위탁 가정에 보내져 함께 살게 되었으나 헛간에서 지내야 했다. 거기에는 욕실도 없었고 학교 교육도 받을 수 없었으며, 음식만 겨우 받아먹었다. 그들이 당했던 폭력은 사회복지사가 방문하기 직전에 가장 심했다. 이때에 두 소년은 사회복지사에게 해야 할 말과 해서는 안 되는 말이 무엇인지를 양부모로부터 듣고, 깨끗이 씻겨진 후 집안으로 불러들여졌다. 이 상황은 그로부터 3~4년 후 원주민 이웃들이 무슨 일이 일어나고 있는지 알게 되고 나서야 종료되었다. James와 Joel의 다음 위탁 가정은 모르몬교 가정이었다.

James는 지금 다섯 아이의 아버지이다. 내담자에 따르면 그는 일중독자(red-neck automatic pilot)이고, 가정에서 신체적 · 정신적 학대가 많았다고 한다. 내담자는 James가 그녀와 함께 있을 때 많은 관심을 보여 주었고, 그가 마음이 넓고 다정한 사람이 될 것이라고 했다.

James의 쌍둥이 형제인 Joel은 21세 무렵까지 고약한 성질을 가진 아이였다. 현재 그는 천사와 어린아이 같은 행동을 보이는 정신병 환자이다. 그는 중증 치료 시설(intermediated care home)에 있다. Karen은 그가 '정신이 분열되어 있고 외로운 사람'이라고 생각했다.

Karen은 이들 중 막내이고 어머니와 떨어졌을 당시 생후 6개월이었다. 그녀는 그 후 11개월 동안 17군데의 가정에 보내졌다. 그 당시 당국의 정책은 위탁 가정에 짧게 머무르게 하여 '유대감 형성'을 하지 못하게 하는 것이었다.

17개월 때 그녀는 참되고 다정한 영국 가정에 완전히 위탁되었다. Karen은 그 당시의 양모와 침대 밑에 함께 숨어 있었던 사건을 기억한다. T 여사는 당국이 Karen을 멀리 데려가거나 주기적으로 방문했던 생모에게 돌려보낼까 두려워했다. 가족과 함께 지내는 것이 Karen의 가장 큰 관심사였다고 진술한 정신과 의사의 보고서와 모든 인디언 원주민 아이들을 입양하는 것이 정부 정책이었기 때문에, 내담자가 6~7세였을 무렵인 1964년 법원 명령에 의한 입양이 이루어졌다. Karen의 생모는 입양 서류에 서명하는 데 결코 동의하지 않았기 때문에 Karen은 이 사건에 대해 어머니로부터 '도둑 맞았다'고 언급했다. 내담자의 생물학적 어머니는 우리가 작업을 시작할 때 매우 아팠다. Karen은 어머니의 모든 것을 비난했지만 그 사실을 직면하

거나 이야기하진 못했다

치료에 대한 반응

내담자는 쉽게 심상를 그렸고 그 심상에 오랜 시간 머무를 수 있었다. 그녀는 '지적'으로 보였음에도 불구하고 자신의 깊은 자아에 귀를 기울이는 것처럼 보였고, 그녀의 심상를 받아들이고 탐색할 수 있었다.

이 시리즈는 1999년 5월에 시작되어 처음 다섯 개의 세션이 17개월에 걸쳐 진행되었다. 그 후, Karen은 2000년 12월에 우리가 종결할 때까지 정기적으로(2주마다) 찾아 왔다.

〈표 3-1〉 GIM 세션 시리즈

세션	날짜	음악 프로그램	유도-포커스
1	1999. 5.	정숙	호흡-경로
2	1999. 6.	양육	담요-편안함/온기
3	1999. 10.	비통함	맨손 기치료-다색 프리즘
4	2000. 1.	확장된 의식	얼룩, 빛-미스터리/깊이
5	2000. 5.	회상	호흡-집
6	2000. 9.	창의성 I	빛-손 안의 구
7	2000. 10.	절정 경험	호흡-한 줄기 빛
8	2000. 10.	주로, 바흐	조임/이완-다리
9	2000. 11.	탐험	안개-안개를 통해 보기
10	2000. 11.	긍정적 감정	팔 올리기-햇빛 심상
11	2000. 12.	시리즈 리뷰	

시리즈를 검토하면서 나는 전반적인 주제가 어떻게 진행되는지 묘사할 수 있었다. 각 세션을 검토할 때, '안내지도'로서 〈표 3-2〉를 참조했다.

〈표 3-2〉 시리즈의 주제 전개

세션		
1과 2	단계 설정	Karen은 앞으로 여행을 떠나기 위해 필요한 강화를 받는다.
3~5	즉각적인 상실 대처	Karen의 생모와 양부는 이 기간에 죽는다.
6~8	(생물학적) 가족의 상실	가족의 근원을 모든 슬픔 및 강렬한 관계와 함께 탐색한다.
9와 10	통합, 긍정 그리고 치유	자신의 본질과 전염성 통증에 대한 통찰력을 가진 내담자로 인정받는다.

세션 11은 심상에서 나타난 반복과 변형은 물론 의문점과 탐색 영역을 공동으로 확인하고 리뷰하는 과정이었다.

이제 내담자의 여정 이야기를 시작한다. 그녀는 문화적 이유로 심상에서 나타난 몇 가지 의식의 세부 사항을 생략해 달라고 요청했다. 나는 독자가 이것을 읽으면서 심상으로 들어가려 시도하고, 본질을 느끼며, 음악이 각 장에서 펼쳐지는 것처럼 지속적으로 안내를 받는 상태로 상상할 수 있도록 초대한다.

세션 1. '숭고한 사랑/선물'

내담자는 세션마다의 감상 경험이 끝날 때 인용된 제목을 적었다.

이 초기 세션은 앞으로의 여정을 위한 단계를 설정한다. 이 세션의 심상에서 Karen은 그녀를 위한 치유 자원에 대한 정보를 받았다. 그녀의 배우자 Peter와 아들 Simon의 다정한 지원, 그리고 앞으로의 여정을 수행하는 데 필요한 완전한 신뢰 경험이 그것이다. 그녀는 해변에서 인디언 전통 의식을 위해 조개껍데기로 성스러운 고리(shell medicine wheel)와 담배를 바치면서 Simon과 치유 의식을 마쳤다.

세션 2. '의식'

Karen은 울먹인 채 도착하여 이미 떠나 버린 Peter를 그리워했다. 그녀는 폐경 증상을 겪고 있었다. 그녀는 이전 세션에 대한 답례로 손수 만든 아름다운 퀼트 조각을 가져왔다.

단계는 계속해서 이어졌다. Karen은 그녀의 심상에서 할머니와 함께 대초원 잔디를 걷는 어린 소녀인 자신을 보았다. 할머니는 Karen에게 완전한 지지, 친절함, 사랑, 지혜의 메시지를 전했다. 할머니는 빨간 담요와 '담뱃대'를 꺼내 사방(四方)으로 기도하고 소리치는 의식으로 Karen을 이끌어 그녀가 겪고 있는 변화에 대한 힘과 지혜의 말을 전한다. 그들은 서서 산을 내려다본다. 그들은 갑자기 산 위로 높이 솟은 후, Karen은 '세상을 보고 …… 바람을 느끼며 …… 우주, 모든 별과 태양을 볼 수 있다.'

Karen은 할머니와 물웅덩이까지 걸어가 나이 든 사람으로 비춰진 자신을 바라보았는데 마치 할머니처럼 보였다. Karen은 "나는 나 자신을 보았어요. 점점 나이가 들어가지만 괜찮아요. 내 손은 할머니와 같아요. 나는 내 마음과 그녀의 심장 박동을 느껴요. 우리가 함께 물웅덩이를 들여다보고 있을 때 할머니는 내 뺨을 쓰다듬으며 나를 붙잡고 있었어요. 내 눈은 할머니와 같아요. 내 미소에서 나와 그녀의 상냥함을 봅니다."라고 말했다. Karen은 담뱃대의 연기를 계속 피우면서 그녀를 둘러싼 '모든 사람들'을 인식하게 된다. 할머니는 그림자 형태로 나타난 이들이 오래전에 존재했던 조상이라고 말한다. 그들은 선 채로 Karen을 존중한다(바라보기, 인정하기, 지지하기의 원주민 풍습). 할머니는 떠나면서 Karen에게 항상 바람 …… 고래 …… 새 …… 비 …… 그리고 나무에 있음을 상기시켜 준다.

음악이 끝난 후, Karen은 매우 빠르게 일어나 앉았다. 그녀는 의식에서 분리되고 거의 떨어져 있는 것 같았다(마치 그녀에게 주어진 임무를 완수하기 위한 것처럼). 그녀는 많은 주제들과 연결되어 있었다. 마지막 세션(조개껍데기로 된 전통 의식의 고리)에서 치유 의식은 폐경 의식이었을 것이다. 그날 할머니가 사용한 담뱃대의 순서는 그녀에게 의식의 세부 사항을 전해 주었다.

이 세션은 사랑하는 지지와 폐경 의식 도구를 제공해 주면서 계속해서 존재했던 할머니가 중요했다. Karen은 어렸고, 그 후 자라서 마침내 물웅덩이(그녀가 할머니처럼 보였던 곳)에 비친 미래에 대한 비전을 갖게 되었다. 그녀는 숭고한 부름에 응하기 위해 외부(할머니/조상)의 보살핌을 받으면서 성장했다.

세션 3. 어머니 상실–(치료사의 주제)

세션 2와 3의 중간에 Karen의 생모가 죽었다. Karen은 바닥까지 내려간 우울증을 겪었으며, 길거리에서 노숙하며 목숨을 잃거나 다칠 우려가 있는 오빠 Lenny에게 도움을 주고 싶지만 그렇게 할 수 없다는 것을 알고 걱정했다. 세션에 대한 그녀의 바람은 어머니의 죽음과 오빠의 현재 상태로부터 조금 편안해지는 것이었다.

심상에서 Karen은 의식을 주관하는 Carson 아저씨와 의식의 오두막을 지었다. 그는 기도했고, Karen은 자신의 차례가 돌아오자 힘, 지혜, 이해와 평화를 기도로 요청했다. 아저씨는 반복해서 힘을 확인하고 그녀를 위로하며 "괜찮을 거야."라고 말했다. Karen은 새들의 춤(초원의 꿩)을 보고 어머니의 영혼으로 인식했다. 할머니가 도착해서 엄마와 가족 모두를 위한 인디언 전통 의식을 진행하는 법을 알려 주고, 모두를 하나로 묶어 주는 기도를 드렸다.

장면이 바뀌고 Peter, Simon과 Karen은 호수 건너편 고대 조상들의 마을로 노를 저어 가고 있다. 오래된 오두막의 Carson 아저씨는 "모든 약을 기억해라. …… 결코 잃어버리지 않을 것이다."라고 지시했다. 집으로 돌아가면 Karen은 의식이 진행되는 동안 가족의 평안과 어머니에 관한 좋은 것을 언제나 기억하고 싶은 바람을 이야기할 것이다.

이 세션에서 Karen은 현재의 상실을 치유하기 시작했다. 거기엔 잃어버린 삶에 대한 공포감과 어머니와 Lenny에 대한 혼란이 있었다. 아마도 더 많은 상실을 초기에 직면했을 것이다. 나는 모든 것을 보기 위해 아직도 밝혀야 할 필요가 있는 것이 무엇인지 궁금했다.

나는 이 부분에서 Karen의 조부모 모두 원주민 의술을 행했음을 알게 되었다. 그녀는 20대 후반에 원주민 친척들을 처음으로 알게 되고 그들과 재결합했다. Karen은 특히 1986년 처음 방문했던 할머니와 가까웠다. 그 후 그녀는 일 년에 3~4회 정도 한 달가량 그곳에 머물렀다. 할머니의 긍정적인 본성은 Peter가 첫 결혼 생활에서 사춘기 아이와 같은 마음을 가질 때마다 누그러뜨렸고, 그녀가 떠날 때는 모두가 큰 슬픔에 잠겼다. 할머니의 약/치료 도구 묶음은 할머니의 장례 의식이 치러진 후 1993년 Karen에게 전달되었다. 이때 Karen은 할머니와의 연결 관계를 알게 되었으며, 그녀는 이를 "계속해서 이어 가야 할 끈"이라고 인용했다.

Karen의 안전하고 안정적인 입양 가정은 중요한 요소였으나, Karen의 삶에서 할머니의 존재는 그녀가 다른 형제와 비슷한 어려움을 갖지 않도록 지켜 주는 데 큰 역할을 했을 가능성이 있다. Karen의 심상에서 할머니가 했던 역할은 이 가설을 뒷받침했다.

세션 4. '소속의 여명' 또는 '유대 강화'

Karen은 우울증과 병치레 후 안정된 곳에서 다시 일을 하고 있다고 전했다. 그녀가 사전 면담에서 언급하지는 않았지만, Peter의 아버지가 폐렴을 앓았음을 나중에 이야기했고, 그가 '(떠나갈) 다음 사람'이 될 것 같은 강한 느낌을 받았다고 했다.

이 세션은 더욱 깊이 있게 진행되었고 나에 대한 Karen의 신뢰가 커지고 있음을 느꼈다. 세션을 시작하기 전에 그녀는 가져온 향모와 독수리 깃털로 우리 모두에게 원주민 전통의식(Smudge)*을 했다. 나는 이것이 그녀의 인식 상태에 변화를 촉진시키고 우리 모두의 마음을 열어 준비된 상태에 있는 것처럼 느껴졌다.

심상에는 Tom, Lenny, James과 Joel 형제가 있고, Karen은 그들과 함께 보호 구

---

*미국 원주민이 사용하는 약초를 태우며 연기를 신체에 갖다 대는 전통의식

역으로 돌아갈 것을 확신했다. 그녀는 그들에게 자연의 경이로움을 보여 주고, 아름다움을 느끼며, 그들에게 사랑을 표현한다. Karen은 "나는 오빠들을 이어주는 다리이며 오빠들을 사랑해. …… 이곳이 우리의 천국이고 우리가 있어야 할 곳이야."라고 말한다. 그녀는 우주에 대한 기도에 응했다고 느낀다. 할아버지가 거기에 있다. 그는 의술에 대해 그들에게 이야기하고 의식을 진행하는 것을 돕기 위해 Karen에게 신성한 가르침을 준다.

Karen의 어머니가 심상에 나타나고 Karen은 어머니에게 감사를 표한 뒤 그녀를 떠나보낸 것에 대해 이야기한다. 그녀의 어머니는 얼마나 Karen을 사랑했는지 이야기한다. "네가 모두를 여기로 데리고 온 것과 네가 노력하는 거 알아. …… 우리는 가족 없이는 아무것도 아니다." Karen은 "나는 결코 멈추지 않을 거야."라고 말한다.

갑자기 Karen은 카누에서 Peter와 함께 노를 젓는 자신을 발견하고 Peter의 아버지 Herman이 서 있는 기슭으로 노를 젓는다. Peter와 Herman은 서로 안아 주고, Karen은 Peter를 위해 Herman에게 고마워한다. 기슭 뒤에는 안개 낀 베일에 싸인 채 망자가 된 여러 친척이 있다. Karen은 압도당하는 느낌이 들었고 "내 마음은 방금 산산히 부서졌어요. 나는 더 이상 사람들을 잃고 싶지 않아요."라고 말하며 시련이 다가옴을 느낀다.

이 세션에서는 Karen을 그녀가 갖지 못했던 가족을 만들거나 고치기 위한 '가교'로 묘사했다. 그녀의 어머니가 사망한 후 내부의 결의가 시작되었다. Karen은 지혜와 의식을 받았는데 이는 그녀의 아버지에게서 전달된 것이다. 그녀의 시아버지 Herman의 죽음에 대한 예언이 그 증거였다. Karen은 인간의 삶과 연결된 현재와 과거의 상실에 직면하고 있었다.

내담자는 아침에 있었던 세션에서 진정으로 영적 세계에 대한 마음의 문을 열었다.

세션 5. '해방/수용'

Karen과 Peter는 Peter의 사촌 중 한 사람의 비극적인 죽음을 맞이하고 있었다.

Lenny와 3시간 동안 괴롭고 불쾌한 전화 통화를 했다. Karen은 끔찍한 밤을 보내고 Peter를 걱정했다. Karen은 '무엇을 얻게 될까 봐' 두려워 약속된 세션에 오는 것을 꺼렸다. 그러나 그녀는 왔고, 용기와 자신에 대한 헌신을 보여 주었다.

이 세션의 심상에서 Karen의 엄마는 남편의 폭력으로 인한 고통과 어떻게 아이들을 실망시켰는지에 대해 이야기하며 강렬한 슬픔을 경험한다. 그녀는 Karen에게 Lenny가 이해할 수 있도록 도와달라고 부탁한다. "지혜를 나누거라."라고 그녀는 말한다. "Lenny는 항상 곁에 있을 거예요." Karen은 엄마를 안심시키고 그녀를 향한 열정을 표현한다. Karen은 "엄마, 나는 결코 당신을 잊지 않을 거예요. …… 과거에 대해 이야기해 주세요." 그녀의 엄마는, 자신은 어렸고 도주 중이었다고 말한다. 그녀는 겁에 질려 있었다. Karen은 "당신이 한 모든 일에 감사드립니다."라고 말하고, 그녀의 엄마는 "내 딸 Karen, 사랑해."라고 말한다. 엄마는 지금 울고 있다. Karen은 엄마를 안아 주며 "엄마만이 줄 수 있는 사랑이 느껴져요."라고 말한다. 그녀가 해변을 따라 내려가자 어머니는 멀리 보이는 희미한 실루엣으로 홀로 사라진다. 그녀는 손을 흔들며 Karen이 '계속 나아갈 수 있도록' 안심시키려 한다.

Peter와 Karen은 앞을 바라보며 계속 걸어간다. 그들은 울부짖는 사람들 속에서 Peter의 아빠 Herman을 만난다. Karen은 다시 한 번 Peter를 위해 그에게 감사드린다. Herman은 그녀에게 우리의 문화를 수용할 수 있는지 물었고 Karen은 "그렇게 할 수 있습니다."라고 말한다. Karen이 Herman과 포옹할 때, 그녀는 그를 사랑한다고 생각하고, 그 순간 그의 삶이 얼마나 힘든지를 보고 느낄 수 있다. 그는 그녀에게 "내가 Simon에게 해 줬던 가장 좋은 것을 따라가거라."라고 말한다.

Peter, Karen과 Herman이 카누에 올라탔다. 밤이었지만 Herman의 얼굴은 빛이 났다. 나약한 Peter가 울고 있자 Karen이 안심시켰다. 그는 "마치 예전에 여기 온 것 같아. 당신을 천 년 동안 알고 지내온 것처럼 느껴져."라고 말했다. 그들은 Herman이 카누에 머무르는 동안 기슭에 도착하여 내린다. 그것이 마지막 단계인 듯, Peter는 꽉 붙잡으려 할 때, "그의 마음은 막 무너져 내린다."

Karen은 나중에 이모 Grace를 만난다. 그들은 큰 하늘 아래 대초원에서 걸으며 영의 세계에 대해 이야기한다. 이모는 말한다. "우리 모두가 가진 것처럼 너는 재능을 가지고 있단다, Karen. 엄마도 그 사실을 알고 있었어." 이모는 담배를 피우며 Karen에게 암울한 시기에 대해 경고한다. 그녀는 창조주에게 Karen을 지켜 달라고 요청한다. …… 그녀에게 힘과 용기를 달라고. 이모는 Karen에게 "이제 괜찮을 거야. 너는 좋은 오지브웨이(Ojibway, 인디언 부족) 여인이다."

Karen은 이 세션에서 현재의 상실을 계속 치유하면서 어머니와 Peter의 슬픔을 통해 격렬한 감정을 느꼈다. Herman의 죽음은 곧 닥칠 것처럼 가까워졌고, 작별인사가 전해졌다. Karen은 그녀의 상실과 삶에 도움이 되는 재능과 유산이 있음을 상기시켰다.

세션 6. '상실의 상처 정화하기'

Herman은 마지막 세션이 끝나고 6주 후에 사망했고, Karen은 배우자의 우울증으로 힘든 시간을 보내고 있었다. 그녀는 그들이 여름 내내 '거대한 터널'을 통과한 것 같다고 느꼈다. Karen은 심상유도 음악치료(GIM)를 받기 전에 깊은 우울증에 시달렸다고 했다. 이제 그녀는 다른 채널이 열렸고 뭔가 특별한 것에 다가갈 수 있다고 느꼈다. 그녀는 그것이 인디언 의식의 오두막과 다르다고 했지만, 매우 귀중하고 '올바른 자양분(the right fertilizer)'이라고 했다. Karen은 두렵지만 "이 일을 할 준비가 되어 있어요?"라고 말했다. 사전 면담은 오래 걸리지 않았다.

심상에서 Karen은 5세이며, 7세인 James 오빠와 만난다. 오빠는 Karen을 괴롭히고 있다. 그녀는 고함을 지르며 기다려 달라고 부탁하지만 결코 그를 따라잡거나 찾을 수 없다. 그는 아주 멀리 간 뒤 "언젠가 너를 부를 거야."라고 소리친다. Karen은 울었고 매우 무력함을 느낀다. 그녀는 매우 감정적이었고 마음이 무너졌다고 말했다.

Carson 아저씨가 나타나 그녀를 '인디언들이 수천 년 동안 외쳤던' 의식의 오두막(sweat lodge)으로 데려간다. 그녀는 자라면서 그들을 볼 수 있을지 여부를 모른 채

형제들이 돌아올 것인지 묻자 Carson 아저씨는 Karen을 위로하면서 "너는 강하단다."라고 말한다. "힘들지만 괜찮을 거야. …… 너는 곧 혼자가 되겠지만 오빠들은 네가 누구인지 잊지 않을 거야."

Karen은 의식의 오두막에서 나와 수풀을 가로질러 걸어가는 만큼 어른이 된다. 그 장면은 James 오빠의 집으로 바뀌며, 그들은 각각 자라 온 과정에 대해 놀라게 된다. James는 "불공평하지 않니?"라고 말한다. Karen은 그 말이 얼마나 상처가 되었는지 언급하며 "나는 오빠에게서 나를 봐. 오빠는 나와 같아. 내가 오빠를 알았더라면 그것이 내 운명의 길이었다는 것을 알았을 거야. …… 오빠는 모르는 사람을 그리워하는 것이 어떤 건지 알아? 나는 이 거대하고 텅 빈 바구니를 채우려고 했지만 결코 가득 채운 적이 없어."라고 말한다.

장면이 바뀌고 Peter와 Karen은 배를 타고 있고, Peter는 그녀를 안심시키고 지지하고 있다. 그는 자신이 어렸을 때 어머니가 들것에 실린 채 떠나갔고, 이를 멈추고 싶어 얼마나 울고 또 울었는지 이야기한다. Peter는 "나는 당신이 그것을 극복했다고 생각하지 않아. …… 그것이 우리가 함께 있는 이유라고 생각해."라고 말한다.

Karen은 바람을 피부로 느낀다. "겨울의 신성한 바람이 내 얼굴을 스쳐 가요. 지혜의 바람. 모든 지식의 바람." 그녀는 도착하여 물로 얼굴을 씻는다. Peter는 그녀에게 향나무 나뭇가지를 주며 말한다. "얼굴을 씻고 피부에 기름을 바르면 외로움과 상실의 상처를 깨끗이 씻겨 줄 거요." Karen은 온몸을 두드려 기름을 바르고 깊게 숨을 쉬며 물속에 몸을 완전히 담근다. 음악이 끝나자 그녀는 "완전히 정화된 것 같아요."라고 말한다.

이 세션에서 Karen은 초기 생애의 상실로 슬퍼하기 시작했다. 그녀는 형제와 가족에 대한 상실로 슬퍼했다. 그녀는 급격한 분리와 상실, 고통과 공허함을 느꼈다. 그것은 바로 거대하고 텅 빈 바구니, 근본적인 공허함이었다. 또한 James와 깊은 유대감을 느꼈다. 이전에는 할머니와의 관계에서만 이러한 유형의 유대감을 느낄 수 있었지만, 이번에는 그 유대감이 James로 확장되었다. 또한 그녀는 바람과 물의 치유력을 경험했을 뿐만 아니라 Peter와 깊은 영혼의 교감을 맺었다.

내담자는 이것이 그녀 마음속의 거대한 우물을 두드린 분수령과 같은 세션이었다고 느꼈다. 그녀는 삶에서 타인을 사랑하는 방식과 타인으로부터 학대받는 방식 모두를 가득 채웠다고 말했다. 이번 세션은 이 두 가지 모두를 느꼈다. 그녀는 자신의 마음, 몸, 감정이 통합되어 한꺼번에 다 느껴진 적이 없었다고 말했다.

그날 밤 Karen은 악몽을 꾸고 비명을 지르며 배우자와 아들을 깨웠다. 그녀는 작은 방에 갇혀서 나갈 수 없었다. 깨어났을 때 Karen은 어머니가 양할아버지의 죽음을 전화로 전해 들었던 기억이 가장 먼저 떠올랐다. 그들은 할아버지의 장례식에 참석하기 위해 Karen을 임시 위탁 가정에 맡겼다. 그녀는 당시 네 살이었다.

이 꿈을 통해 Karen은 수년 동안 그녀를 괴롭힌 의식의 심상 조각들을 하나로 모으기 시작했다. 6세 때 처음 보았던 음경의 심상는 항상 전신주가 땅바닥에 부딪히는 것을 통해 떠올랐다. 병원에 있는 초록색의 잠겨 있는 벽장의 심상가 반복해서 떠올랐다. 수년 동안 대화치료를 통해 그녀는 이러한 심상가 과거의 것이고 그녀를 괴롭혀 온 것임을 확인했다. 그러나 그녀는 결코 그것을 전부 맞춰 이해할 수 없었다.

Karen은 지금 위탁 가정에서 4세 때 있었던 학대의 기억을 떠올리고 있다. 그녀는 그 기억이 조각조각 흩어진 것 같았지만, 오랜 세월이 흘러 그것이 점차 '지리멸렬해지는' 것이 흥미로웠다. 그녀는 나중에 꿈속에서 잠긴 벽장에 있는 동안 형제들이 그녀를 구할 수 있기를 바랐다고 기억했다. 그리고 그날 아침 GIM 세션의 James 심상가 밤에 꾸었던 꿈을 촉발시킨 것이다. 그녀의 비명 소리는 James와 Joel을 향한 것이었다. 그녀는 임시 위탁 가정에서 자신을 학대한 것이 할아버지였고, 부풀어 오른 양쪽 귀가 반복적으로 떠올랐다고 생각했다.

세션 7. '소속의 춤'

내담자는 이때부터 세션을 위해 정기적으로 찾아왔다.

음악이 시작되면 Karen은 자신을 어린 소녀로 여긴다. 그녀는 작은 드레스를 입고 인형을 태운 작은 유모차를 밀고 다닌다. 그녀는 작은 동요(Mother Goose)책(실제 Karen의 어린 시절 물건)을 가지고 있다. 어른 Karen과 어린 Karen이 함께 달리고, 웃고, 즐기며 마법을 찾고 있다. 어린 Karen은 누군가가 이렇게 같이 놀아 줄 것이라고 믿지 못했다. 그녀는 울기 시작하고 "가지 마!"라고 말한다. 어른 Karen이 그녀를 위로하고 흔들며 말한다. "나는 네 안에 있어." Karen이 나에게 말한다. "누구도 이처럼 그녀를 좋아하지 않았다는 것을 알아요." 그녀는 어린 Karen에게 너의 잘못이 아니라고 말한다. 어린 소녀는 Karen에게 가족을 볼 수 있게 해 달라고 요청한다. Karen이 어린 Karen을 들어 안고 가는 동안 두려워서 얼굴을 어른 Karen의 어깨에 파묻는다. 어른 Karen은 줄곧 어린 Karen을 안심시키며 돌보고 있다.

형제들이 한 명씩 나무 뒤에서 나타난다. James(8세)가 소개된다. 어린 Karen은 "고통스럽고 무서워."라고 말하면서 Karen의 품에서 뛰어나와 James를 껴안는다. 그는 울음을 터뜨린다. 그녀는 "나는 곧 죽을 것 같이 너무 행복해. 우리의 사랑이 바로 여기 있다는 것을 알 것 같아. 이 외에 다른 사랑은 없어."라고 말한다.

Karen과 James는 Tom(5세)을 만나러 간다. 어린 Karen은 Tom의 손을 잡는다. "우리가 손을 활짝 펴면 똑같아." Joel(8세)과 Lenny(9세)가 물러섰다. Joel이 킥킥거리며 놀린다. Lenny는 "안돼. Karen, 난 도저히 참을 수가 없어. …… 곧 무너질 것 같아."라고 말한다. Karen은 Lenny에게 "오빠는 기억의 짐을 견뎌내고, 무너지지 않을 거야."라고 말한다.

Karen은 Lenny와 함께 걸으며 걱정과 모든 것을 바꿀 수 있다는 소망을 표현하면서 언젠가는 그를 보호 구역으로 데려갈 것이고, 그가 거기에 사는 야생마처럼 자유로워지기를 바란다고 말한다. 그녀는 사랑을 표현하고 어렸을 때 그녀의 목숨을 구해 준 것에 대해 보답하겠다고 약속하지만 이별은 고통스럽다.

어른 Karen은 어린 Karen을 데려와 위로한다. 그녀는 "가슴이 내 심장을 멈출 수 없어. 그저 아프다."라고 말한다.

음악이 끝난 후, Karen은 형제들과의 강렬하고 독특한 유대감을 인정했다. 그녀는 어린 시절 그 유대감이 그녀의 마음 깊숙이 있었음을 알았고 그리워했다고 말했다.

이 세션에서 Karen의 강화된 내면과 고귀한 자아는 현명하고 자비로운 성인이 되었다. 어린 Karen이 각 형제와의 만남을 통해 강렬한 상실감과 유대감을 느낄 수 있도록 용기를 주었다. 이 작업은 근본적인 재구성을 위한 것이었다.

세션 8. '늑대 여인'

Karen은 James 오빠의 아이들이 사회복지사들에게 '강제 분리되어 데려갔다'는 사실을 알리기 위해 왔다. 그녀는 가정 내 어려움을 인정했지만 계속되는 악순환이 가족에게 있었던 것과 같은 달, 같은 숫자의 아이들에게 발생했다는 사실에 괴로워했다. 또한 내담자는 불안한 꿈 때문에 괴로워했다. 꿈속에서 Karen은 다리를 건너려고 했지만 끊어질 듯한 고무줄 위에서 외줄타기를 하는 것처럼 겁에 질려 뜻대로 하지 못했다. Karen은 손쓸 수 없는 상황에 무력감을 느끼면서 흔들렸다.

심상에서 Karen은 아름답고 풍성한 정원에 있다. 그녀는 혼자 있지만 안전하다고 느낀다. James를 만나 행복했고 둘은 함께 걷는다. 그들이 숲에 다다랐을 때 커다란 암컷 늑대가 다가온다. 그녀는 James에게 손짓하며 말한다. "이쪽으로 와, 약을 좀 줄게." 늑대 무리가 그들을 둘러싸고 울기 시작한다. James 또한 구슬프게 울기 시작한다. Karen은 그가 병들었다고 말하며 붙잡고 안심시킨다. 늑대의 어머니는 Karen에게 James를 위해 물을 갖다 주라고 요청하자, 그녀는 호수를 찾아 떠나면서 어머니와 할머니가 James를 도와줄 수 있게 해 달라고 요청한다.

오두막이 나타나고 Karen은 영적 세계의 호수 건너편에 있다는 사실을 확인하기 위해 그곳에 들어간다. 할머니는 불 속에 꽃을 제물로 바치라고 말한다. 그녀는 얼굴을 땅바닥에 대고 축복해 달라고 기도한다. "아름다운 정원의 백합이 우리를 치유해 줄 것입니다. 백합은 우리가 이 세상에 올 때 가졌던 순수함을 나타냅니다. 여러분 모두 그 순수함의 일부를 우리에게 돌려주세요." Karen은 흰 백합을 불 속에 던졌다. 할머니는 Karen을 안아 주며 말한다, "화이트 선더버드 여인이여, 계속 나아가거라. 늑대는 항상 너와 너의 형제를 섬길 것이고 영원히 너의 곁을 떠나지 않을 것이다." 영혼이 깃든 사람들은 모두 Karen에게 키스하고 그녀를 바라본다. 그녀는 그들의 사랑을 느낀다.

장면이 James의 뒷마당으로 바뀐다. 불을 가운데에 두고 Joel, Lenny, Tom이 둘러앉아 있다. Peter는 구원의 노래를 부르며 북을 치고 James에게 늑대 담요를 덮어 준다. James의 아이들도 거기에 있고, 그는 울기 시작한다. Karen은 항상 그를 따라다니는 늑대의 어머니에 대해 상기시킨다.

엄마 Alice가 원 안에 나타난다. 그녀는 긴장한 채로 아이들을 바라본다. James가 무슨 일이 있었는지 묻자, 그녀는 울기 시작하고 "마음이 너무 아프다."라면서 말해 줄 수 없다고 한다. Lenny는 냉정하게 그녀를 신뢰할 수 있을지 의아해한다. Tom은 냉정하고 침착하다. James는 흐느껴 울며 헤어질까 두렵다고 말한다. Karen은 James를 안심시켜 준다. "헤어지지 않을 거야. 아름다운 늑대가 준 약을 먹도록 해."

음악이 끝난 후 Karen은 나에게 늑대의 어머니가 우리에게 가족 생활에 대해 가르치고, 리더십을 보여 주었으며, 항상 충성스럽다는 것을 알려 주었다. 그녀는 할머니의 존재가 늑대를 통해 정말 강하게 느껴졌다.

이것은 과도기적인 세션이자 슬픔의 세션, 그리고 James("나의 일부를 나타내는")와 Karen을 확인하는 세션 같았다. 성장의 심상인 정원은 풍요로움과 순수함을 보여 주었다. 이번 세션에서 확실한 목격자인 할머니와 함께 자신의 의식을 수행했다. 형제들은 목격자 역할을 수행하는 동안 불 곁에서 약을 받아먹었다. 어머니는 온 가족이 볼 수 있도록 자신의 슬픔을 공개적으로 드러냈다.

이번 세션에서 Karen은 치료사의 역할을 맡아 오두막에서 의식을 행하여 영혼의 지지를 얻음으로써 그녀의 혼란스러운 무력감을 다룰 수 있게 되었다.

세션 9. '화이트 선더버드 여인이 나아가다'

내담자는 상담을 받는 동안에 여러 가지 일이 동시다발적으로 발생했다고 전했다. 최근에 만난 어린 시절의 보모는 Karen이 두 살 전후에 입양 가족과 함께 있을 때 자신의 몸을 긁고 찌르곤 했다고 말했다. Karen은 일어나기를 거부하면서 하루

종일 유아용 침대에 머물렀다. 입양 가족들은 점차적으로 한 번에 5분 정도 Karen을 일으켜 세울 수 있었다. Karen은 큰 소리에 기절하기도 했는데, 이는 학창 시절까지 이어졌다. 나는 2세 이전에 내담자에게 또 다른 학대가 있었는지 궁금했다.

Karen을 기억에 노출시켜 치유 또는 더 깊은 탐험을 통해 기억의 파편과 조각을 연결시키고자 했다. 또한 이 날은 그녀의 아들 Simon의 생일이기도 했다.

이 세션의 심상에서 Karen은 '이 땅에서 처음으로 함께하는 순간들'을 시작으로 다양한 시대에서의 Simon과 함께한다. 할머니는 Karen에게 나타나서 Simon과 함께 잘 지내고 있는 것에 대해 이야기한다(이는 Karen의 어린 시절에 대해 그녀에게 확신을 주었다).

Karen은 풍성한 치마, 모카신, 옥양목 블라우스, 할머니가 만든 화이트 선더버드가 달린 특별한 붉은 숄을 걸치고 있는 자신을 발견한다. Karen은 대지와 연결되어 있는 것을 느끼며 "너무 기분이 좋아요."라고 말한다. 할머니는 그녀를 지켜보다 얼굴을 어루만지며 붙잡는다. 할머니는 Karen에게 키스하고 그녀가 얼마나 아름다운지 말해 준다. 할머니는 차를 만들고 Karen에게 "약은 네 치유에 필요하단다. 차를 마시거라. …… 그리고 Simon과 Peter에게 이 약을 전해 다오."

할머니는 그다음 의식을 위한 도구를 꺼내 Karen에게 연기를 피우고, 그녀의 몸 전체를 깃털로 가볍게 두드린다. 할머니는 Karen을 숄로 단단히 감싸고 그녀에게 숄을 지니고 있는 것이 도움이 될 거라고 말한다. Karen은 "이 숄은 할머니의 사랑과 같아요."라고 말한다. Karen은 할머니를 불빛을 통해 바라보며 진심으로 그녀를 '아름다운 오지브웨이 장로'라고 표현한다.

그 다음 Karen은 인디언 공주처럼 보인다고 말하는 James를 바라본다. Karen은 울고 있는 James를 숄로 감싸 안는다. Karen는 James를 안심시키고 할머니가 여러 번 그녀에게 해 준 것처럼 그의 얼굴에 손을 얹는다.

Karen과 James는 걸으면서 유령의 모습으로 그들 뒤에 있던 다른 형제들을 만나게 된다. 그들은 형제들을 부르지만 멀리 떨어져 있다. "괜찮아, James. 그들은 언젠가 원 안으로 올 거야."라고 말한 뒤 함께 울었다. Karen은 James의 아이들을 만나

키스하고 얼굴을 손으로 어루만져 준다.

여기에는 Simon과의 특별한 순간이 있다. 대낮임에도 불구하고 그들은 별을 볼 수 있다. Simon은 "마법이에요, 엄마."라고 말하고, Karen은 고개를 끄덕이며 Simon에게 지각의 재능이라는 약을 항상 지니고 있으라고 말한다. Karen은 말한다. "수많은 별들이 언제나 너와 나, 네 아버지 모두에게 비출 것이다. 언제나 네가 전사의 길과 신뢰의 길을 걷길 바란다." 물이 그의 주변을 소용돌이 치듯 휘감자 그들은 바다가 정화됨을 느꼈다.

세션이 진행되면서 Karen은 그 의상이 '내가 누구였는지'를 상징한다고 말했다. 처음으로 그녀는 '내가 입었던 수의' 없이 자신을 볼 수 있었다. 그녀는 크고 아름다웠다. "나는 비로소 온전한 내가 된 것 같았어요."라고 경탄을 금치 못했다.

그 후 Karen은 이번 세션이 특별히 정서적이고 영적으로 행복했던 경험이라고 말했다. 사실 이는 통합과 확인의 세션이었다. 사랑과 약이라는 할머니의 본질을 다시 한번 경험하고, 그녀는 정말로 자신의 '전체'를 보았다. 그 의상은 수년 전에 할머니가 지어 준 이름인 Wapsi Panashi Equay 또는 화이트 선더버드 여인의 외적인 표현이었다. 할머니가 Karen에게 한 것처럼 이제는 그녀가 다른 사람들에게 사랑과 치유를 전하기 위한 복장을 착용할 때가 되었다. 다른 형제들은 지금까지도 멀리 떨어져 만나기가 어려웠기 때문에서 Karen은 우선 James와 함께 치유를 시작했다.

세션 10. '할머니의 의식'

내담자는 그녀가 인종차별주의자로 간주되었던 사건으로 인한 불안감과 지역사회로부터의 따돌림에 대한 두려움을 갖고 있었다. Karen은 양부모 가정에 임시로 보내졌다가 돌아온 James의 딸과 긍정적이고 긴밀한 이야기를 했다.

심상에서 Karen은 엄마와 함께 보호 구역을 걷고 있는 자신을 발견한다. 엄마는 그녀를 팔로 감싸 안는다. 엄마는 그녀에게 키스하고 "우리 딸."이라고 말한다. Karen은 너무 조그맣다. "왜 그렇게 힘들게 살았어요?" Karen이 묻는다. 엄마 자신은 정말로 몰랐다고 말한 뒤 인디언 기숙학교 운동장 위의 어린 소녀로 변한다(미주 참조). Karen은 엄마가 침대에 앉아 울고 있는 있는 모습을 볼 수 있었다. Karen은 다가가 눈물을 닦는다. 너무나 사랑스러운 소녀 …… 다 해진 옷 …… 얇은 매트리스. Karen은 엄마를 안아 머리카락을 쓰다듬고는 키스한다. 엄마는 너무 사랑스럽고 매우 약하다. "괜찮을 거야." Karen이 엄마에게 말한다.

Karen은 수백 명의 얼굴을 살펴보는데, 대부분이 이모와 삼촌이다. 이들은 매우 외로워 보인다. 어린 소녀인 엄마가 Karen에게 자신을 집으로 데려갈 것인지 묻는다. Karen은 엄마를 안아 주며 그렇게 할 수 있었으면 좋겠다고 말한다. Karen은 문 밖에서 엄마를 바라보며 떠난다. "엄마가 마치 감옥에 있는 것 같아요."라고 그녀가 말한다. "전 너무 무력해요."

장면은 보호 구역으로 돌아가 Karen이 할머니 집의 식탁에 앉아 있는 것으로 바뀐다. 할머니는 슬픈 표정으로 밀가루 반죽을 하는 동안 아무 말이 없다. Karen은 "아이들이 기숙학교로 떠나면서 집을 비웠을 때 할머니가 얼마나 외로웠을까요?"라고 말한다. Karen은 할머니를 안아 주며 키스한다.

할머니는 그녀와 함께 앉아 손을 어루만진다. 그런 다음 그녀의 스카프를 풀어 보호 약을 만들고 의식을 시작한다. 할머니는 약을 가죽에 넣어 감싸고, Karen에게 가슴에 붙이라고 말한다. Karen이 약을 브래지어 끈 밑에 넣자, 할머니는 Karen의 얼굴을 붙잡고 키스한다. 할머니는 "그 약이 너를 보호할 거란다."라고 말한다. Karen은 인디언의 노래 중 하나를 부르며 "나는 할머니가 너무 그리워요."라고 말한다.

Karen이 생모 Alice를 만나러 갔을 때, 고인이 된 여인들이 그녀를 맞이한다. 여인들이 Karen에게 그녀를 사랑한다고 말하자 Karen이 대답한다. "저는 여러분을 너무 빨리 잃어버렸습니다. 여러분은 저에게 너무 대단한 존재입니다." (여인)들은 보호 구역 밖을 함께 거닐고 원을 이룬다. 할머니는 보호약에 대해 이야기하고 수프를 끓이며 온 마음을 다해 기도한다. 할머니는 경건한 마음으로 Karen의 평화와 행복을 기원한다.

장면이 선댄스(Sundance)로 바뀌고, 여인들은 여전히 다른 친척들과 마찬가지로 함께 있다. Karen은 할머니와 함께 보금자리에 앉아 있다. 할머니가 독수리 호루라기를 분다. Karen은 "진동이 저에게 전해지는 걸 느낄 수 있어요. 너무 행복해요."라고 말한다. 그녀는 선댄스의 모든 아름다운 색상을 바라본다. 버팔로 두개골. 삼촌이 연주하는 큰 북. Karen은 얼굴에 뜨거운 태양이 비추는 것을 느낀다.

George 장로는 정중앙에서 팔을 들고 기도하고 있다. 그는 감정에 복받쳐 큰 소리로 "지금 이 순간 우리는 Wapsi Panashi Equay(Karen)가 그녀의 삶과 주변 사람들을 이해하고 있음을 보고 있습니다!" 그것은 신성한 순간이었고 영의 세계에서 온 증인들은 모두 인정하며 고개를 끄덕였다.

Karen은 일어나 독수리 호루라기를 건내주는 할머니와 춤을 춘다. Karen이 호루라기를 불자 할머니는 "새는 항상 자유롭다는 것을 기억해 다오. 독수리 약을 기억해다오. 결코 네 곁을 떠나지 않을 거란다." 할머니는 "Migwidge, Granny."라고 말하는 Karen의 목에 호루라기를 걸어 준다. 할머니는 Karen의 얼굴을 어루만지고 눈을 바라보며 "너무나 소중한 내 아가."라고 말한다.

"Migwidge, Granny."

이 세션에서 Karen은 엄마의 삶속 혼란과 고통에 대한 냉혹한 통찰력과 어머니로서의 할머니의 외로움에 대한 통찰력을 얻었다. 이는 마치 Karen이 기숙학교에서 지냈던 경험과 엄마와 할머니 및 다른 사람들과의 세대 간 슬픔을 전체적으로 한눈에 내려다보는 것처럼 보였다. 세션의 나머지 부분은 Karen의 성장(생명의 나무)과 깊이 있는 내면의 이해를 인정한 선댄스를 포함하여 치유와 완성으로 가득 차 있었다.

세션 11. 시리즈 리뷰—심상 처리 과정

이번 시리즈에는 Karen의 치유와 변화를 구체화한 의식, 정화, 연결 심상, 할머니 등 반복성 심상이 풍부했다. 세션이 끝나고 몇 달 후, 나는 Karen의 치유 과정에서 어떤 심상이 가장 큰 변화를 가져왔는지 물었다.

Karen은 내가 시리즈 리뷰에서 가설을 세웠을 때 명확하게 드러난 주제와 패턴이 가장 인상적이었다고 말했다. 초기 상처와 상실의 심상에서 벗어나 수많은 치유 의식과 서로 힘이 되어 주고 사랑을 받는 것에서부터 Karen 자신이 치유사가 된 마지막 세션에 이르기까지 형제들과 이어진 실제의 상호작용은 거대한 변화였다.

Karen은 경험을 통해 인식하고 충분히 몰두하였지만, 이 시리즈 리뷰 세션에서는 그녀가 말한 것처럼 실제로 발생한 것을 보기 위해 필요한 마지막 몇 개의 연결고리를 이어 주었다. 그녀는 할머니와 함께 지냈던 몇 년 동안 똑같은 일이 일어났다고 말했다. 내담자는 할머니가 없었더라면 진정 의식적으로 깨닫지 못했을 것이고, 단지 순응하는 삶을 살았을 것이다.

Karen은 돌이켜 생각해 보니 자신의 시리즈 제목이 '시작'인 것 같다고 했다.

요약

입양

시리즈가 진행되는 과정과 종료한 후에도 내담자는 세션을 진행하는 목적과 학습해야 할 것에 대해 풍부한 통찰력을 가지고 있었다. Karen에게 무엇보다 최우선은 입양이라는 현실이었다. 입양을 둘러싼 핵심 사안은 정체성, 소속감 및 상실이다. 입양아의 자살률은 상당히 높은데(특히 원주민 입양아), 이는 그들 자신이 실제로 누구인지 모르는 것에서부터 비롯된다.

Karen의 입양 가정이 안정적이고 다정다감하며 예기치 않은 트라우마를 예방할 책임이 있었지만, Karen에게는 입양 자체의 본질적 특성으로 인해 비(非)소속감, 혼란 및 상처가 만연해 있었다. Karen은 자아 탐색에 대해 정신적으로 취약하다고 느꼈다. 누가 그녀를 양육했고(이 경우 적절한 영국 가정에서) 누가 무엇을 위해 그녀를 낳았는가? 그녀는 자신이 어린 시절에 살아남기 위해 입양 가정에 소속된 것이라고 느꼈다.

내담자는 GIM 세션에서 전개된 과정에 놀랐다. 그녀는 세션에 등장한 심상이 입양된 Karen이 아니라 실제의 그녀와 일치한다고 느꼈다. 그녀는 분열된 정신을 통합하고 자신이 정말로 누구인지를 발견하는 깊이 있고 지속적인 탐색 과정을 시작했다. 이 과정은 그녀의 입양 상처에 대한 치유를 보여 주었다.

Karen은 수년간 상담을 받았으며 그녀의 사례는 여러 입양 학회에서 발표되었다. 그녀는 많은 책을 읽었고, 책 속에는 모두 가치 있는 정보가 담겨 있었지만 상처를 치유하는 방법에 대한 것은 거의 없었다. 심상유도 음악치료에 대한 경험이 끝나기 전에 그녀는 돌파구를 찾아냈고, 마침내 머릿속의 지식을 진정한 육체적 · 감정적 · 직관적인 지식과 치유로 전환시킬 수 있었다.

Karen은 지난 몇 년간 원주민의 영적인 전통에서 깊이 있는 경험을 했고, 이는 그녀의 정체성 영역에 대한 첫 번째 시도였다. 사람들을 한데 모아 정체성을 강화시키는 의식의 오두막과 같이 원주민 문화에는 수많은 의식이 있다. 내담자는 이를 일컬어 '소속의 의식'이라 했고, 심상유도 음악치료를 깊이 있는 '치유 의식'이라 불렀다. 그녀는 "만약 스스로가 자신에게 속하지 않는다면 어떻게 소속 의식을 수행할 수 있을까요?"라고 물었다. Karen은 이제 두 가지 모두와 관련되어 있다. 그녀는 심상유도 음악치료가 모든 문화권의 입양아들의 정체성, 소속감 및 상실 문제를 해결하고 치유할 수 있는 어마어마한 잠재력을 갖고 있다고 생각했다.

그녀의 치유와 성장을 도와준 것은 심상에 나타난 다른 사람들의 신비로운 성장이 특징이다. 시리즈를 마친 후, Karen은 James 및 Lenny와 한 번 이상 전화 통화를 했는데, 이는 사전에 있었던 GIM와는 질적으로 전혀 달랐다. 현재 그녀의 의사소통 방식은 달라졌고 그들도 마찬가지이다. 상호 반응성이 이 정도까지 나타난 것은 전례가 없으며 매우 긍정적이다. 이는 치유가 그녀의 경계를 넘어 확장 된 것임을 보여 준다. 나는 이전에도 비슷한 경험을 했다. 정신의 상호 연결이 지대한 영향을 끼치는 상호 간의 성장을 만들어 낸 것처럼 보인다.

James와의 관계가 계속해서 깊어지면서 Karen의 심상 속 여러 측면이 기괴한 방식으로 나타나기 시작했다. 가장 눈에 띄고 중요한 것은 James의 급격한 변화였다. 그는 자녀를 잃어버린 것을 계기로 그의 삶을 자세히 되짚어 보기 시작했다. 이것은 마치 갑자기 '빛이 사라진 것'과 같다. 그는 술 마시는 것을 멈추고, 처음으로 자신의 '뿌리'에 관심을 보였다. 글을 쓰는 시점에 James와 Karen은 기숙학교 시스템의 직접적 또는 간접적인 결과로 겪은 가족의 상처를 치유하기 위해 함께 원주민 피정 캠프에 참여하고 있었다. 캠프는 호수 근처에 있으며 의식의 오두막과 영적인 장로들이 함께했다. 내담자는 실제로 그녀의 심상이 외견상으로 나타나는 것에 흥분하며 놀라움을 금치 못한다. Karen이 James와 함께 새로운 유대관계를 맺자, Karen은 마침내 그가 자신의 치유 여행을 시작할 때 그의 증인이자 동반자로 함께할 수 있게 되었다.

문화

인디언 원주민들은 Anishanabea라고 불리는데, 이는 '티 없이 깨끗한 사람들'을 의미한다. 이는 사제가 그들의 첫인상을 보고 지은 이름이었다. Karen은 나에게 선교사들이 Anishanabea가 묵상하고 뛰어다니면서 아이들처럼 행동하고 엉뚱한 면이 있는 것을 발견했다고 알려 주었다. 선교사들은 이들의 형질이 잠재적으로 사악하고, 저주에 걸려 있어 제거해야 할 대상이라고 인식했다. 그 당시 Anishanabea에게는 무의식의 삶이 깨어 있는 삶만큼이나 중요했다. 그 후 우리 사회의 비(非)원주민 문화는 비소속감을 조장하는 기숙학교의 횡포를 해소하고, 무의식의 세계와 함께 무결성, 엉뚱함 또는 정체성과 같은 특성을 제거했다.

Karen은 GIM 및 현재 그녀가 배우고 있는 부분이 할머니에게 구체화된 것과 같은 특성을 회복하는 것이라 생각했다. 그녀는 다시 한 번 무의식의 세계로 들어가는 방법, 영혼으로부터 메시지를 받고 머무르며 진정으로 볼 수 있는 방법, 그리고 어떻게 인도받고 치유받는지 방법을 배웠다. 심상유도 음악치료는 그녀가 잃어버린 문화적 힘과 개성을 되찾도록 도와주었다.

창의성

또한 Karen은 GIM 경험과 관련이 없어 보이는(원치 않는) 이점에 대해 장황하게 이야기했다. 세션에 오기 전에 그녀는 자신이 차단된 상태라고 느꼈던 상태였다. 그녀의 모든 창의적인 노력은 투쟁이었고 쉽게 진행되지 못했다. 그녀는 현재 창의력에 대한 신비감이 예전에 비해 줄었다고 생각한다. 그것은 마치 그녀가 영감이 떠오르고 창의력이 발현하는 곳으로 '내려가는 길을 아는 것'과 같다. GIM 과정에서 창의적인 흐름이 열렸고, 이 과정에서 댄스 그룹과 협업, 아동 도서, 시나리오, 입양 비디오 및 스크립트 등 여러 프로젝트를 시작하거나 완료했다. 그녀는 최근에 만든 작품을 통해 유명한 캐나다 영화 학교로부터 장학금을 수여받았다.

심상유도 음악치료에서 그녀의 작업을 집중적으로 수행하고, 치유하고, 창의적으로 만듦으로써 내담자는 그것을 의식을 위한 고리(Medicine Wheel)에 비유했다([그림 3-2]). 마지막으로 나는 『신성한 나무(The Sacred Tree)』라는 책에서의 다음 구절을 인용하고 싶다.

> 의식을 위한 고리는 우리의 본성에 육체적 · 정신적 · 감정적 · 영적인 네 가지 측면이 있음을 가르쳐 준다. 각 측면은 건강하고 균형 잡힌 개인에게 동등하게 발달되어야 한다.

신성한 나무는 인간으로서 내면의 영적 성장에 깊은 존경심을 갖는 것의 중요성을 가르쳐 준다. …… 대지에서 보이지 않는 뿌리는 우리 존재의 보이지 않는 측면을 나타내며 지상에 보이는 신성한 나무의 일부를 나타낸다. 우리가 이 부분을 이해하고 균형을 이룰 때, 우리 존재의 나무는 아직 자라지 않은 성장, 발달을 아우르는 씨앗을 담고 있는 풍요로운 과일로 풍성해질 것이다.

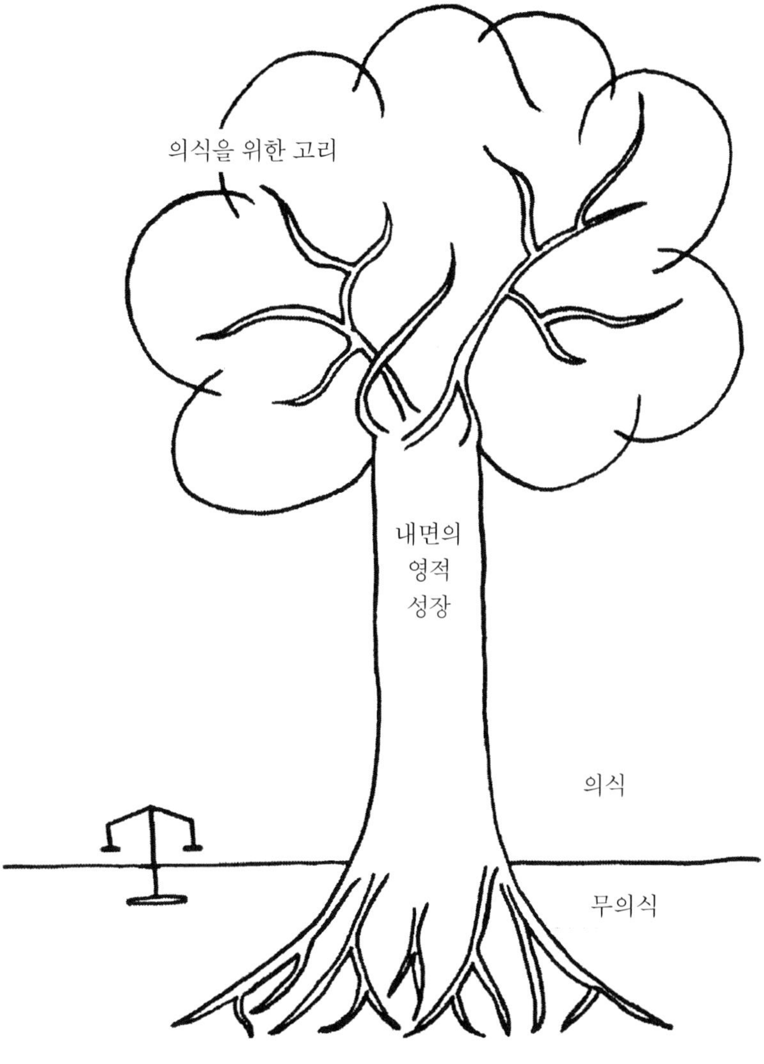

그림 3-2

참고문헌

Bonny, H. (1999). GIM monograph #1. *Guided Imagery and Music*. Salina, KS: ICM Books.

Bopp, J. M., Brown, L., and Lane Jr., P. (1984). *The Sacred Tree*. Twin Lakes, WI: Lotus Light Publications.

Bush, Carol. (1995). *Healing imagery and music: Pathways to the inner self*. Portland, Oregon: Rudra Press.

Clark, M., and Keiser Mardis, L. (1999). *Descriptive booklet: The Bonny Method of Guided Imagery and Music: Transforming images into life through music*. Olney, MD: Archedigm Publications.

Koenig, M. A. (2000). *Sacred connections: Stories of adoption*. Pennsylvania: Running Press Book Publications.

Lifton, B. J. (1988). *The adoption experience*. New York: Harper and Row.

Verrier, N. (1997). *The primal wound*. Baltimore, MD: Gateway Press.

Watkins, M. (1977). *Waking dreams*. New York: Harper and Row.

캐나다 기숙학교 시스템에 관한 추천 도서

Haig-Brown Celia. (1988). *Resistance and renewal: Surviving the Indian residential school*. Vancouver, BC: Tallicum Library.

Milloy, John F. (1999). *National Crime: The Canadian government and the residential school system, 1879 to 1986*. Winnipeg: University of Manitoba Press.

미주

기숙학교는 원주민 자녀를 캐나다 주류 사회로 동화시키기 위해 캐나다 정부의 명령에 따라 교회가 운영하는 원주민 자녀를 위한 학교였다.

이 제도가 시행되는 동안, 아이들이 가족들과 떨어져 지내면서 지역사회는 혼란을 겪었고, 언어는 사라졌으며, 많은 사람이 다른 형태의 학대를 견뎌 냈다. 기숙학교 제도의 부작용을 치유하기 위해서는 한 세대 이상이 걸릴 것이다.

CHAPTER 04

드라마치료를 통한 입양 의식: 자아로 향한 여정

STACEY ANNE MURRAY-PARK

나는 어릴 때 양배추 인형에 푹 빠져 있었다. 그 인형들이 마치 나의 아이들 같았다. 어린 시절, 침대에 단정하게 눕혀져 있던 작은 양배추 인형 컬렉션보다 더 소중한 보물은 없었다. 인형들은 하나하나 독특했다. 몇몇의 인형은 금발의 곱슬머리를, 그리고 다른 인형들은 갈색 머릿결을 갖고 있었으며 완전히 머리가 벗겨진 것도 있었다. 인형들은 베이비파우더 같은 냄새가 났다. 인형들은 각각 이름을 가지고 있었고, 한 벌의 옷(몇 개의 신발도 있음)과 작은 봉투에 들어 있는 서류와 함께 왔다. 난 항상 조심스럽게 인형들의 입양 서류와 출생증명서를 열어 보았던 기억이 난다. 의사의 승인을 받은 공식 입장이 이 인형들을 진짜 내 것으로 만들어 주었다. 나는 이 작은 인형들을 입양하였고, '나 자신'처럼 사랑하고 돌보았다. 모든 서류를 꼼꼼하게 읽은 다음, 새로 온 양배추 인형을 꼭 붙잡고 그녀를 기다리고 있는 새로운 언니, 오빠 인형들에게 소개해 주었다. 내 침대 위에는 각각의 인형들이 특별한 자리를 가지는 것처럼 새로 온 인형의 흔적이 생겼다.

어렸을 때는 내가 입양되었다는 것을 몰랐다. 13세에 우연히 입양되었다는 사실을 알게 되었을 때, 그건 내게 매우 충격적인 일이었다. 그 일을 알게 되었을 때는 내가 침실에서 자정이 넘어서까지 깨어 있는 중이었는데, 〈Hangin' Tough〉라는 곡이 내 스테레오에서 울려 퍼지고, 뉴 키즈 온 더 블록(팝 가수)은 여전히 인기가 상승하고 있는 때였다. 아빠는 금고에서 무언가 찾고 있었고, 방바닥에는 그 증거를 남기듯, 서류가 어지럽게 흩어져 있었다. 그중에는 부모님의 이혼 서류도 있었다. 나는 호기심에 그 긴 내용의 법정 문서를 읽었고, 그중에 다음과 같은 한 대화를 찾을 수 있었다.

변호사: 그리고 이번에 다른 아이를 입양하신 건가요?

아빠: 네.

변호사: 이 아이가 당신에게 진정한 행복과 기쁨을 가져다주었나요?

아빠: 네.

"네." 아빠가 대답했다. 나는 그 순간에 수많은 생각이 지나갔다. 부모님이 아이를 입양했다고? 왜 누구도 나에게 말해 주지 않았지? 나는 이 대화를 두 번, 세 번 읽었다. 그때 나는 침대에서 나를 쳐다보고 있는 시선을 느꼈다. 침대 위에 양배추 인형들이 나를 쳐다보며 비웃고 있었다. 나는 충격으로 움직일 수 없었고, 숨을 쉴 수가 없었다. 설마, 나는 입양되지 않았을 것이다.

하지만 곧 나는 내가 태어나자마자 입양된 사실을 알게 되었다. 내가 태어나고 하루가 지난 뒤, 나의 부모님은 나를 집으로 데려가기 위해 눈보라를 뚫고 몇 시간을 여행했다. 나는 피부가 아직 닫히지 않은 머리 위에 거품 같은 혹이 있었지만, 엄마는 이제 내가 그녀의 아이가 되었기에 얼마나 많은 혹이 있든 그것은 문제가 되지 않는다고 했다. 아빠는 나에게 특별하다고 이야기했지만 나는 특별하다는 것을 확실히 느끼지 못했으며, 매우 혼란스러웠고 배신감만 들었다.

나는 부모님뿐만 아니라 나에게 진실을 이야기해 주지 않은 나의 친척들에게도 배신감을 느꼈다. 함께 자랐던 또래 사촌들도 그 비밀을 절대 이야기해 주지 않았다. 우린 친하지 않았나? 가족의 구성원이라는 것을 자랑스럽게 여기고 있던 나는, 바로 자랑스럽게 생각했던 이 가족들로부터 소외되었다. 마치 내가 사기꾼처럼 느껴졌고, 심지어 크리스마스 전날에 할머니의 집에서 머무르고 있는 시간도 불편했다.

진실을 알고 난 뒤 나는 방에서 혼자 있는 시간이 많아졌다. 가끔 나는 눈에 거슬리게 반짝이는 눈빛을 가진 나의 양배추 인형을 보면서 다시 한 번 그들이 나를 비웃는다고 느끼며 인형들을 바닥으로 던져 버렸다. 하루는 아빠가 나의 방문을 두드리며 나에게 무슨 일이 있냐고 물었다. 나는 "아빠는 변했어! 아빠는 이제 날 다르게 대해!"라고 소리쳤다.

아빠는 하염없이 나를 바라본 뒤 나에게 말했다. "Sissy, 나는 네가 입양되었다는 것을 항상 알고 있었어. 넌 그것을 최근에 알아낸 것뿐이야. 아빠는 변하지 않았어. 여전히 늘 그랬던 것처럼 널 사랑하고 있단다."

아빠가 나가고 난 뒤, 나는 내 방문을 쾅 닫고 침대에 앉았다. 방바닥에 흐트러져 있는 양배추 인형들을 바라보았다. 그들을 바라보았을 때 난 울컥하는 것을 느꼈다. 마침내 나는 손을 뻗어 내 품 안으로 인형들을 모았다. 나는 그들을 침대 위에 있는 특별한 자리에 다시 가져다 놓았다. 그리고 인형들에게 그들이 입양되었다고 설명했다. 나는 더 명확하게 이야기하지 못한 것에 대해 사과했다. 나는 그들에게 내가 항상 그들 각각을 사랑하고 항상 그럴 것이라고 이야기했다.

"너희는 하나하나 나에게 특별해. 그리고 난 항상 너희를 사랑할 거야."

난 그들을 하나하나 꼭 안고, 그들이 입양된 것에 대해 얼마나 무서웠는지 말하는 것을 들었다. 그리고 난 그들은 여전히 그들 자신이며, 내가 그들을 사랑하는 것을 절대 그만두지 않겠다고 몇 번이고 말해 주며 안심시켰다.

이 일이 있고 난 뒤, 나는 학교 일기장에 글을 적었다.

장기 목표:
대학에 가서 심리학과 드라마를 전공한다. 나는 사람들을 돕고 싶다.

나는 이 에피소드가 드라마치료에 대한 첫 경험이라 생각한다.

드라마치료

드라마치료는 드라마/연극의 과정과 결과물을 증상의 완화, 감정과 신체의 통합 그리고 개인의 성장(NADT, 1999)과 같은 치료적 목적을 위해 구조적이고 계획적으로 이용한다. 드라마치료는 1979년 드라마학회(National Association of Drama Therapy)의 결성을 통해 전문적으로 인정받는 조직이 되었다. Emunah(1994)는 드라마치료의 다섯 가지 개념을 이야기 하였다.

- 극 놀이(dramatic play)
- 공연(theatre)
- 역할 놀이(role play)
- 사이코드라마, 심리극(psychodrama)
- 극적인 의식(dramatic ritual)

드라마치료사는 개인과 그룹 설정을 할 때 다양한 사람과 함께 일한다. 전이 공간은 개인이 삶에서 하는 역할보다 확장할 수 있게 허락해 준다. 인생에서는 하나의 역할을 할 수 있는 반면, 드라마치료는 어쩌면 개개인이 연습을 해야만 맡을 수 있는 중요한 역할을 맡게 할 수도 있다.

예를 들면, 한 번도 생모를 만난 적이 없는 성인 입양아는 치료사 역할을 연기하면서 자신의 친엄마 역할을 해 볼 수도 있다. 친엄마에 대한 감정을 드러내는 것에서 비롯된 이해는 살면서 결코 주어지지 않았던 감정을 드러낼 수 있게 되어 내담자에게 카타르시스를 느끼게 해 줄 것이다.

드라마치료와 의식

연극적 의식은 수 세기 동안 행해져 온 것으로, 치유로서 효과적인 방법이라는 것은 놀랄 일이 아니다. Jennings(1995)의 『무대, 의식 그리고 변화(Theatre, Ritual, and Transformation)』라는 책에서는 말레이시아에 세노이 테미아르 부족의 의식에 대해 담고 있다. Jennings는 그녀의 책에서 "테미아르 부족의 치료적인 행위를 완벽하게 이해하기 위해서는 놀이, 드라마, 의식 그리고 무대의 본질을 이해하는 것이 중요하며 테미아르 부족 활동의 발생과 유지의 본질적인 구현의 정수를 이해할 필요가 있다."(p. 23)라고 하였다. 그러므로 테미아르 부족의 상징과 은유가 의식적 활동을 통해 나타나는 것이다. 걸음을 옮길 때마다 춤을 통해 그들은 변화와 초월로 통합되는 것이다.

드라마치료에 대한 연극적 의식의 가장 중요한 유사점은 의식의 경계일 것이다. 드라마치료는 이곳도 저곳도 아닌 세계를 창조한다. 내담자가 들어오도록 허락하는 그곳은 환상적일 수도 있고 마법과 같이 변화하는 공간일 수도 있다. Emunah(1994)는 그녀의 책에서 "연극적 의식은 경계를 포함할 수 있고, 변형이 가능한 여정을 만들 수 있는 구조를 형성해 낸다."(p. 22)라고 하였다.

Turner(1992)는 경계를 다음과 같이 정의하였다. "…… 과거의 일을 놓쳤을 때, 그리고 미래는 아직 뚜렷하지 않았을 때…… 이전에 익숙하고 편했던 것과 아직 익숙하지 않고 편하지 않은, 이도 저도 아닌 움직임이다."(p. 61) '한계' 그리고 '차이'와 같은 용어로 부를 수 있는 의식의 경계는 입양아의 삶에 중요한 요소가 된다. 그러나 더 큰 맥락에서 의식적 경계의 통과 의례로 여겨진다(van Gennep, 1960).

의례, 경계 그리고 입양아의 경험

1900년대 초, 인류학자 Arnold van Gennep은 세 가지 구조를 통해 전이 의식이 발생한다고 하였다. 첫 단계는 이전 사회적 상황에서 분리되는 것을 포함한다. 이는 입양아가 자신의 원가족(출생 가족)과 분리될 때 일어난다. 두 번째 단계는 아이가 입양 가족과 함께 살고 있고, 동시에 원가족과 분리될 때 일어나는 의식의 한계이다. 세 번째 단계는 재결합이다. 이는 한 사람이 새롭게 사회적 지위를 얻으면서 생겨나는 것이다. 재결합은 입양아와 원가족 사이의 결합이다.

청소년들과 함께 일하는 전문가들은 아마도 이러한 경계에 가장 익숙한 사람들일 것이다. 20세기 초, 사회심리학자인 Kurt Lewin은 청소년을 주변인으로 묘사했다. “그들은 여기에도 저기에도 포함되지 않고 '사이'에 속해 있는 그룹이다.”(Lewin, 1948, p. 179: Muuss, 1996 재인용). 청소년은 어린아이의 단계도, 어른의 단계도 아니다. 발달 집단에서 청소년기는 모호한 경계이다. 엄마는 Johnny에게 “철 좀 들어라.” “어른답게 행동해라.”라고 이야기한다. 아직 Johnny는 어른들처럼 운전하거나, 성행위를 하거나, 늦게 들어오거나, 심지어 투표를 하지도 못하는데도 말이다. 서구 사회에서 청소년기에는 웅덩이를 철벅철벅 걷거나 균열이 생긴 도로를 걷는 것과 같이 어른이 되어 간다고 생각한다. 이러한 이유로 청소년기는 입양아들에게 위험한 시기가 된다.

나는 누구인가에 대한 답을 찾기 위해서라면 입양아들은 거울속 각각의 모습을 시험하게 된다. 알고 있는 것과 모르는 것을 찾아내고, 절망하고 만족하지 못하는 것은 모두 청소년기에 있는 입양아의 경험에 중심이 된다. 게다가 주변인의 상태인 청소년들은 입양아가 되는 것의 의식적 한계에 직면해 있다. 그러므로 의식적인 구조를 포함한 드라마치료는 서구 사회의 청소년들에게 부족한 전이 공간의 경계를 제공한다.

무대의 경계

창조적인 예술의 독특한 특징은 의식의 신성함에 있다. 극적 공간은 배우와 연출가 그리고 관객들에게 경계의 '터널'을 안전하게 통과할 수 있게 해 준다(van Gennep, 1960). 입양아에게 경계가 있는 역할을 하도록 하는 것이나, 통과 의례에 있는 역할을 부여하는 것은 상당한 카타르시스를 줄 수도 있다.

『비극의 형이상학(The Metaphysics of Tregedy)』[영혼과 형식(Soul and Form), 1974에서]에서 Lukacs는 "삶과 죽음 그 사이를 개척하는 경험은 영혼을 의식으로 깨우는 것이다. 영혼은 깨달을 수 있다. 왜냐하면 그것은 의식의 경계에 있기 때문이다."(p. 161)라고 썼다.

극적인 문학 작품에서는 비극의 주인공이나 비극적 영웅은 통과 의례를 경험하게 된다. 극작가는 비극적 영웅의 추락한 상황에서 시작하여 영웅을 인간적인 면으로부터 분리한다. 극작가는 비극적인 영웅을 다른 상태나 장소, 사회적 지위 혹은 나이와 결부시키는 것으로 끝낼지도 모른다. 하지만 상황은 영웅의 추락과 비극이 생겨난 이후의 해결책(불가피한 것에 대한 속죄나 복종)으로부터 일어난다.

15세기 영국의 유명한 도덕극인 Everyman을 살펴보면. 1막은 신이 사신에게 Everyman을 삶에서 분리시킬 것을 요청하는 것에서부터 시작한다. 여기서 분리 의식은 죽음을 상징하는 것이다. Everyman이 사신에게 한 첫 번째 대답이 불신과 부정이라는 것을 이해할 수 있을 것이다. 하지만 이 분리는 Everyman이 "내가 무엇을 해야 할지 잘 모르겠다."(ln. 195)라고 이야기하면서 전통적인 의례로 전환된다. 그것은 이러한 말들과 함께 할 수 있다. Everyman은 의식의 한계 속으로 그 여정을 또 다른 장으로, 천국으로 시작한다. 그리고 독자들은 그를 따라 2막으로 향한다.

Everyman에게 다가온 존재의 한계는 그의 죽음에 대한 인식을 일깨우는 것에 있으며, 그는 비극의 경계를 정의하는 Lukacs(1974)의 "영혼의 한계"라는 묘사를 사용한다. 죽음에 대한 Everyman의 예리한 자각은 사신이라는 상징으로 그에게 다가갔다. 이것이 아직 그가 살아 있는 이유이며, 죽음이 그의 적이 된 이유이다.

Everyman은 지금 생과 사의 두 갈림길 사이에 그림자 같은 유일한 존재이다.

3막은 Everyman의 '영적이고 감정적으로 벌거벗은'(Spinrad, 1987) 상태에서 시작한다. Everyman이 그의 영혼의 구원과 재탄생의 준비가 되었기 때문에 통합 의식은 확실해졌다. Spinrad는 Everyman이 그의 세속적인 물건들을 박탈당하고 스스로를 낮추었기 때문에 올바른 질문을 할 준비가 되었다고 믿었다. 그리고 지금 Everyman은 구원과 건강한 정신적 상태로 이끌어 주는 영적인 상태에 들어가고 있다. 이 최종 막에서 Everyman은 모든 것이 자신에게 있는 것이 아니라 신에게 달려 있다는 것을 깨닫게 된다. "오, 주여, 도와주소서. 모든 것이 저를 버렸나이다!" (ln. 851). 마침내 Everyman은 기꺼이 그의 운명을 받아들인다.

주님, 제 영혼을 주의 손에 맡기나이다.
받아 주소서, 주여.
저를 데려온 것처럼, 저를 보호해 주신 것처럼
악마의 말로부터 저를 구해 주소서.
세상이 끝나는 날에 제가 하늘나라에 갈 수 있는 축복을 내려 주소서.
전능하신 주님께 제 영혼을 맡기나이다.

경계는 비극적인 영웅, 다른 등장인물, 청중을 대신해 '만약에 과거에 이러했더라면 현재 어떻게 되었을까 하는' 행동을 허용한다. 이 터널 안에서 관객들은 기꺼이 주인공을 받아들이게 된다. 이는 특히 '내가 무엇을 해야 할지 잘 모르겠다.'의 세상으로 관객들을 불러들인다.

결론

상징과 은유의 사용은 의례와 극적인 것에 필수적이다. 그리고 드라마치료는 이러한 과정을 포함한다. 드라마치료는 입양 경험의 중요한 측면으로 경계와 유사한 전이 공간을 제공한다. 즉, 경계의 유사한 공간은 입양아로서 자신들의 삶 속에 입양 가족, 그리고 원가족 사이의 어느 시점에 있는 것처럼 양쪽의 삶을 산다. 역할 놀이, 인형극, 가면, 극작(劇作), 사회극 그리고 심리극과 같은 몇몇의 극적 방법은 경계를 숙달하기 위해 사용된다. 전문가의 사용 방법과 관계없이 드라마치료는 입양아의 경계를 포함한 여정과 청소년 입양아들에게 귀중한 경험이 된다.

입양 의식의 과정을 조사함으로써, 그들은 드라마치료가 어떻게 의례의 각 다른 단계들을 탐구하는지 알 수 있다. 원가족과의 분리, 가족을 잃고 다른 가족의 구성원이 되는 것에 대한 경계, 그리고 원가족과의 재결합과 같은 모든 대본은 드라마치료의 탐색을 위해 사용된다.

나는 내 방 침대 위 특별한 장소에 있던 양배추 인형을 바라보던 작은 소녀를 느낄 수 있다. 그들은 더 이상 나를 비웃지 않는다. 나는 그들의 손을 만지며 혼자 생각한다. '그래, 내가 그랬듯, 너희는 아직도 너희 그대로야. 나는 나이다. 어떻게 내가 여기까지 왔는지 몰라도 나는 지금 여기에 있다. 그리고 이것은 우리가 나눌 수 있는 선물이다.'

내 마음속의 드라마치료: 사적인 감정을 드러내는 단편

나는 미국에 있는 대부분의 입양아와는 달리, 18세에 내 출생 기록을 열어 볼 수 있었다. 나는 나의 드라마치료로 내 입양에 관해 단편극을 써 보기로 했다. 그 드라마는 Stacey와 철학 시험을 치고 있는 다른 두 명의 학생(목소리)으로부터 분리되면서 시작된다. 그 시험은 학생들이 수업 과정을 통과하는 것을 결정하는 시험이다. 철학 교수님은 "왜?"라는 단 하나의 물음을 학생들에게 내주었다. Stacey가 질문에 대답하려고 할 때 한계에 부딪혔고, 궁극적으로 그녀의 입양의 한계를 탐구하였다. 통합 의식과 재결합은 그녀가 처음 생모와 이야기할 때 일어났다. 그러나 그녀가 치유되고,

상처받지 않는 관점에서 재결합을 허락하게 된 이후에 이해가 되었다.

세부사항

<Stacey Murray-Park의 드라마 1장>

Stacey는 무대 위의 학생 책상에 앉아 있다. 그녀의 양옆에는 두 개의 책상이 각각 놓여 있다. 교수님의 책상은 DSL이다. 다른 인물의 목소리는 녹음된 것이다.

교수님: 이 시험은 자네들의 성적에 75% 반영한다는 것을 명심하게. 나는 자네들이 이 과정에서 배운 지식을 적어 주길 바란다. 자네들에게는 정확히 30분의 시간이 있다. 자, 이제 시작하게.

남학생: 음, 교수님? 여기에는 한 단어만 있는데요?

교수님: 그래.

Alexandria: 교수님께서는 '왜?'라는 질문에 대답하기를 바라시나요? …… 어떤 걸요?

교수님: 무엇이 잘못되었나? 시작하게.

왜?

왜?

제길.

자유교양과목에 대해? 내가 여기서 끝나는 것에 대해? 지금이 순간에 대해??

이 의자에 대해?

음……

또는 내가 오늘 잠에서 깬 것에 대해 쓰라는 것인가? 그래, 나는 오늘 천천히 샤워를 했고, 빅토리아의 미용 마스크를 하고 보디 제품을 발랐지…… 그랬나?

아니면 더 과거로 돌아가서—내 과거? 내가 네 살 때인가? 나는 미주리의 세인트조지프로 이사했지. 그래, 부모님이 이혼하면서 그렇게 되었지.

왜?

왜 나는 여기에 있지? (웃음) 우린 왜 여기 있는 거지? (교수에게) 이건 진짜야. …… 교수님이 말한 것처럼 '왜?'라는 질문에 75%의 내 성적이 달려 있어. 전 세계의 부모님들 중에 우리 부모님은 왜 그랬지? 태어난 지 이틀하고 두 시간밖에 안 된 나를 입양했을까? 그래, 이것이 '왜?'라는 질문에 대한 내 대답일 것이다.

나는 내가 그들을 선택했다고 생각했다. 내가 말했다. "거기 아가씨! 내가 탈 수 있는 여분의 자궁이 좀 있어? 그래, 네가 아는 것처럼, 지구, 미주리, 카우길, 미주리. 훌륭해! 많은 풀. …… 그리고…… 소들…… 그리고…… 사랑. 많은 사랑도 있지."

그래, 내 생각에는 그것이 나의 '왜?'라는 질문에 대한 대답일 거야.

그가 '왜?'라는 지식에 우쭐해하는 것처럼 가만히 앉아서 그를 바라보았다.

나는 학자적 추론의 경계에서 30년 이상의 철학이 의심할 여지가 없다고 생각한다.

(연필을 굴리며) 나는 뭔가…… 써야 한다고 생각했다. 이제 마지막 시험을 위해 30분밖에 남지 않았고, '왜?'라는 질문에 내가 미적거릴 시간이 없으니까. 이제 안녕.

엄마: 너는 입양에 대해 쓰면 안 돼.

누가 나에게 입양에 대해 쓰면 안 된다고 말하는 거야?

엄마: 그건 적절하지 않아. 왜 너는 우리 가족을 부끄럽게 만드는 거야?

그거 좋은 질문이에요, 엄마. 왜 내가 이 가족을 부끄럽게 하길 원한다고 생각해요?

나는 '왜?' 라는 것이 아마도 모든 사람에게 다양한 뜻을 가질 수 있을 것이라고 생각한다.

그렇기 때문에 나는 내가 입양아라는 것을 써야 한다.

맞아, 용어. 좋은 글은 항상 용어를 정의하면서 시작하지. 내가 이 과정에서 배운 지식을 잘 이용하고 있죠, 교수님?

만일 여러분이 누군가의 입양아가 될 것이라고 생각한다면 여기 멋진 명작 노트가 있다.

(각 단어들은 발표한 것처럼 슬라이드에 보인다.)

입양아: 만일 당신이 어떤 입양아를 알거나 누군가가 입양아라고 의심된다면, 당신은 아마 그 입양아가 세심한 주의를 기울일 것이라는 것을 알게 될 것이다. 예를 들면,

나는 내 남편의 돌출된 귀를 6대에 걸쳐 추적해 볼 것이다. 귀엽지 않니? (슬라이드)
또한 입양이 사실이라 하더라도 아직 어린아이에게는 입양된 것에 대해서 말해선 안 된다.
끝으로, 입양아에게 그녀의 생물학적인 남동생에게 끌리는 것이 걱정되냐고 물어보는 것은 결코 웃을 수 있는 일이 아니다. 우린 여러 번 이런 질문을 받았다. 그래, 그것은 걱정스러울 수 있다.
당신은 입양 삼각 구도라는 문구에 대한 다양한 법정 심리를 어렴풋이 들었을 것이다. (삼각형을 정의하는 슬라이드)
삼각 구도에 대한 콘셉트는 거짓말이다. 입양엔 유전적 부모, 입양 가족, 입양아의 삼각 구도보다 더 많은 구도가 있다. 용어 폭발. 쾅! (컴퓨터 스크린에 단어가 먹히는 모습이 나타난다.)
진실, 진실은 복잡하다. 입양아에게 진실은 입양한 부모들이다. 입양아를 길러 온 부모들이다. 진실의 다른 뜻은 유전적 부모일 것이다.
유전은 마지막 용어가 될 것이다. 나를 매료시키는 이 단어는 그 세부 사항에 조심스럽게 주의를 기울여야 한다. 만일 내가 이 단어(genetic)에서 t를 r로 대체한다면 그것(generic)이 무엇이 되는지 알아?
일반적인, 유전적인 것은 일반적인 것 안에서 숨을 멎게 한다. 일반 유전. 흥미롭지 않아?
나는 나의 원가족을 일반적이라고 생각하는 것이 쉬워. '왜?'
난 우리가 기다리면서 보아야 한다고 생각해.
(슬라이드가 올라간다.) 기다려.
입양아로 나는 '왜?'라는 질문에 대한 답을 찾기 위해 18년 동안 기다렸어. 교수님, 혹시 시간을 더 연장할 수 없겠죠? 시간을 연장하려면 학과장님에게 전화를 해야 하나?—바로 그거야!—난 전화를 해야 해. …… 그런데 누구한테? 어디로 내가 전화를 해야 하는 거야?
교환원: 인구동태 통계의 캔자스 부서입니다. 무엇을 도와드릴까요?

안녕하세요! 저는 Stacey Anne Murray입니다. 저는 캔자스 시티에서 입양되었어요. 그리고–

교환원: 18세인가요?

(독백) 내가 그녀에게 13세라고 이야기했나? 뭐라고?

교환원: 당신은 18세가 맞습니까?

음. 아니요?

교환원: 나중에 전화하세요.

나는 다음 날 다시 전화를 걸었다.

교환원: 18세인가요?

음. 네?

교환원: S.S. 그리고 생년월일이 있네요. 1952년 1월 1일 이전에 DVS에 있는 파일에 있나요?

(전화를 끊음) 뭐야!

그리고 나는 기다렸다.

기다리고 또 기다렸다. 왜냐면 나는 '왜?'에 대한 대답을 가지고 있지 않았으니까. 나는 내 친부모를 직접 만들기로 결정했다. 그리고 나는 상상하기 시작했다.

(제임스 본드 음악이 흘러나온다.) 국제 스파이들. 그건 그들의 잘못이 아니야! 그들이 어떻게 소련 연방과 미국이 알고 있다고 생각할 수 있겠어. 지구의 멸망과 관련된 비밀스러운 우주 임무에 참여한 건가? 그래, 그들은 소중한 딸을 위험으로 몰지 않을 거야!

(프랑스 억양)

엄마: 나의 사랑스러운 딸아, 우리는 한 번도 경험해 보지 않은 상황에 있어. 더 어려운 건…… 우리의 세계를 지키는 것이야! 그렇죠, 여보?

아빠: 물론이지, 당신. 우리는 우리의 소중한 딸을 보호해야 해! 이리 와서 프렌치 프라이를 조금 먹어 보렴.

오…… 엄마, 아빠! 걱정 마세요! 나는 이해해요! 전 단지 여러분이 무사해서 기뻐요!

(영국 황실 음악이 나온다.) 난 진정한 공주님이야. 그래. 작은 섬이지만 나는 공주님이야!

여왕: 오, 나의 사랑스러운 딸아! 너는 내가 너의 얼굴을 보기 전에 나에게서 떠나가 버렸구나. 너는 물론 작은 섬의 공주님이지! 너의 왕관을 한번 써 보겠니?

그럼요. 그렇지만 저는 왕관이 필요 없어요. 전 단지 여왕님을 찾아서 너무 행복해요!

여왕: 그래, 너는 나의 딸이야!

그리고 여기 내가 가장 좋아하는 시나리오가 있다.

[영화 〈브래디 번치(Brady Bunch)〉의 음악이 나온다.] 특별히 여배우 Florence Henderson이 나온다.

Florence: 오, 나의 사랑스러운 딸아! 너에게 상처를 주어 정말 미안하다! 너의 아버지가 죽고 나서 나는 무엇을 해야 할지 몰랐어! 그건 나에게 너무나 힘든 일이었단다. 더 힘들었던 건 미친 하녀와 고집 센 아버지, 세 딸과 세 양자를 키우는 것이었지! 그래, 너의 여자 형제들과 너의 남자 형제들은 너를 만나길 기대하고 있을 거야.

나한테 여자 형제들과 남자 형제들이 있다니! 난 항상 유일한 아이였는데! 날 찾아줘서 너무 고마워요!

Florence: 나도 마찬가지란다. 이제야 우리 가족이 하나가 되었구나!

그녀는 날씬하고, 금발을 가지고 있었다. 난 확신했다. 마침내 내가 찾던 사람이—음, 됐다. 난 그녀와 연락할 방법도 없는걸.

'생일'까지 (파워포인트를 사용해 18번째 생일 사진을 보여 준다.)

내 새해의 생일은 새해 소원뿐만 아니라 생일 축하도 할 수 있는 멋진 기회를 주었다.

아빠: 소원을 빌렴, Sissy!

소원이 이루어질 것이라 생각해요, 아빠?

아빠: 밑져야 본전이다, 오버.

오버. 오버, 아빠.

아빠: 난 너의 생일을 이것과 함께 시작하면 좋겠구나.

나의 아버지는 판도라 상자의 열쇠를 쥐고 있었고, 나에게 그것을 넘겨주었다. 그리고 우린 '수색'을 시작했다.

(나는 걸음을 옮겨 금고를 연다.)

그 내용물은 내 삶을 바꿔 놓았다. 아빠는 즉시 나의 입양을 담당했던 변호사의 연락처를 전화번호부에서 찾았다. 나는 부모님이 18년 전에 받은, 캔자스 소인이 찍힌 '식별되지 않은 정보의 편지'를 읽고 있었다.

(잠시 멈춤)

정말 내 친부모님이 국제 스파이인 거야?

뭐?

아빠! 이것 좀 봐요! 오–이런–내가 어떻게 불러야 하지. 나의 유전적 아빠가 정치적인 운동에 참여했다가 알려지지 않은 곳으로 옮겨졌대요.

제길!

음.

난 그들을 찾을 수 없었다.

(다시 문서를 읽는다.)

Mr. ○○○은 ○에서 왔다. 그는 5피트 10인치이고 몸무게는 170파운드이다. 그는 밝은 갈색 머리를 가졌고, 회색 눈을 가졌다.

Ms. ○○○은 ○에서 왔다. 그녀는 5피트 11인치이고 몸무게는 150파운드이다. 그녀는 밝은 갈색 머리를 가졌고, 푸른 눈을 가졌다.

키가 컸어요! 아빠! 그들은 키가 컸대요!

Stacey 외에도, 그들은 좀 더 나이가 많은 두 자녀가 있었다.

아빠! 그들은 다른 두 명의 아이가 있었대요!

– 아들, ○○, 나이 ○○, 그리고 다른 아들, ○○, 나이 ○!

아빠, 나한테 오빠가 두 명 있대요!

Mr. ○○○는 재정적인 문제로 아이들을 포기했다는 것을 그 가족들이 알기 원했다. 그는 아이가 건강한지, 양부모님들이 아이와 행복한지를 수소문했다.

(잠시 멈춤)

나는 오빠들이 있어.

어쩌면 언니나 여동생이 있을 수도 있어.

(편지를 접으면서)

하지만 아직 나에 대한 중요한 정보가 없어. 하지만 나는 그런 것들이 내면의 기쁨으로 다가왔다는 것을 인정했다.

간호사: 흠, 너는 부모님의 병력에 표시하는 것을 잊었구나.

오! 제가요? 미안해요, 하지만 사실 나는 이것을 채울 수 없어요. 나의 부모님은 세계를 지키는 국제 스파이들이었고 난 그분들의 임무가 끝날 때까지 연락할 수 없었어요. 좋은 하루 되세요. —당신은 그 임무가 언제 끝날지 절대 모를걸요. —(세계가 폭발하는 슬라이드)

나는 오빠들이 있어.

어쩜, 언니들일지도.

이제 그들을 찾을 시간이 되었어.

교환원: 인구동태 통계의 캔자스 부서입니다. 무엇을 도와드릴까요?

안녕하세요! 제 이름은 Stacey Murray예요. 저는 캔자스에서 입양되었고.

교환원: 18세인가요?

네!

교환원: S.S. 그리고 생년월일이 있네요. 1952년 1월 1일 이전에 DVS에 있는 파일에 있나요?

당신 거기서 일하지 않았어요? 네, 네, 네.

그리고 2주가 지난 뒤, 나의 출생 증명 원본이 내 눈앞에 도착했다.

난 그 편지를 못 열겠어.

내가 이 편지를 열어 보는 순간을 얼마나 기다렸는데.

엄마: 너는 그 입양에 대한 편지를 열면 안 돼!

누가 나에게 편지를 열어 보면 안 된다고 하는 거지? 엄마?

(여자) 찾아봐! 찾았어? 이 배은망덕한 놈 같으니라고!

(남자) 그들이 당신을 위해서 다 마친 뒤에 찾을 거야!

(여자) 왜 그 지렁이 깡통을 여는 거야?

(남자) 너는 뭘 하고 있는지 모르잖아!

(여자) 왜 그걸 여냐고!

(내 목소리) 이걸 열까요?

(여자) 열어.

(남자) 열어.

이게 내가 찾는 과정에 대한 것이다.

이건 당신들과 아무 관계도 없다. 엄마, 친구, 낯선 사람, 사촌, 사랑하는 누군가도.

이건 단지 나에 대한 것이다.

(편지를 열어 본다.)

이름이다!

Caron Delia Oldman. 출생지 인도. 내가 인도 사람인가?

Jack Horace Kemp. 출생지 캔자스.

하하! 난 이름을 안다! 난 당신들의 이름을 알고 있다고!

아빠? 아빠! 나 그들의 이름을 알아냈어요!

난 그들의 이름을 안다고요!

당신은 어디 있나요?

(전화기를 들고)

아……. 안녕하세요? 전 Stacey예요. 저는 Caron Oldman이라는 이름의 여자분을 찾고 있어요.

Caron: 전데요.

아, 네. 안녕하세요. 전 당신의 이름이 있는 출생증명서를 가지고 있어요.

Caron: 아……. 놀랐다고밖에 말할 수 없겠네요. 언젠가 일어날 일이라고 생각하긴 했는데.

아, 네. 전 Stacey예요. 당신의 목소리를 들어서 반가워요.

Caron: 당신이 어떻게 제 이름을 알게 되었는지 이해할 수는 없네요. 전 분명 아무에게도 말하지 말라고 했는데…….

음, 누군가 당신에게 잘못된 정보를 준 것 같아요. 사실, 캔자스주에서 1950년 이후로 입양아들이 자신의 기록을 열어 볼 수 있도록 허락해 주었거든요. 아직 다른 많은 주에서는 그렇게 하지 않지만요.

Caron: 잘 들어요. 난 당신이 왜 전화했는지 확실히 모르지만 당신의 부모님들은 당신을 사랑하고 있을 거예요.

아, 네. 부모님들은 매우 좋은 분이세요. 단지 몇 가지 물어보고 싶을 뿐이에요. 당신은 내가 물려받은 것이 무엇인지 알고 있나요?

(잠시 멈춤)

그럼 나는 인디언이 아닌가? 인도 출신이 아닌가? 그냥 머무른 것이라고 생각했다.

혹시 제가 알아야 할 다른 의료적인 것들이 있나요?

(잠시 멈춤)

내 오빠들은 어디에 있는지 아시나요?

(잠시 멈춤)

모르세요? 당신의 남편도 모르나요? 그럼 당신은 Jack과 결혼한 것이 아니군요. 문제가 좀 있었던 것처럼 들리네요……—다시 생각해 보자. …… 아, 그 여자가 그를 오해했다고 추측할 수 있겠다.—그가 당신이 증인 보호 프로그램에 있다고 말했겠네요.

(잠시 멈춤)

혹시 우리 오빠들이 어떻게 생겼는지 이야기해 줄 수 있나요?

(잠시 멈춤)

오, 전 읽는 것을 좋아해요. 그럼요, 저는 읽는 걸 정말 좋아해요. 네, 전 그들을 만나고 싶지만, 이해해요. 감사해요. 이해할 수 있어요. 저랑 통화해 주셔서 정말 감사해요. 한 가지 더 물어봐도 되나요? 혹시 저를 낳고 난 다음에 다른 아이들도 나으셨나요, 제 말은 제가 다른 여동생들이 있나요? 없다고요. 네, 정말 고마워요. 그럼 안녕히 계세요.

그녀는 Florence Henderson이 아니었다. 사실, 그녀와 조금도 가깝지 않았다.

그리고 여기서 끝이다. Caron과의 통화를 잊어버리기 전에 난 이것을 옮겨 적어야 한다. 지금. 이 의자 위에서.

나는 프랑스인이자 영국인이고 네덜란드 사람이다.

나의 유전적 가족에 암에 대한 병력은 없다.

이것은 거짓이다. 그는 내가 편지를 보고 그들을 찾지 않았을 것이라 생각할 것이다. 그는 내가 그들을 찾기를 원하지 않았다. 그래서 그는 거짓말을 한 것이다. 나의 식별되지 않은 정보는 단지 상자 안의 조각일 뿐이다. 그리고 이것은 우리가 얻은 모든 것이다! 교수님, 왜 모든 사람은 그들의 권리인 유산을 알지 못할까요! 왜?

교수님, 왜 그들은 출생 증명을 열어 보는 것을 거절할까요? '왜?' 대부분의 입양아들이 거짓과 같은 정보를 받아야 하는지, 남은 삶 동안 왜 그것을 짊어지고 가야 하는지 설명해 줄 수 있나요?

왜 그러죠? 저는 아직도 찾고 있기 때문에 답을 드릴 수 없겠어요. 찾는 과정은 다시 재결합한다고 해도 끝나지 않을 거예요. 그럴 거라 생각해요.

그리고 나서 우리 집으로 입양 문서가 날아왔다.

아빠: Sissy, 난 네가 이것을 보길 원할 거라 생각해.

두 오빠 외에도, 우린 너의 여동생이 태어나자마자 입양되었다는 것을 발견했어. 네가 그녀와 연락하길 원한다면…….

엄마: 넌 그냥 낯선 사람을 만나러 갈 수 없고, 그녀의 언니가 되는 것도 기대할 수 없어!

누가 내 여동생을 만날 수 없다고 하는 거야, 엄마가?

엄마: 왜 넌 이 가족을 부끄럽게 만드는 거니?

그녀는 나의 가족이에요.

엄마: 왜 이렇게 하는 거야?

왜 제가 이렇게 하는 것을 막는 거예요?

그리고 아빠가 말했다. "네가 무엇을 할지는 너만이 결정할 수 있어, Sissy."

아빠, 전 어떻게 그녀에게 다가가야 하는지, 그리고 다른 사람들을 어떻게 이해할지 모르겠어요.

아빠: 그건 단지 쓸데없는 걱정이야. 넌 축복받았어, Sissy.

그리고 아빠는 날 이해했다. 난 배은망덕한 사람이 아니다. 그리고 난 이기적이지도 않다. 알고 싶어 하는 건 나의 권리이다. 교수님, 이것이 대담하게도 그 이유에 맞서는 방법이에요.

엄마: 네가 진짜 엄마를 더 좋아하지 않는다는 걸 내가 어떻게 알 수 있겠어?

나에게 진짜 엄마는 단 하나뿐이에요, 엄마. 왜 절 믿지 못하세요?

엄마: 네가 나를 두고 떠날까 봐…….

엄마…….

그리고 나는 좀 더 세부적인 사항에 주의를 기울였다.

(슬라이드)

여긴 내 여동생이고 우린 처음 만났다. 우린 크고 푸른 눈을 가졌다. 이건 우리에게 크리스마스와 같았다.

내 생일.

그녀의 생일.

내 결혼식에. 그녀는 나의 들러리였다.

우린 Brandy Bunch가 아니지만, 우리에겐 서로가 있다.

잘 보아라.

(슬라이드) 여기 우리의 손주들이 있다. 할아버지가 손자, 손녀를 만났을 때 눈이 빛나는 것을 볼 수 있어? 넌 제2차 세계대전에서 비행기를 탄 여성을 볼 수 있겠어?

나의 이모들.

나의 오빠들.

여기 Caron이 있지만, 처음 전화 통화한 것보다 더 많은 이야기를 하지 않았어. 나는 그녀에게 특별하지 않지만, 우리가 서로를 대하는 방식이라고 생각해.

(일반적인 것에서 유전적인 것으로 변화한다.)

교수님, 제가 박사님에게 이유를 말씀드렸나요?

왜 그게 사실이고, 왜 그게 알려져 있는지를 제 전문지식으로 알려드릴까요?

아니면 Kant가 인간의 이성에 대해 인용하는 최고의 전문가이고 왜 이 질문들이 마음속에 새겨져 있는지 알고 있나요?

아니면 제가 감히 Heidegger의『존재와 시간(Being and Time)』에 나온 '존재'가 왜 그런지, 무엇이 그런지? 라는 말을 인용할까요?

남자: 이 사람을 믿을 수 있어?

남자. 그는 음악가이다. 그의 가족에는 음악가가 아무도 없는데, 그는 다양한 록 콘서트를 통해 그 재능을 얻은 것 같다. 그는 글도 많이 쓰지 않는다. 아마도 '왜?'라는 것은 그에게 중요하지 않은 것 같다.

Alexandria: 좀 조용히 해 줄래?

Alexandria. 그녀는 생물학자가 되고 싶어 하는데, 그녀에게 '왜?'라는 질문은 어떠한 것일까? 그녀는 진화의 진화에 대한 복잡한 가능성을 의심 없이 시험하면서, 왜 그녀는 자신을 끊임없이 복제하려고 할까?

세세한 부분에 주의를 기울이는 건 나에게 단순해지라고 이야기해 준다. 다 끝나면 그들은 그저 사소한 것일 뿐이니까. 그렇죠, 아빠?

아빠: 물론이지, Sissy.

(파워포인트에)

왜 아니겠어?

참고문헌

Cawley, A. C. (Ed.). (1959). *Everyman and medieval miracle plays*. New York: E. P. Dutton.

Emunah, R. (1994). *Acting for real: Drama therapy process, technique, and performance*. New York: Brunner/Mazel.

Jennings, S. (1995). *Theatre, ritual, and transformation: The Senoi Temiars*. New York: Routledge.

Lifton, B. J. (1995). *Journey of the adopted self: A quest for wholeness*. New York: Basic Books.

Lukacs, G. (1974). *The metaphysics of tragedy*. In *Soul and form*, translated by Anna

Bostock. Cambridge, MA: MIT Press.

Muss, R. E. (Ed.). (1996). *Theories of adolescence*, 6th ed. New York: McGraw Hill.

National Association for Drama Therapy. (1999). *Drama Therapy* [Brochure]. Washington, DC: Author.

Spinrad, P. (1987). *The summons of death on the medieval and Renaissance English stage.* Columbus, OH: Ohio State University Press.

Turner, V. (1992). *Blazing the trail*. Tucson, AZ: The University of Arizona Press.

Gennep, A. van (1960). *The rites of passage.* London: Routledge and Kegan Paul.

CHAPTER 05

입양 가정에서의 역동적 놀이치료

STEVE HARVEY

도입

두 살 남자아이는 형이 분수를 둘러싸고 있는 돌 위를 오르는 것을 보았다. 그는 돌 위로 스스로 올라가기에는 너무 작았고, 그래서 부모님에게 자신을 들어 올려 달라는 몸짓을 보냈다. 그러나 집에 갈 시간이 되었기 때문에 가족들은 소년에게 따라오라고 말하며 광장을 떠나기 시작했다. 소년은 분수대의 돌을 오르고 싶은 욕망과 집으로 가는 가족을 쫓아가야 한다는 사실 사이에 갈등을 느꼈다. 그의 갈등은 신체에서 분명히 드러났는데, 소년이 그의 가족을 따라가기 위해 몇 걸음을 옮기다가 결국 다시 분수대의 돌로 돌아왔고, 팔은 분수대를 향해 뻗어 있다는 점에서 알 수 있다. 소년은 명백히 맞닥뜨려진 두 가지 갈등상황에 놓이고, 정서적 안정성이 필요했기 때문에 울음을 터트렸다.

소년의 아버지는 빠르게 아들이 딜레마에 빠졌다는 것을 알아차리고 아들을 돌 위로 올려 주기 위해 돌아왔다. 소년은 만족하였고 미소를 지었다. 그리고 서 있던 돌에서부터 내려 달라는 몸짓을 아버지에게 보냈다. 소년은 아버지의 몸 위를 기어오르기 시작했다. 아버지는 그를 단단히 잡아 올리고, 기쁨에 차올라 웃는 소년을 하늘 위로 몇 번 던졌다가 받기를 반복하였다. 아버지와 아들이 이런 놀이를 반복할 때, 이 두 사람이 이전에도 이 놀이를 많이 해 봤다는 점은 분명히 드러났다. 왜냐하면 그들의 움직임은 조화로웠고 각자가 그들의 즉흥적 움직임에서 무엇을 예측하고 있는지를 알고 있었기 때문이다. 소년에게는 아주 어려웠던 내적 갈등과 아버지가 걱정했던 상황은 서로의 존재에 대한 상호적인 즐거움과 행복을 표현하는 자연스러운 행위로 바뀌었다. 아버지는 소년을 어깨 위에 올리고 서로에 대한 긍정적인 감정을 느끼며, 함께 광장을 떠나 집으로 갔다.

놀이는 새로운 상황에서 아버지와 아들의 상반되는 감정과 욕망의 많은 부분을 창의적으로 해결해 주었다. 이 에피소드는 돌 위를 오름으로써 경험할 수 있는 자신의 독립성, 가족과 가까이 있을 때의 정서적 안정감 둘 다를 모두 경험하고자 하는 소년의 욕망뿐만 아니라 그의 아들이 가족 구성원이 되기를 원하는 아버지의 욕망도 드러낸다. 아버지와 아들은 그 순간을 위한 적당한 놀이로 그들에게 친숙한 신체적 활동이었을 것(아들을 하늘로 던졌다가 받는 행위)과 다른 아이들도 해 보았을 기어오르는 활동(돌 위나 부모님을 기어오르는 행위)을 조금씩 적용하여 개발했다. 그리고 갈등적 상황과 스트레스를 서로에 대한 상호적 즐거움과 기쁨으로 바꾸어 주는 자연스러운 흐름을 만들기 위하여, 그 활동들을 서로의 존재에 대한 즐거움인 신체적 표현으로 융합했다. 이 에피소드에서의 성공적인 점은 아버지와 아들이 정서적 갈등과 신체적 표현을 그들 모두에게 유연하고 간단하면서도 자연스러운 활동으로 바꾸어 준 '편안함'과 '자연스러움'이라고 할 수 있겠다.

이러한 부모와 자녀 간의 즉흥적인 놀이는 모든 일상적인 가족 생활에서 일어난다. 이런 놀이는 갈등의 순간을 해결하고 정서적 재결합을 촉진시키는 데에 도움을 준다. 놀이를 하는 사람끼리 공동으로 만들어진 공유된 긍정적 감정 상태는 가족의 애착 형성과 서로 간의 친밀성을 지속적으로 공유하고자 하는 동기부여에 기여한다. 놀이는 서로의 이해에 대한 가족사의 일부분이 된다. 정서적 트라우마, 긴 분리 기간, 지속되는 갈등을 경험해 본 적이 있는 가족들은 함께 즉흥적인 유형의 놀이를 만들어 내는 데에 큰 어려움을 겪는다. 앞에서 나온 가족이 아들을 남기고 광장을 떠나는 것과 같은 순간들은 부모와 자녀에게 친밀한 상호작용에 대한 욕망이나 능력을 거의 주지 않기 때문에 매우 큰 갈등이 될 수 있다.

역동적 놀이치료(Dynamic Play Therapy; Harvey, 1990)는 문제를 지닌 가족들이 서로 상호적인 놀이를 개발할 수 있도록 상호적 움직임, 연극, 미술, 영상 만들기 등이 사용되는 조정 유형이다. 가족들은 처음에는 이미 짜인 상호 놀이 행위를, 그 이후로는 더 독립적으로 즉흥 상황을 만들 수 있도록 조직된 상호적 놀이행위를 시작한다. 가족들은 놀이를 그들의 기본적인 정서적 갈등을 다루고 해결할 수 있는 비유적 상황으로, 창의력을 가지고 발전시킬 수 있도록 도움을 받는다. 놀이를 통해 가족들은 그들만의 상호적인 창의력을 발달시키도록 격려를 받는다. 표현 활동은 자녀들이 즉흥 상황에서 적극적인 참여자가 될 수 있게 해 준다. 치료사와 가족 간의 대화는 놀이 에피소드들을 가족 일상에서의 상호작용과 정서적 경험을 연결 지을 수 있게 돕는다.

역동적 놀이치료(Harvey, 1991; Harvey, 1994a, 1994b, 1994c)는 입양 가정이 종종 입양과 함께 찾아오는 애착과 친밀도 형성에서의 감정적 문제들을 다루는 것을 도와준다. 역동적 놀이는 특히나 유아기(infancy)가 지난 자녀를 입양한 가족들을 돕는 데 유용하다. 종종 이러한 아이들은 학대, 방치, 이전의 애착 형성 대상과의 이별로 인해 중대한 심리적 트라우마를 갖고 있다. 그러한 경험들은 아이들이 새로운 애착을 형성하는 데 있어 큰 어려움을 겪게 만든다. 그들의 행동은 입양 부모의 최선의 의도와 뛰어난 양육에도 불구하고 종종 가족 전체에 파괴적일 수도 있다(James, 1994). 상호적 놀이의 개발은 그러한 아이들에게 부모의 응원을 받으며 넓은 범위의 감정을 표현할 수 있게 하는 경험을 제공할 수 있다.

자연스러운 창의력

어린이의 사회적 정서 발달을 연구하는 연구가들과 임상가들(Stern, 1985, 1990; Harvey, 1994a, b, and c; Tortera, 1994; Loman, 1994)은 애착 형성에서 부모와 자녀 간의 상호적인 놀이의 중요성을 강조해 왔다. 부모와 자식 간의 성공적인 놀이는 (특히 자녀가 정신적으로 괴로울 때) 언뜻 보기에 힘을 들이지 않고 자연스러운 방식으로 이루어지며, 부모와 자녀 모두가 지속적으로 비언어적 의사소통을 시작하고 거기에 응답하는, 상호간에 적극적인 참여가 이루어진다는 점을 특징으로 한다. 부모와 자녀는 표현의 리듬이 맞춰지는 신체적 상호작용 속에서 조율을 발전시킨다. 부모는 어떤 갈등이라도 눈치채고 이를 빠르고 수월하게 해결할 수 있다. 앞서 나온 에피소드는 공유된 감정 상태를 만들어 내고 놀이 참여자들에게 즐거움을 주었다.

창의적 예술치료사(Harvey, 1990; Harvey & Kelly, 1993)들은 이러한 즉흥적 상황에서 유연하게 할 수 있는 순간적인 창의력에 흥미를 가진다. 이러한 상호작용은 강한 감정과 기본적 욕구에 대한 의사소통을 구성하고 촉진시킬 뿐만 아니라 참여자들에게 그 순간에 있어서 모든 것이 딱 들어맞는 것처럼 보이는 상태를 만들어 준다. 이러한 '딱 들어맞음'은 스스로 놀이에 적극적으로 참여하는 각각의 놀이 참여자에게 상호적 표현의 흐름을 만들어 주며 별 어려움 없이 발생한다. 이때 놀이 참여자들의 행동은 그 순간의 정서적인 요구를 충족시켜 주는 놀이를 만들어 내기 위해 서로에게 딱 들어맞아야 한다. 또한 그러한 적극적인 참여는 모두에게 긍정적인 감정 상태를 만들어 준다.

아버지와 아들이 한 놀이의 즉흥적 상황에서 매 순간의 조율은 그들이 집으로 가기 위해 광장을 떠나려고 했을 때 일어난 일이다. 그들의 상호작용이 아들과 아버지가 서로에게 화가 나고 좌절감을 느낄 수 있는 상황으로 나아가려는 것처럼 보였던 그 순간에, 그들은 과거의 놀이 경험의 일부에 의존하여 자연스럽게 즉흥적인 놀이의 흐름을 만들었다. 그때의 순간에 있었던 새로운 요구는 다른 사람이나 다른 행동이라면 할 수 없었을 방식으로 그들의 기분과 분위기를 전환했다. 더욱이, 이 에피소드는 아버지나 아들 그 누구의 계획이나 리허설 없이 자연스럽게 발생하였다.

가족의 즉흥적 상황은 자녀들이 나이를 먹고 신체적으로, 정서적으로, 사회적으로, 인지적으로 성숙함에 따라 다양한 양상을 띤다. 다음과 같은 예시가 있다. 기분이 나빠지면 엄마와 얼굴 놀이를 시작하는 어린 유아, 아빠가 퇴근하면 정서적 연결을 만들어 내기 위해 아빠와 체스를 두는 걸음마 시기의 아이, 자기 전에 아이와 부모 모두 각자 연기해야 하는 역할을 갖추고 괴물에 대한 연극을 하는 미취학 아동, 학업적 어려움으로 가득했던 학교에서의 하루를 마친 후에 승자와 패자가 있고 규칙을 갖춘 게임을 부모님과 하는 초등학생. 심지어 10대 자녀들과 그 부모님도 갈등의 순간 이후에 서로에 대한 긍정적인 관심을 다시 만들어 내기 위해 재미있는 상호작용에 참여할 수 있다.

앞의 예시들은 놀이 참여자들의 연령과 발달 단계에 상관없이 ① 가족 구성원들 사이에서의 상호 관심, 조율, 응답의 조직을 도입한다. ② 감정적인 문제를 표현하는 상호작용 놀이로부터 만들어진, 상호적으로 발달된 은유 상황을 도입한다. 평소 관계가 좋았던 가정에서라도 갈등 후에는 가족 구성원들 간의 의사소통은 혼란스럽고, 기피되고, 동요를 보여 주고, 이 외에 다른 폐쇄적 특징이 심화된다. 상호적 놀이는 가족들을 다시 상호작용에 참여시키는 역할을 수행한다. 이러한 상호적 놀이가 시작된 후에는 감정적 문제들이 명백해질 수 있다. 종종 이러한 문제들은 가족이 겪고 있는 감정적 갈등에 관련이 있다. 놀이가 진행됨에 따라, 그러한 문제들은 진전을 보이고 종종 놀이 참여자들의 즉흥성과 창의력을 통해 자연스럽게 해결된다.

> 3세 남자아이는 부모님과 소풍을 가서 근처에 있는 호수에서 수영하기를 보챘다. 아들의 수영능력에 비해 물이 너무 깊었기 때문에 부모님은 허락하지 않았다. 소년은 엄마에게 화가 나 큰 소리를 지르고 아주 공격적으로 떼를 썼다. 아빠는 아들이 스스로를 진정시킬 수 있도록 한동안 아들을 차 안으로 데려갔다. 아들이 다시 돌아오자 잔디 위에 펴놓은 피크닉 담요에서 점프를 하면서 "난 물에 뛰어든 거예요." "난 물에 빠졌어요."라고 소리쳤다. 소년은 부모님에게 자신을 구조하도

록 요청했다. 부모님은 이 구조 놀이에 열정을 가지고 참여했다. 짧은 시간 동안에 가족의 분위기는 긍정적이었고, 그들은 소풍을 무사히 마쳤다.

이런 상호 놀이 에피소드들은 가족 일상생활에서 피할 수 없는 갈등으로 인한 감정적 긴장을 해소한 자연적 치료제가 된다. 이는 가족들이 갈등의 순간 이후에 서로에 대한 긍정적 감정을 만드는 것을 도와줌으로써 일어난다. 게다가 비유적 놀이 상황의 개발은 갈등이 있은 후에 상호적 활동을 통해 전환되는 자연스러운 극적인 상황을 제공한다. 이러한 전환에서 중요한 요소는 가족 구성원, 특히 자녀의 열정적인 참여이다.

애착, 트라우마 그리고 입양

몇몇 잠재적인 문제는 입양 가정에서 부모와 자식 간의 관계에 부정적인 영향을 끼칠 수 있다. 입양 가정의 부모와 자녀는 혈연으로 구성된 가정에서 일어나는 조화로운 신체적 동시성을 발전시킬 똑같은 기회를 가지고 있지 않다(Jernberg, 1990). 건강한 가정에서라면, 친모는 아이를 자궁에 지니고 있을 때부터 자녀와 신체적 리듬을 조율하기 시작하고 출산 후 아이들이 성숙해 갈수록 자녀의 신체적 리듬과 더 많은 동시성을 갖게 된다. 아이들도 마찬가지로 부모와의 정서적 상호작용에서 이러한 특정적인 신체 동시성에 대해 예측을 하고 친숙해진다(Loman, 1994). 몇몇 양부모와 입양 자녀는 이러한 신체적 동시성을 이루어 내지만 다른 입양 가정은 그러지 못한다. 신체적 발현에서의 이러한 동시성은 자연스러운 과정이고 몇몇 양부모는 연습, 치료, 훈련을 거침에도 불구하고 만들어 내기가 어렵다. 만약 이러한 동시성이 발생하지 않는다면, 아이와 부모 모두 기본적 욕구와 의사소통을 만족시키려는 그들의 노력에서 지속적인 충돌을 겪을 가능성이 높다. 심지어 부모와 자녀가 효율적인 방식으로 그들의 관심을 언어적으로 표현하는 것처럼 보일지라도, 상호작용에서 신체적으로 일치하지 않는 상황으로부터 이질감이 심화될 수 있다.

이전 가족에 대한 아이의 기억이 입양 가정에서의 관계 문제를 심화시킬 수 있는 또 다른 가능성이 될 수 있다. 나이가 많을 때 입양된 아이들은 친부모와의 이별, 애착을 형성했을 수도 있는 이전 위탁 가정과의 이별로부터 정서적인 스트레스를 경험할 수도 있다. 또한 이전의 생활 환경으로부터 겪은 학대나 방치로부터 중대하고 장기적인 심리적 트라우마를 경험했을 가능성도 있다(McNamara & McNamara, 1990). 그런 아이들은 양부모의 훌륭한 육아에도 불구하고 일상생활 속에서 낯선 성인을 신뢰하는 데 어려움을 겪는다. 양부모의 입장에서는 그들의 애착 형성 시도가 거부될 때 쉽게 화가 나거나 좌절될 수 있다. 이런 상황에서 일반적인 양육 문제는 지속적으로 친밀감을 위한 의사소통에서 방어적인 태도를 취하거나 양부모를 거부하는 아이들의 경우이다. 그런 아이들은 종종 거짓말, 절도, 방화, 폭력 행위와 같은 극단적인 행동을 취한다. 이런 행동들은 모든 형태의 훈육과 결과에 저항적이다. 게다가 그런 아이들에게서는 악몽, 우울증, 통제 불가능한 감정 상태와 같은 극단적인 심리 상태가 보일 수 있다. 양부모들은 이런 상황에서 희망을 잃어버릴 수도 있다. 만약 이런 부모와 아이들이 같이 놀이를 한다면 상호적인 놀이는 실패할 가능성이 높다. 상호적인 놀이 상태의 준비 없이는, 양부모와 자녀는 새롭고 긍정적인 가족을 만들기 위해 의도한다 해도 서로에게서 이질감을 느끼게 될 위험성이 있다.

역동적 놀이치료는 이런 상황에 처한 가족들이 상호적인 놀이를 개발하고 과거의 감정적 갈등을 해결하기 위해 사용할 수 있다. 이것을 가능하게 하기 위해서 역동적 놀이의 개입 목표는, 입양 가정이 조직화되고 조율된 상호 놀이를 개발하는 것을 돕는것, 그리고 입양 가정이 근본적 감정 갈등을 다루는 비유 상황을 만들어 내는 자연스러운 즉흥 상황 속으로 놀이를 확장하도록 이끄는 것이다.

개입

역동적 놀이치료의 일반적인 목표는 문제를 겪고 있는 가족이 '자연스러운 창의력'을 만들어 낼 수 있는 자연스러운 상호적인 놀이를 개발하도록 돕는 것이다. 즉흥적 상황 유형에서의 중요한 가정은 문제의 원인이 되는 감정 문제와 갈등들이 자연스러운 놀이의 상호 경험에 의해 해결되고 표현될 수 있다는 것이다. 동반되는 즉흥적 언어 표현들은 가족들이 같이 만들어 낸 놀이 속의 비유를 일상생활과 연관 지을 수 있게 할 뿐만 아니라 어떻게 가족들이 상호작용을 막는지를 선명하게 드러낸다. 성공적인 놀이 동안에 긍정적 애착과 서로에 대한 친밀감이 부모와 자녀의 놀이 경험으로부터 발달한다.

적용

역동적 놀이는 자유로운 놀이 활동을 시작할 수 있는 분위기를 형성하기 위해 부모와 자녀 간의 자연스러운 놀이를 즉각적으로 만들기 위해서 다음의 몇 가지 표현 방식을 이용한다. 이러한 표현 방식들로는 ① 예술, ② 연극, ③ 움직임, ④ 비디오가 있다. 부모가 아이들을 잡으려 하고 아이들은 베개 더미 위로 기어오를 수도 있다. 부모와 자녀가 누가 더 많은 그림을 그릴 수 있는지 알아보기 위하여 커다란 종이에 낙서를 할 수도 있다. 치료 과정의 다른 세션에서 가족이 최근 상호작용 놀이를 촬영한 비디오를 감상하고 무엇을 어떻게 바꿀 수 있는지에 대해 질의응답할 수도 있다.

이런 다양한 유형의 놀이는 조직화된 상호작용의 흐름을 만들고 비유된 가치를 발현하는 것을 돕는 총체적 목표를 달성하기 위해 통합된다. 치료사는 모든 상호작용을 가족의 '이야기(story)'로 구성해 준다. 때때로 그런 가족의 이야기는 그림 그리기, 찰흙 놀이를 포함할 수도 있고, 다른 세션에서 가족의 이야기는 이미지 메이킹, 춤을 포함할 수도 있다. 이 모든 과정에서 치료사는 가족이 놀이 공간에서 만들어 내고 있는 표현들(단순한 움직임, 베개 싸움, 큰 종이 위에서 낙서로 대화하기 등)을 이야기로 구성해 주는 언어적 표현으로 발전시킨다. 이러한 방식으로 놀이 구성요소에 대한 가족들의 모든 반응은 가족의 삶 속의 이야기에 대한 비유로 만들어진다. 이러한 재구성은 그들만의 놀이 에피소드를 자연스럽게 만들어 내지 못하는 가족들에게 놀이 공간과 장면에 대한 감각을 일깨워 주는 데 유용하다. 이 놀이 유형의 기본과정은 가족들이 자유롭게 즉흥 상황을 시작할 수 있고 그 자유 표현의 의미가 놀이를 통해서 점점 드러날 수 있는 것을 전제한다. 주요한 치료 목적은 가족이 놀이를 통해서 놀이의 은유가 명확히 드러날 수 있도록 표현을 도와주는 것이다.

놀이 공간

역동적 놀이를 위해서 가장 좋은 놀이 공간은 다양한 것을 표현할 수 있고 상상하고 있는 행동을 마음대로 할 수 있는 공간이다. 만약 가족들이 몸 전체를 움직일 수 있는 상대적으로 넓고 개방된 장소에서 놀이가 이루어진다면 최고이다. 체스, 줄다리기, 숨바꼭질과 같은 활동들도 잠재적으로 이루어질 수 있어야 한다. 다양한 크기의 동물 모형들은 상상으로 이루어진 연극을 하는 데 도움이 된다. 커다랗고 푹신한 베개는 물리적 공간을 안전하게 만드는 데에 사용될 수 있을 뿐만 아니라 집이나 벽을 만드는 데에 활용될 수 있다. 알록달록한 천이나 밧줄은 간단한 신체 놀이에 쉽게 이용될 수 있고 더 큰 연극 활동에 소품으로 사용될 수도 있다. 또한 커다란 사이즈의 신문지가 다양한 색의 마커, 크레파스, 색연필, 찰흙과 함께 있어야 한다. 일반적으로 놀이 재료는 특정되어 있지 않고 가족 구성원들이 놀이 재료를 그 순간에 놀이에서 필요한 것으로, 얼마 후에는 그것을 또 다른 것으로 바꿀 수 있도록 그들의 신체적, 극적인 예술적인 상상력을 발휘함을 돕기 위해서 고안된다. 커다란 베개는 어머니와 미취학 아동에게 함께 몸을 던질 수 있는 안전한 장소로써 사용될 수도 있고 몇 분 후에는 부모와 자녀를 상징하는 동물 모형으로 가득 찬 상상의 집을 위한 벽돌로써 사용될 수도 있다. 놀이 공간에 비디오 카메라와 모니터를 설치하는 것은 유용한데, 놀이 장면들이 촬영될 수 있고 놀이 이후에 즉시 검토될 수 있기 때문이다.

놀이 활동

놀이 활동의 목표가 가족들이 이미지와 테마를 만들어 내는 활동을 자유롭게 만드는 것임에도 불구하고, 처음에 문제를 가지고 치료를 받는 대부분의 가족은 이 목표를 달성하지 못한다. 치료사는 어디서 즉흥 상황을 시작할지와 같은 간단한 가이드라인과 함께 상대적으로 개방된 구조를 설치하고 가족들의 더 생산적이고 자유로운 놀이를 활성화하기 위한 코치 과정을 시작한다. 아래의 예시는 가족들이 시작한 활동들이다. 이 활동들은 가족들이 떠올려 낸 유일한 활동만인 것은 절대로 아니다. 가장 유용한 놀이 초기의 시작 활동들은 모든 가족 구성원이 어느 정도의 흥미를 가지고 꽤 쉽게 참여할 수 있는 활동들이 좋다. 움직임 활동은 보통 가족이 집을 짓거나 떨어지고 뛰어오를 수 있는 장소를 만들기 위해 커다란 베개를 사용하기, 서로에게 던지기 위한 용도 혹은 연극 소품을 위해 스카프를 사용하기, 밧줄로 줄다리기를 하거나 밧줄 아래로 지나가고 숨기 등이다. 예술적 활동들은 신체 · 가족 · 사람 그리기, 종이에 함께 낙서를 하고 그 낙서를 그림으로 바꿔 보기, 이야기 그리기, 경험 그리기 등이다. 연극 활동들은 경험했던 일의 재현이나 실제 세계뿐만 아니라 괴물, 유령, 영웅과 같은 판타지 역할을 포함하는 이야기와 등장인물을 구성하는 활동을 포함한다. 비디오 활동들은 가족 혹은 다양한 역할을 수행하며 놀이 장면을 검토하기(자녀가 부모나 다른 사람 역할을 하며 비디오를 보도록 할 수 있다), 영화 제작하기, 규칙이 잘 지켜졌는지를 확인하기 위해 경쟁 놀이 다시 보기, 새로운 활동을 계획하기 위해 집에서 비디오 보기 등이다. 움직임 게임들은 종종 연극 활동 사이에 포함될 수도 있다. 예술적 활동들은 종종 움직임/연극 활동 이후에 일어난다. 그림 그리기가 무슨 일이 일어났는지에 대한 것일 수도 있거나 그림 그리기 활동이 다음 움직임이나 연극 장면을 짜기 위한 방법으로써 이용될 수도 있다.

일반적으로 이런 활동들은 즉흥 상황이 점점 늘어날수록 가족들이 그들만의 독특한 이야기를 만들 수 있도록 처음에 넓은 범위에서의 모든 상호작용을 장려하고자 하는 의도를 가진다. 자유롭게 만들어진 놀이 중에 가장 중요한 치료 기술은 놀이가 가족의 '이야기'를 만드는 데 초점을 맞추도록 이끌고 그 '이야기'가 행복한 엔딩을 가질 수 있도록 돕는 것이다.

긍정적 상호작용 놀이를 위한 필수적 요소

코칭

자연스러우면서도 창의적인 놀이를 성공적으로 만들기 위해, 문제를 겪고 있는 가족들의 놀이에서 무엇이 잘못 되었는지를 파악하는 데 몇 가지 방법이 이용된다. 이런 방법들은 필자가 이전에 쓴 논문들에서 사례를 찾을 수 있다(Harvey, 1993, 1994a, 1994b, 1994c, 1995, 1997, 2000a, 2000b, 2001, 출판 중; Harvey & Kelly, 1993). 논문에 실린 내용들이 이 글에서 간략하게 요약되어 조정 유형으로서 '치료사의 코칭(therapist coaching)' 개념의 설명을 돕는다. 한 번의 세션에서, 치료사는 몇 가지 방법을 한 가지 혹은 여러 가지를 조합하여 상호작용 놀이가 더 생산적으로 이루어질 수 있도록 이끈다. 이러한 측면에서 치료사는 많은 역할을 수행하는 '숙련된 놀이 참여자(master player)'가 된다. 그 역할들은 다음과 같다. 상호작용 놀이 상황을 짜는 데 있어 지시 및 감독, 놀이를 시작하는 활동을 더 생산적으로 구성하기, 놀이 참여자들이 즉흥 상황에서 자연스러운 반응을 할 수 있도록 격려하기, 제한할 점, 추가할 점, 초점을 어디에 맞출지 설정하기, 감정 상태가 나타날 때마다 그 감정 상태의 언어적 명료화 제공하기, 가족들의 놀이 과정, 일상생활, 비유된 상황 사이의 연관을 언어적으로 표현할 수 있도록 돕기, 필요할 경우 연극에서 역할 맡기(종종 이 역할은 부모와 자녀 사이의 매개자나 전달자가 된다), 가족들의 놀이가 그들의 일상적 감정에서의 중요한 부분을 드러낼 때 알아차리기이다.

조율된 놀이와 조율되지 않은 놀이

조율된 놀이는 놀이 참여자들이 근접성을 가지고 비슷한 활동을 만들어 내는 데 적극적이고, 의사소통 표현에서 유사한 비언어적 리듬을 사용하는 데 적극적일 때 일어난다. 아이가 방을 빙글빙글 돌 때 부모가 비슷한 속도와 비슷한 방향으로 아이를 따라간다면, 그들의 놀이는 조율된 놀이가 될 수 있다. 만약 부모가 아이의 신체와 들어맞는 리듬과 함께 언어적 소통을 한다면 그 행동은 더 조율된 놀이가 된다. 만약에 아이가 더 빠르게 움직이기 시작하고 부모는 멈춰서 아이의 신체적 소통과 전혀 관계가 없는 언어적 의사소통을 시작한다면 그런 놀이는 조율되지 않은 놀이가 될 것이다. 상호적인 놀이는 지속적인 조율성, 조율의 더 짧은 순간들을 가지거나 활동 전체에서 조율성을 전혀 가지지 않을 수도 있다. 이 장의 초반에 논의되었던 아버지와 아들 사이의 놀이는 조율된 놀이었다. 아버지가 아들을 하늘 위로 던졌을 때, 아버지와 아들 모두는 그들의 기쁨을 신체적 움직임과 들어맞는 음성 리듬을 이용해서 언어적으로 표현하였다. 그 시점에서 그들의 조율성은 상당히 증가하였고 아버지와 아들 모두가 공유된 감정 상태를 만드는 데 적극적이었다.

조율되지 않은 놀이가 일어날 때, 치료사의 주요한 전략은 놀이 참여자들을 공통된 놀이에 참여하게 하거나 공통적이거나 보완하는 리듬 표현을 만드는 것이다. 만약 아이가 성공적이지 못한 술래잡기 놀이에서 부모로부터 도망친다면, 치료사는 부모가 아이의 움직임과 같은 리듬을 가진 언어적 의사소통을 하게 지시하거나 부모와 아이 모두가 뛰어다닐 수 있는 한 장소를 할당해 줄 것이다. 한 장의 종이에 예술적 활동을 할당해 주는 것 또한 조율의 초기 단계를 이끌어 낸다. 때때로 가족 구성원들은 더 보완적인 조율을 시작하기 위해 각자 다른 유형의 활동의 역할을 맡을 수 있다. 그 예시로는 부모가 감정에 대한 이야기를 할 때 아이가 그 감정을 움직임으로 표현하는 것이다.

흐름/중단

놀이의 흐름과 놀이의 중단에 대한 개념은 역동적 놀이에 중요하다. 놀이의 흐름은 놀이를 하는 가족들이 조율된 놀이 활동이 중단 없이 다음 놀이 활동으로 이어지는 방식으로 놀이를 서로에게 맞추어 갈 때 발생한다. 중단은 놀이의 흐름을 막고 방어의 목적을 갖는 것이다. 중단은 놀이 진행 과정과 자연스럽게 일어나고 있는 상호작용 놀이 상황을 바꾼다. 보통 중단은 암묵적 혹은 명백한 놀이 규칙을 깨는 가족, 경미한 부상, 서로가 만든 놀이 상황 내에 있지 않았던 갑작스러운 감정 상태의 변화, 돌발적인 폭력성, 다른 가족을 판단하는 말이나 모욕, 비난, 방해를 하기 위한 말, 다른 사람의 생각을 통제하고자 하는 말 등과 함께 일어난다.

놀이를 잘하는 가족들에게 상호적 중단은 더 나아간 즉흥 상황으로 합쳐진다. 중단과 같은 순간들은 종종 새로운 해결책을 제시한다. 호수에 수영을 하러 가지 못했던 세 살 소년은 상호적 놀이 상황에서 부모와 함께 놀이를 중단하거나 갈등을 겪을 수가 있었다. 두 살 소년은 분수대를 기어오르고 싶었던 처음의 불만족스러운 욕구를 아버지의 어깨 위로 기어 올라가는 놀이 활동으로 바꿀 수 있었다. 그러나 문제를 겪고 있는 가정에서의 중단은 놀이 활동을 멈추고 때때로 가족의 일상생활에서부터 인지 가능한 갈등적인 상황을 만들어 내기도 한다.

치료사가 놀이 흐름에서 중단을 목격했을 때의 주요한 코치 전략은 부모와 자녀가 새로운 놀이 활동을 만들기 위해 즉흥적으로 놀이 상황의 과정과 내용을 수정할 수 있도록 도와주는 것이다. 예를 들어, 만약 유치원 아이가 엄마와 함께 놀이 활동을 하다 바닥에 넘어져서 다리를 좀 다쳤다면, 치료사는 부모가 자녀에 가까이 다가가도록 하고 부상당한 아이를 치료하는 의사 역할을 맡게 하여 놀이를 바꿀 수 있다. 만약 아이가 상당히 화가 나면, 아이는 모든 감정을 커다란 종이에 낙서로 표현한 편지를 쓰도록 권유받고 치료사가 그 편지를 부모에게 전달하고 부모는 답장을 쓸 수 있다. 이러한 유형의 조정은 '초기 놀이'의 개념이 후에 설명된 이후에 더 완벽해질 수 있다.

표현적 역동성

표현적 역동성은 가족들이 놀이 내에서 더 많은 내적 동기를 경험하기 시작하고 서로가 더 많은 놀이를 함께 하고 싶어 할 때에 발생된다. 가족들이 놀이 그 자체만으로도 흥미를 가지고, 호기심이 생기고, 즐거움을 느끼게 될 때 가족들 스스로 놀이의 흐름을 지속한다. 표현적 역동성이 발생하는 중에는 가족들은 감정 상태의 변화를 경험하고 놀이가 가족들 모두에게 즐거움을 가져다준다. 이것은 보통 놀이의 '재미'를 느낌으로써 식별된다. 가족들이 표현적 역동성을 경험할 때, 가족들의 상호작용 놀이는 생각지 못한 방향으로 흘러갈 수 있고 창의적인 순간들이 자연스럽게 일어날 수 있다. 아들과 아버지의 놀이는 아들이 아버지의 몸 위로 오르고 싶다는 몸짓을 했을 때에 표현적 역동성을 만들어 냈다. 이 시점에서 아버지와 아들 모두가 놀이 활동이 처음에는 예측되지 않았던 무언가로 나타나지게 하였지만, 모두가 즐거움을 느끼는 결말로 끝났다. 그런 식으로 동반되는 감정 상태의 변화는 친밀함을 만든다.

표현적 역동성은 일반적으로 부모와 자녀에게 감정적 갈등이 압도적으로 커졌을 때에 상호작용 상황을 떠나기 위한 첫 번째 놀이 요소이다. 놀이를 계속하고자 하는 내적 동기 없이는 중단이 일어나기 시작하고 조율된 상호작용은 즉시 멈춘다. 표현적 역동성을 가진 활동에서 부모와 자녀를 놀이에 다시 참여시키기 위한 전략으로는 경쟁적 요소를 지닌 새로운 활동을 도입하는 것이다. 이때에 경쟁은 중단되었던 이전의 활동의 요소에 기반을 둔 새로운 형태여야 한다. 예를 들어, 만약 아이와 부모가 '대장 따라가기 놀이(follow the leader game)'에서 각자의 움직임을 따라다니는 활동에 흥미를 잃었다면, 이 놀이는 부모가 커다란 밧줄을 이용해서 아이를 잡게 하는 놀이로 바뀔 수 있다. 만약 부모는 멈추고 싶어 하는데 아이가 부모로부터 빠르게 달아난다면, 치료사는 '느리게 움직이는 경주(slow motion races)'를 하게 한다. 이 게임에서는 결승선에 가장 나중에 도착하는 사람이 승자가 된다. 만약 아이가 베개 틈에서 나오지 않는다면 치료사는 부모에게 아이의 '옆집'에 또 다른 집을 만들도록 권유하고 부모와 아이 모두가 서로에게 편지를 쓰고 치료사는 '편지 배달부' 역할을 하며 편지를 전달할 수 있다.

부모와 아이의 역할

역동적 놀이치료는 일반적으로 놀이 즉흥 상황이 다른 형태의 표현을 지향하는 유연한 형태이다. 보통 자녀가 놀이를 시작하는 역할을 하고 부모는 그러한 놀이의 시작에 반응하고 이런 초기의 의사 표현을 확장하고 격려하고 정교화하는 역할을 맡는다. 분명, 부모도 자신만의 놀이를 시작할 수 있다. 특히 만약 아이의 놀이가 중단되었거나 혼란스러워졌을 때 그러하다. 그러나 부모는 더 지지적인 놀이 참여자가 될 수 있는 유연함을 가져야만 한다. 부모가 이런 역할을 하지 못할 때 코치 전략은 유연한 역할을 하기 전에 아이가 놀이를 시작했다는 것을 인지하고 인정하도록 부모가 보게 하고 배우게 하는 것이다. 만약 부모가 아이의 놀이 시작을 멈추게 하는 주도권을 가지기 시작한다면, 치료사는 부모의 공간과 아이의 공간으로 나누어진 방 안에서 연극을 시작한다. 그렇게 부모와 아이는 놀이 공간에 있는 그들 각각의 장소에서 무엇을 할지 결정한다. 그 결과로, 이어지는 놀이는 보통 어른 주도의 놀이에서 아이 주도 놀이로 바뀐다.

연극 테마와 이미지의 사용

일반적인 가족의 놀이는 상호작용과 관련이 있는 이미지와 테마들로 가득 차 있다. 심지어 말을 떼기 전의 어린아이들도 의미 있는 몸짓과 상호작용을 발달시킨다. 임상의(Harvey; Totera, 1994)는 가족들이 그러한 움직임을 더 정교하고 자녀 주도적인, 가족들에게 정서적 의미를 지닌 '춤(몸짓)' 이미지로 발달시키도록 돕는다. 자녀가 나이를 먹고 발달해 갈수록, 아이들은 연극 역할과 테마를 가진 상상의 놀이를 만든다. 가족들은 특별히 중요한 문제들(예: 강한 분노, 두려움, 안전과 보호에 대한 요구, 이별과 재결합)을 다루는 테마를 연기한다. 건강한 가정에서는 이런 테마들이 분명히 드러나고 부모와 자녀 모두가 서로에게 안정감, 행복감을 느끼며 자연스럽게 긍정적인 방향으로 문제를 해결한다. 더 정서적인 어려움을 겪었던 가족에게는 그러한 테마들은 덜 발전된 상태이고, 드러나 있지 않으며, 무질서하고 불완전하다. 중대한 트라우마를 가진 몇 가족에게, 이러한 테마와 관련된 연극 이미지는 이후의 상호작용 놀이를 방해한다.

이 장 초반의 에피소드들에서, 두 가족 모두가 강도 높은 정서적 요구를 분명히 표현하는 놀이 활동을 해낼 수 있었다. 이 가족들은 놀이를 통해 그런 이미지의 긍정적 마무리를 이끌어 낼 수 있었다. 그런 이미지가 분명하지 않거나, 발전이 없거나, 방해를 야기할 때, 치료사는 스토리텔링을 통해 가족들 고유의 상상력을 안정적인 테마로 발전시키도록 코치한다. 이때의 스토리텔링은 연극, 예술, 움직임, 비디오 유형 등 모두를 통합시킨다.

스토리텔링의 예로, 치료사는 상호적인 신체적 움직임을 이용하는 비유적 상황을 만들 수 있다. 아이들은 종종 정서적 가까움이 테마가 될 때 연극 혹은 언어적 놀이 상호작용을 그만둔다. 이 시점에서 처음에는 치료사가(나중에 이 기술에 더 능숙해졌을 때는 부모가) 상호작용에 가장 많이 포함된 신체 부위에 대한 이야기를 해 준다. 예를 들어, 치료사 혹은 부모와 같은 스토리텔러는 발에 대해 이야기를 시작할 수 있을 것이다. (만약 아이가 놀이를 그만둔 후 발차기 행동을 계속할 때) 아이에게 '발 아저씨'가 발 아저씨의 어머니에게 그가 무슨 감정을 느끼고 있는지를 '발 언어'로 말하러 가는 중이라고 말해 준다. 이런 방식으로, 감정 표현이 계속될 수 있고 모든 표현들이 비유적 상황 발달의 일부가 될 수 있다.

구조와 힘의 균형

성공적인 가족 놀이 즉흥 상황에는 구조(표현의 구조, 형태)와 힘(놀이 참여자가 느낀 정서적 경험)의 균형이 존재한다. 만약 구조가 너무 심하면, 감정 표현은 의미, 자연스러움, 서로에 대한 흥미를 잃게 된다. 만약 놀이의 힘이 너무 많다면, 표현은 어수선해지고 의사소통적 가치를 잃는다. 앞에서 논해진 모든 코치 전략 전체를 통틀어, 치료사는 가족들의 놀이 표현이 구조와 힘을 같이 지닐 수 있도록 감독해야 한다. 만약 놀이가 한 사람의 지시나 가족의 의사소통 방식 때문에 너무 구조화된다면, 치료사는 놀이에 더 많은 힘을 늘리도록 조언을 해야 한다. 이것은 놀이 참여자들이 표현을 넓히도록 요청하기, 놀이에 신체적 활동 추가하기, 경쟁 요소를 도입하여 놀이에 상호적 도전 과제 제시하기 등의 여러 가지 방식으로 행해질 수 있다. 만약 놀이에 너무 많은 힘을 가진다면, 치료사는 놀이 참여자들에게 구조를 더 만들라고 지시할 수 있다. 이는 규칙 추가, 계획, 비슷한 방식으로 동작 반복, 매체 바꾸기(특히 미술표현) 등을 통해 더 많은 표현을 반영할 수 있다.

개입 단계

놀이 조정은 활동과 치료사의 목적과 지도에 따라 단계가 달라지는데 그 단계는 다음과 같다.

(1) 가족상호적 놀이의 평가(소개하기)
(2) '처음 시작하는 놀이' 혹은 놀이의 과정을 조직하고 놀이 중단을 자연스럽게 놀이로 연결하는 즉흥적 상황을 만드는 것을 도와주는 구조 사용하기
(3) 문제의 근원이 되는 감정적 문제들을 명확히 하기 위해, 가족들이 자유롭게 만들어진 놀이 전체를 훈습하기(working through)

(4) 아동의 지난 양육자의 손실을 받아들이는 데 있어서의 과거의 트라우마와 문제의 해결, 그리고 공동치료에서 이루어지는 입양에 대한 수용·치료의 마지막이 이 단계에서 이루어진다. 종종 '의식(儀式)'이 이러한 교정을 돕기 위하여 사용된다.

전체 가족이 평가/도입 단계를 함께 완료한다. 그다음 '처음 시작하는 놀이' 중에 모녀, 자매, 부자와 같은 한 쌍들을 볼 수 있다. '훈습' 단계에서는 가족 구성원들 각각이 공동 놀이를 방해하는 더 개인적인 문제들을 드러낼 수 있다. 입양 아동이 주도권을 쥔 상황에서, 입양 가족의 가족 역사가 어떻게 그 상황과 충돌하는지를 주장하고자 하는 부모를 위해 상당한 시간이 소요될 수 있다. 또한 미취학 아동보다 나이가 더 많은 아동들은 입양 가족과의 갈등의 정도가 너무 심하다면 과거로부터 더 특정한 문제를 드러내는 것처럼 보일 수 있다. 이러한 아동의 치료 목적은 후에 입양 부모와 함께 만들어 갈 수 있는 명확성을 가진 놀이 테마를 만드는 것이다. 모든 가족 구성원은 그 이후에 '해결'과 '의식' 단계로 나아갈 수 있다.

놀이의 평가/도입

초기 치료 활동의 주요한 목적은 가족들에게 어떻게 상호적 놀이가 그들의 문제를 해결하는 데 도움이 되는지를 알려 주는 것이다. 이러한 초기 면접을 성공적으로 해결하기 위해서 두 단계가 필요하다. 첫 번째 치료 단계에서는 부모(그리고 미취학 아동보다 나이가 많은 아동)가 현재의 행동적·상호적 문제를 묘사하도록 요청받고 자녀와의 분리, 자녀의 상실, 심리적 트라우마의 경험을 설명하라고 요구하는 임상적 대화면담이 실행된다. 부모들은 가족 역사에 대해서도 따로 인터뷰를 받는다. 두 번째 치료 단계에서는 가족이 예술, 연극, 움직임을 포함하는 상호적 놀이 임무를 완수하도록 요구받는다. 이러한 임무들은 치료사에 의해서 제시되고, 즐겁고 쉽게 완수될 수 있는 상호작용을 포함하게 고안된다.

놀이 임무들은 다음과 같은 활동들로부터 추려진다.

(1) 모두가 대장이 될 수 있는 기회를 가지는 대장 따라 하기 놀이
(2) 베개 더미로 자녀를 던져 올리고 자녀 달래 주기
(3) 박제 동물을 사용하여 가족에 대한 이야기 만들기
(4) 모든 가족이 참여하는 자유 놀이 상황에서 부모가 방 안에 자녀 혼자 남겨 놓고 떠나는 상황이 되고, 부모가 다시 자녀에게로 되돌아와서 놀이를 계속하는 상황
(5) 무언가를 하고 있는 가족 전체를 담은 사진 찍기
(6) 가족 전체가 한 마을의 등장인물로 등장하는 이야기 만들기

치료사는 그 후 위에 제시된 놀이의 요소들을 사용한 놀이 내에서의 문제를 식별하기 위해 가족과 함께 녹화 테이프를 검토한다 이 검토의 주요한 목적은 가족들이 치료사에게 보고했던 문제들과 놀이 안에서의 문제 사이를 가족들이 연결하도록 치료사가 돕는 것이다. 치료사는 보고했던 내용뿐만 아니라 놀이에서의 문제를 해결하기 위해 가족들이 목표를 세울 수 있도록 돕는다. 평가 활동의 더 온전한 사례들을 위해서는 Harvey(1990, 1991, 1994, 2000, 2001)의 논문을 참조하라.

사례

걸음마를 뗐을 때부터 가족의 구성원이 된 6세 아들과 혼자 입양한 어머니는 아들이 자신의 뜻대로 되지 않을 때 부모를 때릴 정도로 분노 표출이 늘어나 도움을 요청하였으며, 그러한 분노 표출 행동이 정기적으로 발생하고 있다고 말했다. 어머니는 아들이 친모에 의해 방치되었기 때문에 걸음마를 떼기 시작했을 때 아동 보호 단체가 친모로부터 데려왔다고 말했다. 입양모는 꽤나 어렸을 때 부모님들이 이혼하셨고 자신을 키운 어머니에게 친밀감을 느끼지 못했다고 말했다. 그녀는 집을 떠났을 때부터 몇 년 동안 우울한 상황들을 겪었다. 이 어머니와 아들은 대장 따라 하기 놀이를

하도록 요구받았다. 아들은 베개 더미 위를 기어오르며 손가락 인형과 스카프를 이용하며 몇 가지 다른 놀이 활동들을 시작했다. 어머니는 단순히 서 있는 자세에서 벗어나지 않았고, 그래서 아들이 시작한 놀이에 참여할 수 없었다. 이 짧은 놀이 상황을 검토할 때, 아들과 어머니 모두가 그들의 몸 자세 때문에 둘 모두가 참여할 수 있는 활동을 만드는 것에 어려움을 겪는다는 점을 알게 되었다. 어머니가 땅에 앉거나 눕는다면 놀이가 더 나아질 수 있을 것이라고 아들과 어머니 둘 다 인정하였다. 그들은 이 놀이 중단과 부조화를 그들 가정에서의 상호적 문제에 연결 지을 수 있었다.

초기 놀이

개입을 위한 도입단계에서 치료사는 가족이 가정에서의 문제와 놀이에서 발견된 문제들 사이의 연결을 만들었고 그 이후에 상호적 역할과 가족들이 완수할 분명한 임무를 가진 특정한 놀이 활동들을 지시한다. 보통 어머니, 주요 보호자와 자녀는 한 쌍으로 참여를 한다. 그렇게 함으로써 놀이는 기본적 애착 관계를 향상시킬 수 있다. 이때의 놀이 활동들은 현재 겪고 있는 문제와 관계가 있는 정서적 테마를 가진다. 몇 가지 예는 다음과 같다.

(1) 자녀가 가진 공포와 안전에 대한 요구를 나타내기 위해 부모와 자녀가 괴물을 함께 쫓아내기
(2) 분노를 표현하기 위해 치료사가 베개를 던지면 자녀는 누워서 부모의 도움을 받으며 베개를 발로 차기
(3) 가정 내에서의 권력 문제를 나타내기 위해 부모와 자녀가 줄다리기 하기
(4) 정서적 갈등을 나타내기 위해 부모와 자녀가 함께 누가 종이에 더 많은 낙서를 할 수 있는지 경기를 하고, 그 낙서들을 가상의 대화 상황을 나타내는 그림으로 바꿔 보기
(5) 분노 혹은 친밀감을 나타내기 위해 부모와 자녀가 서로에게 표정 지어 보기

이때에 부모와 자녀는 이러한 상호적 활동을 완수하는 데 어려움을 겪을 것이고 놀이의 중단이 도중에 몇 번 일어날 것이라는 것은 충분히 예상할 수 있다. 그러면 치료사는 놀이 중단을 새로운 놀이 즉흥 상황으로 만들어 낼 수 있도록 가족이 놀이를 바꾸는 데에 도움을 줄 수 있다. 이 코칭의 목적은 가족들 서로가 더 활동적인 반응을 할 수 있도록 격려하는 것뿐만 아니라 서로의 놀이 파트너와 맞춰갈 수 있게 놀이 활동을 창의적으로 확대시키는 능력을 기를 수 있도록 가족을 돕는 것이다. 이 단계에서의 결과는 가족이(적어도 부모나 자녀) 넓은 범위의 감정 표현에 반응하는 놀이를, 집중하면서 계속 이어 갈 수 있게 되는 것이다. 더불어, 치료사는 개개인의 놀이 참여자들이 넓은 범위의 정서적 테마에서, 필요할 때 그들의 개인적 즉흥적 놀이 기술을 발전시키도록 도움을 줄 수 있다.

사례

세 살이 되자마자 입양된 다섯 살짜리 여자아이에게 입양모의 도움을 받으며 괴물을 쫓아내도록 요청하였다. 괴물은 커다란 박제 동물이었다. 입양모는 괴물에게 떠나라고 말하면서 놀이를 시작했고, 여자아이는 괴물 쫓아내기 임무나 어머니가 하는 말에는 분명한 반응을 하지 않은 채로 방 안을 뛰어다녔다. 치료사는 놀이를 중단시키고, 여자아이가 뛰어다닐 수 있고 괴물이 딸에게 접근할 때 딸을 안전하게 지켜 줄 집을 베개로 만들라고 입양모에게 제안했다. 또한 딸이 베개로 만든 집으로 뛰어 들어갈 때, 입양모가 딸을 내버려 두라고 괴물에게 큰 소리로 말하기를 요청하였다. 치료사는 인형을 움직여 괴물이 딸 쪽으로 가게 하는 역할을 맡았다. 단, 딸의 행동이 나타나기 위한 시간을 주기 위해 괴물이 딸에게 너무 가까이 다가가지는 않을 정도로 천천히 움직이도록 하는 데 주의를 기울였다.

뒤이어 이어지는 놀이 도중에, 입양모와 딸은 자연스럽게 몇 가지 상황을 만들어 냈다. 입양모가 괴물을 내쫓는 동안, 딸이 베개로 만든 집으로 달려가 베개 더미에 뛰어드는 상황도 있었다. 때로는 입양모가 괴물이 딸에게 가까이 가기 전에 딸을 '집으로 데려오기 위해' 딸에게 갔다. 입양모와 딸이 괴물을 잡아서 괴물을 방 밖으로 쫓아내 버리는 결말도 있었다. 이 시점에서 해 줄 수 있는 코칭 조정은 입양모와 딸이 괴물에 대한 문제를 해결하기 위해 즉흥적으로 함께 만들어 낸 모든 창의적 방법을 찾아내고 지지해 주는 것이다. 그 이후 치료사는 괴물 이야기에 대한 그림을 함께 그리고, 노래를 짓고, 잠들기 전 읽어 줄 수 있는 책을 함께 만들어 보도록 입양모와 딸에게 조언했다. 딸은 악몽에 시달려 왔는데, 이렇게 함께 만들어 낸 이야기를 잠들기 전 읽어 주는 스토리텔링은 딸의 수면을 도와주는 것으로 밝혀졌다(더 많은 '초기 놀이'와 사례는 Harvey, 1995, 1997, 2000a 참조).

자유놀이의 훈습과 지도

부모와 자녀가 그들 스스로 상호작용 놀이를 이루어 낼 수 있을 때, 감정과 관련된 주제들이 더 분명하게 드러난다. 상호적 놀이를 시작하는 과정에서 일어났던 초기의 놀이 중단은 가족들이 서로 자신의 감정을 공유하는 데 있어서 주요한 방해 요인으로 작용한다. 만약 이런 감정들이 표현된다면, 그것은 가족 구성원들에게 당혹스럽고, 두렵고, 고통스러울 것이다. 종종 이러한 상황은 놀이 중단이나 놀이에서의 일탈을 불러일으키고, 놀이 참여자들에게는 중요한 문제가 된다. 이때의 치료 단계에서, 치료사는 놀이 참여자들이 이러한 예측되지 못한 상황을 인지하고, 그들이 협동하여 그 상황을 놀이 장면으로 만들 수 있도록 도와야 한다. 놀이 상황을 공유하는 것은 참여자들이 학대나 상실감으로 인한 과거의 트라우마 경험을 회복하도록 도울 뿐만 아니라 서로 더 긍정적인 애착 관계를 형성할 수 있도록 돕는다.

사례

앞의 사례에서 다섯 살짜리 딸은 마침내 놀이의 흐름에 참여했지만, 딸과 입양모가 스카프로 춤을 추던 중 딸은 갑자기 방 안에 유령이 날아다닌다고 말하기 시작했다. 즐거운 놀이가 계속되던 상황이었으므로, 이러한 공포를 느끼는 반응은 놀이의 맥락에서 벗어난다고 볼 수 있다. 예전의 초기 놀이 시기에서 딸은 대부분의 상황에서 놀이에 반하는 행동을 보였다. 자연스러운 표현이 나타날 수 있는 기회가 찾아올 때마다, 딸은 자주 뛰어다니고 베개 밑으로 숨었다. 딸과 입양모는 큰 스트레칭 도구를 이용해서 함께 리듬에 맞춰 춤을 추고 동작을 같게 맞출 수 있는 능력을 향상시키기 위해 몇 주를 보냈다.

스카프로 춤추기는 치료사가 모녀 사이의 상호작용을 구조화해 줄 필요가 없는 첫 번째 치료 시간이었다. 모녀의 놀이는 딸이 유령을 보기 전까지는 꽤나 즐거웠다. 치료사는 입양모에게 스카프 유령으로부터 딸을 보호하라고 지도하였고, 입양모는 적극적으로 이를 따랐다. 딸은 입양모의 몸 안으로 완전히 파고들면서 입양모가 딸을 안고 보호할 수 있도록 허락하는 반응을 보였다. 이것은 딸이 모녀가 모두 편안함을 느낄 수 있는 신체적 접촉을 허락한 처음의 순간이었다. 그리고 딸은 차분한 태도로 신체 접촉을 받아들였다. 이러한 신체적 접촉이 일어난 이후의 치료 시간들에서 딸은 이전 주거 환경에서 일어났던 학대에 대한 이야기를 털어놓았다.

6세 남자아이가 줄다리기를 통해 마침내 입양모와 지속적인 상호 놀이를 이어 가기 시작한 이후의 치료 시간에, 아들은 베개 더미에서 끌어당겨지는 놀이를 만들어서 이 놀이를 하기 시작했다. 베개 더미는 전주에 그가 느꼈던 모든 문제와 고민을 의미한다. 베개 더미로부터 끌어당겨지면, 아들은 입양모를 거의 쓰러뜨릴 정도로 입양모에게 달려가 안겼다. 치료사는 입양모 몸 주위에 베개를 두도록 제안했다. 아들은 입양모 주위의 베개 더미로 뛰어들었다. 아들은 열렬하게 베개 위로 뛰어들었다. 놀랍게도 10분 정도 후에, 아들은 어머니의 몸(베개) 안으로 뛰어들고 싶고 어머니의 몸 안에서 태어나고 싶다고 말했다. 이 상황은 그림으로 그려지고 녹화되었다. 이 상황은 가족들이 입양을 통한 새로운 아이의 '탄생'을 경험하고 이에 대해 의논하는 데 있어서 중요한 역할을 하였다.

태어난 이후로 몇 군데의 여러 위탁 가정에서 살아온 이후에 입양된 11세 남자아이는 개별치료를 받았다. 개별치료는 입양 부모와 함께 참여할 수 있는 놀이 상황을 만들기 위해서였다. 입양 부모는 아들의 분노 표현에 대해 염려했다. 이 남자아이는 입양된 집으로부터 자꾸 가출을 해서 치료를 받기 시작했다. 아들이 누워서 발로 차고 엄마는 아들 위로 베개를 던지는 게임을 했다[이 놀이는 '화산(Volcano) 놀이로, 놀이에 대한 설명은 Harvey, 2000b 참조]. 아들은 놀이를 중단하지 않고 이 활동을 계속했다.

아들과 입양 부모, 치료사는 아들의 개별치료 시간 동안에, 아들의 경험을 표현할 놀이 주제 만들기를 시도해 보도록 결정했다. 입양된 집을 떠나려는 아들의 경향성을 드러낼 목적으로, 치료사는 치료를 시작할 때 장난감으로 장애물을 만들어 그것을 통과하는 달리기 놀이를 만들어 보도록 제안했다. 자신의 삶에서 극복해야 할 문제들을 상징하는 정교한 장애물 코스를 만들 때까지 아들과 치료사는 이 활동을 변형해 가며 반복했다. 이후에 아들은 어떻게 입양 아버지가 자신이 장애물을 넘는 것을 도와주며 놀이에 참여할 수 있을지 계획했다. 아들과 입양 아버지는 이 활동을 몇 번 반복하고, 나중에는 함께 달리고, 뛰어넘고, 서로를 밀고 당기며, 아들의 일상 문제(장난감으로 만든 장애물)들을 걷어차는 놀이를 만들어 냈다. 이 놀이의 완성은 아들과 입양 아버지가 가족의 역할에 대한 긍정적인 이해를 하고, 가족의 역할에 대해 함께 이야기할 수 있도록 도왔다는 점에서 중요점을 시사한다.

해결과 의식

가족들이 카타르시스와 창의성이 자연스럽게 발현하는 즉흥 놀이를 만들어 낼 수 있는 단계 이후에는, 치료사는 핵심 문제를 다루는 '의식'을 준비한다. 의식에서의 핵심 문제들은 일반적으로 상실감, 이전 가정에서의 분리, 학대로 인한 심리적 트라우마 등의 해결, 그리고 서로를 새로운 가족으로 인정하는 것과 관련이 깊다. 의식은 학대, 상실감, 입양 가족에 대한 긍정적 애착 등 다양하고 복잡한 감정적 상황을 나타내는 상징으로서 유용하다. 의식에 대한 다양한 사례는 Harvey(1993, 1995, 1997, 2000a, 2000b)의 출간된 논문에 더 자세히 서술되어 있다.

앞의 사례 중 태어난 가정에서 학대당했던 여자아이는 입양 가족과 함께 커다란 '괴물' 조각들을 부수는 의식을 고안했다. 괴물 조각들은 딸과 입양모가 처음으로 괴물을 쫓아냈던 치료 시간의 일부에 딸이 만들었던 것들이다. 태어나서부터 12개의 가정(태어난 가정, 위탁 가정, 입양 가정)을 옮겨 다닌 11세 여자아이는 자신이 거쳐 온 각각의 가정에서 어떤 일이 있었는지를 보여 주는 영상을 만들었다. 현재이자 마지막 입양 가정의 영상을 촬영할 차례에, 딸은 입양모를 불러서 자신이 살아온 일생 중 '가족'에 관련된 시간의 흐름을 함께 만들어 보는 의식을 가졌다. 이 영상에서 여자아이는 현재의 입양모를 제외한 모든 역할을 연기한다. 이는 아이가 어떻게 부모를 또다시 신뢰할 수 있게 되었는지를 보여 주는 방식이다. 이 의식은 치료사와 입양모와의 몇 번의 대화로부터 만들어질 수 있었다.

몇 년 동안 행해 온 입양 아이들과의 조정에서, 의식 단계에서 아이는 입양 가족을 가족으로서 선택하는 상징적 행동을 보였다. 초기에 이는 미술 작품을 통해서 행해진다. 가족과 아이가 함께 커다란 '입양 증서'를 디자인하고 만들어 낸다. 입양 증서는 아이가 새로운 가족을 받아들이고, 새로운 가족도 아이를 받아들이고 지지한다는 것을 나타낸다. 이 활동 후에는 '재판'이 이어진다. 재판에서 치료사는 판사 역할을 맡고, 입양 부모에게 그들의 감정과 아이를 향한 태도, 아이를 무조건적으로 인정해 줄 것인지 질문한다. 그 후 아이가 질문을 하고 아이가 가족에 함께하기를 원할 때 치료사는 판결을 내리고 아이는 배심원으로서 결정을 내린다.

요약

상호작용이 일어나는 놀이는 가족들 사이에 자연스럽게 일어난다. 놀이 활동은 가족에 대한 애착을 촉진하고, 입양 가정에 적용될 수 있는 여러 가지 치유적 기능도 가진다. 자연스러운 놀이는 가족 구성원이 서로에 대한 민감성과 긍정적 감정을 만들어 가는 것을 도와준다. 정서적인 연결을 경험하는 것은 가족 구성원들 간 갈등이 일어난 이후에 특히 더 중요하다. 입양 가정에서, 이러한 갈등은 종종 입양 아동이나 입양 부모의 과거 경험으로부터의 정서적 문제를 드러낸다. 입양 가정이 창의적으로 놀이를 활용할 수 있는 능력이 갖춰졌을 때, 상호작용을 통하여 감정에 대한 상상과 놀이 주제는 이러한 정서적 문제를 해결하는 데 도움이 될 수 있다. 가족들 간 상호작용이 일어나는 놀이의 또 다른 장점은 치료 과정에서 아이들이 활동적으로 참여할 수 있고, 아이들도 동등한 참가자가 될 수 있다는 점이다.

조정 중, 치료사는 가족들이 자연스러운 즐거움을 느끼며 함께 놀이할 수 있도록 돕는다. 치료사는 놀이 중 즉흥 상황에 대해 조언한다. 이 조언은 치료 과정에 따라 초점이 달라진다. 치료의 초기에, 치료사는 놀이와 언어적 대화를 지시하고 지휘한다. 이는 가족들이 놀이 상황과 그들의 갈등 사이의 관계를 알 수 있도록 도와주기 위함이다. 그 이후 치료사는 상호작용 놀이를 구조화한다. 이는 아동이 놀이를 시작할 수 있도록 가족들 간 민감성을 키워 주기 위함이다. 치료 중에 치료사는 또한 가족들이 실수, 즉 상호작용이 멈췄을 때의 상황을 어떻게 조절할지 깨달을 수 있도록 그들을 돕는다. 다음 단계에서, 치료사는 가족들이 그러한 놀이 중단 상황을 새로운 이야기, 주제, 이미지로 발전시킬 수 있도록 지도한다. 그렇게 발현된 놀이 장면은 종종 가족의 핵심 갈등 문제와 직접적으로 연관이 있다. 부모와 자녀가 그들의 갈등에 대한 놀이를 자연스럽게 만들어 낼 때, 부모와 자녀는 더 친근해질 수 있다. 마지막 단계에서, 치료사는 가족들이 핵심 갈등 문제를 해결할 수 있는 데 도움을 주는 '의식'을 스스로 만들어 내도록 돕는다. 특히 입양 가정에서 의식의 주제는 상실감, 트라우마와 관련이 있지만, 밝은 쪽을 바라보는 긍정적인 새로운 가족 이야기에도 관련된다.

참고문헌

Harvey, S. A. (in press). Dynamic play with an adoptive family struggling with issues of grief, loss, and adjustment. In L. Oxford and D. Wiener (Eds.), *Action methods in conjoint therapy*. American Psychological Association Books.

Harvey, S. A. (2001). Family Dynamic Play. In P. Lewis and D. Johnson (Eds.), *Current*

Approaches in Drama Therapy. Springfield, IL: Charles C Thomas, Publisher, Ltd.

Harvey, S. A. (2000a). Dynamic play approached in the observation of famiy relationships. In K. Gitlin, A. Sangrund, and C. Shafer (Eds.), *Play diagnosis and assessment* (2nd ed.) (pp. 457-473). New York: John Wiley and Sons.

Harvey, S. A. (2000b). Volcano. In H. G. Kadson and C. E. Shaefer (Eds.), *101 More Favorite Play Therapy Techniques.* New Jersey: Jason Aronson, Inc.

Harvey, S. A. (1997). Dynamic play therapy: A creative arts approach. In K. O'Connor and L. Braverman (Eds.), *Play therapy theory and practice: A comparative presentation.* New York: Wiley and Sons.

Harvey, S. A. (1995). Sandra: The case of an adopted sexually abused child. In F. Levy (Ed.), *Dance and other expressive arts therapies: When words are not enough.* New York: Routledge.

Harvey, S. A. (1994a). Dynamic play therapy: Expressive play intervention with families. In K. O'Connor and C. Schaefer (Eds.), *Handbook of play therapy: Volume Two—Advances and innovations.* New York: Wiley and Sons, Inc.

Harvey, S. A. (1994b). Dynamic play therapy: Creating attachments. In B. James (Ed.), *Handbook for treatment of attachment—Trauma problems in children.* New York: Lexington Books.

Harvey, S. A. (1994c). Dynamic play therapy: A integrated expressive arts approach to family treatment of infants and toddlers. *Zero to Three 15*: 11-17.

Harvey, S. A. (1993). Ann: Dynamic play therapy with ritual abuse. In T. Kottman and C. Schaefer (Eds.), *Play therapy in action: A casebook for practitioners.* New Jersey: Jason Aronson, Inc.

Harvey, S. A. (1990). Dynamic play therapy: An integrated expressive arts approach to the family therapy of young children. *The Arts in Psychotherapy 17*(3): 239-246.

Harvey, S. A., and Kelly, E. C. (1993). The influence of the quality of early interactions on a three-year-old's play narratives. *The Arts in Psychotherapy 20*: 387-395.

James, B. (1994). *Handbook for treatment of attachment—trauma problems in children.* New York: Lexington.

Jernberg, A. M. (1990). Attachment enhancement for adopted children. In P. V. Gabe (Ed.), *Adoption resources for mental health professionals*. New Brunswick, NJ: Transaction Publishers.

Loman, S. (1994). Attuning to the fetus and the young child: Approaches from dance/movement therapy. *Zero to Three 15*: 20-26.

McNamara, J., and McNamara, B. (Eds.). (1990). *Adoption and the sexually abused child*. Human Services Development Institute: University of Southern Maine.

Stern, D. (1990). *The diary of a baby*. New York: Basic Books.

Stern, D. (1985). *The interpersonal world of the infant: A view from psychoanalyses and developmental psychology*. New York: Basic Books.

Tortera, S. (1994). Join my dance: The unique movement style of each infant and toddler can invite communication, expression, and intervention. *Zero to Three 15*: 1-10.

CHAPTER 06

장기 위탁에서 입양된 6세 남자아이의 문학치료: 의미가 통하는 이야기

SHANEE STEPAKOFF

"우리는 살기 위해서 스스로에게 이야기를 한다." 작가 Joan Didion(1979)은 '개인적이고 문화적 측면을 가지는 사건'에 타협하기 위한 그녀의 노력이 담긴 에세이에서 이와 같이 강조하였다. '개인적이고 문화적인 측면을 가지는 사건'은 무작위적이고, 명확히 설명할 수 없는 것으로 여겨져 왔다. 인간은(어린이도 마찬가지로) 절망적인 느낌, 인상, 경험들을 유의미한 것으로 통합하려는 기본적 욕구를 가지는 것이 특징이다. 더욱이 우리가 만들어 내는 이야기들의 구조와 내용은 우리 삶의 과정에 중요하고, 심오한 함축성을 띤다.

유명한 발달심리학자 Mary Main(1991)은 어린 시절에 학대를 당했던 사람들이 자신들의 자녀와 문제 없이 잘 지낼 수 있는지 혹은 학대의 악순환을 반복하는지를 결정하는 주요한 요소가 '서술의 일관성'이라는 점을 발견했다. 자신의 어린 시절 이야기를 분명하고, 인과관계가 있으며, 내면적인 지속성을 갖고, 풍부하고 정교한 방식으로, 시작과 끝맺음이 있게, 내용의 전환점, 위기, 절정 단계를 갖고 표현할 수 있는 능력은 장기적인 삶에서의 인지적 · 정서적 · 상호적 기능을 예측하게 해 주는 중요한 요소이다.

위탁 가정에 있었거나 입양된 아이들은 그들의 어린 시절에 있었던 일 때문에 일반적으로 침묵, 비난, 비밀, 수치심의 아래에 놓여 있다. 자신들의 생물학적 부모로부터 떨어지게 되고, 단기 혹은 장기 위탁 가정에 있었던 많은 아이는 친부모와의 이별에 대한 이유를 알지 못하고, 그래서 이런 아이들은 그 이유를 자신의 탓으로 돌리는 일이 흔하다. 태어나자마자 혹은 아주 어린 시절에 입양된 아이들은 그들의 친부모에 대해서나 그들이 어떻게 입양되었는지의 상황에 대해서 거의 알지 못하거나 아무것도 모른다.

침묵과 비난의 상황을 겪었던 아동들과 함께 의미가 있는 이야기를 협동적으로 만들어 내기 위해서, 심리치료사는 아동들이 그들의 정체성과 자기 자신에 대해서 서술적 일관성을 만들어 낼 수 있도록 도울 책임이 있다. 창의적 예술 활동들은 이야기를 협동적으로 만들어 가는 과정에서 중요한 도구가 될 수 있다. 그림, 사진, 시, 연극, 그림책, 이야기 들려주기, 동화, 신화, 책 만들기 등의 활동은 아이의 자아를 풍부하게 하고 누군가로부터 도움을 받는 경험을 확실하게 만들어 준다. 구두(口頭) 예술 활동도 즐겁고 유용할 수 있지만, 많은 경우에서 글로 표현된 언어가 더 잠재력을 가진다.

입으로 한 말이 빠르게 잊혀지거나 왜곡될 수 있는 것과는 다르게, 글로 표현된 언어는 시간이 지남에 따라 견고해지므로, 변화의 과정 중 탐구 대상으로서 기능할 수 있다. 아이들은 아직 나이도 어리고, 심리학적으로 연약하기 때문에 기억하기, 내면화, 차분함을 유지하기, 관계를 다지기 등에 종종 어려움을 겪는다. 그러므로 복잡하고 혼란스러운 어린 시절의 경험 속에서 의미를 만드는 데에 어려움을 겪고 있는 아이들과의 치료에서 문학치료는 강력한 도구가 될 수 있다.

사례

나는 장기 위탁 가정에서 입양 가정으로의 변화에 놓인 6세 남자아이와의 8개월의 외래 진료 동안에 앞서 언급한 개념들을 적용할 수 있는 기회를 가졌다. 그 당시에, 나는 저소득층 가정이 많은 도시 지역에 있는 지역 정신건강센터의 아동 정신건강의학과에서 근무하고 있었다. 'Roberto'는 위탁 가정의 어머니였던 'Maria'가 데려왔는데, Roberto가 자주 고집불통이라는 문제도 있었지만, 위탁 가정 어머니를 가장 불안하게 만든 것은 집에 작은 불을 일으켰던 3번의 불장난이었다. Maria는 또한 Roberto가 괴물에 대한 악몽 때문에 잠에서 깬다고 말하였다. Maria는 분명히 Roberto를 사랑했고 아이와 애착 관계를 만들었지만, Roberto의 행동 때문에 혼란을 느끼고, 어쩔 수 없었던 몇몇 상황에 의해 화가 나 있었다.

Roberto는 일반학교의 1학년이었다. 담임 선생님은 Roberto가 집중력이 없고, 가만히 있질 못하며, 종종 친구들에게 공격적인 행동을 보인다고 불만을 드러냈다. 선생님은 그런 Roberto의 행동 때문에 그를 자주 교실 밖으로 내보내야 했다고 말했다. 그럼에도 불구하고 선생님은 Roberto를 호감이 있고 상냥한 학생으로 묘사하였고, Roberto가 많은 긍정적이고 매력적인 점들을 가지고 있다고 느꼈다. 치료를 시작하기 몇 개월 전에 치른 심리 테스트는 Roberto가 안정성과 지속성에 대한 문제에 시달리고 있다는 점을 드러냈다.

Roberto를 담당하는 사회복지사는 나에게 Roberto의 가족 배경과 현재 상황에 대한 정보를 제공해 주었다. Roberto의 생물학적 부모인 친어머니와 친아버지는 둘 다 긴 기간 약물 남용을 하였다. 그리고 그들은 자동차 절도와 마약에 관련된 범죄로 수감되어 있었다. 1개월의 나이에, Roberto의 친어머니는 몇 개월 동안만 아이를 맡기자며 위탁 가정에 Roberto를 남기고 떠났으나 다시 돌아오지 않았다. 그 후, Roberto의 친아버지와 친어머니 모두가 친권을 포기했다. 그러나 Roberto를 돌보기 시작했을 때, Maria와 그녀의 남편은 수입이 별로 좋지 않았고, 이미 유치원에 다니는 아들이 있었다. Roberto를 그들의 곁에 두고자 하는 의지는 돈 문제이기보다는 정서적인 면이 더 컸음에도 불구하고, 그들은 Roberto에게 필요한 것을 제공해 주기 위하여 사회복지부로부터 매달 지원받는 돈에 매우 많이 의존하였다. Maria와 그녀의 남편은 공식적 입양 절차를 밟기를 원하긴 했지만, 만약 위탁 가정 지원금이 축소된다면 어떻게 살아갈지에 대한 불확실성 때문에 망설이기도 하였다.

Roberto를 지난 한 해 동안 짧게 봐 온 의사는 ADHD(주의력결핍 과잉행동장애) 진단을 내리고 리탈린을 처방하였지만 약은 Roberto의 행동 교정에 전혀 효과를 보이지 않았다. 심리적 트라우마 스트레스 장애 혹은 트라우마에 적응 중인 아동에게 ADHD 오진이 내려지는 것은 흔하다. 왜냐하면 아동들이 보이는 산만함, 충동적 행동, 집중력 저하(이것은 긴장의 결과이다), 넓은 행동 반경(정신분열의 형태이기도 하다), 만성 과다 각성(이것은 친구들과 어른들을 때리거나 그들에게 소리 지르는 결과를 낳는다) 증상들 때문이다. 나의 견해로는, Maria가 Roberto를 법적으로 입양할지 말지를 결정하던 그 기간에(사회복지사의 압력과 격려에 대한 반응으로), Roberto의 문제적 행동들이 확실히 많아졌다.

Roberto의 어린 시절에 대한 상세한 이야기를 알게 되고, 교실에서 그를 관찰한 이후에, 나는 Roberto가 ADHD를 가진 환자가 아니라고 결론을 내렸다. 시간이 지남에 따라 나는 Roberto의 문제적 행동들이 세 가지 주요한 이유 때문이라고 결론을 내렸다. 첫째, Roberto의 장기 위탁 자녀로서의 불안정하였던 상태에서 오는 극도의 불안감, 둘째, Maria의 매우 모순된 상태(Roberto가 친어머니와 있었을 때 그가 겪었을 방치와 유기로 인한 동정심, 그리고 공식적 입양 절차를 완료하지 않음에서 온 죄책감), 셋째, Maria가 입양 절차를 이어 나갈지 아닐지 다시 고려해 보게 할 수 있는 행동을 함으로써 자신에 대한 Maria의 헌신과 사랑을 '시험'해 보려는 Roberto의 무의식적인 욕구이다.

Roberto는 잘생기고, 총명하고, 붙임성 좋고, 그의 또래처럼 보이는 외모를 가진, 영어권 라틴계 소년처럼 보였다. 앞에서 내가 만들어 낸 세 가지 견해에 비추어, 나는 치료가 세 가지 주요한 요소를 요구해야 할 것이라 결론을 내렸다. 그것은 부모 상담, 부모와 자녀 간의 활동, 아동 치료이다.

부모 상담과 부모와 자녀 간의 활동은 Maria가 명백하면서도 계속되고 있는 현실의 한계에 대한 불편한 감정을 극복할 수 있도록, 그리고 Maria가 Roberto의 잘못된 행동을 예방하고 처리할 수 있는 기술들을 익힐 수 있도록 돕기 위한 의도였다. 예를 들면, Roberto가 성냥이나 라이터에 절대 접근하지 못하게 확실히 하기, Roberto가 자신감과 안정감을 더 느낄 수 있도록 하기 위해서 법적 입양 절차를 완료하도록 Maria를 격려하기, Maria가 Roberto에게 그녀의 사랑과 관심을 확신하게 할 수 있는 능력 향상시키기, Roberto의 문제적 행동을 Roberto라는 자아와는 분리하여 여기기(즉, Maria가 Roberto의 행동을 허용하지 않을 때조차 Roberto를 한 사람으로서 보살펴 주고 사랑해 주기) 등이다.

아동 치료는 Roberto가 어린 시절의 일과 타협할 수 있도록, 위탁 부모와의 관계에 안정감과 안전함을 느낄 수 있도록, 그리고 친부모, 위탁/입양 부모, 자기 자신(자존감과 자기가치에 대한 감정을 강화시키는 역할)에 대한 일관성 있는 서술을 만들어 낼 수 있도록 도와주기 위해 시작되었다.

이 장에서는 주로 모든 치료 과정에 중점을 둔다. 치료사들이 선택한 기존의 여러 이야기들(어린이가 선택한 기존이야기, 극놀이, 시, 잠언 및 우화, 부모와 자식이야기, 가족사진 및 책 만들기)이 각각 아래에 자세히 설명되어 있다.

부모 상담에서 이야기와 속담(격언)의 이용

Maria는 특히나 심리학이라는 분야에 관심이 없는 사람이었고, 때때로 나는 그녀가 Roberto의 잘못된 행동들은 Maria의 헌신과 사랑을 '시험'하려는 형태로 설명될 수 있다는 점을 이해하고 있는지 아닌지에 대해 알 수 없었다. 직접적인 말들과 솔직한 표현들이 효과를 보이고 있는지에 대해 치료사가 질문을 하는 상황에서, 비유적 의사소통의 형태는 유용하게 쓰일 수 있다(Barker, 1985; Cox & Theilgaard, 1997; Siegelman, 1990).

재정적 어려움에 대한 두려움 때문에 Roberto를 법적으로 입양하려는 절차를 밟는 걸 주저하는 Maria를 위해서 나는 직접적으로 Maria의 노력을 격려하고, 사회복지사는 확실한 재정적 지원을 얻을 수 있게 노력하였다. 이뿐만 아니라 나는 Maria가 입양에 대한 두려움을 극복할 수 있도록 비유적 의사소통 방법들을 사용했다. Maria는 가톨릭 신자였다. 그녀는 성경에 대해 잘 알고 있었고 성경 속의 이야기들을 유달리 좋아하였다. 게다가 Maria가 이민자라는 점을 고려하여, 나는 '여행'에 대한 비유적 이야기들로 인지적 · 정서적으로 Maria의 마음을 울릴 수 있을 것 같았다.

[정서적 · 사회적 기능을 향상시키기 위해 성경 속의 이야기를 이용하는 Meier(1996)의 생각과 기법을 이용하여] Maria가 재정적 한계에 대한 두려움, 입양을 확정 짓지 못하는 망설임에 대해서 이야기를 하던 치료 시간 동안에, 나는 Maria가 성경의 출애굽기 중의 한 이야기를 기억해 내도록 유도했다(Ginzberg, 1939). 이 이야기에서 이집트인들에 의해 괴롭힘을 당하던 이스라엘인들은 홍해에 다다른 후, 바닷물이 아직 갈라지지 않았다는 것을 깨달았다. 모세는 그의 지팡이를 들어올렸고 사람들은 기다렸지만 아무 일도 일어나지 않았다. 그 순간 나손이 갑자기 바닷물 속을 헤집고 걸어가기 시작했다. 나머지 사람은 겁먹은 채로, 나손이 목까지 물이 잠길 때까지 바닷물 속을 헤집고 걸어가는 것을 지켜보았다. 그 순간 바닷물이 갈라지기 시작했고 나머지 사람들도 나손 뒤를 따라 달려갔고 무사히 홍해를 건널 수 있었다.

이 이야기는 Maria와 그녀의 남편이 한정된 수입으로 어떻게 Roberto를 기를 수 있을지에 대한 불확실성과 두려움을 가지고 있음에도 불구하고, Maria가 입양 절차를 이어 나가야 하는 점이 아주 중요한 것임에 관한 비유적인 메시지를 은근하게 전달하였다. 이 이야기는 Roberto의 어머니가 되기 위한 Maria의 헌신과 사랑을 표현하는 데 있어서 한 걸음 더 나아가기 위해서는, Maria가 믿음, 자신감, 어느 정도의 확고함이 필요하다는 점 또한 은근히 강조했다. 또한 내 생각을 강조하기 위하여 Beaulieu(1998)가 치료 과정에서 사용한 것처럼 우리의 대화에서도 많은 격언을 사용하였다. 예를 들어, 치료 시간에 나는 '천 리 길도 한 걸음부터'라는 동양의 격언을 인용하였다.

Roberto의 잘못된 행동들은 Maria의 헌신과 사랑을 시험하기 위한 형태라는 의견을 더 잘 전달해 주기 위해서, 나는 치료 시간에 아이들이 읽는 그림책『가출하는 아기 토끼(The Runaway Bunny)』(Rauch, 1970)를 사용하였다. 이 이야기는 엄마 토끼의 사랑을 시험하기 위해 자꾸 가출을 할 것이라 말하는 아기 토끼에 관한 이야기이다. 엄마 토끼는 아기 토끼에게 아기 토끼가 무엇을 하든 어디를 가든 간에 그녀는 항상 아기 토끼를 찾아낼 것이고, 아기 토끼를 사랑하고 보살펴 줄 것이라고 몇 번이고 반복하여 말한다. 이 이야기를 들은 후에 Maria는 Roberto가 피우는 말썽이 자신을 포기하거나 거부할지를 시험해 보는 Roberto의 방식 중 한 가지로 설명될 수 있다는 의견을 더 잘 이해한 것처럼 보였다.

또 다른 치료 시간에, 나는 비슷한 메시지를 전달하는 아이들의 그림책을 한 권 더 사용하였다.『엄마는 날 사랑해요?(Mama, Do You Love Me?)』(Joosse, 1991)라는 이야기에서, 어린 딸은 엄마에게 자신을 얼마나 사랑하는지에 대하여 묻는다. 엄마는 딸에 대한 엄청나고 영원한 사랑을 확실히 전달해 주는 많은 이미지를 제공하면서 대답한다. "나는 강아지가 자신의 꼬리를 좋아하는 것보다 널 더 사랑한단다. …… 나는 하늘의 별들이 하늘의 물고기가 될 때까지(영원히) 널 사랑할 거야."(pp. 4-6) 이 책은 또한 자녀의 실수와 한계 시험(limit-testing)에 관한 문제도 다룬다.

> "엄마, 제가 달걀을 나르다가 넘어져서 달걀이 다 깨지면 어떡하실 거예요?"
> "나는 속이 상하겠지. 그러나 여전히 난 널 사랑할 것이란다."
> "제가 엄마의 외투에 연어를 넣으면 어떡하실 거예요?"
> "나는 화가 나겠지. 그러나 여전히 난 널 사랑할 것이란다."
> "제가 북극곰으로 변해서, 세상에서 제일 포악한 곰이 되어서, 날카롭고 빛나는 이빨을 가지게 되고, 엄마의 텐트까지 쫓아오면 어떡하실 거예요?"
> "그럼 난 아주 놀라고 엄청 무섭겠지. 그러나 곰이 된 너도 '너'니깐, 여전히 나는 널 사랑할 것이란다."

나는 이 이야기를 사용함으로써 Roberto는 자신이 무엇을 하거나 어떻게 행동하든지 간에, Maria가 항상 자신을 사랑하고 보살펴 줄 것이라는 점을 알게 할 필요가 있다는 나의 생각을 전달할 수 있길 바랐다. 나는 Maria에게 이 책들을 집으로 가져갈 수 있게 빌려 주었고, 자기 전에 Roberto와 함께 책을 읽도록 권장하였다. 부모 상담 중에 내가 Maria에게 비유적 메시지를 전달했던 것처럼, Maria는 집에서 이러한 동화책들을 Roberto와 함께 읽으면서 비유적 메시지를 전달하기 시작했다. Maria는 자기 전의 이 활동이 Roberto가 악몽을 꾸는 횟수의 감소와 관계가 있었고, Roberto가 이 이야기들을 계속 또 읽어 달라고 요청했다고 말했다.

내가 고른 이 이야기들 아래에는, Roberto가 좋은 어머니에 대한 전형적인 관념을 내면화할 수 있기를 바라는 희망이 놓여 있었다. 친어머니의 부재와 결핍에 대한 Roberto의 인식을 고려해 보면, 유년기에 긍정적이고 전형적인 모성애에 대한 생각을 격려하는 것이 중요한 사항인 듯했다.

치료사가 선택하는 시, 이야기, 우화

치료를 시작한 지 4개월 정도에, Roberto는 일곱 번째 생일을 맞았다. 이전의 치료에서 Roberto의 단어와 운율(라임)에 대한 즐거움이 명백하게 보였기 때문에, 나는 자아정체성에 대한 Roberto의 문제와 그가 처한 개인적 상황에 타협하는 과정에 대해 이야기해 주는 시를 찾아보았다. 이 치료에서 사용되는 시는 자아존중감과 자기효능감을 향상시킬 수 있어야 한다는 점이 중요했다.

시의 주제와 내용에 더불어, 아이들은 단어의 소리와 운율에 반응한다. 그러므로 시를 찾을 때에는 시의 미적인 측면을 고려하는 것이 도움이 된다. 즉, 시의 읽기, 듣기, 인용은 아동에게 만족감을 줄 수 있어야 하고, 자신과의 연결 고리를 마련해 줄 수 있어야 한다. 심리치료에서 시를 사용하길 원하는 치료사들이 각각의 아이들의 문제에 들어맞는 시를 선택할 수 있기 위해서는 반드시 많은 자료를 잘 알고 있어야 한다. 정기적으로 도서관이나 서점에서 동시집을 읽는 것, 각각의 주제에 대한 많은 시 자료 모으기 등이 도움이 될 수 있다.

Roberto의 일곱 번째 생일에 사용하기로 선택한 시는 Seuss 박사의 〈생일이 없다면(If We Didn't Have Birthdays)〉이다.

만약 생일이 없다면, 너는 네가 아닐 거야.
만약 네가 태어나지 않았더라면, 글쎄 그럼 넌 뭘 할 수 있을까?
만약 네가 태어나지 않았더라면, 글쎄 넌 뭐가 될 수 있을까?
너는 물고기일 수도 있어! 나무의 두꺼비일 수도!
너는 문고리일 수도 있어! 아니면 구운 감자일 수도!
너는 덜 익은 초록 토마토들로 채워진 가방일 수도 있어!
그중에서 제일 최악인 건…… 글쎄, 너는 아무것도 아닐 수도 있어!
아무것도 아닌 것은 하나도 재미있지 않아. 정말 재미있지 않아.
아무것도 아닌 것은 아무것도 아닌 거야. 그냥 없는 거야.
그러나 너는…… 너는 너야! 그리고 이젠 그게 정말 기쁘지 않니!

(Prelutsky, 1983, p. 126)

Roberto는 큰 소리로 읽은 이 시를 듣는 걸 즐겼을 뿐만 아니라, 생일 카드에 쓰인 이 시에 대해서도 매우 기뻐했다. Roberto의 반응은 Meerloo(1985, p. 4)의 관찰에서도 일정했다. Meerloo는 "운율을 통한 상호작용은 어떤 형태의 의사소통에서라도 큰 중요성을 가진다. 운율이 있는 순간에는, 무언가가 의사소통 참여자들에 의해서 공유된다. 어린아이는 단어보다는 시의 마침꼴(운율)에 더 반응을 많이 한다." 라고 말하였다.

Mazza(1999)는 아동과의 심리치료에서 시를 단순히 그 자체로 내버려 놓는 것보다는 시를 치료적 탐구와 대화의 촉진제로서 사용하는 것이 유용하다고 보았다.

시들을 사용할 때에, 치료사는 반드시 아동의 반응을 예상하고 기꺼이 탐구해야 한다. 이 과정은 시에 대한 자기 자신의 반응부터 살펴보는 치료사에 의해서

> 시작된다. …… 시는 감정 표현의 발판이 될 수 있다. 아동들은 시 전체, 시 속의 특정한 어구, 시에 대한 이미지에 반응하도록 유도될 수 있다. 시 자료의 선택은 치료 과정에서 일관성을 가져야만 한다(p. 69).

앞서 인용한 Seuss 박사의 시는 심리치료적으로 가치가 있는 질문에 중점을 둔 탐구, 대화, 놀이 활동, 미술 활동, 창의적 글쓰기의 역할을 수행할 수 있었다. 네가 원하는 동물이 될 수 있다면, 너는 어떤 동물이 되고 싶고, 그 이유는 무엇이니? 절대로 되고 싶지 않은 동물은 무엇이고, 그 이유는 무엇이니? 너는 누구니? 너에 대해서 제일 마음에 드는 세 가지는 무엇이니?

입양 전에, Roberto는 입양이 '영속성'을 의미하는지에 대해 혼란을 표현했다. Roberto는 입양 후에도 자신이 입양모로부터 버려질 수 있을 것이라는 분명하면서도 무의식적인 불안감을 보였다. 나는 Roberto의 걱정을 해결해 주기 위해 상호적 문학치료를 사용하기로 결심했다.

Hynes와 Hynes-Berry(1986)는 다음과 같이 정의했다.

> 상호적 문학치료는 환자와 치료사 사이의 심리치료에서의 상호작용을 이끌어내기 위해 문학을 사용한다. …… 개인의 문학에 대한 반응과 느낌에 대한, 촉진된 대화까지는 중대한 치료적 양상이 존재한다. …… 이 유형에서는…… 시에 대한 어떤 대화라도 '시 읽기'만큼 성장과 치료의 과정에 중점을 둔 것은 없다(pp. 9-11).

나는 『한번 입양은 영원한 입양(Adoption Is for Always)』(Girard, 1986)이라는 동화책이 Roberto의 불안감에 대한 많은 점을 이야기해 줄 것이라 여겼다. 이 책은 입양부모가 앞으로도 쭉 자신의 부모가 아닐 수도 있다는 것을 두려워하는 한 입양아에 대한 이야기이다. 이 책은 아이가 태어나자마자 입양을 한 중산층 가족에 초점을 두고 있긴 하지만, 이 책에 드러난 많은 주제는 Roberto에게 매우 중요한 문제들이었다. 나는 이 책을 함께 읽고 이 이야기를 우리의 대화와 탐구에 대한 발판으로 사용함으로써, Roberto가 Maria 부부와의 관계에 대해 더 희망을 가지고 안정감을 느끼게 할 수 있기를 믿고 소망했다.

이 책은 많은 입양아가 품고 있는 중요한 문제에 대해서도 다룬다. 그것은 한때는 자신의 아기를 사랑했던 친어머니가 어떻게 아기를 포기하도록 선택할 수 있었느냐에 관한 물음이다. 이 물음 아래에는 많은 심오한 질문이 있다. 내 친어머니는 나를 사랑했을까? 만약 친어머니가 날 사랑했다면 왜 나와 함께하기를 원하지 않았을까? 만약 친어머니가 날 사랑하지 않았다면 그렇게 된 데에는 내가 뭔가 잘못되었기 때문일까? 나는 사랑받지 못하는 것일까?

이러한 질문들을 직접적으로 제기하거나 대답하고자 하는 시도는 너무 위험했을 것이다. 이와 같은 질문들을 직접적 혹은 설교적으로 하는 것은 효과가 없었다. 이 책의 사용은 내가 위와 같은 문제들로부터 멀리 떨어져 안전한 곳으로부터 시작할 수 있게 했다. 이 책에서 특별히 적절했던 부분은 다음이다.

> "모든 어머니는 자식을 사랑하나요? Celia가 Thomas 선생님께 여쭈었다.
>
> "선생님은 너의 친어머니가 널 사랑했을 것이라고 생각한단다." Thomas 선생님이 말하였다.
>
> "어떻게 알아요?" Celia가 물었다.
>
> "너를 포기하기 위해서 친어머니는 널 사랑해야만 했단다." Thomas 선생님이 말하였다.
>
> "친어머니가 너와 함께하지 않다 하더라도, 그분은 여전히 너가 사랑받고 보살핌받기를 원하신단다. 너의 친어머니는 널 위해 그러신 거야."(Girard, 1986, p. 21)

Roberto와 내가 치료 중에 이 책을 읽으면서, Roberto는 책에 대해서 관심을 보였고 적극적으로 참여했다. Roberto는 책에 있는 그림들을 홍미롭게 바라보았다. 이 이야기는 그에게 마음을 안정시켜 주고 집중하게 하며, 자신의 감정에 집중하고 자신의 감정을 분명하게 하는 영향을 가지는 듯했다. 동시에, 이 책은 그에게 많은 생각과 질문을 유발하였다. 우리가 책 읽기를 끝낸 후, Roberto는 나에게 '왜 자신의 친어머니는 자신을 원하지 않았는지'를 물었고 또 '친어머니가 나쁜 사람인지'를 물었다. Roberto를 매우 혼란스럽게 하고 괴롭게 했던 또 다른 질문은 '어떻게, 왜 자신이 입양은 되지 않고 긴 시간 동안 Maria의 장기 위탁 자녀로 남아 있는지'였다. 이러한 질문들은 Roberto의 개인적 삶과 앞으로 다가올 입양에 대한 복잡한 감정들을 우리가 함께 탐구할 수 있는 길을 열어 주었다.

아동이 책에 대한 반응으로 질문을 하는 경우, 아동은 항상 답을 원하는 것은 아니다. 아동은 때때로 질문을 함으로써 무의식적으로 자신의 감정을 소통하고자 하거나 혹은 치료사가 자신의 감정을 이해하고 받아들인다는 것을 보여 주는, 치료사로부터의 공감적 반응을 원하는 것이다. 어떤 경우에는 질문에 대해 직접적인 답을 주는 것이 좋고, 또 어떨 때에는 아동의 감정이나 문제에 대한 공감을 해 주는 것이 더 좋다.

예를 들어, Roberto가 왜 Maria가 자신이 아기일 때 입양을 하지 않았는지에 대한 질문을 하였을 때, 아동 위탁 체계와 재정적 지원 방법을 설명하려고 노력하는 대신에(그리고 Roberto가 자신이 입양이 된다면 Maria의 '진짜 아들'이 될 수 있을 것이라고 말했던 지난 치료들을 염두에 두고), "너는 Maria가 오래전에 너를 이미 입양했기를 원하는구나. 그럼 너는 이미 Maria의 진짜 아들일 텐데."라고 나는 대답하였다. Roberto는 "저는 입양이 될 거예요, 그리고 저는 Maria의 진짜 아들이 되고, Manuel의 진짜 형이 되고, 제 아빠는 진짜 아빠가 될 거예요. 저는 입양이 되어서 진짜 아들과 진짜 형이 되고 싶어요."라고 응답하였다.

Roberto가 스스로 만들어 낸 '진짜가 되는 것'에 대한 비유를 고려하여, 나는『벨벳 토끼 인형(The Velveteen Rabbit)』책을 앞으로 다가올 치료 시간에 사용하기로 결정했다. 이 Margery Williams(1986)의 고전 동화에서, 주인공은 진짜 토끼가 되기를 꿈꾸는 장난감 봉제 인형 토끼이다. 이야기의 결말에서, 토끼 인형은 진짜 토끼가 된다. 이는 사람들이 자신을 원하고 사랑하기를 간절히 원한 결과였다. 이 이야기의 초반부에서(p. 14), 토끼 인형은 "진짜가 되는 것은…… 너에게 일어나야만 하는 일이야. 그건 한번에 한꺼번에 일어나지는 않아. 너는 진짜가 되어 가는 거야. 시간이 많이 걸려.…… 네가 한 번 진짜가 되고 나면, 넌 그 이전으로는 돌아가지 않아. 그건 영원히 계속되는 거야."라는 말을 듣는다.

이 이야기는 Roberto의 마음속에서 울려 퍼지는 것 같았고, 같이 책을 읽은 후 Roberto는 자신에게 곧 다가올 위탁으로부터 입양으로의 변화에 대한 많은 생각이 들었다. Roberto가 내린 결론 중 어떤 것들은 현실적이었고(예: "내가 입양되고 나면, 아무도 나를 데려갈 수 없어. Maria는 나에게 있어 최고의 어머니야."), 어떤 것들은 분명히 Roberto의 상상이나 문학적 생각에 영향을 받은 것들이었다("내가 입양되고 나면, 나는 양어머니와 양아버지와 Manuel과 같은 피를 가지게 될 거야. 그리고 그들도 나의 피를 갖게 될 거야.").

탐구, 공감, 비유적 의사소통도 중요하지만, 때때로 아동이 자신의 개인사에 대해 더 일관적이고 희망적인 서술을 할 수 있도록 돕는 직접적이고 인지적인 말을 해 주는 것이 더 좋을 때도 있다. 예를 들어, 내가 Roberto의 친어머니의 행동에 대한 정보와 지식을 추출하려고 시도하였던 한 치료 시간에, Roberto는 "친어머니는 아기가 있었어요. 제가 아기였어요. 그렇지만 친어머니가 절 버렸어요. 왜냐하면 절 원하지 않았기 때문이죠."라고 말하였다. Roberto는 또한 친어머니가 나쁜 사람인지를 물었다.

이 질문에 대한 대답으로, 나는 Roberto의 친어머니가 아기를 돌보는 방법, 아기들은 보살핌을 필요로 한다는 점을 몰랐다는 것을 강조하려 노력했다. 또 나는 Roberto의 친어머니는 Maria가 좋은 어머니가 되어 줄 수 있을 것이고, Roberto를 잘 돌보아 줄 것임을 알았기 때문에 Roberto를 Maria에게 데려다 줄 정도로 그를 사랑했다는 점을 강조했다. Roberto는 친어머니가 자신을 Maria에게 데려다 주었다는 생각에 안정감을 느끼는 것처럼 보였다. 나는 이 새로운 이야기—Roberto의 친어머니는 Roberto가 잘 돌봐질 수 있다는 것을 확실히 하려고 했을 만큼 충분히 그를 사랑했다는 점—가 'Roberto를 원하지 않았기 때문에 그를 버렸다.'라는 이야기보다는 더 긍정적으로 치료를 도울 수 있기를 희망했다.

아동이 선택한 이야기

때때로 치료사는 아동의 특별한 경험에 관계가 있는 시나 이야기를 떠올리려고 노력하면서, 자기 스스로를 도구로 사용하기도 하고, 그렇게 떠올린 시나 이야기를 치료 시간에 사용한다. 그러나 어떤 경우에는 치료사가 이야기나 시를 선택하기보다는 아동이 스스로 시나 이야기를 선택하는 것이 더 효과적이다. 자신이 읽고 싶은 책을 선택할 수 있게 되는 것은 아동의 자기효능감을 향상시킨다. 치료 시간에 아동이 어느 정도의 주도권을 가진 것처럼 느끼게 해 주는 기회는 중요하다. 왜냐하면 많은 위탁 가정의 아이들은 그들의 삶 속의 많은 부분에서 주도권을 거의 갖고 있지 않거나 아예 갖고 있지 않다고 느끼기 때문이다. 또한 치료사가 자신의 선택을 따스하게 받아들이고 반응한다는 점을 알게 되는 것은 아동에게 큰 힘이 된다. 이것은 아동의 자존감을 높이고 자신이 도움을 받고 있다고 느끼게 해 준다.

더욱이, 아동이 선택하는 책에 주의 깊은 관심을 기울여, 치료사는 아동의 감정과 걱정에 대한 귀중한 정보를 얻을 수 있다. 이러한 측면에서, 아동이 원하는 책을 선택할 수 있도록 해주는 것은 투사와 같은 기능을 한다. 아동이 자신의 의식적/무의식적 경험의 측면을 건드리는 이야기와 책에 이끌릴 것이라는 점은 확신해도 좋다.

치료를 시작한 지 6개월에 접어들 무렵, Roberto의 입양은 마침내 확정되었다. 그 직후, Roberto가 선택한 그림책을 통해 Roberto의 내면의 상태를 더 잘 엿볼 수 있었다. 처음에 나는 Roberto의 상태를 분명히 알기 위해 잠깐 Maria와 만났다. Maria는 자신과 남편, Roberto가 이번 주에 법원에 가서 성공적으로 입양의 합법적 절차를 마쳤다고 알려 주었다. Roberto와 내가 단 둘이 있었을 때, Roberto는 재빨리 나의 책꽂이로 가서 꽂힌 책들을 훑어보았다. 꽤나 긴 생각을 한 후에, Roberto는 『아기 돼지 삼형제(The Three Little Pigs)』(Marshall, 1989)를 선택했다.

이 이야기에서, 첫째 아기 돼지는 지푸라기로 성급하게 집을 짓는다. 늑대는 집을 찾아와서 입으로 훅훅 불어 집을 날려 버린다. 둘째 아기 돼지는 나뭇가지로 빠르게 집을 짓는다. 또다시 늑대가 찾아와서 입으로 훅훅 불어 집을 날려 버린다. 셋째 아기 돼지는 벽돌로 집을 짓는다. 벽돌집을 짓는 것은 시간이 오래 걸렸지만 그럴 만한 가치가 있었다. 셋째 돼지는 집을 다 지은 후에 "멋지고 튼튼하구나, 멋지고 튼튼해."라고 말한다. 늑대는 집을 찾아오고 입으로 훅훅 불어 집을 날려 버릴 것이라 위협하지만, 늑대는 집을 부술 수 없었다! 늑대는 얼굴이 파랗게 질릴 때까지 입으로 훅훅 불었지만, 집은 굳건히 버티었다. 결말에서, 셋째 아기 돼지는 재치 있게 늑대를 골리는 데에 성공하고 행복하고 평화롭게 살았다고 한다.

Roberto는 이미 『아기 돼지 삼형제』 이야기를 알고 있는 듯했다. 나는 Roberto의 이야기 선택이 입양 그리고 여전히 남아 있는 '이제 Maria의 집에서 그의 자리가 안정적이고 확실한지' 혹은 '자신의 새로운 상황이 지푸라기나 나뭇가지로 만든 집처럼 쉽게 사라져 버릴지'에 대한 계속되는 걱정을 반영하였다고 생각했다. Roberto는 나에게 아기 돼지들이 지었던 집들에 대한 질문을 했다. 그리고 특히나 벽돌집에 대해서 최대한 자세한 내용들을 알고 싶어 했다. 예를 들어, Roberto는 벽돌집이 '언젠가는 무너질지'에 대해 꼬치꼬치 물어보았고, 만약 또 다른 늑대가 찾아온다면 어떤 일이 일어날지에 대해 궁금해했다. 그에 대한 대답으로, 나는 벽돌집의 튼튼함에 대해 이야기해 주고, 벽돌집을 지푸라기나 나뭇가지로 만든 집과는 차별화함으로써 Roberto가 안정감과 지속성에 대한 느낌을 더 받을 수 있도록 노력했다. Roberto는 무너지지도 않고, 사라지지도 않는 집에 대한 생각에 안심을 하는 것처럼 보였다.

이것은 '비유적 표현 내에서의 활동'의 한 예시가 될 수 있다. '비유적 표현 내에서의 활동'은 심리치료사가 꼭 필요한 추론과 연관성을 이끌어 낼 수 있을 것이라는 전제하에 아동이 처한 상황에 대한 직접적인 언급 없이 이야기 속의 인물과 사건에 대해서만 단순히 이야기를 나누는 것이다. Gardner(1993, p. 248)는 "이야기 속의 동물은 우화(寓話)적 상징에 대한 아동의 자연스러운 선택으로 나타난다. 아동 심리치료사는 아동들은 자신의 상황을 동물이 등장하는 이야기와 연관시키도록 권유될 때에 그들 스스로에 대해서 더 많은 것을 말해 준다는 점을 알아야 한다."라고 강조하였다. 특히 이야기 속의 주인공이 동물이거나 사물 등 사람이 아닌 경우, 이야기 속의 주인공에 대해 대화를 나누는 것은 아동이 스스로를 감추려는 상황 속에 빠지지 않게 아동이 가진 걱정에 대해 치료사와 함께 이야기를 나누어 볼 수 있는 안전한 수단을 만들어 낼 수 있도록 돕는다.

극 놀이

Barragar-Dunne(1997)은 아동 심리치료에서 극 놀이의 사용에 대해 논하였다. 극 놀이는 아동들이 이전의 혹은 새로운 이야기에 대해 탐구하고 아동들의 관점이 넓어질 때에 아동들이 참여하는 창의적이고 즉흥적인 놀이로 정의된다. 스토리텔링과 그림책 읽기와 결합되어 사용될 때, 극 놀이는 아동이 이야기 속에 담긴 메시지의 의미를 더 풍부하고 깊게 경험하고 받아들일 수 있게 해 준다. 왜냐하면 아동이 읽기와 듣기에 더불어 신체적 움직임을 통해 이야기와 자신을 연결할 수 있기 때문이다.

Roberto가 『아기 돼지 삼형제』를 선택했던 치료 시간의 다음 시간에, Roberto는 놀이방을 사용할 수 있냐고 물었다. 놀이방을 들어서면서, Roberto는 즉시 블록들을 갖고 놀면서 '집'을 짓기 시작했다. Roberto는 자신이 짓고 있는 집이 '아무도 무너뜨릴 수 없는 튼튼한 집'이 될 것이라고 나에게 알려 주었다. 분명하게도, 이것은 아기 돼지 삼형제 이야기와 관련이 있었고 자신의 입양 결정에 대한 감정을 반영한 것이었다. 특히 이는 Roberto가 위탁 가정 시절에 비해 '모든 것이 부서져 버릴 것만 같은' 감정이 줄고 안정감은 크게 증가하였다는 점을 보여 주었다. 이 비유적 상황 속에서, 나는 Roberto와 같이 집을 지으며 그가 지은 집의 견고함과 튼튼함에 대해 따뜻하고 상냥하게 말해 주었다.

치료 시간이 끝날 무렵, Roberto는 우리가 다음 주까지 놀이방에 '집'을 그대로 남겨 놓아도 되는지 물어보았다. Roberto가 '지속성'에 관해서 적극적인 태도를 보인다는 점을 고려하여, 나는 허락을 하고 싶었지만 다음 주에 다른 아이들도 놀이방을 사용할 것이기 때문에 그것은 불가능하다고 설명해야만 했다. 그러나 내가 집을 그대로 남겨 두고 싶다는 Roberto의 소망에 공감하고("우리가 이 집을 계속 여기에 그대로 남겨 두고 싶다는 너의 소망을 나는 정말 잘 안단다."), Roberto가 원한다면 언제든지 다시 집을 지을 수 있으며, 치료의 끝이 다가오면 집을 부수지 말고 그대로 남겨 두자고 말하자, Roberto는 편안히 그 사실을 받아들였다. Roberto가 불안정성과 영속성에 대한 문제를 겪고 있는 이 순간에 집을 부숴 버려야 한다는 것은 그에게 너무나 괴로울 것이라 생각했고, Roberto가 놀이방을 떠날 때에 튼튼히 서 있는 '집'에 대한 시각적 이미지를 얻을 수 있도록 나는 그러한 결정을 내렸다.

사진에 대해 이야기하기

Mazza(1999)는 스토리텔링이 가족 간의 이해와 인식을 돕기 위해 가족 혹은 부모와 자녀 간 치료에 사용될 수 있다고 말했다. 입양 과정이 활발하게 진행되고 있는 동안에, 나는 Maria가 Roberto의 어린 시절이 담긴 사진들부터 시작하여 가족 사진들을 좀 챙겨와서 Roberto의 한 해 한 해에 대한 이야기를 해 주도록 요청했다. 나는 사진들을 올려놓을 수 있는 앨범을 주었고, Maria와 Roberto가 함께 사진들을 보며 시간 순서에 따라 사진을 놓도록 했다.

Roberto와 Maria가 열심히 이 과정을 수행하고 있을 때, 나는 거리를 좀 띄워서 그 둘의 관계 발달에 대한 사진 증거를 남길 수 있게 둘의 사진을 찍었다. Maria는 Roberto가 1개월 아기일 때부터 그를 돌보았기 때문에 Roberto의 어린 시절에 대한 많은 이야기를 해 줄 수 있었다. Roberto는 사진을 보고, Maria가 옛 추억을 이야기해 주는 것을 듣고, 앨범을 정리하는 데에 큰 즐거움을 느끼는 듯했다. 또한 Maria가 자신의 '진짜' 어머니가 된다는 것에 관련된 함축적 메시지가 이 치료 시간에 전달되었다. 즉, 자신을 아기 때부터 알아 왔던 사람, 그리고 앞으로 펼쳐질 자신의 삶 속의 기억도 함께 할 사람이 '진짜' 어머니가 되었다는 메시지가 이 치료 시간에 전달되었다.

협동하여 책 만들기

Roberto의 입양 이후 이어진 몇 번의 치료 시간에, Roberto는 자신의 감정을 말로 표현할 수 있는 능력뿐만 아니라 나와의 연결과 친밀함을 유지하는 능력에 좋은 진전을 보였다. 그는 또한 자신의 삶과 위탁 가정 시절과 입양에 대한 생각, 감정, 환상을 많이 드러내었다. Roberto의 향상한 관계 능력과 언어적 능력 그리고 Roberto의 계속되는 걱정에 알맞은 활동으로, 나는 Roberto의 경험에 대한 책 한 권을 둘이서 함께 만들어 보자는 아이디어를 떠올렸다.

몇 번의 치료 시간에 걸쳐, Roberto와 나는 Roberto의 경험들에 대해 함께 이야기하고 책을 함께 만들었다. Roberto는 'Roberto의 입양 책'이라 제목을 붙였다. 우리는 이 프로젝트를 안전하게 진행했다. 책을 만드는 치료 시간 동안, 처음에 우리는 Roberto가 알고 있는 것과 기억하고 있는 것에 대해서 이야기했다. 이에 대해 이야기한 후에, Roberto는 책에 쓸 내용을 나에게 말해 주었다. 어떤 때에 나는 Roberto가 한 말을 그대로 받아 적었고, 어떤 때에는 Roberto가 말한 내용 중 Roberto가 겪을 수 있는 혼란을 줄이기 위해 더 분명한 용어로 문장을 다시 만들었다.

나는 일관성이 없거나 혼란스러운 내용을 분명히 해 주는 선에서만 내가 개입하고 Roberto가 자신의 이야기를 말하도록 자유롭게 둘 것인지, 아니면 Roberto의 자존감에 이로운 방식으로 Roberto가 자신의 이야기를 짜 가도록 내가 적극적으로 개입을 할 것인지의 두 가지 선택 사이에서 고심했다. Roberto가 조숙하다는 점과 그가 친부모에 대해 많은 사실을 알고 있다는 점을 고려하여, 결국 나는 Roberto가 사실에 가장 '부합하는' 방식으로 자신의 이야기를 말하게 두자고 결정했다. 그러나 가끔씩 나는 이러한 말하기 방식이 Roberto가 계속 가지고 있는, 자신의 친부모가 그를 사랑하지 않았다는 걱정에 부정적으로 영향을 끼칠 수도 있다는 점에 대해 염려했다.

Roberto가 '무엇을 해야 할지 모르는(무엇을 말해야 할지 모르는 경우)' 상황에 처하면, 나는 몇 개의 단어나 문장을 말해 준다. 그러면 Roberto는 문장을 완성해 냈다.

때때로 내가 "그다음에는 어떤 일이 일어났니?"와 같은 질문을 하고 Roberto가 대답했다. 이러한 유형의 질문은 Roberto가 그의 삶 속에 일어났던 일들에 대하여 더 일관성이 있는 서술을 할 수 있도록 돕기 위함이다. Roberto는 이러한 보조적인 질문에 대답을 잘했다. Roberto는 책에 넣을 그림을 그렸고, 그렇게 함으로써 즐거움과 자랑스러움을 얻는 것처럼 보였다. Roberto가 그림을 그릴 때, 나는 격려와 긍정적 피드백을 제공하였다.

그의 '입양 책'을 만드는 과정에서, Roberto는 그의 삶과 관련된 많은 감정을 표현하였다. Roberto는 그가 법정에 가서 법적으로 입양이 되었던 날과 입양이 확정되었을 때에 Maria가 얼마나 감동했는지에 대해 묘사했다. Roberto는 "Maria가 나를 입양할 수 있다고 판사가 선언했을 때 엄마는 울기 시작했어요. …… 우리 엄마가 나를 아주 많이 사랑하기 때문에 울고 있다고 생각했어요."라고 말하며 그의 삶에 대한 직관적 이해를 보여 주었다. Roberto는 또한 자신의 양모, 양부, 남동생에 대한 깊은 사랑을 표현하였다. 게다가 Roberto는 그가 가졌던 문제적 행동들(예: 불장난)을 지속적인 가정의 결핍(즉, 입양 전 위탁 가정 기간)과 연관 지을 수 있었다. Roberto의 자존감, 미래에 대한 희망은 두드러지게 증가했으며, "내가 배운 것들"이라는 내용을 책에 넣었다.

Roberto가 자신의 경험에 대해 일관적인 서술을 할 수 있도록 도왔던 문학치료의 역할에 대해 더 분명하게 설명하기 위해서는, 실제 책의 내용을 검토해 보는 것이 좋다. 책의 각 장은 Roberto가 그림을 그린 공간이 대부분이고, 글은 몇 문장 정도밖에 없다. 책에 쓰인 글들은 아래에 있다. 비밀유지를 위하여 이름, 정보 식별이 가능한 내용들은 제거되었다.

Roberto의 입양 책

내가 태어났을 때, 나의 첫 번째 엄마 Alejandra는 나를 나쁘게 대했어요…….

내가 먹을 걸 원했을 때, 그녀는 날 사랑해 주지 않았어요. 그녀는 아기를 위한 준비가 되어 있지 않았어요. 그녀는 마약에 중독되었어요.

그리고 나의 첫 번째 아빠도 나를 사랑하지 않았어요. 그는 자동차와 돈을 훔쳤기 때문에 감옥에 있었어요. 내가 먹을 걸 원했을 때, 그는 나를 때렸어요. 그가 밖에 나갔을 때, 나는 경찰을 불렀어요.

나의 첫 번째 엄마는 내가 태어나고 몇 주 후에 나를 나의 두 번째 엄마에게로 데려갔어요. 나의 두 번째 엄마의 이름은 Maria예요. 처음에 나는 그녀의 위탁 아들이었어요. 나의 두 번째 엄마와 함께 지내는 것은 좋았고 나는 그녀가 나와 하루 종일 함께할 수 있기를 원했어요. 나는 그녀를 아주 많이 사랑해요.

내가 우리 엄마 Maria의 배 속에 있었다면 좋았겠어요. 왜냐하면 나는 그녀를 아주 많이 사랑하거든요.

Karen(Roberto의 사회복지사)이라는 사람이 있었어요. 그녀는 우리 엄마가 나를 입양할 수 있도록 도와주는 일을 했어요. 어느 날, 내가 7세였을 때, 나는 우리 엄마, 아빠 그리고 남동생 Manuel과 함께 법원에 갔어요. 우리 엄마는 판사에게 나에 대한 많은 것들을 말했어요. 판사는 그녀가 나를 입양할 수 있다고 말했어요. 우리 엄마는 울기 시작했어요. 나는 엄마에게 "왜 울어요?"라고 물었지만 엄마는 "조용히 하렴."이라고만 말했어요.

때때로 내가 생각을 하면 머릿속에서 메시지를 받아요. 나는 "엄마가 나를 아주 많이 사랑하기 때문에 지금 울고 있는 것이라고 생각해."라는 메시지를 받았어요.

그 이후, Karen은 나에게 아이스크림과 피자를 사 주었어요. 피자는 맛있었어요. 부모님은 나에게 새 옷도 사주시고 내 발을 튼튼하게 해 줄 운동화도 사 주셨어요.

그리고 나와 그리고 아빠 그리고 엄마 그리고 남동생은 우리집으로 갔어요.

우리는 옷을 갈아입었어요. 그리고 부모님께서는 큰 가게로 가서 나에게 장난감을 사 주셨어요.

내가 입양이 되기 전에는 성냥을 가지고 놀았어요. 그러면 엄마는 나에게 약을 먹이고 치료를 받게 하였지만, 이제 나는 더 이상 성냥을 가지고 놀지 않아요. 입양이 된 후에 나는 아주 행복하고 모든 것이 좋아지기 시작했거든요.

내가 입양되었을 때, 나는 엄마, 아빠, 남동생을 너무나 사랑했어요. 엄마는 저에게 맛있는 요리를 해 주시고, 장난감도 사 주시고, 제 옷도 깨끗하게 빨아 주세요.

일요일에 우리는 함께 야외로 나갔어요. 우리는 요리를 했고, 재미있게 놀았고, 놀이도 같이 하고, 나는 친구들과 함께 자전거도 탔어요. 우리는 재미있는 놀이를 많이 했어요. 친구들과 나의 가족들은 나랑 함께여서 정말 행복했대요.

내가 커서 결혼을 하고 아들딸을 낳으면, 나는 아들딸들이 배우고 싶어 하는 모든 것을 가르쳐 주고, 장난감도 사 줄 거예요. 지금까지 나는 자음, 덧셈, 배려와 나눔, 가족, 친구, 구구단 그리고 사랑에 대해 배웠어요.

책을 만드는 과정에서, 앞에서 설명된 방법(Roberto가 말한 것을 가끔씩 내가 표현을 명확히 하여 받아 적고, Roberto가 글과 함께 그림도 그리게 하는)에 추가적으로, 몇 가지 문학치료 기법이 사용되었다. 그중 한 가지는 책의 각 쪽에 문장을 많이 적지 않고 몇 문장만 적는 것이다. 책에 어떤 내용을 담을지에 대한 Roberto의 생각은 그렇게 방대하지 않았지만, 우리가 충분히 두꺼운 책을 만들 수 있었던 것은 그 덕분이다. 또한 이 기법은 우리가 책의 내용에 대해 논의할 시간을 충분히 가질 수 있도록 많은 치료 시간 동안 책을 만드는 작업을 가능하게 했다.

또 다른 기법은 각 쪽을 더 흥미롭고 이야기책 같아 보이도록 내용을 적을 때 행을 나누는 것이었다. 적당한 길이로 신경을 써 가며 행을 나누는 것은 시에서 주로 사용되는 기법이다. 예를 들어, "그리고 나와 그리고 아빠와 그리고 엄마와 그리고 남동생은 우리집으로 갔어요"를 한 행에 한 줄로 쓰는 것보다, 다음과 같이 여러 행으로 쪼개서 쓴다.

그리고 나와
그리고 아빠와
그리고 엄마와
그리고 남동생은

우리집으로 갔어요

Roberto의 책을 만들면서 사용한 또 다른 시 문학적인 측면은 세부적인 내용에 대한 것이다. 예를 들자면, Roberto가 자신의 친어머니가 "나를 나쁘게 대했어요." 라고 말한다면, 나는 친어머니의 어떤 행동이 나빴는지를 Roberto에게 물었다. 이것은 그가 친어머니의 방치에 대한 분명한 예시를 정교화하여 말할 수 있도록 해 준다. 비슷한 방식으로 이루어진 내 질문에 대한 답으로, Roberto는 자신의 가족이 가졌던 즐거운 놀이 시간에 대한 것과 자신이 살아가면서 배운 것, 학교에서 배운 것들에 대해 자세하게 말할 수 있었다.

만약 아동이 일반적인 진술을 한다면(특히나 그것이 부모님에 관한 것이라면), 아동이 그 일반적인 상황을 자세히 묘사할 수 있는 적절한 예시를 들 수 있을 때, 그것은 심리학적으로 건강한 신호이다. 반대로, 아동이 "우리 엄마는 항상 친절해요."라고 말한 후 어머니의 '친절함'에 대한 설명이 될 수 있는 예시를 말하지 못한다면, 그것은 자신의 삶에서 일어난 사건들에 대한 아동의 이해에서 서술적 일관성이 부족하다는 뚜렷한 신호이다.

글과 그림이 모두 담긴 책을 협동적으로 만들어 보는 것은 정보 처리 과정에서 언어적/비언어적 체계 사이의 흐름을 활성화시킨다. 상징적 지식과 감각적 지식의 통합은 한 사건에 대한 서술적 일관성의 발달에 아주 중요하다(Bucci, 1997 참조). 특히나 자신의 삶 속에서 일어난 사건에 대한 감각적(예: 시각적 · 청각적 · 촉각적 · 후각적 · 미각적) 기억을 가진 아동이 그 사건을 글이나 말로 표현할 수 있는 능력을 점차적으로 발달시켜 가는 것은 아주 바람직한 것이다. 자신의 삶 속에서 일어난 중요한 사건에 대해 서술적 일관성을 가지고자 하는 심리학적 욕구는 기본적이고 보편적인 양상을 보인다.

Roberto가 자신의 '입양 책'을 완성했을 때, 그는 확실히 기쁘고 즐거워했다. 그는 우리가 그 책을 Maria에게 보여 줄 수 있는 지 물어보았다. 나는 그것이 훌륭한 아이디어라고 생각했고, Roberto의 관점과 감정에 대해 Maria가 더 잘 이해할 수 있는 기회가 될 것이라 생각했다. 우리는 Maria가 치료 시간의 끝 무렵에 함께하도록 초청하였다. 나는 글을 크게 읽어 주고, Roberto는 Maria에게 자신이 그린 그림들을 열정적으로 보여 주었다. Maria는 큰 감동을 받았고 얼굴에 흐른 눈물을 훔쳤다. Maria는 행복해 보였고 Roberto가 위탁에서 입양으로의 변화에 대해 총명하고, 매력적으로, 일관성 있게 설명을 할 수 있다는 점을 자랑스러워했다.

요약 및 결론

심리상담 치료의 과정과 장기 위탁으로부터 입양으로의 전환을 겪으면서, Roberto의 증상들은 확실히 호전되었다. 더 이상 성냥을 가지고 불장난을 하는 일은 일어나지 않았다. 평범한 아이들이 가지는 반항과 고집(예를 들어, Roberto는 목욕하기를 싫어했다) 외에는 Roberto가 보였던 반항과 일탈은 크게 줄었다. Roberto의 담임 선생님은 학교에서 그의 행동이 문제적 행동이 아닌 허용 가능한 행동들이라 보고했다. Roberto의 기분은 대체로 좋았고, 그는 미래에 대해 긍정적이고 흥미를 가지는 것 같았다. 창의적 예술 활동들과 특히 문학치료의 기법들은 Roberto의 치료에서 매우 중요한 과정들이었다.

우리의 치료가 마지막을 맞이했을 때, Roberto는 자신이 겪었던 일에 대한 기억들을 간직하게 해 주는 '입양 책'을 가지게 되어 행복해 보였다. 만약 우리가 그 책을 만들지 않았더라면, Roberto는 말로 표현된 기억들에만 의존해야 했을 수도 있다. 어린이들이 그렇게 말로 표현한 기억들 중에는 잘못된 기억이 많을 수도 있다는 점은 널리 알려진 사실이다. 나는 Roberto가 우리의 관계에 대한 기억을 떠올릴 수 있게 해 주고, Roberto가 겪었던 사건들, 고난, 자신에 대한 이해, 희망을 품어 주는 영구적인 물건을 가질 수 있게 되어 기뻤다.

참고문헌

Barker, P. (1985). *Using metaphors in psychotherapy.* New York: Brunner/Mazel.

Barragar-Dunne, P. (1997). Catch the little fish: Therapy utilizing narrative, drama, and dramatic play with young children. In C. Smith and D. Nylund (Eds.), *Narrative therapies with children and adolescents*. New York: Guilford.

Beaulieu, G. (1998). *The little words that grew: A guide to using proverbs in the therapeutic process*. Ravensdale, WA: Idyll Arbor, Inc.

Bucci, W. (1997). *Psychoanalysis and cognitive science: A multiple code theory.* New York: Guilford.

Cox, M., and Theilgaard, A. (1997). *Mutative metaphors in psychotherapy.* London: Jessica Kingsley.

Danto, A. C. (1985). *Narration and knowledge.* New York: Columbia University Press.

Didion, J. (1979). *The white album.* New York: Simon & Schuster.

Engel, S. (1995). *The stories children tell: Making sense of the narratives of childhood.* New York: W. H. Freeman & Company.

Gardner, R. A. (1993). *Storytelling in psychotherapy with children*. Northvale, NJ: Jason Aronson.

Ginzberg, L. (1939). *The legends of the Jews. Vol. 3: Moses in the wilderness.* Baltimore, MD: Johns Hopkins University Press.

Girard, L. W. (1986). *Adoption is for always*. Morton Grove, IL: Albert Whitman & Company.

Hynes, A. M., and Hynes-Berry, M. (1986). *Biblio/Poetry therapy: The interactive process.* Boulder, CO: Westview Press.

Joosse, B. M. (1991). *Mama, do you love me?* San Francisco, CA: Chronicle Books.

Main, M. (1991). Metacognitive knowledge, metacognitive monitoring, and singular (coherent) vs. multiple (incoherent) models of attachment: Findings and directions for future research. In C. M. Parkes, J. Stevenson-Hinde, and P. Marris (Eds.), *Attachment across the life cycle* (pp. 127-159). New York: Tavistock/Routledge.

Marshall, J. (1989). *The three little pigs*. New York: Grosset & Dunlap.

Mazza, N. (1999). *Poetry therapy: Interface of the arts and psychology*. Boca Raton, FL: CRC Press.

Meier, L. (1996). *Ancient secrets: Using the stories of the Bible to improve our everyday lives*. Woodstock, VT: Jewish Lights Publishing.

Meerloo, J. A. (1985). The universal language of rhythm. In J. L. Leedy (Ed.), *Poetry as healer*, pp. 3-16. New York: The Vanguard Press.

Prelutsky, J. (1983). *The Random House book of poetry for children*. New York: Random House.

Rauch, R. B. (1970). *The runaway bunny*. New York: Harper & Row.

Siegelman, E. Y. (1990). *Metaphor and meaning in psychotherapy*. New York: Guilford Press.

Seuss, Dr. (1983). If we didn't have birthdays. In J. Prelutsky (Ed.), *The Random House book of poetry for children* (p. 126). New York: Random House.

Williams, M. (1986). *The velveteen rabbit*. New York: Random House.

Woolfolk, R. L. (1998). Psychotherapy and the structure of self-understanding. In R. L. Woolfolk (Ed.), *The cure of souls: Science, values, and psychotherapy* (pp. 91-108). San Francisco: Jossey-Bass.

CHAPTER 07

위탁 양육 및 입양 아동 연구에 관한 음악치료 이슈와 전략

DEBORAH LAYMAN & DAVID HUSSEY

도입

아동 복지 시스템은 학대받고 방치된 경험이 있는 아동들의 안전과 욕구를 충족시키기 위한 노력으로 많은 부담을 가지고 있다. 1999년의 통계에 따르면 아동 보호서비스 조사 및 평가의 대상이 약 290만 명에 달했으며 이 중 82만 6,162명의 아동들이 학대 또는 방치되었다. 이는 대략 1,000명 중 11.8명 정도이다(U.S. Department of Health and Human Services, 2001). 이러한 학대의 행동적 결과는 영속적이며 참혹하다. 학대당한 아동들에 관한 정신병리학의 발전에 관련된 재검토 연구에서, Cicchetti는 학대와 우울증의 발생, 행동장애, 청소년 비행, 주의력결핍 과잉행동장애, 반항장애, 외상후 스트레스장애, 불안감, 인격장애, 폭력성, 자해, 약물 남용, 신체화, 분열증을 언급하였다(Cicchetti & Toth, 1995).

최근 몇 년간, 아동 복지 시스템에 해당되는 모든 아동을 위한 즉각적이고 영속적인 계획이 시급하다는 인식이 높아지고 있다. 현재, 미국에서 약 58만 명의 아동들이 가정 외 보호(out-of-home care)를 받고 있는데 이들 중 약 13만 4,000명이 입양을 기다리고 있는 것으로 추정된다(U.S. Department of Health and Human Services, AFCARS, 2001). 아동들의 절반 이상이 위탁 양육 기관에서 3년 혹은 그 이상의 기간 동안 입양을 기다리고 있으며 아프리카계 미국인이 53만 240명으로 45%라는 가장 많은 비중을 차지하고 있다.

위탁 양육

미국의 위탁 양육은 부모가 아동들을 돌볼 수 없는 동안의 대안적인 거주 형태를 말한다(Haerian, 1998). 하지만 많은 아동이 오랜 시간 보호소에 머물게 되며, 양부모에게 다시 돌아가지 못하거나 입양되지 못한 채, 한 보호소에서 다른 곳으로 이동한다.

전통적인 위탁 양육 기관은 정신건강 이슈보다는 돌봄과 양육에 중점을 두고 있다. 하지만, 추세는 달라져 아동 복지 전문가들은 특화된 돌봄이 필요한 아동들이 증가하고 있다는 것을 관찰했다(Goerge, 1990; Hudson, Nutter, & Galaway, 1992). 정서가 불안한 아동들이 증가함에 따라 자원과 관심은 보다 더 집중적인 형태의 치료와 특화된 위탁 양육으로 향하고 있다.

치료 위탁 양육의 주된 목적은 정서적으로 불안한 아동들을 가족 환경 안에서 돕는 것이다. 이러한 아동들은 보통 친밀감 형성, 충동성의 증가, 거절에 대한 두려움, 공격성의 증가, 낮은 자존감에 대한 어려움을 겪는다(Dore & Eisner, 1993). 이러한 각각의 양상들은 학대, 방치, 초기의 불안전한 애착, 일관성 없는 돌봄을 포함한 불행한 어린 시절의 경험을 반영한다. 치료 위탁 양육 부모들에게는 다양한 치료법, 가정 내 교육, 긴급 서비스를 포함한 많은 지원이 제공되며, 정서적으로 불안한 아동들을 돌보는 데 필요한 적절하고 지속적인 교육과 훈련을 받는다.

재결합 및 입양

현재 43% 정도의 위탁 양육 아동들이 계획된 과정 안에서 재결합을 경험한다 (U.S. Department of Health and Human Services, AFCARS, 2001). 재결합은 아동들, 그들의 가족, 위탁 부모 또는 그 외의 서비스 제공자들에게 다양한 서비스와 지원을 통해 아동들의 가정 외 보호와 그들의 가족을 재결합시키는 계획된 과정이다. 성공적인 재결합을 위해서는 준비와 사후 서비스가 필요한데, 연구에서는 더 많이 준비된 아이와 가정일수록, 더 높은 재결합 성공률을 보였다.

아동이 그들의 친부모 가정과 재결합될 수 없을 경우 혹은 친족 관계에서 적절한 돌봄이 이루어지지 않는 경우, 입양이 고려된다. 국가 차원의 몇몇 중요한 사업은 아동이 친부모와 함께할 수 없다고 판단되면, 즉시 보호가정이나 다른 영구 가족에 입양시켜야 한다는 것에 중점을 두고 있다. 1996년 12월, Clinton 대통령은 2002년까지 입양을 두 배로 늘리는 목표를 지시하였다. 아동 및 가족 관리부(Administration for Children and Families)는 Clinton 대통령의 지시를 이행하기 위해 입양 가정을 위한 사후 관리 지원 권고안을 포함한 실질적인 제안을 제시하였다. 케이시와 켈로그 재단(Casey and Kellogg Foundation)은 최근 몇 년간 시스템 차원의 변화를 창출하고, 가정 공동체에 아동들을 두고, 영속성을 달성하기 위한 프로그램에 자금을 투자하였다.

가정 외 보호를 받는 많은 아동을 위한 노력은 1997년 「입양 및 안전가정법(Adoption and Safe Families Act: ASFA)」과 「개인책임 및 취업기회 조정법(Personal Responsibility and Work Opportunity Reconciliation Act: PRWORA)」(1996)의 법률 개정에 더 영향을 받았다. 「입양 및 안전가정법」은 지난 22개월 중 12개월 동안 국가에서 양육권을 가진 아동들에 대해 입양을 고려할 것에 대한 내용이며, 이 아동들은 입양을 기다리는 위탁 양육 아동의 수를 증가시키는 결과로 나타날 수 있다. 「개인책임 및 취업기회 조정법」은 연방 재정 지원을 받을 수 있도록 특정 수준 이하의 소득층 가족에 대한 재정 지원 정책을 없앴고, 저소득층 가정이 도움을 받을 수 있는 시간을 제한한다. 언급하기에 시기상조일지 모르지만, 이러한 계획의 이중 영향이 더 많은 아동이 입원하거나 더 오래 머물도록 하는 우려를 초래할 수 있다(McGowan & Walsh, 2000; Geen et al., 2001; Wells et al., 2000).

최근의 입양 개정 노력은 의심할 여지없이 아동들을 영구적인 가정으로 이끌 것이고 계속되는 이동과 양육자가 바뀌는 2차적인 피해를 줄일 것이다. 하지만 특별 요구 입양 경험이 있는 사람들은 '시스템에서' 아동들을 위한 영구적인 가정을 찾는 복잡한 문제에 대한 단순한 해결책은 없다는 것을 알고 있다. 친부모로부터 학대와 방치로 버려진 많은 아동은 단순히 높아진 대중의 관심으로 치유되지 않는다. 어려움을 함께할 특별한 가정들이 필요하다. 더욱이, 많은 가정이 지원과 도움을 필요로 한다. 아동들에게서 보이는 심각한 정서 및 행동적 문제들은 안전과 영구성만으로 치유될 수 없다. 물론 이것들은 중요한 시작이지만 아동들은 대부분 입양에 따라 수년간의 전문적이고 다면적인 치료를 필요로 한다.

입양아와 위탁 가정 아동의 음악치료

아동들을 위한 영구성을 달성하는 것은 아동 복지 시스템이 당면한 가장 어려운 문제 중의 하나이다. 어린 시절의 학대는 다른 사람의 행동에 대한 반응, 지각, 기대를 왜곡하여 아동들의 관계 형성 능력에 오랜 기간 영향을 미칠 수 있다. 이전의 보호자에게서 학대를 경험한 적이 있는 아동은 양육자 또는 양부모에게도 똑같은 것을 예상하거나 일반적인 훈육을 학대로 생각할 수도 있다. 이러한 아동들은 정서적인 자극에 대해 과잉 반응, 과민 반응 또는 이상 반응 등의 부적절한 반응을 보이기도 하며(Cicchetti & Toth, 1995) 종종 병원 치료가 필요한 경우도 있다.

음악치료는 위탁 양육과 입양된 아동들을 위한 이상적인 개입이다. 이것은 학대, 방치, 가족 분열과 관련된 감정, 행동, 치료적인 이슈를 탐구하는 안전한 피난처를 제공하기 때문에 본질적으로 아동들에게 위협적이지 않으면서 매력적인 매체이다. 음악치료는 아동들이 의미 있는 관계를 형성하고, 자존감을 높이고, 애도와 버려짐의 문제를 해결하도록 도움으로써 영구성을 촉진하는 강력한 치료 도구가 될 수 있다.

그러나 위탁 양육과 입양된 아동들의 치료 동안 세 가지의 핵심 문제가 빈번히 나타나는데, 그것은 안전성, 영구성, 아동 복지 문제에 관한 것이다. 이 세 가지 문제는 오늘날 아동 복지 분야의 가장 두드러지는 특징이며 국가적 노력에 대한 평가 결과 영역 및 지표의 삼중체를 형성한다(U.S. Department of Health and Human Services, 1999; Waldfogel, 2000). 보건복지부의 미 연방 아동국(Federal Children's Bureau)은 해마다 미국의 아동 보호 및 아동 복지 시스템에 대해 보고하고 이 세 가지 영역을 해결하는 과정을 보고한다. 그러므로 양육자와 입양된 아동들과 음악치료사들이 이 세 가지 문제의 중요성을 인지하고 이러한 핵심적인 아동 복지 분야를 효과적으로 해결하는 것은 중요하다.

안전성

학대와 방치로부터 아동들을 보호하는 것은 아동 보호 시스템의 주요한 목적이다. 따라서 아동과 가족에 대한 안전성 문제를 평가하고 논의하는 것은 그 일을 맡은 담당자에게 중요한 기술이다. 음악치료는 보다 덜 위협적인 개입 방법이기 때문에 음악치료사들은 여러 면에서 이 역할을 수행할 수 있다. 예를 들어, 친부모와 아동 간의 음악치료 세션은 재결합을 목적으로 행동을 평가할 수 있는 한 가지 방법이다. 생음악을 연주하는 동안, 부모들은 적절한 양육 기술(긍정적인 관심, 구체적인 칭찬, 부적절한 행동에 대한 적절한 결과 등의)의 모델링에 반응하는가? 부모와 아동 간의 음악적 상호작용에서 어떤 관계성을 보여주는가?

또한 음악치료는 안전성 문제의 치료법으로 사용될 수 있다. 적절한 개인적 영역(예: 올바른 접촉과 부적절한 접촉에 관한 노래 등)은 어린 아동들에 대한 음악적 정신교육을 통해 길러질 수 있다. 어린 아동들은 감정에 관한 노래를 부르는 것에 더 쉽게 참여한다. 이러한 노래들은 학대에 대한 감정을 안전하게 표현하고 적절한 대처

법을 제시한다. 보다 나이가 있는 아동들은 학대를 털어놓을 수 있는 기회와 더불어 가사 분석과 노래 제작 활동을 통해 정신적인 피해로부터 치유될 수 있는 가능성을 제공받는다. 즉흥연주 또한 비언어적 방법으로 아동들에게 음악치료사와 치료받을 수 있는 안전한 관계로 발전시키는 방법을 제공한다.

학대당하거나 여러 번의 이동을 경험한 아동들은 종종 과도한 불안감(anxiety)을 가진다. 불안감의 정도가 낮아질수록, 아동은 자신의 보금자리에서 안전함을 느낄 것이다. 음악치료는 불안감의 정도를 낮추는 데 효과적인 방법으로 증명되었다. Chetta(1981)는 수술 이전에 수술 관련 정보를 전달하는 과정에서 소아과 환자들의 불안감을 줄이는 데 음악이 도움이 되었다는 것을 발견하였다. 이 방법은 위탁 양육 아동에게 트라우마가 될 수도 있는 영구적인 양육권 결정과 관련하여 쉽게 적용하도록 일반화되어 있다. Fagen(1982)은 음악치료가 청소년기 이전의 죽음과 애도에 관한 두려움과 불안감을 극복하고 이겨 내는 데 효과적인 방법임을 증명했다. 그는 음악이 긴장감을 풀어 주고 자기표현의 기회가 된다는 것에 주목하였다.

공격성은 위탁 양육과 입양 아동들이 보여 주는 또 다른 행동인데, 특히 아동들이 자신의 거주지 배경가 안정되어 있지 않거나 안전하지 않다고 느낄 때 두드러진다. Clendenon-Wallen(1991)은 신체적 학대를 당한 경험이 있는 아동들의 공격성과 자아개념의 결핍 사이에 관계가 있다고 기술하였다. 그녀는 음악치료가 주로 자존감이 낮고 감정 표현이 익숙하지 않은 학대당한 경험이 있는 청소년 내담자에게 효과적임을 발견하였다. Montello와 Coons(1998)는 집단 음악치료가 정서적으로 불안하거나 학습장애를 가진 청소년들의 자기표현 과정을 촉진하고, 좌절, 분노, 공격성을 창의력과 자제력의 경험으로 바꾸는 매개가 될 수 있다는 것을 증명했다. 음악치료는 위탁 양육과 입양 아동들이 여러 문제와 관련된 부정적인 감정과 걱정을 표현하는 데 도움이 될 수 있다.

영속성

영속성은 아동들의 영구적인 생활 상태에 관련된 아동 복지 개념이다. 아동들의 영속성을 높이기 위한 성과는 시설로 되돌아오는 것을 줄이기 위한 법적 후견인, 입양, 재결합을 위한 위탁 양육에서의 시간 단축, 거주지 배정의 안정성 높이기, 그룹홈 또는 교육 시설 내 거주지 배정 줄이기와 같은 사항을 포함한다. 아동이 가정 외 보호를 받을 때, 친부모 가정과의 재결합은 이상적인 영속적 선택이다. 하지만 그렇지 못할 경우, 법적 후견인 또는 입양이 따르게 된다. 음악치료는 재결합 및 입양 문제를 다루는 효과적인 방법이다. 보다 덜 위협적이며 비언어적인 특징 때문에 많은 아동과 그 가족은 음악치료 환경에 잘 반응한다.

음악치료는 양육권과 관련된 문제에 대한 설명 및 재결합 문제를 다루는 데 도움이 될 수 있다. 저자들은 양육권 문제에 따른 문제를 평가하는 데 음악치료가 중요하게 이용된 두 개의 법정 판결 사례를 다루었다. 첫 번째 사례는 한 여성에 관한 사례로, 이 여성은 3세와 4세 된 두 친딸과의 재결합을 신청했다. 음악치료사들은 가족의 단기 음악치료 세션 동안 부모-아동 간 상호작용을 관찰하여야 했다. 그리고 엄마의 치료 참여도 및 부모-아동 간 상호작용 질에 대한 개요를 다룬 공판을 위한 객관적인 자료가 만들어졌다. 두 번째 법정 판결 사례는 2세 아들을 둔 18세 위탁 양육 아동에 관한 사례였다. 그녀는 올바른 양육 기술을 배울 수 있는 음악치료 양육 세션에 최소 여덟 번을 참석해야 했다. 또 다시 18세된 엄마의 음악치료 참여와 경과에 대한 법정 자료가 만들어졌다. 두 사례에서 음악치료는 엄마가 어린 아동들과 음악을 통해 상호작용하며 올바른 양육 기술을 배우고 증명하는 주요한 자녀 교육법임을 나타냈다.

또한 음악치료는 아동들이 재결합이든 입양이든 보호자에게 애착을 가지는 데 유익하다. 신뢰는 애착에 있어 필수적인 요소이며 음악치료는 신뢰를 쌓는 데 효과적인 방법임이 증명되었다. Froehlich(1984)는 신뢰 형성의 중요성에 대해 강조했다. 그녀는 병원 치료를 받는 아동들을 대상으로 한 연구에서 음악치료가 놀이치료

보다 훨씬 더 많은 언어적 표현을 만들어 냄을 나타냈다. 내성적인 아동들에게 음악치료는 위협적이지 않기 때문에 신뢰 관계를 형성하는 데 좋은 매개가 될 수 있다. 신뢰가 형성된 경우, 이 방법은 아동들이 입양이나 재결합에 대한 두려움을 언어로 표현하는 데 도움을 줄 수 있다. 가족에게 신뢰를 전가하는 것 또한 중요하다. Fagen(1982, p. 15)은 "음악은 진실되고 강력한 표현을 위한 매체이며 치료적 관계를 촉진시켜 아동이 두려움을 떨칠 수 있는 안전과 신뢰를 제공한다."라고 언급했다. Sandness(1991)는 집단 환경에서 음악치료의 정교함을 뒷받침한다는 것에 주목했다. Sandness는 또래 수용, 신뢰, 협력, 자존감, 집단 응집력, 대인관계 같은 문제는 음악치료 세션 동안 긍정적으로 진척될 수 있음을 확인하였다.

많은 음악치료 기술이 신뢰도를 쌓는 데 사용되어 왔다. Baumel(1973)은 집단에서 함께 맞춰 노래하는 것이 집단 응집력, 신뢰도, 친밀도를 높인다는 것을 증명하였다. Ficken(1976)은 작곡을 하는 것이 신뢰도 형성과 사랑에 대한 욕구와 두려움을 표출하는 데 도움이 된다고 다시 한 번 강조하였다. Christenberry(1979)는 소아화상 환자들은 음악치료 세션이 긴장을 풀어 주기 때문에 음악치료에 신뢰도를 가지고 반응한다고 보았다.

아동과 보호자 사이에 진정한 신뢰가 형성되기 위해서는 위탁 양육 및 입양된 아동들에게 흔히 나타나는 유기에 대한 두려움이 중점적으로 다루어져야 한다. 실제로 Marley(1984)는 엄마에 대한 유아의 애착심은 매우 강하며 유기에 대한 두려움이 가장 큰 것임을 증명하였고, Staum(1993) 또한 홈리스 아동에게서 가장 두드러지는 것 중 하나가 바로 유기에 대한 두려움이라고 하였다. 많은 연구는 유기 문제에 음악치료를 적용하는 것에 대해 다루었다. Ragland와 Apprey(1974)는 청소년들이 그들의 유기에 대한 두려움을 특정한 음악으로 표현할 수 있다는 것을 발견하였다. Cordobes(1997)는 유기에 대한 두려움과 그에 대한 분노를 표출하는 데 사용되는 작곡(음악 제작)에 대해 논의하였다. 또한 Austin(1996)은 유기에 대한 두려움의 결과로 자기 자신을 다른 사람들로부터 멀리한다는 점을 다루었는데, 자기표현을 위한 안전하고 예측 가능한 환경을 만들기 위해 두 가지 코드로 구성된 노래(자유 연상

노래)를 매개로 사용하였다. Frisch(1990)는 어린 시절 엄마에게 유기당한 적이 있는 16세 여성이 당시의 두려움을 표현하는 데 음악을 이용한다는 것을 관찰했다. 마지막으로, Ventre(1994)는 학대와 유기에 대한 두려움을 해소하기 위한 심상유도 음악치료(Guided Imagery and Music: GIM)에 대해 논의하였다.

아동들은 위탁 양육소에서 입양을 기다리는 시간이 길어질수록 희망을 잃기 쉽다. 음악치료는 흔히 우울함을 나타내는 '절망적인' 상태를 치료하고 평가하는 데 도움이 된다(Christenberry, 1979). Staum(1993)은 한 연구에서 어려움에 처한 아동들과 홈리스 아동들의 절망과 근심의 순환에 대해 다루었다. Goldstein(1990)은 다른 연구에서 Beck의 절망감 척도(Hopelessness Scale)를 기반으로 하여 음악 제작 평가를 발전시켰다. 청소년들을 위한 이 평가는 이후에 도움이 필요한 아동들을 걸러 내는 데 활용되었다. 음악치료사와 함께 음악을 만드는 행위는 아동들이 희망과, 근심을 줄이면서 자신이 더 가치 있다는 것을 느끼는 데 도움을 주며, 슬픔 같은 부정적인 주제를 표현하고 부적응적인 생각과 감정 상태를 개선하도록 돕는다.

가족 생활과 아동들의 영구성 유지를 위한 중심 동력은 보호자에 대한 애착과 신뢰 형성 능력이다. 아동이 보호자와 유대감을 형성할 수 있다면 이러한 애착은 거주지 배경에 대한 안정감으로 연결될 것이다. 한 연구는 특히 애착 동력에 대한 음악치료의 적용을 확인하였다. Burkhardt-Mramor(1996)는 학대, 방치, 여러 번의 이동을 겪은 아동의 경우, 성인에 대한 애착과 신뢰를 형성하는 데 어려움을 겪는다고 증명하였다. 또한 애착장애 아동은 일관되고 적절한 지도를 받지 못하기 때문에 종종 양심이 발달하는 데 어려움을 겪으며 결과적으로 죄책감이나 불쾌함을 거의 느끼지 않는다고 하였다. 이러한 아동들은 상호적인 관계를 형성하는 데 어려움을 겪지만 종종 표면적으로는 매력적이고 무차별적으로 애정 어린 사람이다. 그녀의 연구에서 Burkhardt-Mramor는 애착장애 아동에 대한 음악치료 개입의 다른 양상들을 발견하였다.

애착관계를 가지고 온전한 신뢰를 쌓기 위해 아동들은 유기와 거절에 대해 반드시 극복할 수 있어야 한다. 이러한 어려움은 학대와 유기의 경험이 있는 아동들, 특히 여러 번 이동한 적 있는 아동들에게 흔히 나타나는 두려움 중 하나이다. 1970년에 Braswell 등은 언어적 의사소통에 어려움을 겪는 환자들이 음악치료에는 잘 반응한다고 하였다. 음악의 비언어적인 특성 때문에 환자들은 말을 하지 않고도 다른 사람들과 소통할 수 있었다. 비언어적인 소통은 환자들이 거절에 대한 두려움을 완화시키고 받아들일 수 있도록 도왔다. 음악치료는 본질적으로 비언어적인 특성을 통해 아동들이 거절당하는 것에 대한 두려움을 표출하는 데 도움이 될 수 있다. 1984년 Ford에 따르면 개인 및 그룹 음악치료 세션은 아동들에게 거절에 대한 두려움 없이 자신을 표현하는 기회를 제공하였다.

또한 음악치료는 보호자와 아동 간의 친밀감을 높이는 데 도움이 될 수 있다. 1974년 Schiff와 Frances는 〈나는 바위다(I Am a Rock)〉와 같은 노래를 통해 내담자가 친밀한 관계(부모–아이 관계처럼)에서 거절당하는 것을 두려워하는 문제를 탐색하는 데 도움이 될 수 있음을 발견하였다. Stephens(1983)는 다른 사람과 음악을 통해 교류하면서 친밀감이 형성됨을 알게 되었다. 가족 구성원과 음악을 만드는 행위는 경계심을 낮추면서 가족 간의 의사소통 채널이 될 수 있으므로 위탁 양육 또는 입양 아동에게 덜 위협적이고 효과적일 수 있다.

아동 복지

위탁 양육 및 입양 아동의 치료에서 발생하는 문제의 최종 분야는 아동 복지이다. 아동 복지에서는 평가와 개입을 통한 아동 개개인의 특정한 욕구가 중점적으로 다루어진다. 이러한 욕구는 기본적인 신체적 필요, 건강 및 정신건강 문제, 약물과 알코올 사용, 신체 및 발달 장애, 학습부진, 인식 기능을 포함한다. 지난 20년 동안 몇몇 연구에서는 위탁 양육 아동들이 다른 아동들에 비해 급성 및 만성 건강 문제, 발달 지체, 감정 조절 문제를 보이는 가능성이 3~7배 더 높다는 것을 제시했다(Rosenfeld et al., 1997). 1989년에 미취학 위탁 양육 아동들을 대상으로 한 조사에서 60%의 아동이 발달 지체를 겪고 있고, 35%의 아동이 만성 의료 문제를 가지고 있으며, 15%의 아동이 선천적 장애를 가지고 있는 것으로 밝혀졌다(Simms, 1989). 최근의 연구 결과들이 이러한 결과를 뒷받침하고 있는데(Chernoff et al., 1994; Halfon et al., 1995), 이는 위탁 양육 아동들이 그들의 건강, 발달, 정서적인 건강을 다루는 개입을 필요로 함을 시사한다.

아동들, 특히 영유아들의 정신건강을 측정하는 것은 어렵다. 따라서 대부분의 연구들은 감정 또는 애착 장애가 아닌 인지적 · 언어적 · 신체적 성장에 중점을 두고 있다. 예를 들어, Halfon 등은 위탁 양육의 표본 중 84%가 발달과 정서적인 어려움을 겪고 있다는 것을 발견하였다. 운동 신경 및 언어 지체는 5세 미만의 아동들에게 가장 흔히 나타난다. 인지 결함은 5세 미만 아동들의 1/3에서 나타났고, 취학 아동들의 52%에서 나타났다. 정서적인 문제와 관계적인 문제는 취학 아동들에게서 가장 흔히 나타나는 문제이다.

위탁 양육 아동들은 인지 발달에 지체를 보이고 있었는데, 이들을 대상으로 한 연구에서 거의 1/3의 아동이 자신의 나이 수준에 미치지 못했다. 위탁 양육 아동들과 청소년들 소수가 특별한 교육 프로그램에 참가한다. 반면, 많은 위탁 양육 아동은 거주지 배경를 잃었을 때 다른 학교로 옮기게 된다. 상처받기 쉬운 이 시기에 이러한 변화는 분명히 아동들의 학교 적응 문제에 중대한 영향을 미친다. 이 연구 결과는 위탁 양육 아동들이 보이는 교육적 결핍을 뒷받침한다(Canning, 1974; Cohen, 1991).

위탁 양육 및 입양 아동들은 조절장애, 공격성, 우울증, 충동성, 비순응과 같은 다양한 정신건강의 문제들을 보인다(Smith & Howard, 1991; Smith et al., 2000). 음악치료는 이러한 문제를 가진 아동들에게 선호되는 효과적인 치료 방법이다. 사실 음악치료는 매력적이기 때문에 아동들이 저항적인 태도를 보임에도 불구하고 실력을 쌓고 치료에 의욕적으로 참여하도록 돕는다.

아동들은 친부모와 위탁 양육 혹은 입양 부모 사이에서 충성심 문제로 갈등을 겪기 때문에 새 가정에 적응하는 것은 어려운 일일 수도 있다. 아동이 새로운 가정에 마음을 쓰고 있더라도, 친부모에 관한 기억과 충성심은 혼란스럽고 아플 수 있으며 이는 행동장애로 이어질 수 있다. 음악치료는 아동의 충성심에 대한 갈등을 드러내고 새로운 가정에 대한 긍정적인 마음을 갖도록 하는 데 효과적일 수 있다. 영화 〈타잔(Tarzan)〉에 나오는 '두 개의 세상(Two Worlds)'이 이 문제를 다루는 노래가 될 수 있겠다. 이 노래는 입양 가족(유인원)과 이전 가족(인간) 사이에서의 타잔의 갈등에 대한 노래이다. 이러한 노래를 통해 가족에 대한 감정을 자유롭게 나누기 시작하면서 아동의 방어 또한 낮아질 수 있다.

1991년, Clendenon-Wallen은 육체적인 학대를 겪은 아동들의 공격성과 긍정적인 자존감 결핍 사이의 연관성을 관찰하였다. 실제로, 학대는 아동의 공격적인 성향을 높이고 또래를 포함하여 다른 사람들을 따돌리는 폭력성으로도 이어질 수 있다(Lamphear, 1985). 하지만 아동이 음악치료 개입을 통해 긍정적인 자아개념을 형성한다면, 공격성은 간접적으로 감소된다고 볼 수 있다. 음악치료는 아동의 긍정적인 특성에 중점을 둔 강점 중심의 개입이 될 수 있고, 결국 아동들이 어려운 문제를 해결할 수 있도록 돕는다. 즉, 아동 자신이 스스로 할 수 있을 것이라고 느끼게 돕는다.

여러 음악치료 연구에서는 우울증 치료에 음악치료법을 적용해 왔다. Smeijsters(1995) 등은 우울증 환자들에 대한 가치관 변화에 음악을 인용함으로써 긍정적인 효과를 증명하였다. Cordobes(1997)는 우울증을 가진 HIV 양성 성인 환자들의 집단 결속력을 높이기 위한 방법으로 집단 음악 제작을 강조하였다. Hanser(1989)는 우울증에 빠져 있는 고령층 성인들을 대상으로 한 음악치료(음악 감상)가 Beck 우울 검사(Beck Depression Inventory)에서 건강에 상당한 증진이 있었음을 증명하였다. Williams와 Dorow(1983)는 우연한 음악 감상이 만성적으로 우울한 정신과 환자들의 불평 수준을 낮추는 결과로 이어졌다는 것을 발견하였다. 마침내 Giles 등(1991)은 초등학생들의 정신건강을 증진시키는 음악 및 예술 프로그램을 만들었다. 음악치료는 환자들의 우울증 증상을 감소시키는 데 성공적이며 보다 폭넓게 적용되고 있다.

충동성은 위탁 양육 및 입양 아동들에게서 자주 보이는 특성이다. 또한 Merle-Fishman과 Marcus(1982), Montello와 Coons(1998)는 정서적인 불안과 충동성 사이에 관련성이 있다는 것을 발견하였다. Hong 등(1998)은 공격적인 충동성은 정서적으로 매우 불안한 아동들에게서 흔히 나타나는 특성임을 밝혔다. 정서적으로 불안한 아동들, 학대나 방치된 경험이 있는 대부분의 아동이 흔히 충동적인 행동을 보이기 때문에 치료는 충동적인 행동을 감소시키는 데 중점을 두어야 한다. 음악치료는 충동성을 감소시키는 데 효과적인 개입임이 증명되어 왔다. 1990년 Cassity와 Theobold의 연구는 환자들이 특정한 시간에만 활동하는 음악치료가 충동적인 행동을 감소시키는 데 효과적이었다는 것을 드러냈다.

충동성과 마찬가지로, 지도를 따르지 못하는 경우(반대 행동 또는 반항적인 행동)는 정서적으로 불안한 아동들에게 동시에 보이는 특성이다(Jorgenson, 1974). 이 문제는 많은 위탁 가정 및 입양 아동들에게서도 나타날 수 있다. 음악치료는 아동들이 지도를 따르는 법을 배우는 데 효과적인 개입 방법으로 사용되어 왔다(Steele, 1977; Spencer, 1988; Jorgenson, 1974; Cassity & Cassity, 1994; Thaut, 1984). 비순응적인 아동들에게 음악치료는 대립적이지 않으면서 간접적으로 지도를 따르게끔 동기를 부여하는 방법이 될 수 있다. 예를 들어, 순응 문제는 리듬 악기 활동(go and stop 활동), 그룹 노래 부르기('~페이지를 펴세요'), '당신이 행복하고 당신이 그것을 알고 있다면(If You're Happy and You Know It)'과 같은 율동 동요를 통해 평가될 수 있다(Cassity & Cassity, 1994).

결론

이 장은 점점 더 어려움을 겪고 있는 현장, 즉 임상가들이 효과적인 개입을 찾으려고 고심하는 분야에서 음악치료의 유용성에 대해 다룬다. 가정 외 보호 아동의 수가 증가하고 치료 요구가 갈수록 복잡해짐에 따라 음악치료사들은 음악치료가 어떻게 이러한 문제들에 응용될 수 있는지를 고민해야 한다.

또한 위탁 가정과 입양 아동들의 '안전성, 영속성, 아동 복지'에 관한 세 가지 공통적인 주제를 다루었다. 아동과 가족 모두 안전 문제에 대해 평가되어야 한다. 가정으로 돌아간다면 아동은 올바르게 돌보아질 것인가? 아동은 가정의 안정성에 대한 위협과 같은 심각한 문제를 보이는가? 영속성 또한 강조된다. 아동을 위한 최선의 거주지 배경는 어디인가? 아동이 가족에 대한 애착과 유대감을 형성하도록 어떻게 도울 것인가? 마지막으로, 음악치료사들은 아동 복지에 대해서도 경각심을 가지고 있어야 한다. 아동이 최근 정신 질환 증상을 보이는가? 음악치료가 이 증상들을 치료하는 데 어떻게 적용될 수 있는가?

음악치료사들은 아동 및 가족이 접촉한 첫 번째 또는 유일한 치료 전문가일 수도 있으며 이들에게 필요한 진단, 평가, 소개에 대한 중요한 기회를 제공한다. 음악치료사들이 보호자, 학교 관계자, 치료 요원과 소통하는 것은 아동에게 필요한 것을 정확하게 알기 위해서 매우 중요한 과정이며, 세션에서 배운 기술과 행동을 가정과 학교 환경에 일반화하기 위해 가족들과 긴밀하게 협력해야 한다.

음악치료는 매체로서 위탁 양육과 입양 아동들의 발달과 다양한 욕구를 충족시키는 데 다면적이고 폭넓게 사용될 수 있다. 또한 위협적이지 않으면서 강화하는 음악의 특성으로 인해 위탁 양육과 입양 아동의 안전성, 영속성, 아동 복지 문제를 다루는 데 이상적일 수 있다.

참고문헌

Adoption 2002. U. S. Department of Health and Human Services. February 1997.

Austin, D. S. (1996). The role of improvised music in psychodynamic music therapy with adults. *Music Therapy 14*(1): 29-43.

Baumel, L. N. (1973). Psychiatrist as music therapist. *Journal of Music Therapy 10*(2): 83-85.

Braswell, C., Buttham, J. B., Goldstein, H. K., Ott, W. H., and Schoenberger, L. (1970). The influence of music therapy on vocational potential. *Journal of Music Therapy* 7(1): 28-38.

Burkhardt-Mramor, K. M. (1996). Music therapy and attachment disorder: A case study. *Music Therapy Perspectives 14*(2): 77-82.

Canning, R. (1974). School experiences of foster children. *Child Welfare 53*: 582-587.

Cassity, M. D., and Cassity, J. E. (1994). Psychiatric music therapy assessment and treatment in clinical training facilities with adults, adolescents, and children. *Journal of Music Therapy 31*(1): 2-30.

Cassity, M. D., and Theobold, K. A. K. (1990). Domestic violence: Assessments and treatments employed by music therapists. *Journal of Music Therapy 27*(4): 179-194.

Chernoff, R., Combs-Orme, T., Risley-Curtiss, C., and Heisler, A. (1994). *Assessing the health status of children entering foster care. Pediatrics 93*: 594-601.

Chetta, H. D. (1981). The effect of music and desensitization on preoperative anxiety in children. *Journal of Music Therapy 28*(2): 74-87.

Christenberry, E. B. (1979). The use of music therapy with burn patients. *Journal of Music Therapy 16*(3): 138-148.

Cicchetti, D., and Toth, S. (1995). A developmental psychopathology perspective on child abuse and neglect. *Journal of the American Academy of Child and Adolescent Psychiatry 34*(5): 541-565.

Clendenon-Wallen, J. (1991). The use of music therapy to influence the self-confidence and self-esteem of adolescents who are sexually abused. *Music Therapy Perspectives 9*: 73-80.

Cohen, D. L. (1991). Foster care reforms often ignore problems children face in school. *Education Week 1*: 15-17.

Cordobes, T. K. (1997). Group songwriting as a method for developing group cohesion for HIV-Seropositive adult patients with depression. *Journal of Music Therapy 34*(1): 46-67.

Dore, M. M., and Eisner, E. (1993). Child related dimensions of placement stability in treatment for foster care. *Child & Adolescent Social Work Journal 10*(4): 301-317.

Fagen, T. S. (1982). Music therapy in the treatment of anxiety and fear in terminal pediatric patients. *Music Therapy 2*(1): 13-24.

Fanshel, D., Finch, S., and Grundy, J. (1989). Foster children in life-course perspective. The Casey Family Program experience. *Child Welfare 68*(5): 467-478.

Ficken, T. (1976). The use of songwriting in a psychiatric setting. *Journal of Music Therapy 13*(4): 163-172.

Ford, S. C. (1984). Music therapy for cerebral palsied children. *Music Therapy Perspectives 1*(3): 8-13.

Frisch, A. (1990). Symbol and structure: Music therapy for the adolescent psychiatric inpatient. *Music Therapy 9*(1): 16-34.

Froehlich, M. A. R. (1984). A comparison of the effect of music therapy and medical play therapy on the verbalization behavior of pediatric patients. *Journal of Music Therapy 21*(1): 2-15.

Geen, R., Fender, L., Leos-Urbel, J., and Markowitz, T. (2001). *Welfare reform's effect on child welfare caseloads: Assessing the new federalism*. Urban Institute, Washington, D. C. Populations Studies Center. Technical Report.

Giles, M. M., Cogan, D., and Cox, C. (1991). A music and art program to promote emotional health in elementary children. *Journal of Music Therapy 28*(3): 135-148.

Goerge, R. M. (1990). The reunification process in substitute care. *Social Service Review 64*(3): 422-457.

Goldstein, S. L. (1990). A songwriting assessment for hopelessness in depressed adolescents: A review of the literature and a pilot study. *The Arts in Psychotherapy 17*: 117-124.

Haerian, M. (1998). Foster care. In H. S. Ghuman and R. M. Sarles (Eds.). *Handbook of child and adolescent outpatient, day treatment and community psychiatry* (pp. 377-384). Philadelphia, PA: Brunner/Mazel.

Halfon, N., Mendonca, H., and Berkowitz, G. (1995). Health status of children in foster care: The experience of the Center for the Vulnerable Child. *Archives of Pediatrics and Adolescent Medicine 149*: 386-392.

Hanser, S. B. (1989). Music therapy with depressed older adults. *Journal of the International Association of Music for the Handicapped 4*: 16-27.

Hong, M., Hussey, D., and Heng, M. (1998). Music therapy with severely emotionally disturbed children in a residential treatment setting. *Music Therapy Perspectives 16*(2):

61-66.

Hudson, J., Nutter, R. W., and Galaway, B. (1992). A survey of North American specialists foster family care program. *Social Services Review 65*: 50-63.

Jorgenson, H. (1974). The use of a contingent music activity to modify behaviors which interfere with learning. *Journal of Music Therapy 11*: 41-46.

Lamphear, V. S. (1985). The impact of maltreatment on children's psychosocial adjustment: A review of the research. *Child Abuse & Neglect 9*(2): 251-263.

McDonnell, L. (1984). Music therapy with trauma patients and their families on a pediatric service. *Music Therapy 4*(1): 55-63.

Marley, L. S. (1984). The use of music with hospitalized infants and toddlers: A descriptive study. *Journal of Music Therapy 21*(3): 126-132.

McGowan, B. G., and Walsh, E. M. (2000). Policy challenges for child welfare in the new century. *Child Welfare 79*(1): 11-27.

Merle-Fishman, C. R., and Marcus, M. L. (1982). Musical behaviors and preferences in emotionally disturbed and normal children: An exploratory study. *Music Therapy 2*(1): 1-11.

Montello, L., and Coons, E. E. (1998). Effects of active versus passive group music therapy on preadolescents with emotional, learning, and behavioral disorders. *Journal of Music Therapy 35*(1): 49-67.

Personal Responsibility and Work Opportunity Reconciliation Act of 1996 (1996). Public Law No. 104-193, 110 Stat, 2105-2355.

Ragland, Z., and Apprey, M. (1974). Community music therapy with adolescents. *Journal of Music Therapy 11*(3): 147-155.

Rosenfeld, A. A., Pilowsky, D. J., Fine, P., and Thorpe, M. (1997). Foster care: An update. *Journal of the American Academy of Child & Adolescent Psychiatry 36*(4): 448-457.

Sandness, M. I. (1991). Developmental sequence in music therapy groups: A review of theoretical models. *Music Therapy Perspectives 9*: 66-72.

Schiff, M., and Frances, A. (1974). Popular music: A training catalyst. *Journal of Music Therapy 11*(1): 33-40.

Simms, M. D. (1989). The foster care clinic: A community program to identify treatment needs of children in foster care. *Journal of Developmental and Behavioral Pediatrics 10*: 121-128.

Smeijsters, H., Wijzenbeek, G., and Van Nieuwenhuijzen, N. (1995). The effect of musical excerpts on the evocation of values for depressed patients. *Journal of Music Therapy 32*(5): 167-188.

Smith, S. L., and Howard, J. A. (1991). A comparative study of successful and disrupted adoptions. *Social Services Review 65*(2): 248-265.

Smith, S. L., Howard, J. A., and Monroe, A. D. (2000). Issues underlying behavior problems in at-risk adopted children. *Children and Youth Services Review 22*(7): 539-562.

Spencer, S. L. (1988). The efficiency of instrumental and movement activities in developing mentally retarded adolescents' ability to follow directions. *Journal of Music Therapy 25*(1): 44-50.

Staum, M. J. (1993). A music/nonmusic intervention with homeless children. *Journal of Music Therapy 30*(4): 236-252.

Steele, A. L. (1977). The application of behavioral research techniques to community music therapy. *Journal of Music Therapy 14*(3): 102-115.

Stephens, G. (1983). The use of improvisation for developing relatedness in the adult client. *Music Therapy 3*(1): 29-42.

U. S. Department of Health and Human Services (1999). *The AFCARS Report.*

U. S. Department of Health and Human Services (2001, April). *The AFCARS Report*.

Ventre, M. E. (1994). Healing the wounds of childhood abuse: A guided imagery and music case study. *Music Therapy Perspectives 12*(2): 98-103.

Waldfogel, J. (2000). Child welfare research: How adequate are the data? *Children and Youth Services Review 22*(9/10): 705-741.

Wells, K., Guo, S., and Li, F. (2000). *Impact of welfare reform on foster care and child welfare in Cuyahoga County, Ohio.* Cleveland, OH: Case Western Reserve University.

Whittaker, J. K., Fine, D., and Grasso, A. (1989). Characteristics of adolescents and their families in residential treatment: An exploratory study. In E. A. Balcerzak (Ed.), *Group care of children: Transitions towards the year 2000.* Washington, DC: Child Welfare League of America.

Williams, G., and Dorow, L. G. (1983). Changes in complaints and noncomplaints of a chronically depressed psychiatric patient as a function of an interrupted music/verbal feedback package. *Journal of Music Therapy 20*(3): 143-155.

PART 02

위탁 양육

CHAPTER 08

소년에게 자율권을 주다: 위탁 양육에서 인디언 기숙학교로

ELIZABETH WARSON

초록

이 장은 「인디언 아동복지법(Indian Child Welfare Act of 1978)」, 1987년 개정안, 그리고 인디언 보호 주거지 이외 지역의 기숙학교들과 개혁에 대한 독자들의 기초적인 이해를 돕는다. 사례연구는 평가도구, 효과적인 비언어적 중재, 그리고 인디언 부족 정체성을 회복하기 위한 수단으로서의 미술치료에 중점을 두었다. 더욱이 이 연구는 장기 위탁 양육에 대해 문화적으로 민감한 해결책과 더불어 북미 원주민(Native American) 상담을 위한 추천으로서 인디언 보호 주거 지역 이외의 기숙학교를 강조한다.

인디언 아동복지법

「인디언 아동복지법」은 1978년에 주로 인디언 보호 주거지에 있는 아동들의 권리와 인디언 문화를 보존하기 위한 노력으로 만들어졌다. "위탁 양육이나 입양 상황에 놓인 인디언 아동들의 거주지 배정 비율이 높다는 것은 이 법이 제정되기 이전에 존재하던 제도가 인디언 아동에게 최고의 이익을 제공하지 못했다는 것을 반영한다."(Select Committee on Indian Affairs, 1987, p. 2) 1987년 11월 10일 특별 위원회(Select Committee)가 1978년 법안의 목표를 검토하기 위해 모여 개정안들을 만들어냈다. 개정안의 주된 목적은 인디언 보호 주거지에 있는 부족들에게 제한을 두지 않고 주에서 법원의 개입을 강화하는 것이었다. "따라서 법률은 주에서 부족 법정으로 이동한 사람들을 위한 특정한 조항을 만든다. 그리고 주는 인디언 부족의 공공법률에 대한 온전한 신뢰와 신용을 필요로 한다."(p. 1) 또한 국가가 관할권을 유지하는 경우 부족은 이러한 절차에 참여하고 거주지 배정 옵션을 지원할 수 있다.

위탁 양육

위탁 양육에 관하여 법률은 거주지 배정에 관한 특정한 가이드라인을 다음과 같이 개정하였다.

1. 아동의 친인척 구성원
2. 인디언 아동 부족의 다른 구성원들
3. 다른 인디언 가족들(Select Committee on Indian Affairs, 1987, p. 144)

다음과 같은 옵션이 불가능한 경우, 인디언 아동의 부족이나 인디언 기관이 위탁 가정에 대한 별도의 주 허가 기준에 따라 거주지 배정을 승인할 권한이 있다고 규정되어 있다. 이러한 요구사항을 준수하기 위하여, 주에서는 거주지 배정에 앞서 부족 및 친인척 구성원과 연락하기, 인디언 거주지 배정이 승인된 자치 주 또는 주 목록 검색하기, 거주지 배정이 될 지역 및 국가의 인디언 기관 찾기와 같은 사항들을 포함하는 노력을 하고 이를 기록해야 한다.

인디언 기숙학교

인디언 기숙학교는 1930년대 인디언 아동들을 백인 문화에 동화(assimilate)시키기 위해 설립되었다. 이러한 과정은 1978년「인디언 아동복지법」제정 이전에 인디언 아동들이 비인디언 가정들과 함께 지내게 되는 등 낮은 관심 속에서 계속되었다(Sue & Sue, 1999). 1870년대 의회는 인디언 아동들에게 그들의 문화 영역 밖에 있는 종교적 가르침과 개념을 가르치기 위해 통학 학교(day school) 형태의 교육 시스템을 시작하였다(La Flesche, 1993). 1930년대 이 학교들은 인디언 보호 거주지에서 멀리 떨어진 곳에 위치한 의무 기숙학교로 발전했으며 6세부터 입학하게 된다. 『성장하는 북미 원주민(Growing Up Native American)』(La Felsche, 1993)과 같은 문집(anthologies)들은 다른 비극들 중에서도 모국어를 말할 때 가혹한 처벌을 받는 북미 원주민들의 개인적인 이야기를 기록하였다. Frances La Flesche(1993)는 남북 전쟁 당시에 네브래스카에 있는 장로교(Presbyterian) 미션 스쿨에서의 자신의 경험을 기록하였다.

> 새로운 학생의 이름을 짓는 것은 주로 즐거운 일이었지만, 이번에는 열정이 없었다. 학교는 울면서 떠난 할머니에게 동정을 느끼는 듯했다. 곧잘 했듯이 이름을 제안하기 위해 손을 드는 대신에 그들은 책을 보며 감정을 숨기려 했다. "이리 오렴." 회색수염이 말했다. "…… 우리는 빨리 이 아이를 위해 이름을 지어야 해. 빨리 하나 추천해 보렴." 아무도 반응이 없었다. 마침내 수업에 집중하던 큰 소년이 고개를 들지 않고 말했다. "Joseph이라고 불러요." 그리하여 회색수염은 그 이름을 학교 출석부에 올렸다(p. 120).

1993년 장관 John Collier가 인디언 기숙학교를 폐쇄하기 위해 노력했다. 하지만 푸에블로(Pueblo)와 같은 일부 부족은 산타페와 앨버커키에 있는 학교들이 인디언 아동들에게 부족의 전통 교육을 보충할 수 있는 정규 교육을 제공한다고 생각했다(Santa Fe Indian School, 2001). 인디언 보호 거주지 이외 지역의 많은 기숙학교에서 가혹한 군대 스타일 방식을 비제도화하고 인디언 문화와 관련한 수업과 직업 교육으로 대체하려는 개혁이 일어났다. 지자체(self-governing bodies) 안에서도 공동체 의식이 형성되었다. 현재까지 인디언 사무국이 운영하는 원주민 보호 거주지 이외 지역의 기숙학교가 네 개 남아 있다(Chemawa Indian School, 2001). 남아 있는 기숙학교 중 한 학교의 비전 선언문에는 개혁 계획에 대해 설명하면서 다음과 같은 내용을 강조한다.

> 이해 관계자 모두에게 시스템을 제공한다. 스태프, 학부모, 학생, 경영진, 학교 이사회와 부족은 주인의식을 가지고 공유된 의사 결정 과정에 참여한다. 개인과 문화적 전통을 학교의 모든 영역에서 통합되도록 한다. 생활 기술의 발전과 여가 시간의 생산적인 활용에 대한 교육을 제공한다.

원주민 리더들의 선견지명 덕분에, 원주민 보호 거주지 이외 지역의 기숙학교의 목적은 부족 문화를 파괴하려는 힘이 아닌 침략적인 이원론적 사회를 다루는 수단이 될 수 있었다. 그러한 개혁이 이루어졌음에도 불구하고 과거의 인디언 기숙학교와 관련된 오명은 비인디언 전문가들이 인디언 부족 문화를 더욱 이해하기 어렵게 할 수 있다. 다음 사례연구는 미술치료가 장기간 위탁 양육에서 원주민 보호 거주지 기숙학교로의 성공적인 전환과 부족 정체성을 되찾기 위한 수단으로서 어떻게 기능했는지를 보여 준다.

사례연구: Maria

Maria는 15세의 아메리카 인디언으로 콜로라도 북부에 있는 주거 치료 센터에서 치료 서비스를 받았다. 그녀는 11세부터 위탁 양육를 받았고 생모와 매월 접촉했다. 그녀의 어머니, 이모와 두 자매들은 콜로라도 도시 지역에서 살았지만, 그녀의 아버지와 그의 친인척들은 뉴멕시코의 푸에블로 인디언 보호 거주지에 살았다. 나는 인터뷰 과정을 돕기 위해 미술 평가인 FEATS(Formal Elemants Art Therapy Scale; Gantt & Tabone, 1998)를 사용하여 Maria를 평가하게 되었다. Maria는 그녀와 같은 인디언인 가정 위탁 매니저와 함께 도착했다.

이 평가 절차에 앞서, 나는 Maria에 대한 최소한의 정보를 받았는데 그녀가 히스패닉이라는 것이었다. Maria와 그녀의 매니저와 나는 FEATS 평가를 하기 위해 만났다. 소개를 하는 중에 나는 Maria로부터 친숙한 억양을 발견했고 그녀가 인디언이고 아마 인디언 보호 거주지에서 왔을 것이라고 생각하게 되었다. 난 Maria의 배경에 대해 질문했고 그녀가 정말 인디언 보호 거주지에서 왔는지 물어보았다. 그녀는 바로 웃었고 열정적으로 "맞아요!"라고 대답했다. 곧 Maria는 FEATS 평가의 일부인 '나무에서 사과를 따는 사람 그리기'(Gantt & Tabone, 1998, p. 13)를 시작했다. 그녀의 그림은 원주민 문화를 반영하는 듯했다. 두 명의 여성 인물이 핑크색 피부와 긴 검정색 머리카락으로 묘사되었고, 나란히 서서 그녀들의 몸 크기 만한 직물 바구니에 사과를 주워 담는 장면으로 연출되었다. '나무에서 사과를 따는 사람 그리기'(p. 13)는 두 사람이 함께 일하는 부족의 협업이 정체성 개념을 입증하는 것과 밀접한 관련이 있음을 보여 준다(Deloria, 1994).

치료 팀은 그녀가 그림을 완성하자 방으로 들어가 구두 인터뷰를 시작했다. 그녀의 발언은 최소한으로 유지되었고 한때 그녀는 '히스패닉'으로 언급되었다. Maria는 이 추측에 대해 침묵을 유지했고, 나는 그녀가 본래 뉴멕시코에 있는 인디언 보호 거주지 출신의 푸에블로 인디언이라고 명확하게 말했다. 그러나 그녀의 침묵은

(1999년 Sue & Sue에서 언급되었듯이) 스위노미시 부족 정신건강 프로젝트(Swinomish Tribal Mental Health Project)에 적힌 인디언 가치에 대립하는 것을 반영하는 듯했고 이러한 대립은 일상적으로 드러나서는 안 되는, 즉 용납되지 않는 특성으로 여겨졌다. 그 후 그녀의 그림은 문화적 맥락에서 검토되었고, FEATS 척도에 따르면 그녀의 발달 수준은 그녀의 나이에 적합한 것으로 나타났다. 이 상호작용은 Maria가 예술에 관한 관심을 논의할 수 있게 하고, 그에 따라 이 인터뷰에 대한 의구심을 줄인 것으로 보인다. 마지막으로, 나는 Maria와 그녀의 관리자에게 그들이 거주지 배정 옵션으로 인디언 기숙학교를 고려하고 있는지 물어보았다. 그들 모두 이 시스템에 대해 잘 알지 못했고 인터뷰가 중단되기 전 간단하게만 그 주제가 언급되었다.

인터뷰 직후 나는 평가원들을 만나 Maria가 프로그램에 참여할 가능성에 대해 논의했다. 평가원들은 그들이 평가하는 중에 Maria가 대답 사이에 잠시 멈추는 것을 두고 그녀가 교육 프로그램을 하기에 너무 '느리지는 않을까' 걱정했다. 나는 그것이 문화적 차이라고 명확하게 말했고 그녀의 그림은 그녀가 지시받은 대로 잘 해냈음을 증명한다고 반복해서 말했다. 이 발화 패턴에서의 차이는 (1999년 Sue & Sue에 언급되었듯이) 스위노미시 부족 정신건강 프로젝트에도 기록되어 있다. 비원주민 상담사와 다른 전문가들은 내담자가 방해받지 않고 생각할 시간을 주어야 한다고 말한다. 평가원들의 걱정에도 불구하고 Maria는 그 프로그램에 참가하였다.

나는 Maria와 매주 미술치료 그룹에서 함께 작업하기 시작했다. 인터뷰하는 동안 친밀한 관계를 형성하게 된 Maria는 첫 번째 세션에서 미소 지었고 미술 시간이 학교에서 가장 재미있다고 말했다. 그녀는 나아가 전통적인 방식으로 색을 섞어 전형적인 꽃, 나무, 풀, 하늘 풍경을 그렸다. 그녀의 그림에서 내가 관찰한 독특한 이미지는 좀 더 고정관념적인 반응을 일으켰다. 하지만 나는 이 제스처를 그녀의 주위 환경과 그룹의 환경에 적응하기 위한 긍정적인 노력으로 해석하였다. 그녀는 개인 미술치료를 받을 때까지 이 방식으로 계속 작업하였다. 그녀의 치료 팀은 이것이 더욱더 적절한 개입이 될 것이라 생각했는데, 왜냐하면 언어적인 심리요법은 Maria가 입을 다물게 되면서 비효과적이라고 판단되었기 때문이다. Sue와 Sue(1999)는 그들의 연구에서 "인디언 청년들은 자기들의 강한 감정 표현에 어려움을 겪을 수도 있다."(p. 282)라고 언급했다. 하지만 그럼에도 불구하고 저자들은 언어적인 심리 요법을 대안으로 생각하지 않는다. 대신, 신뢰도 형성, 조건 없는 긍정적인 관심, 시기, 존중 그리고 개인의 관점에 대한 이해가 인디언들과 관련해 가장 중요한 상담 기술로 언급되었다.

Maria와 나는 친밀한 관계를 맺기 시작하면서 그녀의 엄마가 때때로 자신을 돌볼 수 없기 때문에 위탁 양육에서 지내는 '착한 소녀'라고 표현했던 것을 알게 되었다. 그녀의 목표는 11세 때부터 살지 못했던 집으로 돌아가는 것이라고 했다. 그녀의 생모, 두 자매 그리고 이모가 Maria의 위탁 가정으로부터 한 시간 거리에 살고 있었다. 나머지 가족은 푸에블로 인디언 보호 거주지에 살고 있었다. 그녀는 현재 위탁 가정이 지지적이며, 비인디언 가정과 사는 것을 개의치 않았다. Maria는 원래 히스패닉 가정에 배정될 것이라고 예측했는데 이는 사람들이 그녀를 인디언보다 히스패닉으로 인지하였기 때문이었다. 그녀의 성 또한 스페인어가 기원이다.

몇 세션 이후, Maria에게 그녀가 원하는 재료를 이용하여 자기를 상징하는 것을 만들게 하였다. 그녀는 자와 연한 연필을 사용해 격자 모양을 그렸고, 사각 격자 모양의 모서리는 단계적으로 어둡게 칠했다. 마침내 네 모서리는 기하학적인 '계단'으로 설계 되었고 그녀는 그것이 인디언 보호 거주지에 있는 교회의 정면을 나타내는 상징이었음을 깨달았다. 그녀는 조용히 웃었다. 그러고는 계단 주변을 자르고 접어서 입체 모양을 만들었다. 이 상징에 대해 의미 있는 회상은 하지 않았지만 그녀는 그것과 자신의 부족을 관련지었다. 그리고 어떻게 자신을 나타내는 상징으로 생각해 냈는지 이상하다고 덧붙였다.

아메리칸 인디언의 '예술'의 상당 부분은 전형적인 서양 예술 감각과는 다르지만 후생의 꿈이나 비전에서 개인에게 주어진 도안을 세심하게 묘사한 것이다. 이러한 상징과 이미지들은 도예, 직물, 그림, 조각 등에 사실화되어 사용된다. 부족 또는 개인 소유 여부에 관계없이, 이러한 이미지들의 힘은 이미지에 숨겨져 있는 은유적 표현(metaphor)을 이해하거나 알지 못하는 사람들에게 단순히 미적인 영향력만 주는 것이 아니라 의미심장함을 준다. 이 세션에서는 Maria가 어린 시절의 문화를 회상하기 시작했다는 것을 알 수 있었다.

다음 세션에서 Maria는 점토를 사용했다. 그녀는 첫 코일 그릇(pot)을 만들면서 인디언 보호 거주지에서 그녀의 이모가 어떻게 전통 그릇을 만들었는지, 어떻게 땅으로부터 점토를 모으고, 코일을 이용하여 그릇을 만들고, 화덕에 구웠는지를 회상했다. 추억에 대한 그녀의 설명은 매우 생생하고 다감각적이었는데 마치 그녀가 전체 과정을 다시금 경험하고 있는 것처럼 보였다. 코일 사이에 점토를 매끄럽게 펴면서 그녀는 이모에 대해 오래 생각하지 않았다고 말하였고 다소 생각에 잠긴 듯했다. 점토와의 상호작용은 그녀 자신을 유하게 할 뿐 아니라 자연과의 가장 소중했던 추억을 회상하도록 했다. Hightwater(1981)는 인디언 도공(potter)의 우월한 관점에서 볼 때 이 과정이 도공의 존재에 필수적인 일부이며, 이는 Maria가 회상한 경험과 같은 것이라는 것을 분명히 말하였다.

> 인디언 도공이 점토를 모을 때면, 그녀는 강바닥(riverbed)에게 동의를 구하고 이렇게 아름다운 점토를 만들어 준 것을 찬양하였다. 또한 도자기를 구우면서 그녀는 여전히 불에게 노래를 불러 변색되거나 타지 않도록 했다. 마지막으로 도자기를 칠할 때, 그녀는 생명과 힘을 주는 이미지를 새겼다. 왜냐하면 인디언에게 도자기는 그냥 실용품이 아니라 인간이나 여우나 나무처럼 자연적인 질서가 있는 '존재'라는 중요한 의미를 가진 것이기 때문이다.

이러한 경험들을 회상하던 중, Maria는 인디언 보호 거주지로부터 그녀를 교란시켜 그녀의 가족들을 콜로라도로 이사 가게 했던 기억들을 꺼내었다. 이 사건들에 대한 그녀의 분노와 우울함은 그녀의 초상화에 드러나기 시작했다. 이러한 그림들에서 그녀의 입은 '편도선'이 밀폐된 어두운 원으로 묘사되었다. 그녀의 초창기 '분노' 그림을 떠올리며 Maria는 분노를 표현하는 마스크를 만들고 싶었다고 말했다. 그녀는 골판지에 콜라주 재료를 이용한 마스크와 그녀의 얼굴을 딴 회반죽 마스크를 만

그림 8-1

들기 시작했다. 하지만 그녀는 결과물에 만족하지 않았고 자신의 분노 그림과 비슷하지 않다고 말했다.

분노 마스크([그림 8-1])에 대한 그녀의 시각적 작업에서 점토는 그녀가 찾던 매개인 것처럼 보였다. Maria는 종이로 만든 공 모양 주위로 머리 모양을 만들었다. 하지만 그것은 그녀의 다른 마스크와 마찬가지로 실제 크기가 아니라 오히려 손 정도의 크기였다. 점토를 동그란 모양으로 만들면서 갈라진 틈을 잇는 방식은 그녀가 손으로 만든 도자기를 생각나게 했다. 굽는 동안 신문지를 제거하기 위한 동그란 구멍을 머리 뒤쪽에 남겨 두었다. Maria는 그녀의 초창기 그림을 돌아보면서 날카로운 점토 도구를 이용하여 편도선이 있는 동그란 모양의 입을 새기고 다시 분노 표현 작업을 했다. 몇 주간에 걸친 여러 번의 건조 과정 동안 Maria는 얼굴의 모양과 특징을 다듬었다.

이 과정 동안 Maria는 그녀와 함께 자란 카치나(kachina) 인형에 대한 여러 이야기를 했는데 그녀의 자매가 실수로 어떻게 그 인형을 깼는지, 인형을 잘 돌보지 않으면 그녀에게 불운한 일이 생기므로 잘 돌봐야 했음을 말했다. 그녀는 눈을 거의 마주치지 않는 상태로 이러한 얘기들을 하면서 떨었고, 카치나에 대한 많은 이야기와 함께 자랐다고 말했다. 그녀는 그 사람이 어떠한가를 보지 않고 항상 그들의 힘을 존중하라는 가르침을 받았다. 그녀는 자신이 만든 마스크와 카치나에 대한 이야기들을 관련짓지 않았지만, 둘 사이에 암묵적인 관련성이 있는 것처럼 보였다. Waters(1950)는 나바호(Navajo)와 푸에블로 의식에 관한 그의 설명에서 카치나를 "인디언 사고의 심오한 상징"(p. 13)으로 나타낸다. "그것은 영혼, 마스크, 사람, 숭배, 삶의 방식, 그것의 의미가 나타날 수 있는 시각적 언어이다. 난해하고, 심오하고, 단순하며 모든 푸에블로에 뿌리를 둔 이념이다."(p. 277) 그는 카치나 인형이 '힘(power)'이 없으며 오히려 아이들에게 각 카치나 혹은 '메신저'에 대해 가르치기 위한 단 하나의 목적으로 푸에블로 가족원들의 높은 자존감으로 신봉된다고 진술하였다. 카치나의 중요성을 생각하면, Maria의 마스크([그림 8-2])는 그녀의 분노와 자연의 의식을 구체화시킨 것처럼 보인다.

Maria의 부족 정체성은 발달했고 부가적인 자원 및 원주민 기관을 찾기 위한 그녀의 열망은 점점 더 명백해졌다. 한 달간 그녀의 치료 팀으로 일하면서 나는 인디언 기숙학교를 거주지 배정의 대안으로 제안했다. 그러자 기숙학교들의 학대 관례를 비난하는 듯한 이야기들이 즉시 쏟아져 나왔다. 그들의 우려에 부응하기 위해 나는 오리건에 있는 체마와 인디언 학교(Chemawa Indian School)에 다니는 나의 '입양' 딸 Lakota를 언급하며 기숙학교에 대해 내가 알고 있는 지식을 공유했다.

내가 '입양'한 딸, Fawn Rose Yellow Boy는 사우스다코타에 있는 파인리지(Pine Ridge) 인디언 보호 거주지에서 왔다. 남편과 나는 Fawn을 후원하였고 그 후로 친밀한 관계를 유지하였다. 인디언 보호 거주지를 떠나 인디언 기숙학교에 가려는

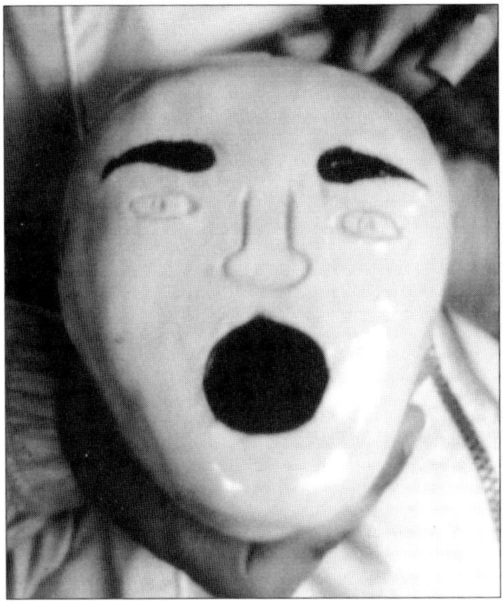

그림 8-2

Fawn의 결정은 건설 경영(construction management) 분야에 관련한 직업 훈련을 받고 싶은 그녀의 욕구에서 비롯되었다. Fawn이 체마와에 있을 때 보낸 편지들은 그곳이 지지적이고, 문화적으로 민감한 환경이며, 과거의 인디언 기숙학교를 연상시키는 것은 아님을 믿게 하였다. Fawn과의 경험은 Maria가 동의할 경우 기숙학교를 고려하도록 토론의 장을 열어 준 것처럼 보였다.

이어지는 세션 동안 Maria는 인디언 사무국(Bureau of Indian Affairs: BIA)의 지원을 받는 인디언 보호 거주지역 이외의 인디언 기숙학교에 대해 검색하기 시작했다. 개인적인 연락과 인터넷을 통해 그녀는 오클라호마와 뉴멕시코에 있는 학교로 결정 범위를 좁혔다. Maria가 회원 번호와 BIA를 학교에 대해 몇 가지 질문을 하기 위해 처음으로 그녀의 부족 정부 기관에 연락을 했다. 이것은 현재 기숙학교에 다니는 인디언 보호 거주지의 친인척들에 대한 질문으로 이어졌고, 오클라호마에 최근 입학한 두 사촌을 찾게 했다. 그녀의 검색은 오클라호마로 좁혀졌고 뉴멕시코로 전학 갈 생각을 가지고 한 학기를 다니기로 동의했다. 인디언 보호 거주지 내 가족과 밖

그림 8-3

의 가족들 모두 그녀의 결정을 지지했다. 그들은 그녀가 즉시 입학하고 그녀의 주변 사람들에게 더 가까운 뉴멕시코로 전학 가도록 격려했다.

Maria는 계속해서 도예(ceramics)에 대한 관심을 가졌고 내가 멘토 역할을 하는 레크리에이션 센터를 통해 수업에 참석하기로 동의했다. 초보자 과정의 제한된 공간으로 인해 Maria와 나는 고급과정인 휠(wheel) 수업을 신청했다. 휠 작업이 그녀의 주변인들에게는 전통적인 방식이 아님에도 불구하고 이 아이디어를 잘 받아들였다. 코일 작업과 손으로 만드는 방식의 사전 경험은 그녀가 첫 날 휠에서 그릇의 중심을 맞출 수 있도록 했다. [그림 8-3]에 보이는 접시는 Maria의 작품 중 하나이다. 교사는 Maria의 기술을 알아채고 6주간의 기간에 그녀가 휠에서 그릇과 접시 세트를 만들도록 격려했다. 그룹 활동 동안 Maria는 다른 학생들과 어울렸지만, 대부분 조용히 있었다. 새로운 상황에서 관찰하려는 그녀의 성향은 인디언들의 핵심 가치를 반영하는 듯했다(Sue & Sue, 1999).

수업은 그녀가 오클라호마에 있는 학교에 허가를 받기 2주 전에 끝났다. 떠나기 전에 Maria는 불안한 정서와 다른 주로 이사하는 것에 대한 두려움을 겪었다. Maria는 마지막 세션에서 진행 중인 그룹 프로젝트인 원형의 '감정' 표현을 완성했다. 그녀는 혼란스러움과 걱정스러움을 강조하며 그녀의 감정을 단어들과 그에 상응하는 얼굴 표정으로 표현하기 시작했다. 그녀가 이동 계획에 대해 어려움을 겪고 있다는 것이 분명해지면서 감정을 없애는 일이 계속되었다. Maria는 떠나는 것에 대해서 갈피를 잡지 못하고 있다고 말했다. 그녀는 가족에 대한 책임감을 느꼈고 떠나기를 갈망했다.

Maria의 우려사항을 해결하고 치료 학교에서의 경과를 검토하기 위해 치료팀, 생물학적 가족, 위탁 양육 어머니, 공동체의 관련 전문가들과 개별교육계획(Individualized Educational Plan: IEP) 미팅이 계획되어 있었다. Maria가 어떤 과목에서 뒤처진다는 문제가 심리학자들의 보고서에 언급되었다. Maria는 가족들과 조용히 앉아 있었다. 그녀의 생모 또한 '느렸으며' 8학년 과정까지만 교육받았다고 진술했다. 방 분위기가 우울해졌다. Maria가 그녀의 자매와 함께 울면서 방을 걸어 나왔다. Maria가 돌아오자, 6개월 단위로 관리된 두 가지 FEATS(Gantt & Tabone, 1998) 평가 그림에 중점을 둔 미술치료 IEP를 발표하였다.

FEATS 등급의 점수는 그녀의 그림 양식의 문화적 차이만큼 중요하지 않다. 그녀의 두 번째 그림은 '구름 뒤를 나는 새들(birds flying behind clouds)'의 흥미로운 투명화(transparency)를 나타낸다. 투명화나 '엑스레이' 형식의 그림은 낮은 발달 그림의 지표에 대비하는 인디언의 원근법적 관점을 반영하는 듯했다. Highwater(1981)는 인디언들에게서 보이는 이러한 방식을 전형적으로 '카메라 렌즈'를 통해 보이는 표면에 침투하는 대체 현실의 반영이라고 여겼다. 결과적으로 심리학자들은 그녀의 테스트 결과가 설명되지 않은 문화적인 차이 때문에 왜곡되었을 수도 있다는 것을 깨달았다. 그들은 그녀가 히스패닉일 것이라고 가정했다. Maria가 미소 지었다.

이어진 가족 세션은 생물학적 가족, Maria, 다른 스태프, 그리고 나로 구성되었다. 더 친밀한 환경은 Maria가 지원 시스템을 떠나는 것에 대한 그녀의 감정에 대해 말할 수 있도록 안전한 환경이 되어 주었다. 그녀의 엄마는 눈물을 훔치며 자신의 문화를 잇고 교육받으려는 Maria를 칭찬했다. 덧붙여 Maria가 항상 '이러한 것들'에 관심이 있었다고 말했다. 게다가 뉴멕시코에 있는 인디언 보호 거주지 밖의 기숙학교로 전학가기 위한 딸의 의도를 깨닫고 그녀의 지인들과 더 가까워지려는 Maria의 바람에 대해서도 말했다. Maria는 가족들에게 자신을 만나지 못해도 괜찮은지 조용히 눈물지으며 물었다. 그러자 그녀의 엄마는 가족들에게는 상실일지라도 Maria에게는 최고의 기회라고 답했다. 의사 결정 과정에서 그룹의 동의를 구하는 가족 시스템과의 상호 의존성은 인디언들에게 두드러지는 특징이다(Sue & Sue, 1999). Maria의 경우, 가족의 허락이 그녀가 가족들의 지지를 받으며 자신이 계획한 대로 진행할 수 있도록 하였다.

Maria는 오클라호마에 있는 학교에 한 학기 동안을 다녔고 모든 분야에서 뛰어났다. 물론 처음에는 적응하기 어려웠다. 하지만 이전의 스태프들 및 가족들과의 연락을 통해 학기를 마치기 위한 응원을 받았다. Maria 자신의 문화에 대한 관심, 높은 성적, 프로그램의 전반적 우수성으로 인해 그녀는 학교 협의회에 초대받아 인디언들을 위한 정부 모임(affair)에 참여하였다. 이러한 영광에도 불구하고 그녀는 가족과 지인들에게 더 가까이 가기 위해 뉴멕시코에 있는 학교에 지원하는 것을 선택하였다.

결론

이 사례연구는 인디언 보호 거주지 지역 이외의 기숙학교에 장기간 위탁 양육를 받는 부족민에게 대안적 선택 방안을 제시한다. Maria의 경험에서 볼 수 있듯이, 그녀가 위탁 양육를 받는 4년 동안은 비인디언 가족과의 생활, 히스패닉이라는 오해, 본래 부족에 대한 최소한의 개입 등 인디언 문화와의 접촉이 제한적이었다. Maria에게 미술치료는 그녀의 부족 정체성을 강화하는 수단으로 작용하였는데, 궁극적으로 그녀의 부족 및 친인척과 재결합하고 자신의 거처를 결정하는 데 적극적인 역할을 하도록 만들었다. 기숙학교에 간다는 그녀의 결정은 비인디언 전문가들이 1900년대 초반 인디언 기숙학교에 대한 관념을 바꾸도록 도왔다.

아메리칸계 원주민 내담자들을 위한 상담 및 거주지 배정 옵션에 대해 주와 부족의 역할에 대해서 특별히 고려되어야 한다. 문화적인 차이 때문에 집 밖에서 생활하는 많은 인디언 내담자는 그들의 부족 정체성을 인지하지 못하고 나쁜 길로 빠지기도 하며 종종 히스패닉으로 오해를 사기도 한다. 게다가 이러한 젊은이들 중 다수는 부족원으로서의 흥미를 잃고 그들의 부족과 연락이 끊기기도 한다. 그리고 1978년 아동복지법 및 개정안에 관한 권리도 알지 못한 채 한 거주지에서 다른 거주지로 옮기기도 한다. 인디언 보호 거주지 지역 이외의 기숙학교가 모든 사례의 해답은 아닐지라도, 거주지 배정에서 젊은 원주민 인디언들과 일하는 전문가들은 이 법률에 대하여 알고 있어야 하며 기준을 준수할 수 있도록 적절한 조치를 취해야 한다.

마지막으로 다음은 체마와 인디언 고등학교 생활에 대한 Fawn Yellow Boy의 편지 일부분을 발췌한 내용이다.

> 저는 오리건주의 세일럼에 위치한 체마와 인디언 고등학교를 3년 만에 졸업했습니다. 그 곳은 매우 아름다워요. 학교 캠퍼스는 도심에 위치해 있습니다. 이 모든 것을 처음 알았을 때 기숙학교는 많은 소나무로 둘러싸인 반면, 이곳은 사람들이 볼 수 있는 환경이라는 사실이 좋지 않은 아이디어라고 생각했습니다. 캠퍼스는 대학교 캠퍼스만큼이나 큽니다. 조금은 힘든 점이 있다 해도 언제나 옆에 얘기나눌 친구가 있고 안전하다는 느낌이 드는 것이 무엇보다 제일 좋습니다. 800명의 학생이 이 학교를 다니고 있고 다른 모든 원주민 인디언들을 만날 수 있습니다. 그

래서 항상 친구들이 많습니다. 애리조나에서 온 피마(Pima) 인디언 친구들을 사귀었습니다. 그들은 자신들의 원주민 문화에 대해 매우 자랑스러워합니다. 학교 시스템 또한 훌륭합니다. 왜냐하면 당신이 있기 때문이죠. 그죠? 당신이 필요한 모든 교육이 있습니다. 누군가 원하는 수업이 다 있습니다. 복도에는 미국의 거의 모든 부족의 사진이 걸려 있어서 매우 보기 좋습니다. 사진은 매번 바뀝니다. 체마와 저에게 많은 소중한 추억을 안겨 주었습니다(F. R. Yellow Boy의 개인적인 편지글 중에서, 2001. 4. 18.).

참고문헌

Chemawa Indian School. (2001). *Amended Consolidated School Reform Plan*. Retrieved from www.chemawa.bia.edu.

Deloria Jr., V. (1994). *God is red*. 2nd ed. Golden, CO: Fulcrum Publishing.

Gantt, L. and Tabone, C. (1998). *Formal elements art therapy scale: The rating manual*. Morgantown, WV: Gargoyle Press.

Hightwater, J. (1981). *The primal mind: Vision and reality in Indian America*. New York: Harper and Row.

La Flesche, F. (1993). The middle five: Indian schoolboys of the Omaha tribe. In P. Riley (Ed.), *Growing Up Native American: An Anthology*, (pp. 117-133). New York: William Morrow and Co.

Santa Fe Indian School. (2001). *SFIS History*. Retrieved from www.sfis.k12.nm.us.

Select Committee on Indian Affairs (1987). *Oversight hearings on the Indian child welfare act.* (Publication No. S. HRG. 100-574). Washington, DC: U.S. Government Printing Office.

Sue, D.W. and Sue, D. (1999). *Counseling the culturally different: Theory and practice*. 3rd ed. New York: John Wiley & Sons.

Waters, F. (1950). *Masked gods: Navaho and Pueblo ceremonialism*. Chicago, IL: Swallow Press.

CHAPTER 09

위탁 양육에서 개인과 시스템 문제와의 충돌을 다룬 미술치료

JOAN PHILLIPS

위탁 양육의 경험은 개인, 가정, 사회 시스템 요소가 복잡하게 얽혀 있어 가끔은 헤어나기 힘든 좌절감을 준다. 심지어 숙련된 치료사들도 나아갈 방향을 찾는 것에 어려움을 느낀다. 이러한 영역들을 어떻게 통합하는지에 대한 지침은 매우 적고, 내담자와 치료사 모두 동시성의 불확실함을 해결하고, 위탁 양육 시스템에서 사는 아동 혹은 청소년과 직면하는 혼란함을 해결하기 위한 효과적인 방법들을 찾는 데 고군분투하고 있다. 처음에 위탁 양육은 아이들이 처해 있는 위험한 상황에서의 단기 해결책 혹은 입양이나 친인척 보호를 통한 영구적인 거처를 위한 다리로 여겨졌다. 그러나 위탁 양육은 유아 보호, 입양 시스템이 정체를 겪고 아동 폭력 비율이 지속적으로 증가함에 따라 장기간 머물러야 하는 구조로 변모했다. 통계 자료는 위탁 양육를 받는 아동들의 수가 1995년에서 2000년 사이에 두 배로 증가했음을 보여 준다(Roche, 2000). 이 장에서는 미술치료가 전통적으로 이러한 문제들을 어떻게 다루어

왔으며, 위탁/입양아들을 일반적으로 어떻게 중재해 왔는지에 대한 문헌을 함께 살펴볼 것이다. 또한 시스템적이고 기관의 이슈들을 해결하기 위한 개입으로서의 확장된 미술치료를 살펴볼 것이다.

역사적으로 미술치료 문헌들은 위탁과 입양 문제에 대해 거의 다루고 있지 않다. 위탁/입양 인구의 많은 특징은 아마 보다 큰 보편적인 미술치료 해결법의 논문에 포함되었을지도 모른다. 하지만 위탁/입양 구조(setting)만의 특성들은 거의 기술되어 있지 않았다. 문헌에서의 언급은 주로 사례의 개인 발달사를 통해 위탁/입양 문제들을 논의한다. 이것은 주로 미술치료가 해결할 수 있는 심리요법적인 문제들의 관점으로 이들의 욕구와 문제들을 바라보는 가치 있는 관점을 제공한다. 미술치료 문헌에서 언급된 주제들과 문제들은 창의적 치료 양식에 적절하게 적용될 수 있다. 또한 일반적으로 애착장애를 치료하는 중재 양식을 통해 관찰할 수 있다. 애착장애아들은 위탁 양육 아동들이 경험하는 많은 사례와 진단적인 기준과도 유사하기 때문에 위탁 양육과 관련이 있다. 따라서 이러한 아동들을 가장 잘 이해하고 치료하기 위해서 애착과 미술치료는 함께 다루어져야 한다.

일부 주제는 보다 특정한 방식으로 반복되는 반면, 관찰된 모든 미술치료 사례연구는 어떤 치료에서나 그렇듯 현존하는 이슈들의 넓은 스펙트럼을 나타낸다. Gonick과 Gold(1991)는 아동들이 경험한 심각한 결과를 일으키는 '깨지기 쉬운 애착 관계'를 묘사한다. 이 아동들은 삶에서 여러 결핍을 가지지만 그에 따른 슬픔이라는 감정을 느끼거나 표현하지 못한다. 이러한 내담자들의 미술 활동에서 그들이 주목한 주제들은 안전함, 무력감, 수치 그리고 갈망이었다. 이는 Coufal(1993)이 보여 주는 성인 양자(adoptees)들의 미술 활동과 거기에서 나타나는 특정 주제들과 매우 유사하다. 미술 활동 작품들에서 반복적으로 나타나는 이슈들과 주제들은 '버려짐(abandonment), 상실과 거부, 죄책감과 수치심, 부정, 해결되지 않는 슬픔, 정체성 혼란, 자아 간의 충돌, 믿음과 친밀함 그리고 통제의 문제들'이다.

Black과 Kaczmark(1992)에 따르면 슬픔은 또한 이러한 사람들에게 중요한 과정으로 나타나지만, Galbraith(1978)는 미술 활동에서 입증되는 불명확성에 초점을 둔다. Galbraith 역시 위탁 양육 아동의 적응에 위탁 양육 가정이 중요한 역할을 한다고 나타내지만, 사례에서 설명된 치료법은 전통적이고 개인적이고 장기적인 미술심리치료법이다.

위탁/입양 아동들이 가진 애착 이슈와 더불어 학대 역사에 대한 논의와 관심이 주어지지만 모든 위탁 양육 아동이 애착장애나 심각한 폭력에 노출된 것은 아님을 주의해야 한다. 또한 많은 아동이 애착장애를 가졌다 할지라도 임상적 중요성의 정도를 고려해야 한다. 그리고 이러한 사실이 발견되기까지 적절하고 정확한 학대 역사가 없는 한, 아동의 현재 기능의 원인에 따라 너무 넓게 일반화하는 것은 도움이 되지 않는다. 학대와 방치가 모든 위탁 가정의 아이들에게 기정사실화되어서는 안된다. 몇몇은 친부모들에게 사랑과 애착을 받은 초기 관계들을 가지고 있지만 부모의 병리학적인(pathology) 이유들로 아이들이 필요로 하는 보호를 지속하지 못하기도 한다. 예를 들어, 약물 중독 부모나 매우 빈곤한 부모를 가진 몇몇 아동은 육체적 제한사항들과 안전의 잠재적 위험 때문에 보호받지 못한 채 버림받는다. 초기 위탁 양육과 다른 개선 요소들의 시점에서 나이는 꼭 고려되어야 한다. 비록 많은 아동이 애착 결핍을 분명하게 보인다 할지라도, 모든 위탁 양육 아동이 기본적으로 애착이 부족하다고 가정할 순 없다. 종합적으로, 나는 임상적 문헌에서 기술된 주제들과 이슈들을 인지하는 것과 더불어 애착 이론과 치료법에 정통한 것이 가장 유익하다는 것을 알게 되었다. 또한 주로 현 시점의 우려들과 내가 함께 일하는 위탁 아동들과 가정들의 상관성에 대해서도 여전히 관심을 보이고 있다.

아동과의 작업

치료사와 아동의 관계는 어떠한 개입에서도 가장 중요하며 모든 환자에게도 마찬가지이다. 위탁 양육 아동들의 경우, 아동들이 애착과 친밀함에 대한 열망이 얼마나 있는지, 그것을 적절히 찾는 법을 알고 있는지, 그리고 치료사나 치료 환경에 대한 강한 애착을 발달시키는지에 따라 이 관계는 점점 더 중요해진다. 특히 미술은 양육을 위한 은유적 매개이기 때문에 재료의 공급을 통한 이 끈끈한 연결은 빠르게 형성될지도 모른다. 개인이 사람과의 관계를 조장하는 것보다, 미술은 아동이 자신의 문제들을 표현하도록 하는 완충제나 안전한 '공간' 같은 것으로 비춰질 수 있다. 하지만 어떤 아동의 경우, 치료사 개인보다 미술에 극도의 애착을 보이기도 한다. 치료사들은 아동들의 인생에 대부분 '조력자'처럼 일시적인 것임을 기억해야 한다. 미술이나 미술치료사에 대한 애착은 위탁 양육 아동들과의 치료를 진행하는 데 중요한 관점으로 보인다. 신뢰를 쌓기 위한 선의의 치료적 행동은 이를 받는 아동에게 안전함에 대한 '잘못된 감정'을 주기 쉽다. 이 안전은 실제 삶에서는 희박하기 때문에 나는 이 안전함이 '잘못된 감정'이라고 이야기한다. 나의 경험에 따르면, 위탁 양육 아동들은 언제 거처가 바뀔지도 모르는 실질적인 이유 때문에 계속 치료가 이어지거나 다른 치료사로 옮겨지는 경우에는 치료가 종종 중단되기도 한다. 이렇게 치료사가 바뀌는 일이 치료적 관점에서 좋지는 않지만 현실에서는 종종 발생한다. 하지만 미술과 미술 재료들에 대해서는 애착을 더욱 오랫동안 보여 준다. 즉, 만약 아동들이 미술을 도피(refuge)와 표현의 수단으로 발전시킬 수 있다면, 그들은 이를 삶에 적용할 수 있고 많은 상황에서 사용할 수 있다. 따라서 가능성을 기대하고 개선하기 위해 미술치료사가 미술을 사용하는 어떤 방식이든 아동에게는 도움이 된다. 심지어 특별한 장기 치료 과정에도 끝이 있고, 대부분의 치료 환경(settings)과 치료 양식들은 곧 끝이 난다. 미술을 중점으로, 내담자를 미술 등에 집중시키는 것은 치료사라는 '사람'에게 의존하지 않고서 아동들이 문제를 이해하고 다루는 데에 도움을 준다. 이 방법은 직관에 반(反)하고 많은 치료사의 훈련에 반대되지만, 내 경험상 이것은 중요한 방법이다. 이러한 관계 이슈들은 충분히 고려되어야 하고, 치료에서 애착, 이동, 의존 등에 관해서는 치료 초기에 결정되어야 하는데 다른 대상자들보다도 위탁 가정 아동들에게 더욱 중요하다. 치료 내에 미술이 존재한다는 사실과 미술이 치료에서 실제적이고 가지고 다닐 수 있는 요소로 존재한다는 사실은 현실적인 가치이다. 미술을 지속하고 미술이 아동과 교류한다는 것을 확실히 하는 것은 변화 속에서도 자족과 연속성을 유지하게 하는 중요한 은유가 된다.

음식, 집, 이상적인 사랑에 대한 반복되는 주제를 통한 아동들의 양육, 보호처(shelter), 사랑에 대한 욕구에 대한 묘사는 위탁 양육 아동들과의 작업에서 빈번히 나타나는 또 다른 주제이다. 미술치료에서 콜라주 이미지의 선택들, 자유 주제 그림 그리기와 즉흥 주제는 종종 인간의 기본 욕구를 반영한다. 이러한 표현의 반복적이고 결핍된 본질은 때때로 아동들이 필요로 하는 '밑바닥 없는 구덩이', 즉 끊임없는 욕구를 보여 주고, 이를 다루는 데에 지친 전문가 및 가족은 무력감을 느끼게 된다. 이것은 부분적인데, 왜냐하면 양육과 사랑에 대한 욕구가 많음에도 불구하고 많은 애착장애 아동은 양육을 받고 있어도 이러한 양육을 받아들이고 발견하는 능력이 부족하기 때문이다(Levy, 2000; Levy & Orlans, 1998). 모든 위탁 양육 아동이 애착장애를 가지고 있는 것은 아니지만, 애착 이론과 치료에서 추려 낸 기술들은 위탁 양육 아동들의 치료를 진행하는 치료사들에게 도움을 준다. 그리고 미술치료에서, 우리는 감각적 체험들을 제공하는 데 영유아들이 그들의 어머니와 유대감을 형성하는 초기 애착 방식을 흉내 내는 촉각, 시각, 후각을 사용한다. 깃털, 점토, 자연 재료들, 천, 향기 나는 펜 등은 모두 아동들에게 잘 받아들여지고, 보살핌을 받는 경험을 제공하는 데 유용하다. 또한 이러한 재료들은 안전한 '거리'를 두는 양육을 제공하고 이전에 언급했던 치료사에게의 불필요한 의존을 훨씬 덜 일으킨다.

미술은 개인의 정신적 역동성(dynamics)을 표현하는 역할을 넘어, 매개를 제공하고 위탁 양육 아동들을 전반적으로 발달시킬 수 있는 일을 제공할 수 있다. Ladnier와 Massanari(2000)는 이것을 ADHD와 애착장애를 전반적으로 다루는 맥락에서 논의한다.

> 어떤 아동들은 그들의 언어로 반영해 줄 수 있는 성인이 있는 곳에서 역할극으로 나타내거나 그림을 그리는 방식으로 그들의 감정을 드러낸다. 감정의 반영은 정서적 · 신경적 발달을 위해 필요했던 수년간의 결핍된 부분일 수 있다. 부모가 공동 치료사로 참여할 때, 미술치료나 역할치료는 아동과 부모 간의 부정적인 상호작용을 깨뜨리는 데 도움이 될 수도 있다.

전반적으로 위탁 양육 아동들에 대해 위탁 부모나 다른 보호자들을 치료에 포함시키는 것은 추가적으로 도움이 될지도 모른다. 왜냐하면 미술치료는 반영을 제공하는 것뿐 아니라 보호자가 집에서도 치료를 진행할 수 있도록 훈련하는 모델링을 제공하기 때문이다.

미술과 창조적 표현은 아동들이 새로운 거처나 예기된 변화에 대한 그때그때의 현실을 잘 다룰 수 있는 좋은 대처 기회를 제공한다. 아동들에게 '네가 생각하는 이상적인 집' '너의 꿈의 집' 등과 같은 환상 속의 주거 공간을 만들게 하는 것은 아동들이 변화, 강화, 미래라는 개념에 대해 즐겁게 생각하도록 한다. 그리고 이러한 것들은 비교적 덜 긍정적일 수 있는 잔혹한 현실에서의 좋은 방어책이 될지도 모른다. 비록 이러한 지시들은 도피적으로 보일 수 있지만, 그것의 핵심은 그들이 나이가 들었을 때 '꿈과 상상' 그리고 '너는 너의 미래를 선택할 수 있다.'는 것을 이야기해 준다는 것이다. 게다가 그들은 현재 거처 내에서 가능한, 보다 더 현실에 관련된 변화에 대한 논의를 새롭게 할지도 모른다. 예를 들어, 열두 살짜리 한 위탁 양육 아동은 미술치료에서 '꿈의 집'을 부드러운 털의 형체로 묘사했다. 미술치료의 후속 조치로, 그가 어디 가든 함께 가져갈 수 있도록 인조털로 된 베개를 만들었다. 담요나 동물 인형은 아이들에게 너무 유치해서 거부되는 반면, 사춘기 이전의 아이들에게 이것은 사회적으로 수용할 수 있는 방식으로 촉각 자극과 편안함을 제공한다. 더 어린 위탁 아동은 점토를 이어 스스로 거북이를 만들었고 거북이의 가장 좋은 점은 어딜 가든 자신의 집을 들고 다닐 수 있는 것이라고 말했다. 이러한 미술 작품들은 아동들이 느낄 수 있는 단계에서의 보호처나 양육 욕구에 대한 표현을 할 수 있도록 한다.

미술적 표현은 개인 문제에서 미술치료의 유용성을 넘어, 덜 정신적인 문제(가족, 법정, 아동 복지 시스템 교육 활동에 대한 이해)들을 표현하고 분명히 하는 데에 값진 도구가 되어 왔다. 아동들을 위해 또 아동에게 간단하고 설득력 있게 말하는 미술의 언어는 이러한 문제들에 대해서도 의미 있는 매개를 제공할 수 있다.

위탁 양육 가족들과의 작업

위탁 가정들은 아동의 위탁 양육에서 필요한 도구와 자원을 실제 적용할 수 있는 아이디어와 교육 방식을 원한다. 대부분의 위탁 가정은 치료 영역에서 배제된 느낌을 받게 되며, 실제로 적절한 개방과 협력적 업무 관계가 확립되기 전까지는 입양아의 관리자(대부분의 경우 주정부)가 치료라는 은밀한 영역에 접근 가능한 유일한 주체이다. 그러나 아동의 복지는 대부분 위탁 양육 돌봄의 즉각적인 영향을 받는다. 나는 미술치료가 이러한 가족들을 위한 도구로 사용되며 가족들이 나의 내담자와 함께 이것을 사용하도록 지원하고 있다. 위탁 가정이 미술을 소통의 수단으로 사용하도록 훈련시키는 것은 치료에서 얻는 효과를 강화할 수 있고, 이는 위탁 양육 부모들이 지속적으로 받는 교육에 미술치료사를 영입함으로써 보다 쉽게 달성할 수 있다.

판단적이지 않고 해석적이지 않는 것에 대한 전반적인 경고는 이러한 종류의 훈련에 중요한 서문(preface)이다. 또한 미술치료와 위탁 양육 부모들이 그들의 아동들과 미술을 이용하는 것에는 중요한 차이가 있다. 즉, 위탁 양육 부모는 어떤 때라도 치료사의 역할을 하지 않는다. 이러한 주의사항들을 명심하면 위탁 부모들이 배울 수 있는 많은 기본적인 미술치료가 있다.

1. 아동이 개인적으로 사용할 일지, 일기, 스크랩북과 사진 앨범: 이것들은 감정, 사건, 걱정, 기록, 이력이 될 수 있고 아동들이 가지고 다닐 수 있다는 장점이 있다.
2. 강렬한 감정의 표출로서의 미술: 타임아웃이나 다른 훈육 방식의 대안으로, 위탁 가정 부모들은 아이들에게 미술 매체들을 감정의 표출 통로로 제공하도록 할 수 있다. 찰흙 치기 혹은 던지기, 야외 도보에 색이 없는 물로 그림 그리기, 혹은 종이 찢기 방법들은 때때로 표현하고자 하는 욕구를 만족시킬 수 있다. 안전상의 제한 내에서 아동들이 매개체를 선택하고 사용하도록 두는 것이

이 미술치료의 핵심이다. 대중 심리학에서 카타르시스적 이해처럼 '통제력 잃기' 혹은 '모두 표출하기'를 하도록 허락해서는 안 된다. 또한 색칠하기나 무언가를 모으기 같은, 요구하지 않은 반복적인 활동일 때 미술은 진정 효과를 나타낼 수 있다. 이러한 미술의 사용들은 완전히 표현적인 방식들보다 대안적인 활동일 수 있으며 양육에서 가치 있는 도구가 될 수 있다.

3. 생물학적 가족의 방문 준비나 방문 중의 활동으로서의 활용: 아동들이 어느 정도의 기간에 방문할 예정일 때, 그들의 생각을 미술로 조직화하는 것은 때때로 도움이 된다. 예를 들어, "너의 어머니나 학교에서 노는 모습, 축구 경기를 그려 보지 않겠니?"와 같은 방식으로 활용할 수 있다. 비슷한 방법으로, 치료사나 사회복지사가 방문하는 동안, 아이와 생물학적 가족은 아이가 가져가거나 또는 부모님에게 줄 무언가를 함께 만들 수 있다. 아동들은 형제자매나 부모님과의 소중한 기억을 떠올릴 수 있는 방문 기념품을 가지고 싶어 하기 때문에 즉석사진은 이런 종류의 방문에서 유용하다. 나는 가끔 이러한 종류의 기념적이고 전형적인 가족 활동이 생물학적 가족을 향한 부정적 감정을 일으킬 수 있기에 복지사들이나 위탁 가정 부모들이 장려하지 않는다고 생각한다. 그러나 이것은 그들이 위탁 가정, 생물학적 가족과 사회복지사와 치료사들에게 느끼는 상충되는 충성도를 탐색하려고 시도할 때 아동들이 대처해야 할 또 다른 모순을 만든다. 미술은 이러한 관계들에 대해 그들이 원하는 것을 모으고 수집할 수 있는 보다 가치 중립적인 토론의 장을 제시할 수 있다.

가족 미술치료를 계획하는 치료사에게 전반적인 애착 문제들은 여전히 중요하게 남아 있다. 가끔 위탁 가정들은 아동에 대한 애착에 관해 양면적인 모습을 나타내거나 부족함을 나타낼지도 모른다. 아동들이 다른 거처로 옮기거나 집으로 돌아갈 수도 있기 때문에 너무 애착을 갖지 않으려는 그들의 행동은 이해할 수 있는 방어 행동이다. 또한 애착을 가지지 않거나 피하는 것은 더 큰 문제로 이어질 수 있다. Levy와 Orlans(1998)의 아동 학대의 결과에 대한 문헌을 참고하면, 그들은 감정적으로 거부하는 부모가 가장 해롭다고 제시한다. 그러나 위탁 양육의 경우에도 감정적인 거부는 위험 요소이며 가족의 심리적 애착 결핍은 종종 무의식적으로 나타난다. 물론 보호 아동들이 겪은 모든 상처를 치유하기 위해서 단순히 '그들을 사랑해 줘라.'라는 것은 잘못된 생각이다. 그리고 아동 복지 시스템에서 받은 보다 더 나은 훈련 덕분에 대부분 위탁 양육 가정은 본질적으로 더욱더 정교하다. 위탁 양육에는 사랑과 애착에 대한 욕구가 있고, 때때로 이것은 분열되어 있어 이와 관련된 어떠한 시스템도 그에 대한 모든 부분을 감당할 수 없다.

위탁 가정을 포함하는 가족 미술치료 세션은 가족과 아동 간의 대화와 이해를 조장하는 데 매우 효과적이다. 행동 문제, 경계, 감정적 문제, 신뢰 문제 등에 대한 탐구는 가족 미술치료 과정에서 모두 명확히 설명된다. 그리고 개인치료에서의 일종의 지연, 간접적 대화 과정을 필요로 하지 않는다. 즉, 아동은 활동 이후 부모들을 만나 치료 활동 과정을 분석하고, 양육과 행동 요소들로 문제들을 해석하는 치료사와 종종 세션을 한다. 대신에, 이러한 과정은 치료사가 위탁 가정 부모와 함께 있는 동안 아동에게 이야기하고 훈육하고 지도하는 모델을 만드는 미술치료 세션 동안 발생할 수 있다. 생물학적 가족에 대해 이야기할 수 있는 방법을 모델링할 수 있고, 아동의 위탁 양육 환경에 대한 감정을 표현하게 도울 수 있다. 이러한 의사소통 유형은 치료의 안전성을 보장받는 환경에서 진행되지 않을 경우 아동과 위탁 가정 모두에게 위험하게 느껴질 수 있다. 위탁 가정 부모들은 아동의 친부모에 대한 갈망에서 오는 '행동화(acting-out)'를 두려워한다. 반대로, 위탁 양육 아동은 그러한 갈망을 표현했을 때 위탁 양육 부모들이 보일 거절에 대해 두려워할지도 모른다. 하지만 이러한 감정은 이해받고 다루어지기 위해서 표현되어야만 한다. 그렇지 않으면 계속해서 실패한 위탁 양육 환경이 된다. 가족 미술치료는 이러한 이슈들에 대한 검사(examination)를 위해 더 안전한 공간(Container)을 제공할 수 있다. 그리고 미술 표현을 이용하여 일상 대화에서 잘 언급되지 않는 문제들을 이야기할 수 있다.

법과 사회복지 시스템과의 작업

위탁 양육 아동들에게 영향을 주는 두 주요 영역은 법원과 사회복지 시스템이다. 치료사들은 종종 이는 그들의 분야가 아니라고 느낀다. 따라서 이 문제들을 의뢰인과 다루지 않고 오직 동료끼리만 다룬다. 그러나 아동들이 법원 심사를 직면했을 때 그들은 많은 불안감, 궁금증이나 잘못된 정보들에 대처해야만 한다. 법원에 대한 많은 비전문가의 견해는 TV와 영화에서 보여 주는 모습에 의해 왜곡되어 있는데, 법원 심사 과정은 그만큼 극적으로 집행되지는 않으며, 특히 마음 편하게, 시간을 잘 지키는 방식으로는 수행되지 않는다. 내 경험에 따르면, 실제 법정 과정은 많은 대기, 기밀, 혼란 그리고 지연으로 가득 차 있기 십상이다. 아동들은 법정에서 마법 같은 해결책이 나타나길 종종 기대하며 그렇지 않을 때 매우 실망한다. 미술을 사용한 도표는 타임라인과 법정 심사과정을 구조적으로 설명하고 아동이 잘 이해할 수 있도록 도와준다. 이러한 도표는 가능성 있는 다양한 예상 결과와 많은 화살표와 물음표, 누가 관여하는지 사람의 이름이 포함되어 아동이 알 수 있다([그림 9-1]). 이러한 방식으로 아동들은 자신의 주거지 배정 문제가 결정될 때 자신이 참석하도록 요구되거나 또는 허락되지 않는 경우에도 어느 정도의 이해심을 가질 수 있다. 물론 이러한 도표화에 대해 치료사 또한 이 상황들을 명확히 알고 있어야 하고, 관련 전문가들과 변호사들과 상의할 때 유용하게 사용될 수 있다.

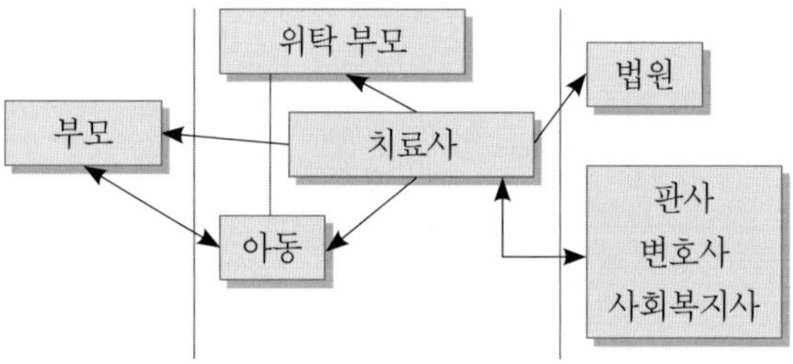

그림 9-1

법정의 실제 과정을 도식화하고, 묘사하고, 명확하게 하는 데 미술을 사용할 수 있다. 그곳에는 누가 있을까요? 그것은 어떻게 생겼습니까? 당신은 어디에 앉아 있습니까? 누가 결정을 내립니까?

유사한 방식으로 사회복지사들과 보호자에게 시각적 도표화는 아동의 삶과 연관되어 있는 (일반적으로) 많은 어른의 역할에 대해 이해하는 데 도움이 될 수 있다. 사회복지사, 치료사, 위탁 양육 부모들과 형제자매들, 변호사, 소송 후견인, 법원 임명 변호사, 아동들 그리고 치료사들, 위탁 아동들은 관련된 많은 사람에게 종종 압도당한다. 그리고 이해나 설명이 어려울 때 소외되는 경향이 있다. 이러한 상황에서 미술은 아동들이 '자신의 세상을 그리는' 것을 돕는 도구가 될 수 있고 그들의 세상에 있는 것은 아니지만 관계를 유지하고, 발전시키고 싶어 하고, 이것이 필요할지도 모르는 사람들에 대해 다룰 수 있다. 많은 아동은 그들의 형제자매에 관한 보호와 조정에 대해 조바심을 느낀다. 왜냐하면 그들은 압박받는 위탁 양육 환경 시설에서 함께할 수 있을지 없을지도 모르기 때문이다. 보호를 위한 중요한 자원들과의 연결 위치와 근접성을 보여 주는 지도를 만드는 것은 종종 도움이 된다. 다른 가능한 방법들은 직원들 그리기, 판사 또는 중요한 사람에게 보내지지 않는 편지 쓰기, 모든 가족을 포함하여 자신이 누군지를 나타내는 상징 만들기, 어떻게 법원, 심문, 방문을 할지 그려 보기 등을 포함한다. 이러한 시스템 관련 문제들에 대한 표현 가능성은 무한하며, 창의적인 치료사는 아동 및 가족 탐구에 필요한 시스템에 대한 충분한 지식이 있어야 한다.

미술치료와 미술치료사들은 위탁 양육이나 입양을 준비하는 아동들에게 전반적으로 많은 것을 제공해야 한다. 표현적 가능성은 개인치료 접근, 가족 중재 그리고 더 넓은 범위의 시스템 중재에서 풍부하게 적용된다. 애착장애아들을 위한 치료의 지식에 창의적인 치료 기술을 통합하는 것은 효과적이며 '내담자에게 친화적인' 치료적 접근이 될 수 있다. 미술과 미술치료 과정을 통해 합리적으로 다루어지는 범위를 확장함에 있어서, 우리는 우리가 돕고자 하는 아동들과 가족들을 위해 최선의 서비스를 진행할 수 있다.

참고문헌

Black, C., and Kaczmarek, M. (1992). Projective drawings in the treatment and evaluation of a late-adopted child. *The American Journal of Art Therapy 31*: 10-16.

Coufal, R. (1993). Reunification with the adopted self: art psychotherapy with adult adoptees, in *California Art Therapy Trends*, edited by Virshup et al., 103-116. Chicago: Magnolia Street Publishers.

Galbraith, N. (1978). A foster child's pictorial expression of ambivalence. *American Journal of Art Therapy 17* (January), 39-49.

Gonick, R., and Gold, M. (1991). Fragile attachments: expressive arts therapy with children in foster care. *The Arts in Psychotherapy 18*(5): 443-440.

Ladnier, R., and Massanari, A. (2000). Treating ADHD as attachment hyperactivity disorder. In T. Levy, *Handbook of attachment interventions*, pp. 27-65.

Levy, T. (2000). *Handbook of attachment interventions*. New York: Academic Press.

Levy, T., and Orlans, M. (1998). *Attachment, trauma, and healing: Understanding and treating attachment disorder in children and families*. Washington D.C.: Child Welfare League of America Press.

Roche, T. (2000). *The crisis of foster care. Time*, November 13, p. 74.

CHAPTER 10

위탁 양육에서의 STOP-GAP 방법: 큰 가지가 부러질 때

DON LAFFOON, SHERRY DIAMOND,
VICTORIA BRYAN & FIONNUALA KENNY

초록

1978년에 설립된 STOP-GAP은 사람들의 삶에 긍정적인 영향을 주는 교육 및 치료 도구로서 관객 참여형 연극(interactive theatre)을 사용하는 데 전념하는 지역 공동체 기반의 비영리 극장이다. STOP-GAP의 비전은 STOP-GAP의 세 가지 주요 구성 요소를 통해 실현되는 그들의 역할, 선택 및 대안을 탐구하여 사람들을 돕는 것이다.

- 드라마치료 세션과 치료적 드라마 워크숍
- 관객 참여형 연극
- 장편극 제작과 위탁 프레젠테이션

이 장에서는 위탁 양육 환경에 적용된 STOP-GAP 방법, 특히 학대받고 방치된 아이들을 위한 지역 응급 쉼터인 오렌지나무 아이들의 집(Orangewood Children's Home)과의 작업에 초점을 둘 것이다.

오렌지나무 아이들의 집은 유아기부터 18세에 이르는 235명의 아이를 언제든지 수용할 수 있으며 종종 아이들로 가득 차 있다. 이들은 모두 지역에 거주하는 아이들로 아동 보호 서비스 또는 경찰에 의해 보호자로부터 격리되어 이곳으로 보내졌다. 그들의 격리 사유는 일시적인 노숙과 같은 가벼운 경우에서부터 가장 무거운 형태인 학대에 이르기까지 다양하다.

평균 체류 기간은 15일이지만 최대 90일까지 머무르기도 하며, 아이들의 대부분이 습관성 비행이나, 위탁 가정 내의 불화 및 가족 간 긴장 관계로 인해 마치 회전문 안에 갇힌 것처럼 쉼터로 다시 돌아온다. 실제로 오렌지나무의 청소년들은 일반적으로 이전에 쉼터에서 진행했던 STOP-GAP을 알고 있다.

초기

연극이 사람들의 삶을 변화시킬 수 있는 힘을 가지고 있다는 믿음에 따라, 공동 창립자인 Don R. Laffoon과 Victoria Bryan은 관객 집단을 끌어들일 수 있는 동시에 그들에게 자신의 감정을 표현하고, 특정 문제를 해결하며, 건강하고 새로운 역할과 행동을 배우고 실습할 수 있는 기회를 제공할 수 있는 연극 기반의 프로세스를 만드는 데 노력해 왔다. 결국 STOP-GAP 방법으로 알려진 이 기법은 1970년대 후반 노인들을 대상으로 하여 발달하기 시작하였다(Laffoon et al., 2001). 그러나 1980년까지 그들은 다른 연령대와도 함께 작업해 달라는 요청을 자주 받았다. 1981년에 STOP-GAP은 학대받고 방치된 아이들을 위한 쉼터인 앨버트 시튼 홈(Albert Sitton Home)이라는 곳에서 남녀 청소년 및 초등학생들과 함께 작업하기 시작했다.

다양한 형태의 즉흥극, 독창적인 작문 및 음악을 실험해 본 STOP-GAP은 가출, 가족의 알코올 중독 등 개인적인 경험과 관련된 특정 주제를 중심으로 청소년들과

큰 가지가 부러질 때(When the Bough Breaks)
내가 손을 쓸 수 없을 때가 있다. ……내가 여기에 갇혀 두들겨 맞는 것은 불공평하다. 그들은 내가 아닌 아빠를 가둬야만 한다!!!

그림 10-1

함께 즉흥적으로 장면을 만들어 냈다. 초기 세션은 대개 "내가 화가 났을 때……" 또는 "나에게 백만 불이 있다면……"과 같은 미완성 문장 카드를 소개하는 드라마치료와 연관되어 있다([그림 10-1]).

STOP-GAP 음악치료사는 완성된 카드를 들고 방에서 나와 집단의 정확한 단어를 기반으로 노래를 만든다. 음악이 다른 곳에서 만들어지는 동안, 드라마치료사와 훈련된 배우는 아이들에게 적절한 역할을 주어 카드의 주제에 관한 장면을 즉석에서 준비한다(적절한 역할에 대한 논의는 이 장의 뒷부분에서 설명할 것이다). 음악치료사는 방으로 돌아와 노래를 부른다. 각 세션은 집단 내에서 이미 상당한 검증을 받았다. 노래를 통해 그들의 생각과 감정이 활기를 띠게 하고, 연극을 통해 펼쳐지는 그들의 아이디어 및 솔루션을 지켜봐 왔다.

STOP-GAP은 초반에 여러 집단과 함께 작업했지만, 특히 성적 학대를 겪은 사춘기 소녀 집단에 집중했다. 워크숍의 소재는 계부와의 근친상간으로 인해 힘겹고 고통스러운 삶을 살며 알코올 중독과 자기비하에 빠진 어린 소녀의 여정을 보여 주는 뮤지컬 〈큰 가지가 부러질 때(When the Bough Breaks)〉의 형태와 같았다.

STOP-GAP의 기법과 프로세스에 대한 소녀들의 반응은 대담하고 고무적이었다. 그들은 안전하고 위협적이지 않은 방식으로 자신과 유사한 상황을 보면서 명료하고 객관적으로 다양한 역할을 탐구하고 긍정적인 대안과 새로운 가능성을 확인할 수 있었다. 기존의 경험을 통해 선택권이 없다는 것을 알고 있는 어린 소녀들에게 엄청난 도약의 기회를 제공했다.

안전하게 심미적 거리를 둔 창조 과정은 소녀들이 주인공의 미래를 설계하고 연출할 수 있게 하였으며, 도움을 받지 못해 필연적으로 불행할 수밖에 없는 삶을 관찰하고 궁극적으로는 다시 신뢰하는 것을 배우는 과정에서 그 가치를 발견했다. 소녀들은 아동 학대에 대한 지역사회의 인식을 높이고 동시에 쉼터를 위한 모금 활동의 일환으로 거리 공연을 시작하기로 결정했다.

〈큰 가지가 부러질 때〉 9회 공연은 프로젝트에 참여한 모든 사람의 삶을 변화시켰고, 치료의 맥락 안에서 예술의 힘을 보여 주었으며, STOP-GAP이 쉼터 내에서 작업을 확장할 수 있는 계기를 제공했다. 오렌지나무 아이들의 집에서의 작업이 절정에 달했을 때, STOP-GAP은 수년 동안 매주 5회의 세션을 제공했다. 오늘날 STOP-GAP은 청소년의 나이와 임상 지원의 가용성에 따라 매주 오렌지나무 아이들의 집을 계속 방문하여 특정 문제를 탐색하고, 지속적인 드라마치료 및 치료적 드라마 워크숍과 관객 참여형 연극의 레퍼토리를 제공한다.

STOP-GAP의 방법은 초기 워크숍 및 장편극 제작 이후 상당히 발전했지만, 그들의 작업은 계속해서 동일한 기본 원칙과 가치를 기준으로 삼았다. 그들이 제공하는 프로그램의 종류는 다양할 수 있지만, 그들의 철학은 방법 전반을 아우르고 있다. STOP-GAP의 모든 프로그램은 STOP-GAP 방법을 기반으로 한다. 현재 진행 중인 프로그램 외에도, 지역사회의 특정 요구사항을 반영하여 장편극, 단막극 및 일인극의 형태로도 가능하다.

STOP-GAP 철학

STOP-GAP 방법의 철학은 참여자의 조언, 아이디어, 의견, 그리고 특히 즉흥극을 위해 개발한 인물과 상황에 대한 참여자의 감정에 온전히 의존한다는 것이다. 이는 프로그램에 참여하는 모든 사람에게 해당한다. 모든 프로그램은 각 참여자가 원하는 정도까지 개입하여 상호작용한다. 참여자들은 절대 원하지 않는 일을 하도록 요청받거나 강요받지 않는다. 이와 같은 개인적 공간과 경계에 대한 존중은 개인의 안전 의식을 증진시킬 뿐만 아니라 개인의 권한 부여와 선택을 위한 토대를 마련한다

(Laffoon & Diamond, 2000).

개인의 안전은 쉼터에 있는 청소년과 작업할 때 특히 민감한 문제이다. 청소년들은 종종 온전히 그들의 경험에 매몰된다. 지역 쉼터의 생소한 환경에 노출된 청소년들은 새로운 규칙과 일상을 받아들이는 데 어려움을 겪고 있다. 그들은 종종 적대적이며, 방어적이고, 분개하거나 내향적이다.

개입(involvement)은 역할극의 시작을 의미할 수 있지만, 다음 장면에서 일어날 일에 대한 방향을 제시하거나 역할극에서의 인물 사이에 실제로 무슨 일이 일어나고 있는지 식별하는 것일 수 있다. 청소년들이 스스로 장면을 만들면서 그들을 편안하게 하는 데 많은 도움이 될 수 있다.

STOP-GAP 철학의 또 다른 요소는 '전문가의 말을 경청하는 것'이다. STOP-GAP 방법에서는 청중이 바로 전문가라고 말한다. STOP-GAP은 어떤 문제가 다른 사람들의 삶에 얼마나 영향을 미치는지 알고 있다고 가정하는 것은 부적절하며 무례한 것이라고 여긴다(Laffoon et al., 2001). STOP-GAP은 청소년들과 이야기하며 그들이 말한 것을 듣고 그 감정을 장면으로 반영하거나 담아내는 것이다. 위탁 양육 청소년들은 무엇이든 '전문가'로 간주되는 것에 익숙하지 않아서 처음에는 스스로 '전문가'라 말하지 못하지만, 작업이 진행되고 익숙해지면서 놀라운 지혜와 통찰력, 성숙함을 드러내어 담아낸다.

STOP-GAP 철학은 가치 체계와 아이디어를 강요하는 것이 아니라 오히려 그것을 드러내기 위한 것이다. STOP-GAP은 판단하지 않으며, 누군가를 '고치려고' 노력하려는 것도 아니다. STOP-GAP 철학은 우리가 누군가를 바꿀 수 없고 단지 우리 스스로를 바꿀 수 있음을 주장하며, 집단 장면에 대한 다양한 대안에 관하여 대화할 때 이 점을 강조한다. STOP-GAP은 스스로의 선택에 힘이 있다고 믿으며 각 개인에게 다른 사람이 만든 선택을 하기보다는 자신 스스로가 선택할 것을 권고한다(Laffoon et al., 2001). 안전한 환경에서 청소년들은 다른 가능성이 있음을 깨닫게 된다. STOP-GAP 방법은 이러한 가능성을 확인하고 탐색한다.

특히 쉼터에 있는 청소년과의 작업에서 그들이 주변 환경 및 가족으로부터 멀어지는 계기가 된 사건을 어떻게 조화롭게 해결할지 그 방법을 모색할 때 절실해진다.

마지막으로, STOP-GAP 철학은 참여자와 STOP-GAP 팀의 상호 존중을 지지한다. STOP-GAP은 청중의 조언과 의견을 존중하는 데 헌신적으로 노력하면서, 개인의 요구에 부응하고 개인의 책임을 떠안을 수 있는 능력을 함양하고, 적절한 자기주장 기술과 개인의 감정에 대한 인식을 고조시키는 것을 지향한다.

STOP-GAP 방법은 무엇인가

경험을 통해 느끼는 감정을 인식할 수 있는 자아 인식 능력은 심리적 통찰력을 얻기 위한 중요한 요소이다. 자신의 감정을 더 많이 느끼는 사람들은 개인의 의사 결정 시 더 큰 자기확신을 하는 경향이 있으며, 삶을 더 나은 방향으로 통제할 수 있다(Goleman, 1995). 이를 위해 STOP-GAP은 청중이 개인 감정을 탐색할 수 있게 돕는 것을 목표로 한다.

Carl Rogers가 개발한 인간 중심의 치료법에 근거를 둔 STOP-GAP 방법과 그 철학은 참여자 중심, 상호작용과 상호존중을 기반으로 한다. STOP-GAP은 패배감, 평가 절하 및 비인간화를 느끼는 개인이나 집단에 작용한다(Laffoon & Diamond, 2000). 위탁 양육을 받는 청소년도 예외는 아니다. 인종 차별 없이 성적으로 평등하게 구성된 두 명의 전문 배우와 드라마치료사 또는 진행자로 이루어진 STOP-GAP 팀은 특정한 즉흥극 스타일과 인간 중심의 접근 방식을 통해 STOP-GAP 방법으로 작업하며, 청소년들의 목소리, 인정, 존중, 권한을 부여받을 기회를 제공한다.

STOP-GAP 방법은 청소년들에게 통찰력과 이해가 안전하고 위협적이지 않으며 재미있는 방식으로 달성될 수 있는 구조를 제공한다. 이러한 대화형 접근법은 사회복지 시스템의 사각지대에 놓여 있는 청소년들에게 결여되어 있는, 말하고 들을 수 있는 대화의 장을 제공한다. 쉼터에 머무르는 청소년에게 심판, 수치심, 처벌의 두려움 없이 진정한 경청의 기회를 제공하는 STOP-GAP은 새로운 행동을 실험할 수 있는 드문 기회, 즉 삶을 위해 예행연습을 할 수 있는 기회를 제공한다(Laffoon et al., 2001).

STOP–GAP 방법

관객 참여형 연극의 다섯 가지 포인트 STOP–GAP 방법은 연출 대표 Don Laffoon과 예술 감독 Fionnuala Kenny가 만들었다. 원래 STOP–GAP 회사의 구성원을 교육하기 위해 개발된 이 방법은 이제 STOP–GAP 연구소를 통해 제공되는 교육 프로그램의 기초가 되었다.

관객 참여형 연극 형태인 STOP–GAP 방법은 독특한 다섯 가지 구성 요소로 이루어진 즉흥극 형식이다. STOP–GAP 방법의 다섯 가지 구성 요소는 다음과 같다.

- 메뉴 만들기(Make the Menu)
- 감정에 집중하기(Focus on Feelings)
- 본론으로 들어가기(Cut to the Chase)
- 양극단으로 치닫기(Swing the Pendulum)
- 본질 꿰뚫기(Hit the BULLSEYE)

이 다섯 가지 요소는 STOP–GAP 팀과 청중 참여자가 연기에 집중하고 세션의 본질(BULLSEYE)에 도달할 수 있게 하기 위해 관객 참여형 연극 및 치료적 드라마 세션에서 다양한 조합으로 사용된다.

메뉴 만들기

메뉴 만들기에서 진행자는 참여자에게 인물, 관계, 상황 및 그에 대한 이유 그리고 참여자의 첫 대사를 제시하여 청중을 초대한다. 이 과정은 참여자 개입의 토대를 마련한다. 메뉴 만들기는 청중이 이야기 전개에 적극적으로 참여할 수 있게 해 준다. 인물의 세부사항과 상황을 제공함으로써 청중의 관심도를 높이고 개입을 가능하게 한다. 메뉴 만들기는 또한 참여자에게 선택이라는 개념을 강조하는 수단이다. 의식적 선택 개념은 STOP-GAP 철학을 뒷받침하는 중요한 토대이며, 모든 상황에서 인물이 다양한 옵션을 사용할 수 있다는 것을 보여 줄 것이다. STOP-GAP의 전통은 '보여 주되 말하지 않는' 것이며, 진행자는 참여자에게 장면을 연기할 사람, 장면이 연기될 장소, 먼저 말할 것인지, 무엇을 말할 것인지를 선택할 수 있음을 보여준다.

진행자는 메뉴 만들기를 진행하는 동안 참여자들과 대화의 장을 열어 주는 데 가장 적극적이지만 배우들은 참여자의 응답을 경청하고 이에 따라 행동해야 한다. STOP-GAP 연구소는 배우들에게 반응하고, 이름, 장소 및 관계를 경청하고 명확하지 않은 경우 반복해서 들을 수 있도록 훈련시킨다. 진행자가 첫 대사를 요청하면, 배우는 의도한 바를 의역하거나 변경하지 않은 채 대사를 들은 그대로 정확히 반복해야 한다.

참여자의 생각과 견해, 그리고 실제로 그들이 반복하는 말을 정확하게 듣고 행동해 보고, 표현할 기회가 부족한 참여자를 거듭 확인하면서 그 표현이 대화를 이어가는 기초가 되도록 해야 한다. STOP-GAP은 판단하거나 가르치는 대신 대화와 반성을 유도한다. 메뉴 만들기는 참여자들이 적극적으로 참여할 수 있도록 자신을 표현하고 그 표현을 구체화시킬 수 있게 해 준다.

감정에 집중하기

STOP-GAP 철학의 한 부분은 인간이란 우리가 공유하는 감정을 명백한 차이로 구분하기보다는 연관 짓는다는 것이다. 다시 말해, 우리를 하나로 묶는 것이 분명히 우리를 나누는 것보다 더 큰 부분을 차지한다는 것이다. 슬픔, 기쁨, 비탄, 상실, 사랑, 분노, 불안, 연민과 같은 인간이 경험하는 감정은 우리 삶의 여러 시기에 걸쳐 모두에게 공통적으로 나타난다. 그러나 이러한 감정을 다루는 방법은 사람마다 또는 상황에 따라 다를 수 있다. 스트레스가 많은 시기에 우리의 감정은 감춰져 있거나 다른 형태로 나타날 수 있다. 우리가 매우 슬플 때에는 짜증을 낼 수도 있고, 비탄에 빠져 있을 때에는 몹시 초조해할 수 있다. 때로는 내면의 감정이 내적 갈등을 야기하며, 우리는 그 기저에 있는 괴로운 감정을 회피하는 행동을 통해 그 감정을 덮으려 한다. 그래서 우리는 갈등 상황에 놓인 자신을 발견하기도 하지만, 갈등의 원인이 된 감정을 탐색하는 대신 행동에 집중한다("그는 항상 약속을 어긴다." 또는 "그녀는 결코 제시간에 나타나지 않는다.").

감정에 집중하기에서는 부적절한 행동 아래 분명하게 감정을 숨긴 인물이 등장하는 장면을 만든다. 대화를 통해 진행자는 이 상황에서 인물의 근본적인 감정이 무엇인지를 청중과 함께 탐색하는 것이다. 그 감정이 은폐된 행동을 통해 인물의 감정을 탐색함으로써 참여자는 자신의 감정과 다른 사람의 감정을 더 잘 인식할 수 있다.

쉼터에 있는 청소년이 익숙하지 않은 환경에서 감정을 표현하는 것은 불안하지만 연극의 인물들을 통해서 참여자가 어렵고 고통스러운 문제를 탐색할 수 있는 안전한 수단으로 제공된다. '감정에 집중하기'는 참여자에게 감정이 모든 상호작용의 중요한 부분을 형성하고, 인물을 통해서 감정을 어떻게 느끼고 어떻게 표현하는지 그 방법을 이해하고 일깨워 주며, 의사소통을 위한 새로운 길을 열어 준다.

본론으로 들어가기

'본론으로 들어가기'는 STOP-GAP 팀이 최대한 많은 장면의 역할극을 하고 가능한 한 많은 수의 참여자를 개입시키기 위해 주어진 시간을 최대한 활용하는 수단이다. STOP-GAP은 청중의 참여를 유도한 장면에서 '본론으로 들어가기'를 사용하여 참여자가 진행 중인 역할극 상황에 대해 이미 알고 있는 사실로써 손쉽게 다가간다. 예를 들어, "당신은 내가 집에 있는 부모와 문제가 있다는 것을 알고 있다."는 것은 이미 일어난 사실을 요약하고 즉시 문제에 다가간다.

즉흥적인 STOP-GAP 방법에서는 장황한 설정이 필요하지 않다. 우리는 인물들이 이미 알고 상황을 설정한다. 우리는 인물들이 서로 상호작용할 때 어떤 일이 일어나는지 알고 싶어하기 때문에 진행자는 장면의 주요 지점에 도달하면 3초 또는 3분이 걸리더라도 '본론으로 들어가기'를 사용한다. 이것은 연극을 '실시간'으로 유지하고 가능한 한 많은 참여자를 초대하여 즉흥극에 참여할 수 있게 한다.

배우가 인물이나 상황에 대해 더 많은 정보가 필요할 경우 청중에게 직접 질문한다. 예를 들면, "어디서 이런 일이 일어났죠?" 또는 "이 두 사람은 친구가 된 지 얼마나 됐나요?"라고 묻는다. 참여자로부터 정보를 얻는 것은 그들의 이목을 집중시키는 데 도움을 준다. 요점을 빨리 파악하면 이를 유지하는 데 도움이 된다.

양극단으로 치닫기

강력한 갈등은 드라마의 중심에 놓여 있다. 겉으로 보기에는 화해할 수 없는 관점에서 갈등을 해결하기 위해 애쓰고 있는 두 인물은 모든 연극 작품의 강력한 도약 지점이다. STOP-GAP에서 배우들은 반대 의견을 취하는 인물을 표현하도록 훈련받았다. STOP-GAP은 강하게 반대하거나 모순되는 견해를 표현하는 두 인물 또는 완전히 다른 태도로 상황에 접근하는 인물 사이에서 좋은 장면이 나올 것이라 믿는다. 도발적인 질문이나 진술, 예를 들면, "당신은 요청받은 일에 대해 아무것도 하지 않네요. 왜 언제나 삶을 어렵게 만듭니까?" 그리고 "나는 이곳에 살기 싫습니다. 오로지 규칙, 규칙, 또 규칙뿐이에요!"로 갈등을 유발하고 장면을 빠르게 전개시킨다. 상충되는 견해를 나타내는 인물들은 관객의 관심을 집중시키고 그들의 개입을 유지하는 데 도움이 된다.

캐릭터가 폭넓게 일치하거나 갈등이 너무 모호한 상황에서는 장면이 에너지를 잃고 제자리걸음 상태가 될 수 있다. STOP-GAP 배우 팀은 참여자들에게 갈등의 본질이 무엇인지 명확하게 알 수 있도록 하기 위해 강렬하게 반대하는 입장을 표현하도록 훈련받았다. 참여자들은 인물을 전개시키고 그들 사이의 대화를 쉽게 할 수 있는 대안을 제시한다는 점에서 대화에 기여할 수 있다.

본질(BULLSEYE) 꿰뚫기

본질은 STOP-GAP 방법의 가장 중요한 요소이며, 연극이나 장면의 핵심이다. 정말로 그 장면은 무엇인가? 행동, 갈등, 태도 속에서 이 인물들은 서로 의사소통을 하려고 하는가? 그들은 무엇을 두려워하는가? 어떻게 하면 이러한 장벽을 뛰어넘어 자신의 깊은 감정과 다른 사람들의 감정을 인식할 수 있는가? 어떻게 도움을 받을 수 있는가? 그들의 선택이 무엇인지 어떻게 발견할 수 있는가? 그들은 어떻게 효과적인 행동을 취할 수 있는가?

약물 남용에 대한 STOP-GAP의 연극 〈진통제(Killer Pain)〉에서 본질은 '어디에 상처가 있는가? 어디에 도움이 필요한가?'이다. 지난 몇 년 동안, 우리는 관객 참여형 연극 공연 및 치료적 드라마 세션에서 본질이 가장 중요한 사실임을 발견했다.

관객 참여형 연극에서 본질은 대본 작성 과정에서 결정되고 다듬어져 진행자와 배우에게 전달된 후 공연이 시작되기 전에 다시 전해진다. 전체 세션은 종종 익명의 카드에서 제안된 장면에서 즉흥적으로 만들어지는 치료적 드라마 프로그램이다. 이때 각 장면의 본질(치료적 드라마에서 중요인물로 알려짐)이 실제로 무엇인지 결정하는 것이 바로 진행자의 기술이다. 제안된 장면과 참여자의 즉흥 연기 사이를 오가면서 진행자는 장면의 실제적인 역동성이 무엇인지, 즉 행동을 실제로 주도하고 갈등을 촉발하는 것이 무엇인지를 청중과 함께 발견하기 위한 작업을 할 것이다. 따라서 무관심한 부모로부터 지지를 얻으려고 회복 중인 중독자에 관한 장면을 묘사한 카드를 선택했다면, 중독자가 자신의 계속되는 행동에 대해 다른 사람들을 비난하려는 것인지 또는, 중독자 스스로의 모습을 받아들이고자 하는 개인의 필요에 의해 선택한 것인지를 빨리 발견해야 한다.

'본질 꿰뚫기'의 책임은 팀이 담당하며 참여자들의 의견을 듣고 응답하면서 함께 작업하는 배우와 진행자가 긴밀하게 협력한다. 각각의 즉흥극은 작품의 본질을 훨씬 더 분명하게 만들어야 한다. 쇼가 끝날 때까지 참여자들은 작품의 본질이 무엇인지 명확하게 이해해야 한다.

STOP-GAP 규칙과 도구

STOP-GAP 방법의 구성 요소를 보충하고 장면에서 제기된 문제를 적극적으로 처리하며 본질에 도달하기 쉽도록 참여자를 깊숙이 관여시키는 데 사용되는 특정한 장치가 있다. 관객 참여형 연극과 드라마치료 프로그램 모두에 적용되는 이 장치의 가장 중요한 부분은 STOP-GAP에서 '일시 정지의 힘(The Power of the Pause)'으로 알려진 일시 정지(Pause)이다.

즉흥극의 중요한 순간이나 시점에 드라마치료사는 '일시 정지'라고 말할 것이다. 그러면 모든 행동과 대화가 즉시 중단된다. 진행자 또는 드라마치료사는 이 시점에서 인물의 감정에 관한 대화에 청중을 참여시키고 특정 인물의 선택이 무엇인지에 대한 의견을 묻는다. 정지된 장면에서 참여자와 드라마치료사(종종 역할을 맡은 배우들) 사이에서 이루어지는 대화는 때로는 활기차거나 어둡기도 하지만 항상 통찰력이 있다. 일시정지 중 참여자는 인물의 감정을 탐색하고 연관 지을 수 있다. 배우는 청중의 반응을 주의 깊게 살피고 인물에 대해 더 많은 정보를 수집한다. 인물이나 궁극적으로 청중을 위한 선택은 이 대화와 효과적인 의사소통, 안전하고 건강한 생활, 역할, 행동 및 감정에 대한 이해 증진과 관련된 선택을 통해 나타나기 시작한다(Laffoon & Diamond, 2000).

일시 정지 중 대화는 동료 상호간의 지지 및 격려, 개인 지식, 경험 및 친밀감을 공유하거나, 상담자의 공감을 통해 나타나는 권고보다 참여자에게 훨씬 의미 있고 신랄하며 냉소적인 영향을 미치는 새로운 역할이 등장할 수 있는 기회를 만들어 준다.

STOP-GAP 방법은 장면에 필수적인 경우가 아니라면 거슬리는 표현인 속어와 욕설과 같은 부적절한 언어의 사용을 권장하지 않는다. 이런 언어는 장면에 주의를 집중시키기보다는 주의를 분산시킬 가능성이 더 높기 때문이다(Laffoon & Diamond, 2000). 이는 특히 매우 감각적인 장면과 대화를 지향하는 청소년들에게 더욱 영향이 크다. 적절하고 현실적인 언어 사용은 자극적이거나 선동적인 대신 적극적이고 집중적인 방식으로 자신의 의견을 전달하는 연습을 할 수 있는 기회를 제공한다.

억양 역시 비슷한 이유로 사용되지 않는다. 일반적으로 젊은 청중 집단은 억양으로 인해 장면의 의도를 보려고 하기보다는 오히려 사투리로 인해 산만해질 수 있다. 마찬가지로, 신체 언어가 인물을 구성하는 데 도움이 될 수 있지만, STOP-GAP 방법은 인물의 정형화된 방식이나 행동을 연기하도록 하지 않는다. 예를 들어, 노약자, 아동, 또는 술이나 마약에 중독된 사람을 연기하는 STOP-GAP 배우는 자신의 걸음걸이나 말투를 바꾸지 않는다. STOP-GAP 방법은 고정관념이 아닌 감정을 연기 함으로써, 가령 배우가 '정말로 술에 취한 것처럼 연기'하는지를 결정할 때 청중 집단이 산만하지 않게 해 준다(Laffoon & Diamond, 2000).

참여자의 개입은 STOP-GAP 방법의 핵심이다. 분명히, 가장 큰 영향을 미치는 문제에 관해 청중과 더 많은 대화를 할수록 즉흥극은 더 큰 울림을 주고 현실적으로 보다 의미 있게 다가갈 것이다. 그러나 STOP-GAP 방법은 청소년들과 함께 작업할 경우 청소년 개인이 직접 즉흥극에 역할을 맡게 하는 것이 더욱 효과적이다. 여기에 참여한 청소년들은 그들의 또래와 STOP-GAP 팀을 즐겁게 도와주면서 적극적이고 효과적인 의사 전달자나 조언자, 도움이 되는 친구 또는 가족 구성원의 역할에 내재한 타당성 및 권한에 대한 자신들의 생각을 말로 표현하고 경험할 기회를 갖는다 (Laffoon et al., 2001).

STOP-GAP 방법은 극 중에 개입된 모든 참여자에게 집중하고, 권한을 부여하며, 건전한 역할을 수행하도록 요구한다. 이는 STOP-GAP 방법의 핵심 가치이기 때문에 강조해도 지나치지 않는다. 드라마치료사는 극 중 참여자뿐만 아니라 나머지 청중도 안전하게 지켜야 할 책임이 있다.

적절한 형식 선택

STOP-GAP은 관객 참여형 연극, 드라마치료 및 치료적 드라마를 구분하고 있다. STOP-GAP의 주제 중심 관객 참여형 연극 레퍼토리는 치료법보다 유익하고 교육적이어서 오렌지나무 아이들의 집에 머무르는 청소년과 남부 캘리포니아 전체 학생들이 이용할 수 있도록 제공된다. STOP-GAP은 쉼터에 머무르는 대부분의 청소년이 임상 치료사를 따르지 않는 것을 알고 있다. 그들이 매우 잠시 그곳에 머무르는 동안 그들의 상황은 종종 상당히 신속하게 해결된다. 이러한 집단의 경우 임상적인 후속 조치 없이 더 깊은 치료 과정에 참여시키는 것이 부적절할 수 있다.

STOP-GAP은 다양한 상황 및 요구를 잘 충족시키기 위해 오렌지나무의 직원과 긴밀히 협력하여 쉼터 거주자의 요구가 무엇이며 가장 적절한 개입이 무엇인지를 결정한다. 여기에는 특정 연구 단위와 연계한 교육용 프레젠테이션, 소규모 집단에 적절하면서 당면한 문제를 다루는 치료적 드라마 워크숍, 또는 집단에서 제기된 문제에 대한 접근성이 좋으며 진행 중인 임상의 후속 조치와 문제를 결합시켜 다루는 드라마치료 세션 등이 있다.

STOP-GAP의 관객 참여형 연극

각각의 관객 참여형 연극은 일상생활에서 아이들이 직면하고 있는 상황을 다룬다. 이러한 문제에는 데이트 강간, 10대 임신, 에이즈, 갈등 해결, 약물 남용, 알코올 중독, 개인 안전, 편견 및 의사 결정이 포함된다. 연극은 모두 매우 짧은(7~15분) 대본으로 시작하며, 그 후 진행자는 청소년들에게 등장인물 앞에 놓인 선택지에 대한 대화를 안내하고 청중에게 그들이 딜레마를 효과적으로 해결할 수 있게 등장인물을 위한 시나리오를 작성하고 제안하도록 권장한다.

STOP-GAP은 전문 배우와 주도면밀하게 훈련된 진행자로 하여금 눈을 뗄 수 없는 퍼포먼스로 가장 저항력이 강한 청중도 궁극적으로는 참여할 수 있게 한다. 그러나 더 중요한 것은 어린 청중들은 자신의 경험에서 비롯된 아이디어와 제안이 받아들여져 스토리 라인에 구현되는 것을 통해 강화되고 검증된다는 것이다. STOP-GAP 연극이 끝난 뒤 진행자에게 전달된 오렌지나무 아이들의 메모에는 다음과 같이 적혀 있었다.

> "우리와 같은 눈높이에서 이야기해 줘서 감사합니다. …… 여러분은 우리 10대들이 직면해야만 하는 상황에 대해 진심으로 이해하고 있는 것처럼 보입니다."
>
> − Jenna, 오렌지나무 아이들의 집 거주자

배우와 진행자는 각 프레젠테이션이 청중에게 성공적인 경험이 될 수 있도록 만들어 줌으로써 집단이 상호 존중을 느낄 수 있게 하며, 종종 활발한 대화가 주제의 핵심으로 향하도록 유도하고 안내하거나 방향을 조절한다.

드라마치료의 STOP-GAP 방법

드라마치료사의 역할은 집단의 감정, 아이디어 및 의견을 듣고 명확하게 한 뒤 이를 반영하여 효과적인 해결책이 있는 장면으로 유도하는 것인데, 이것이 반드시 '행복한' 결말은 아닐 수도 있다. 행복한 결말이 언제나 현실적인 결말은 아니다. STOP-GAP의 목표는 삶에 긍정적인 변화를 초래하는 유용한 도구와 기술을 통해 그 문제에 대한 집단의 감정을 해소해 주는 것이다.

드라마치료사의 안내하에 STOP-GAP 드라마치료에는 앞서 설명한 STOP-GAP 방법의 다섯 가지 구성 요소를 사용하는 즉흥 역할극이 포함되어 있다. 하지만 이런 장면들은 드라마치료사의 유도와 참여자들의 실제 경험을 바탕으로 만들어졌다(Laffoon & Diamond, 2000). STOP-GAP 드라마치료 세션에서는 내담자 자신이 문제를 확인한다.

STOP-GAP은 드라마치료사의 익명성이 보장되고 위협적이지 않은 방식을 활용하여 내담자로부터 이러한 문제들을 이끌어내는 방법론을 개발했다. 이 과정에서는 '누가−무엇을−어디에서(WHO-WHAT-WHERE)' 카드를 사용하여 그들의 인생에서 가장 중요한 인물들과 그들 사이에서 벌어지고 있는 상황들을 역할극을 통해 파악할 수 있다. 그들이 역할극을 벌이는 상황은 과거에 일어난 것일 수 있으며, 현재 일어나고 있는 일 또는 그 상황과 관련된 미래에 발생할 수 있는 일과 직접적으로 연관된다.

내담자들은 카드에 두 인물(WHO)을 나타낼 수 있으나, 이름을 밝히지 않아도 된다. 예를 들면, 이성 친구, 친구, 부모님, 아이들, 형제자매, 선생님, 상담가, 심지어는 그들의 삶에 영향을 미칠지도 모르는 신(神)도 포함된다. 상황(WHAT)은 두 인물 사이에 어떤 일이 있었는지를 간략하게 설명할 수 있어야 한다. 혼동이나 의견 차이는 없는가? 인물들 중 한 명에게 어떤 조언이 필요한가? 인물들이 밤에 잠 못 들게 할 만큼 궁금한 것이 있는가? 또한 어디에서(WHERE) 그 상황이 벌어지고 있는지를 묻는다. 부엌이나 교실처럼 특별한 곳일 수도 있고 미래나 '내 머릿속에 있는 것'과 같이 상당히 모호한 곳일 수도 있다([그림 10-2]).

드라마치료사는 이 카드를 출발점으로 삼아, 집단의 참여를 통해 인물(가명, 나이, 기타 세부사항들을 포함함)을 만들고 그들의 감정을 확인한다. 드라마치료사는 장면을 시작하기 위해 집단에게 어떤 인물이 첫 대사를 하고 어떤 인물이 될 것인지를 물어볼 것이다. 지정된 인물은 정확히 그 대사를 들리는 대로 반복해야 하며, 그 시점부터 그 장면은 완전히 즉흥적으로 묘사된다. 드라마치료사는 극중 인물들의 감정과 행동을 탐구하고 인물들의 선택에 대해 참여자들의 대화를 자극하기 위해 중요한 순간에 장면을 멈춘다.

참여자가 선택할 때, 내담자는 역할에 개입하고 긍정적이고 권한이 부여된 역할

누가: 1) 계모
2) 딸

무엇을: 계모는 딸에 대한 질투가 심해 언제나 딸에게 상처를 줄 방법을 찾는다. …… 현재 그들은 서로를 증오한다.

어디에서: 집 안

그림 10-2

을 수행함으로써 그 행동의 일부가 될 수 있다. 역할을 맡은 내담자는 자신의 삶을 반영한 역할극을 하는 상황에서 동료들로부터 지원과 격려를 받는 동시에 STOP-GAP 팀으로부터 새로운 관점과 통찰력을 발견하게 된다. 드라마치료의 STOP-GAP 방법은 내담자들에게 안전하고 지지적인 분위기에서 이 문제를 직면하고 그들의 삶에서 중요한 사람들과 마주하는 것을 연습할 수 있는 기회를 제공한다(Laffoon & Diamond, 2000).

자신감 넘치고, 현명하며, 도움을 주는 역할을 맡은 참여자들은 피해자 역할보다는 승리자 역할을 경험할 수 있는 기회를 갖는다. 이는 피해자 역할 선택을 통해 참여자들의 피해 의식을 제거하기 위한 STOP-GAP 방법의 의도이다. 배우들은 항상 부적절하게 행동하거나 이용당하거나 조언을 필요로 하는 역할을 연기한다. 피해자를 연기하는 것은 참여자들이 취약한 상태에 있음을 보여 준다. 일부 참여자는 그것과 너무도 친숙하다. STOP-GAP 방법은 참여자들이 피해가 일시적일 수 있다는 것을 인지하도록 노력한다. 드라마치료사는 내담자에게 항상 긍정적이고 성공적인 역할극 경험을 제공하기 위해 장면을 유도하고 배우들에게 세심한 지시를 해야 한다(Laffoon & Diamond, 2000).

또한 STOP-GAP은 사이코드라마 또는 재연 연극에서 의도하는 것처럼 어떤 사람의 이야기를 연기하는 것은 피하고, 실제로는 참여자들이 '소유한' 카드를 말하거나 STOP-GAP 팀이 연기하게 될 수 있는 카드가 누구와 관련된 것인지 이야기하지 못하게 한다. 궁극적으로, STOP-GAP의 목표는 집단 전체가 공감하고 모두가 안전하고 편안한 방향으로 문제와 감정을 탐색하기 위한 하나의 집단 경험이 될 수 있는 장면을 만드는 것이다.

STOP-GAP 치료적 드라마

치료적 드라마 워크숍은 여러 가지 면에서 드라마치료 세션과 다르다. 첫째, 치료적 드라마는 드라마치료사보다 훈련된 진행자에 의해 진행된다. 둘째, STOP-GAP

이 '사전에 계획된 실행(사전에 결정된 오프닝 장면)'이라고 부르는 것에서 시작한다. 셋째, 치료적 드라마는 주로 임상적 후속 조치를 보장하지 않는 문제를 다루는 내용에 훨씬 더 호의적이다. 그러한 주제에는 개인적 책임, 동료의 압박, 미래를 위한 계획 등이 포함될 수 있다. 일단 문제가 확인되면 STOP-GAP 팀은 그 갈등을 설정하기 위한 오프닝 장면을 계획한다. 집단은 여전히 '메뉴 만들기'와 '감정에 집중하기' 단계에 있으며, 장면은 즉흥적이지만 배우들은 사전에 합의된 본질을 인지하고 있다. 청소년들은 이 시점에서 다음 장면들이 진행될 방향을 만들어 내기 때문에 오프닝 이후의 장면들은 완전히 즉흥적이다.

오렌지나무 아이들의 집에서 실시된 최근의 세션에서 아버지 역할을 맡은 10대 소년은 STOP-GAP 배우가 연기한 그의 아들이 미래를 위한 계획을 세울 수 있도록 격려했다. 아들이 저항하자 오렌지나무에 머무르는 소년은 아버지 역할을 하며 일어서서는 벨트를 푸는 것과 같은 동작을 취했다. STOP-GAP 진행자는 그 장면을 잠깐 멈추고 아들에게 폭력을 행사하지 않고 그의 관점을 이해할 수 있는 방법이 있을지 생각해 보도록 했다. 소년은 잠시 생각하다가 고개를 끄덕였다. 그는 뒤로 물러나서 아들의 미래에 대한 걱정과 아들이 가진 것보다 더 많이 원했던 것에 대해 침착하게 이야기하기 시작했다.

요약

STOP-GAP 방법은 드라마치료와 사이코드라마의 차이가 모호해지는 것을 막기 위해 열심히 작업한다. 관객 참여형 연극과 드라마치료 워크숍 모두 즉흥극과 관련되어 있고, STOP-GAP 방법은 특정 개인의 실제 경험이 아닌 참여자 개인의 경험에 근거하여 장면을 만들어 낸다. 드라마치료에 사용되는 카드는 익명성이 보장되며 카드 작성자들의 신원은 드라마치료사, 배우들 그리고 나머지 내담자에게 드러나지 않는다. 만약 작성자가 자신을 드러낸다면, 드라마치료사는 집단이 만들어 낸 인물에 초점을 맞추도록 집단을 이끌어야 한다. 나아가 특정한 내담자가 그 장면에서 연기하는 것을 피하도록 하는 것이 더 적절한 경우가 많다. 이러한 방법으로 참여자들은 최대한 거리를 유지할 수 있으며, 가능한 한 많은 관점과 확신을 가질 수 있다(Laffoon & Diamond, 2000).

STOP-GAP이 지역사회에 기반을 둔 기관의 단기 거주자와 함께 작업하고 있기 때문에 안전망 중심의 접근법이 분명히 필요하다. STOP-GAP은 매주 집단이 어떻게 구성될지 예측할 수 없으며, 각 세션 후 내담자들이 이용할 수 있는 후속 상담 및 관리를 통제할 수 없다. 일부 시설에서는 전문 임상의가 배치되어 있고 거주자에 대한 정기적인 개인 상담을 의무화하고 있는 반면, 다른 시설에서는 최소한의 치료 지원만 제공할 수도 있다. STOP-GAP은 내담자의 요구사항을 계속해서 알리기 위해 활동하는 사이트와 적극적인 커뮤니케이션 및 지원 업무를 지속적으로 유지하고 있다.

STOP-GAP이 함께 작업한 오렌지나무 아이들의 집 청소년들은 인생의 변화를 저해하는 엄청난 일들을 겪어 왔다. 이들은 학대, 방치, 중독, 폭력 또는 노숙으로 황폐화되어, 많은 경우 어려움에 직면할 때 이와 연관된 감정이 폭발하여 대처하는 능력이 심각하게 손상되어 있었다. STOP-GAP의 각 프로그램이 갖고 있는 궁극적인 목표는 개인의 감정에 대한 조절력을 높이고 감정을 다루는 인식과 도구를 촉진시키는 것이다(Laffoon & Diamond, 2000).

우리 모두는 삶에서 갈등, 어려움, 의심, 두려움에 직면할 것이다. 그리고 우리 대부분은 변화의 불확실성을 견뎌 낼 것이다. 하지만 우리가 삶을 어떻게 인식하고 대응하는가는 스스로의 감정에 얼마나 연결되어 있는가에 따라 직접적인 영향을 받는다(Goleman, 1995).

높은 수준의 불안감을 겪는 사람들은 대개 효과적으로 대응할 수 없고 정보를 정확하게 처리하는 능력이 심각하게 저하되어(Goleman, 1995), 효과적인 의사소통과 건전한 선택 및 스스로의 삶을 책임지는 것이 거의 불가능하다. Goleman에 따르면 감정을 조절하는 것은 개인의 효율성과 성공적인 목표를 위해 중요한 요소이다.

STOP-GAP 방법은 통찰력, 개인 성장 및 자기인식을 위한 촉매 역할을 한다. 오렌지나무 아이들의 집에 살고 있는 청소년들은 각계각층에서 왔지만, 종종 억제되거나 더딘 감정 발달을 보인다. STOP-GAP 방법은 그들이 자신을 더 잘 인식하고 자신의 감정에 더 집중할 수 있게 하여 삶을 재설계함으로써 자의식을 재건할 수 있도록 도와준다.

STOP-GAP 방법은 '인생을 예행연습'할 수 있는 기회를 제공함으로써 청소년들의 역량과 자신감을 일깨우기 위해 노력하고 있다. STOP-GAP은 이 과정을 통해 오렌지나무의 청소년들이 미래로 가져갈 강력하고 긍정적인 메시지를 내면화시키길 희망한다.

참고문헌

Goleman, D. (1995). *Emotional intelligence: Why it can matter more than I.Q.* New York: Bantam Books.

Laffoon, D., Bryan, V., and Diamond, S. (2001). Life journeys: The STOP-GAP Method with elders. In N. Weisberg and R. Wilder (Eds.), *Expressive arts with elders* 2nd ed. London: Jessica Kingsley Publishers.

Laffoon, D., & Diamond, S. (2000). Hitting the bull's eye: The STOP-GAP Method. In P. Lewis & D. R. Johnson (Eds.), *Current approaches in drama therapy* (pp. 241-259). Springfield, IL: Charles C Thomas.

Rogers, C. (1961). *On becoming a person: A therapist's view of psychotherapy.* Boston, MA: Houghton Mifflin Company.

CHAPTER 11

위탁 가정의 아동을 위한 미술치료: 'Nina'와 흉폭한 동물들

ALLISON HURWITZ

Carlos는 지점토로 커다란 괴물을 만들고 있다. Carlos는 '매우 화가 난' 이 괴물을 꾸미기 위하여, 많은 눈알과 잘라 낸 담배 청소 도구 조각들을 붙였다. Carlos가 작품을 완성해 갈수록, 그는 더 많은 지점토를 덧붙여서 괴물은 점점 더 커지고 커졌다. 괴물은 너무나 커져서 작품을 올려놓은 테이블 위에 얹은 판지 가장자리 밖으로 벗어날 정도였다. 괴물을 지탱하기 위해, 나는 더 견고하고 더 큰, 스티로폼으로 된 판지를 아래에 놓자고 제안했다. 판지를 벗어나서 쓰러질 위기에 처한 화난 괴물은 Carlos가 가진, 4세 소년이 감당하기에는 벅찰 정도로 너무나 강렬한 분노에 대한 딱 맞는 비유 대상이다. 자신의 감정들을 견디거나 이해하지 못하기 때문에, Carlos는 그가 할 줄 아는 오직 한 가지 방법인, 공격적이고 파괴적인 행동들을 통해서 감정을 방출하려고 한다. Carlos는 가구들을 집어 던지고, 학교의 선생님과 친구들을 때리고, 스쿨 버스의 창문을 발로 차려고 하는 행동들을 보였다. 자신의 분노를 직접적으로 인지하는 것은 위험해 보였기 때문에, 나는 미술치료를 통해 Carlos가 자신의 감정을 표현할 대안적인 수단을 제공하고자 했다. 미술치료를 통해, 나는 감정을 표현할 도구들을 Carlos에게 제공함으로써 더 이상 Carlos가 위험한 방식으로 감정을 표현하지 않게 되기를 희망했다. 또한 나는 Carlos에게 그의 분노가 계속 지속되어야 할 필요는 없고, 우리가 감정들을 다룰 방법들을 함께 찾아낼 수 있다는 것을 알려 주고자 하였다.

매일매일, 나는 내 사무실에 찾아오는 아이들이 괴물, 악어, 피자 파이, 미이라, 아기들에 관한 장황한 이야기를 만들어 내는 동안 물감, 지점토, 모래가 남긴 잔해들을 견뎌 내야 했다. 특별한 치료가 필요한 아이들을 위한 초등학교 미술치료사로서, 나는 미술치료와 놀이 활동을 통합한 개별 또는 소그룹 치료를 진행했다. 치료를 통한 전문적인 도움이 필요한 아동들의 소개는 나의 교실 관찰, 아이의 사회적 배경, 담임 선생님, 사회복지사, 그리고 작업치료사, 물리치료사, 언어치료사와 같이 분야에 관계된 직원들, 마지막으로 학교 심리상담가까지 다양한 정보 제공자로부터 온다. 이러한 정보들은 아주 다양하고, 마찬가지로 아동이 미술치료에 소개되는 이유 또한 다양하다. 이러한 아동들은 일반적으로 공격적 행동, 파괴적 행동, 과잉 행동, 산만함, 학습 능력 부진, 내성적 행동, 긴장, 우울증, 상호적 인간관계 형성에서의 어려움, 선택적 함묵 등의 증상을 보인다.

시간이 지남에 따라 나는 개별 혹은 소그룹 미술치료 시간에 보았던 아이들이 가진 공통점을 알아차렸다. 아동들의 문제, 행동, 개인별 기질은 꽤나 달랐지만, 많은 아이가 가진 공통점은 어린 시절에 위탁 가정에서 자랐던 경험이 있다는 사실이었다. 자신의 부모와 가정으로부터 떨어지는 경험은 그 자체로 혹은 그로 인해 아이에게 두려움과 혼란을 가져다준다. 위탁 가정에 있었던 모든 아이는 친부모, 친숙한 환경과 사회로부터 이별을 한다. 아이들이 위탁 가정 시스템 아래에 놓이게 되면 대부분 친부모로부터 떨어지게 되는데, 이는 친부모로부터의 학대나 방치 때문이다. 아이들은 약물에 양성 반응을 보이는 중독 상태로 태어났을 가능성도 있다. 약물 중독은 아이를 친부모로부터 격리하는 원인도 되지만, 아이의 발달장애로 이어질 수도 있다. 때때로 아이들의 친부모가 사망했거나 자녀를 돌보기에 너무 아파서 어쩔 수 없이 또 다른 가정에 아이를 맡겨야 했을 수도 있다. 이러한 이유들 외에도, 부모가 감옥에 있기 때문에 위탁 가정으로 보내진 아이들도 있다. 기존 양육자로부터 아동을 분리시켜 위탁 가정으로 보낸 원인인 학대, 방치, 유기, 질병, 노숙, 가난에 대해 생각해 본다면, 이런 아이들이 마음의 상처를 지닌다는 것은 당연한 결과이다. 아이들이 종종 보여 주는 혼란스럽고 위압적인 행동의 문제들도 마찬가지로 마땅한 결과이다.

통계

학대나 방치로 의심되어 위탁 가정으로 보내진 아동들의 수에 대한 통계는 충격적이다. 1999년 9월 30일까지의 아동보호기금(Children's Defense Fund) 통계 자료에 따르면, 56만 8,000명의 아동들이 위탁 가정에 있다. 이러한 아동들이 위탁 가정에 머무르는 평균적인 기간은 34개월이다. 위탁 가정에 있었던 아동들의 절반 이상이 18개월보다 오래 머물렀다(Children's Defense Fund, 2000). 1998년에 아동 학대 혹은 방치 의심 사례는 280만 개로 보고되었다. 이 중 90만 명 이상의 아동들이 학대 혹은 방치의 피해자로 드러났다(Children's Defense Fund, 2000, 1분기; U.S. Department of Health and Human Services, 1999). 이 수치들은 방대한 수치 그 자체로도 끔찍하지만, 이 수치들이 암시하는 고통의 정도도 끔찍하다. 그러나 여전히 더 끔찍한 점은 여태 보고되고 확정되었던 사례들의 수보다 실제 일어나고 있는 아동 학대와 방치 사례의 수가 10배에서 16배 정도 더 높을 것이라는 전문가들의 의견이다(Levy & Orlans, 2000a).

위탁 가정에서의 생활이 아동에게 끼치는 영향

아동의 신체적 안전성이 보호되어야 한다는 점이 가장 중요한 건 맞지만, 항상 아동의 정서적 행복과 발달에 충분한 관심을 기울이지는 않는다. 종종 아동들은 친부모에게서 분리되고, 친부모에게로 다시 돌아오거나, 새로운 위탁 가정에 놓여지는데, 이때 '왜 이런 일이 일어나는가'에 대한 설명이 거의 주어지지 않는다. 몇몇 사회복지사에게, 어린아이들은 자신의 상황을 이해하지 못할 것이라는 믿음이 깔려 있는 듯하다. 이러한 이유로, 사회복지사들은 아동의 발달 단계상 적절한 수준으로 어떤 방식으로 아동에게 설명을 해 주어야 하는지에 대해 알지 못하고, 알려는 노력조차 하지 않는다. 또한 사회복지사들은 학대나 방치로 인한 부모와의 이별과 위탁 가정에서의 삶이 아이들에게 심리적으로 중대한 영향을 가질 수 있다는 점을 이해하기 위해 필요한 훈련이나 연수를 받지 않는다. 나의 치료 경험과 많은 연구는 심지어 아주 어린 아이들도 보호자와의 이별과 어린 시절의 트라우마에 의해 큰 영향을 받을 수 있다는 점을 보여 준다.

전문가들에 의하면, 대부분의 아동은 3개월 무렵부터 다른 사람들(다른 가족 구성원들도 포함해서)에 비해 '엄마'에게 차별적인 반응을 보여 준다는 충분히 많은 증거가 있다. 이 시기의 아동들은 다른 사람에게보다 엄마에게 더 쉽게 미소를 보이고, 목소리를 내어 엄마를 부른다. 또한 다른 이들과 비교해서 더 긴 시간 동안 엄마를 눈으로 쫓는다(Bowlby, 1969). 게다가 유아기의 아동들에 대한 연구에서, 6개월 아동들의 대부분이 엄마가 방을 떠났을 때 울음을 터트렸고, 엄마가 방으로 다시 돌아왔을 때 미소로 그녀를 반기고 팔을 들어 올렸다(Ainsworth, 1967 참조). 유아기의 아동들이 보호자와 떨어졌을 때, 아동들은 통제 불가능한 울음, 소극적 행동, 음식이나 놀이에 대한 흥미의 상실과 같이 슬픔을 드러내는 반응을 보인다는 사실이 알려졌다(Ruskai-Melina, 1986). 아동들의 애착 형성과 상실에 대한 전문가인 John Bowlby(1980)는 어린 아동과 기존 양육자로부터의 분리 또는 이별은 지속적인 심리적 상처를 남길 것이라고 말한다. 그는 또한 사랑하는 사람의 손실을 "사람이 겪을 수 있는 가장 심하게 고통스러운 경험들 중 하나"라고 묘사한다(Bowlby, 1980, p. 7). 6개월에서 3세 사이의 아동과 보호자 간의 분리는 아동에게 감정적 손상을 남길 가능성이 크다. 이는 이 시기의 아동이 일반적으로 낯선 사람에게 긴장을 느끼기 때문일 수도 있고, 또한 그들이 대체로 언어 능력에 한계를 지니기 때문일 수도 있다

(Committee on Early Childhood, Adoption, and Dependent Care, 2000). 출생에서부터 세 살 사이의 나이에 트라우마를 겪는 아동들에 대한 트라우마 전문가 Lenore Terr의 연구는 이런 아동들이 모두 트라우마에 대한 행동적 기억을 가진다는 점을 보여 준다. 트라우마에 대한 행동적 기억은 놀이, 악몽, 두려움, 트라우마를 일으킨 사건의 재현 등으로 나타난다(Terr, 1988).

이런 점들에 비추어, 학대를 당하고 보호자와의 애착 관계가 심각하게 손상된 입양 아동들이 더 높은 빈도의 중대한 정서적 불안을 보여 주고 상호적 인간관계 형성에 더 큰 어려움을 겪는다는 점은 놀랍지 않다(Levy & Orlans, 2000b). 만약 태어나서부터 처음 6개월 동안에 양육자가 정서적으로나 신체적으로 아동을 돌봐 주지 못하거나, 그 대리 역할을 해 줄 지속적인 보호자가 없다면, 아이는 애착을 형성할 기회를 놓쳐 버린다(Koplow, 1996). 보호자와 애착 관계를 형성하는 데 실패하는 것은 아동의 사회적이고 정서적인 기능(예: 애정과 충동의 자기통제, 한계를 받아들이는 능력, 기본적 신뢰의 형성, 건강한 인간관계를 형성하는 능력)의 부족으로 드러난다(Levy & Orlans, 2000a). 여러 번 반복되는 정서적 불안은 어떤 시기의 아동들에게라도 위험하고, 성인이 되기 전에 아동이 친부모와 재결합을 하더라도, 종종 위탁 가정으로 다시 돌아오거나 아동에게 지속적인 심리적 트라우마를 가져다주는 결과를 낳는다(Simms, 1991). 위탁 가정의 아동들이 직면하는 심리적 문제들에 대한 인식의 재고가 이러한 아동들을 돕기 위해 꼭 필요한 재정 할당을 증가시킬 것이라는 전망이 나의 희망이다. 재정이 증가한다면 위탁 가정만으로부터가 아니라 한 가정에서 또 다른 가정으로, 기존 양육자에서 또 다른 양육자로의 이동이 초래한 트라우마와 혼란을 다루는 중요한 업무를 행할 수 있는 여건이 마련될 것이다.

위탁 가정의 아이들을 위한 미술치료

위탁 가정의 아이들이 안전하게 그들의 감정을 표현하고, 상실에 대한 슬픔을 표현하는 데 있어서 미술치료는 아주 효과적인 형태이다. 미술치료는 인간의 기본적인 생각과 감정이 무의식에서 시작되고, 그러므로 언어보다는 시각적 이미지에서 생각과 감정이 더 완전하게 표현된다는 믿음에 전제를 둔다(Naumberg, 1958). 언어보다는 시각적 상상이 더 간접적인 표현의 형태이기 때문에 더 안전하기도 하다. 미술치료사들은 아동이 자신의 상상력 속에서 마음의 안정을 유지할 수 있도록 해 주면서, 아동의 예술 작품을 해석하고, 그것이 보여 주는 아동의 감정을 발견할 수 있도록 특별히 훈련된다. 미술치료는 언어적 표현이 미숙한 아동들에게 특히 유용하다. 학습장애가 있는 아동에게, 미술치료는 이해가 더 잘 되게 자신을 표현하는 수단이 될 수 있다. 이 점은 위탁 가정의 아동들과 미술치료를 할 때에 장점이 될 수 있다. 왜냐하면 위탁 가정의 아이들은 다른 아이들에 비해 높은 확률로 신체적 문제, 발달 문제, 학습 능력 부족, 정신적 문제를 가지는 것으로 알려져 있기 때문이다(Sedlak & Boadhurst, 1996).

앞서 말했듯이, 위탁 가정의 많은 아이는 자신이 위탁 가정에 오게 된 이유와 관련이 있는 트라우마뿐만 아니라, 원래의 양육자와 가정으로부터 분리되었다는 상실감을 경험한다. 미술치료는 이런 트라우마와 상실감으로 힘들어하는 아이들에게 특히 더 도움이 될 수 있다. 첫 번째 이유는, 트라우마 경험은 종종 감각기관의 기억으로 저장되기 때문이다. 그러므로 미술치료 과정은 언어적 치료가 하지 못하는 방식으로 트라우마 경험들에 접근할 수 있다. 이로써 트라우마와 관련이 있는 감정들은 억눌러질 수 있다. 미술치료는 '기억'과 '감정'의 두 가지 분리된 세계를 연결하는 다리의 역할을 할 수 있다. 예를 들어, 아동 학대로 인해 함부로 말을 하면 안 된다는 강한 압박이 아동을 억누르는 경우가 있다. 이는 학대가 자신의 잘못이거나, 자신은 학대를 받을 만했다는 아이의 믿음에 의해 악화된다. 그 결과로 이런 아동들은 학대의 기억을 받아들이는 것을 더 어렵게 만드는 죄책감에 많이 시달린다.

미술치료가 위탁 가정의 아동들에게 도움이 될 수 있는 두 번째 이유는 아동이 트라우마와 상실감에 대해서 직접 말하는 것이 어렵다는 점이다. 트라우마나 상실에 대해서 이야기하는 것은 그 일이 다시 일어나고 있는 것처럼 그 일에 대해서 너무 사실적인 느낌을 준다. 그러나 예술 작품을 만드는 작업은 트라우마와 관련된 감정과 기억들이 덜 위협적이고, 좀 더 자유롭게 나타날 수 있게 해 준다. 예술 작품을 만드는 작업은 아동들이 자신들의 감정을 외부의 이미지로 투영할 수 있게 해 준다. 자신들의 감정이 예술 작품에 표현되면, 그 이후로 아동들은 작품의 이미지가 나타내는 감정과 기억들에 사로잡히지 않는다. 아이들은 치료사와 함께 안전하게, 압도당하는 기분이 들지 않게, 자신들의 감정과 기억들을 들여다볼 수 있다. 트라우마의 피해자에게 창의적 예술치료와 비언어적 치료는 선택적 치료로 고려될 수 있다. 가정폭력 사무처(Office of Domestic Violence and Intervention Services)와 뉴욕 인적자원 행정부(New York City Human Resources Administration)의 조정/중재 용역은 가정폭력을 겪은 아동과 성인 모두에게 가장 효과적인 치료의 형태가 미술치료라고 본다. 가정폭력 사무처와 뉴욕 인적자원 행정부의 조정/중재 용역이 관리하는 보호소에서 미술치료사의 고용이 증가하였다는 점이 그 증거이다.

예술은 현재의 현실 상황과 과거의 고통스러운 기억들을 잇는 연결고리가 될 수 있다. 예술은 아동이 현재의 안정감을 벗어날 필요 없이 과거를 재경험할 수 있도록 해 준다. 미술치료의 장점은 한 가지 더 있는데, 아동이 자신의 감정과 기억을 비선형(非線形)적인 방식으로 재경험할 수 있도록 한다는 점이다. 이는 사건의 시간 순서와 시간의 연속성에 대한 개념을 이해하는 데 어려움을 겪는 미취학 아동들과 미술치료를 할 때 도움이 된다.

위탁 가정의 아동이 가지는 임상 문제

연구자들에 따르면 학대, 방치, 가난, 약물 남용, 양육자의 정신적 문제는 아동의 정서 불안을 가져오는 위험성을 낳는다(Orme & Buechler, 2001). 자신들의 삶에서 일어난 일 때문에 위탁 가정으로 보내진 아이들은 일반적으로 안전하고, 보살핌을 주고, 신뢰 가능한 양육자와의 경험이 적다. 더욱이, 원래의 집으로부터 떠나온 아이들은 새로운 생활을 시작하기 위해 친숙했던 생활—주변 사람들, 아파트, 장난감, 이웃—을 두고 떠나야만 했을 것이다. 이런 방식으로 생활을 뿌리째 바꾸는 것은 안정감을 가지고 잘 적응하는 아이에게도 어느 정도의 스트레스를 불러일으킬 것이다. 설령, 긍정적인 것일지라도 생활의 변화는 스트레스의 주요 요인으로 여겨진다. 왜냐하면 아이들에게는 새로운 상황에 잘 적응하지 못할 수도 있다는 두려움이 종종 동반되기 때문이다(Phares, 1991). 우리는 자신감과 안정감에 손상을 입은 아동이 가지는 두려움과 긴장감은 심화될 수밖에 없다는 점을 알고 있다. 그러므로 위탁 가정의 아동들, 특히나 여러 집을 거친 아동들이 행동 문제와 감정 문제에 관련된 더 큰 위험에 처해 있다는 사실은 당연하다. 위탁 가정의 아동들이 직면한 문제들은 충동과 감정을 통제하는 데 있어서의 어려움, 결핍과 빈곤, 낮은 자존감과 부정적인 자아 인식, 자기 영역의 부재, 학습 능력 장애, 상호적인 인간관계 만들기에서의 어려움, 죄책감과 수치심, 상실감, 양육자와의 애착 부족, 공격적 행동, 트라우마, 과민 반응, 거부감, 애정과 관심에 대한 강박 등이다(Levy & Orlans, 2000a; Koplow, 1996).

과민 반응을 보이는 위탁 가정의 아동

위탁 가정을 여러 번 거쳐간 적이 있는 많은 아동은 주의력결핍 과잉행동장애(ADHD)를 겪는다고 종종 생각된다. 그들이 보이는 집중력장애, 짧은 집중 시간, 또래들과 비교해서 높은 수준의 과잉 행동들 때문이다. 이는 몇 사례에서는 사실이긴 하나, 이 증상들은 ADHD가 아닌 과민 반응의 증상인 경우도 많다. 특히나 미취학 아동들에게서 과민 반응의 증상이 나타나는 경우가 많은데, 왜냐하면 그 나이의 아동들은 종종 증가된 수준의 과잉 행동과 집중력 저하로 긴장감을 드러내기 때문이다. 유아기 아동 전문가 Lesley Koplow와 Judy Ferver(Ferver & Koplow, 1996)에 따르면, 과잉 행동은 트라우마 때문에 일어나는 증상이며 ADHD로 자주 오인된다. 이는 또한 여러 번 위탁 가정을 거쳐 간 적이 있는 아동들에게서 많이 나타나는 특징이기도 하다.

학대를 받는 환경에서 살았던 아동들은 자신들을 스스로 보호하는 방법을 알아내기 위해서뿐만 아니라 학대를 당할 수 있는 상황을 대비하기 위해 주변 환경의 변화에 특히나 예민해진다. 여러 번 위탁 가정을 거쳐 간 아동은 자신을 보호하기 위해 노력했던 결과로 과민 반응을 보일 수도 있다. 여러 번 위탁 가정을 거쳐 가면서, 아동은 자신의 주변 상황에 관심을 더 기울임으로써 위험의 가능성을 대비하려고 했을 것이다. 새롭고 낯선 환경에 자신이 할 수 있는 만큼 최대한 적응을 잘하기 위해, 아동은 자신의 새로운 양육자, 가정, 이웃, 학교, 위탁 가정의 다른 아이들에게 극도의 관심을 가져야만 했다. 만약 아동이 어떤 방식으로든 학대를 받았다면, 아동은 앞으로 다가올 학대 혹은 방치를 피하기 위해 주변 환경에 더욱더 신경을 곤두세울 것이다. 위탁 가정의 아동들은 혼란스럽고 예측 불가능한 환경에서 살아왔기 때문에, 아동들은 자신들의 기본적 욕구를 충족시키기 위해서라도 과민 반응을 해야 할 필요가 있었을 것이다. 아동이 생존과 기본적 욕구에 대한 문제에 사로잡힌 동안에는 학교 생활과 같은 다른 영역에 관심을 기울일 힘조차 없다.

과민 반응을 보이는 아이들은 보통 외부 자극에, 특히 청각 자극에 극도로 예민하다. 과민 반응을 보이는 아이들은 갑작스러운 소음에 쉽게 놀라고, "이게 무슨 소리죠?"라고 바로 묻는다. 이 아이들은 그 소음이 '괴물'이나 '나쁜 사람'처럼 위협적인 무언가와 관련이 있을 것이라고 빠르게 판단한다. 예술 작품에서, 과민 반응은 몇 가지 방법— 눈과 귀가 더 달려 있는 작품들(주변 환경에서 잠재적인 위험을 더 쉽게 알아차릴 수 있도록), 날카롭거나 뾰족한 물건들처럼 자신을 보호할 수 있는 도구들(담배 청소 도구), 곤두선 머리카락, 흉기 혹은 무기—을 통해 표현된다. Carlos의 괴물 조각([그림 11-1]), Stevie라는 아동이 만든 눈알로만 만들어진 콜라주([그림 11-2])가 그 예이다. 이 두 소년은 모두 그들이 몇 개월 채 되지 않은 나이부터 위탁 가정에서 자랐고, Stevie는 수년 동안 총 네 곳의 위탁 가정에서 살았다. Carlos는 자신의 괴물 조각상이 화가 났다고 설명을 해 준 반면에, Stevie는 자신의 작품에 대해 아무 말도 하지 않았다. 그러나 Stevie의 콜라주 속의 많은 눈알은 많은 점을 전달해 준다. 나는 집중력장애, 충동 통제 능력의 부재, 과잉 행동으로 드러난 Stevie의

그림 11-1

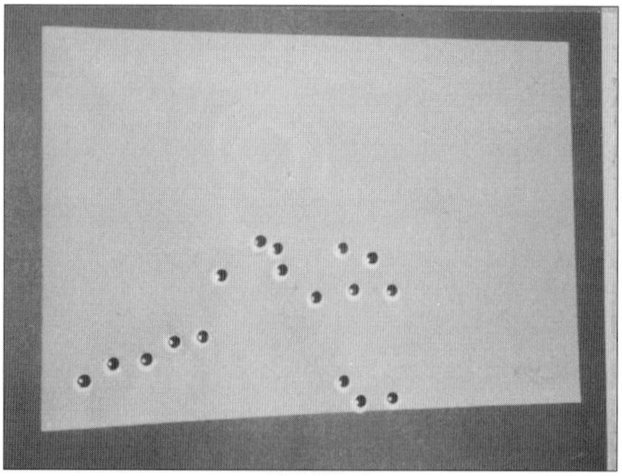

그림 11-2

과민 반응은 그가 거친 여러 곳의 위탁 가정과 그가 그곳에서 가졌던 경험들이 만든 산물이라고 믿는다.

예술 작품과 놀이의 주제: 굶주림, 불만족, 애정을 향한 갈구

양육이라는 주제는, 특히나 음식에 대한 놀이는 어린아이들을 대상으로 한 미술치료의 초기 단계에서 자주 쓰이는 주제이다. 양육에 대한 기본적 욕구가 만족되지 못했던 아이들에게 음식을 준비하고 음식을 먹는 놀이는 중요한 놀이이고, 치료 과정에서 몇 번씩이나 반복된다. 아이들은 찰흙이나 다른 미술 재료들을 이용해서 자신과 치료사를 위한 음식을 만듦으로써 양육에 대한 그들의 욕구를 표현할 수 있다. 놀이치료사 Ann Cattanach는 치료 시간에 음식을 만드는 것은 치료사를 '충분히 좋은' 엄마—아이들의 욕구에 관심이 있는 양육자— 역할로 이용하며, 자신 스스로를 양육하는 방법을 찾아내고자 하는 노력을 나타낸다고 믿는다. 학대를 받은 아이들에 대한 Cattanach의 연구에서, 치료를 받는 아이들은 자신들이 받지 못했던 사랑과 양육을 갈구하기 때문에, 이런 방식의 놀이는 항상 존재해 왔다는 사실을 발견했다(Cattanach, 1992, p. 77). 나 또한 개인적으로 이런 방식의 놀이는 위탁 가정에 있었던 아동들에게 계속 반복되는 주제라는 사실을 알아냈다. 음식을 만드는 놀이를 통해서, 아이들은 자신들이 경험하지 못했던 것을 상징적으로 다시 만들어 내고, 자신들이 경험하지 못했던 것들을 보상하기 위해 애쓰는 것 같다. 이는 4세 소년인 Ethan의 사례에서 볼 수 있다.

Ethan의 컵케이크

함께한 치료 기간이 몇 주가 흘러도 4세의 Ethan은 작은 플라스틱 컵에 색 모래와 물을 채우곤 했다. Ethan은 이것은 여러 직원에게 나누어 주기 위해 만들고 있는 컵케이크라고 말했다. 치료가 끝날 무렵, 우리는 Ethan이 학교의 직원들에게 각각 컵케이크를 나누어 줄 수 있도록 충분한 시간을 주기로 결정했다. Ethan에게 있어 자신이 만든 선물을 나누어 주는 것은 선물을 만드는 과정만큼이나 중요해 보였다. 이 과정은 Ethan에게 양육을 해 주는 행위와 양육을 받는 행위 모두를 통제하는 방식을 상징적으로 보여 주는 것 같았다. 이는 또한 Ethan이 가진 굶주림과 결핍감을 다룰 수 있도록 도왔다. 선물을 만들어서 나누어 주는 행위는 Ethan이 가진 '절대로 채워지지 않는 욕구'를 더 깊이 들여다볼 수 있게 해 주었다.

Ethan이 컵케이크를 만들고 나누어 주는 행위가 왜 이토록 중요한지는 Ethan이 겪었던 외조부모로부터의 방치와 학대의 경험을 고려해 보면 이해하기가 쉽다. Ethan의 외조부모는 Ethan의 친부모가 감옥에 갇히고 난 이후로, Ethan이 몇 개월의 아기였을 때부터 공식적 양육자가 되었다. Ethan이 2세 반이 될 때까지의 삶에 대해서는 알려진 바가 거의 없다. 그러나 당시 Ethan은 너무나 심각한 영양실조로 고통받아서 피부가 뭉개질 정도인 상태로 발견되었다. 게다가 너무 말랐고 입에는 염증까지 있었다. 이때 Ethan에 대한 외조부모의 양육권이 박탈당하였고, Ethan은 친척의 집도 아닌 위탁 가정으로 보내졌다. Ethan은 컵케이크를 만들고 나누어 주는 행위를 통해 자신이 어릴 때 겪었던 일의 고통과 결핍의 감정을 해소하려는 노력을 여러 번 반복하였다.

키가 자그마한 편이었지만, Ethan은 음식에 대한 게걸스러운 식욕을 가졌다. 학교의 식사 시간에는 몇 번이고 계속해서 음식을—그 음식이 무엇이든 간에—받아와서 먹었다. 때때로 너무 많은 양의 음식을 먹어서 몸이 아플 정도였다. Ethan은 충분히 먹지 못하는 데에 대한 두려움이 너무 커서 과식으로 인한 병조차도 그의 식욕을 억제하지 못했다. 만약 Ethan이 탈이 날까 봐 걱정한 선생님들이 음식을 받는 횟수를 제한하면 Ethan의 마음은 동요했다. Ethan은 태어나서부터 2세 반까지의 일생을 지나치게 결핍된 상태로 보냈기에, 내적 굶주림과 포만감을 느끼는 체계에 손상을 입었고, 자신이 언제 배가 부른지 알게 해 주는 능력에 결함이 생겼다. 2년이 지난 지금, 자신이 규칙적으로 식사를 하고 기본적 욕구들이 충족될 수 있다는 사실에도 불구하고 Ethan은 여전히 '충분히 먹을 수 있다'는 점에 대한 신뢰가 없다. 정서적인 면에서도 여전히 자신의 과거 속 트라우마에 대한 반응을 하며 살아가고 있다. 만약 자신이 음식을 충분히 먹지 못하는 위험에 처한 것 같다면, Ethan은 온 힘을 다해 싸워 낼 것이다. 이런 일들이 학교에서 일어난다면, Ethan은 때리고, 부수고, 침을 뱉고, 물건들을 집어 던질 것이다. 나는 이런 종류의 분노 표출은 아동에게 지난 과거 속 트라우마를 상기시키는 현재의(트라우마가 없었더라면 평범한 일이었을) 사건에 의해 발생하는 공황 상태의 공격이라고 본 Ferver와 Koplow(1996)에 동의한다. Ethan에게 있어서 음식을 충분히 먹지 못하는 일은 극심한 두려움, 무력감 그리고 자신이 외조부모의 '양육' 아래에 있었을 때 느꼈던 영양 결핍의 정도로 허기짐을 느끼게 만든다. 4세인 지금, Ethan은 여전히 자신이 의존하고 있는 어른들이 자신의 가장 기본적인 욕구들을 만족시켜 주지 못할 것에 대한 무력한 공포를 느낀다. Ethan이 겪었던 고통의 정도를 고려해 보면, 나는 Ethan의 심리적 안정을 향한 여행이 길어질 것이라 생각한다.

결핍감

의존 욕구가 충분히 만족되지 못한 아동들의 감정은 그런 아동들이 사용하는 예술 작품 재료와 놀이 도구에서 드러난다. 치료 시간에, 신체적 결핍이나 정서적 결핍을 겪은 아동들의 경험은 장난감과 미술 재료를 가득 쌓아 두고자 하는 행동으로 나타난다. 나의 치료 시간에, 나는 아동이 자신의 결핍감을 표현하고 현재의 의존 욕구를 충족할 수 있도록 허용하면서, 그와 동시에 스스로를 돌보는 능력도 발달시키려고 노력한다. 이런 목표들이 행해질 수 있는 방법들 중 한 가지는 아동과 예술 작품 재료, 놀이 도구와의 관계를 형성하는 것이다. 신체적 혹은 정신적으로 심한 결핍감을 느낀 적이 있는 아동은 많은 양의 재료를 사용하는 경향이 있고, 재료 캐비닛과 선반에 있는 모든 것을 꺼내길 원한다. 치료의 초기에, 나는 상대적으로 자유롭게, 책상에 물건들이 안전하게 놓일 수 있는 공간은 남아 있도록 하며, 아동들이 장난감과 미술 재료를 고를 수 있도록 한다. 책상이 꽉 차게 되면, 나는 처음에는 아동이 공간적 한계를 인식할 수 있도록 한 다음, 무언가를 빼내기 전에 아동이 빼내고 싶어 하는 물건을 먼저 선택하게 한다. 또한 아동이 지금 당장은 무언가를 빼내길 마음 먹더라도, 나중에나 또 다른 치료 시간에 언제든지 그것을 다시 선택할 수 있다는 점을 상기시켜 준다. 가능한 한 적정한 물건들 내에서 아동이 물건을 선택할 수 있도록 한다. 이는 아동에게 권한을 부여하고, 건강한 통제력을 느끼게 해준다. 이는 또한 새로운 상황에 적응하는 방법을 가르쳐 준다. 책임감, 더 나아가서 능숙함도 느낄 수 있게 하기 위해, 나는 치료 시간의 마지막에 이루어지는 정리 시간에 아동의 협조를 구한다.

충동 통제를 가능하게 하고 아동을 '만족감'의 내적 감각으로 이끌기 위해 나는 치료 중에 '제한'을 둔다. 내가 사용하는 기법 중 하나는 '하나, 둘, 셋, 그만(1-2-3-stop)' 기법이다. 이 기법은 아동이 물감, 풀 등의 재료를 부을 때 외부의 기준을 두는 것이다. 나는 아이와 함께 페인트통을 든 채로 페인트를 부으며 "하나, 둘, 셋, 그만."을 말한다. 나는 셋까지 세는 방법은 무언가를 멈추기 위한 좋은 방법이라고 아이에게 알려 주고, 때때로 무언가를 너무 많이 가지는 것은 감당이 되지 않을 수도 있기 때문에 페인트를 더 부을지 말지를 선택하기 전에 자신이 얼마만큼의 페인트를 부었는지 눈으로 확인할 수 있도록 한다. 나는 만약 아동이 충분한 페인트를 붓지 않았다고 생각한다면, '하나, 둘, 셋, 그만' 기법을 사용하며 페인트를 더 부어도 된다고 허락한다. 이 기법은 아동들이 통제력을 느끼는 것을 돕고, 자신이 모든 것을 한 번에 손에 움켜쥘 필요 없이도 욕구가 충족될 수 있다고 느끼게 한다. 이윽고, 대부분의 아동은 자랑스럽게 스스로 충분한 양의 물감이나 풀을 부을 수 있게 되고, 마침내는 셋까지 세는 과정 없이도 가능하게 된다. 아동들은 자신들이 원한다면 언제든지 더 얻을 수 있다는 사실과, 치료 시간의 맥락에서는 자신들의 기본적 욕구가 만족된다는 사실에 마음의 안정을 느낀다.

아동을 감싸 주는 환경으로서의 치료실

치료 환경의 안정성은 아동들의 충족되지 못한 의존적 욕구를 경험할 수 있도록 해 준다(Koplow, 1996). 치료실은 모든 종류의 감정을 표현할 수 있는 안전한 공간이라는 점을 아동이 알게 함으로써, 치료사는 자신이 모든 종류의 감정을 지탱할 수 있을 만큼 충분히 강하다는 메시지를 전달한다. 개인적 판단을 유보하고, 아동을 지지해 주는 치료사라는 존재는 아동이 자신의 감정을 이해하고 다루는 것을 돕는다. 아동이 복잡한 감정을 표현하고 있을 때 아동의 곁을 지켜 주려는 치료사의 의지는, 아동이 이런 감정들을 자신의 분명한 일부로 받아들일 수 있도록 도와준다. 잘 알려진 아동 정신과 의사 D. W. Winnicott은 아동을 감싸 주는 안전한 환경의 조성이 치료사와 환자의 관계 형성에 꼭 필요한 요소라고 믿는다(Winnicott, 1965). 어떤 행동이 받아들여질 수 있는 행동인지 아닌지에 대한 분명한 규칙, 제한, 경계는 모든 아동에게 도움이 된다. 이전에 살았던 환경이 혼란스러웠고 행동이 예측 불가능한 양육자와 함께 자란 아동들에게는 이것이 특별히 중요하다. 우리의 치료 시간에, 나는 치료실이 안전한 공간이 되어야 한다는 점을 강조한다. 우리 모두가 안전하기 위해서, 아이들은 어떤 누구도 다치게 할 수 없고, 또 누구도 아이들을 다치게 할 수 없다는 점을 아이들이 알게 한다.

치료사가 받아들여질 수 없는 행동들에 대한 제한을 둘 때, 이는 치료사가, 즉 어른이 바로 책임자라는 점을 알려 준다. 이는 감정과 충동에 대한 통제력이 없는 아이들에게 마음에 확신을 준다. Ferver와 Koplow(1996)는 트라우마를 가진 아동은 실제로 자신의 폭력적인 행동을 통해서 어른으로부터의 억제와 안전을 요구한다고 본다. 사실, 이런 아동들은 자신의 분노가 너무나 강해서 어떤 제한 없이는 자신의 분노가 모든 것을 망칠 것이라는 두려움을 가진다. 치료사가 아동의 극심한 감정과 공격적인 행동에 맞서 아동, 치료사 자신, 치료실을 안전하고 손상 없이 지킬 수 있을 정도로 충분히 강하다는 점을 아동이 느끼게 해 주는 것이 아동의 마음을 편안하게 해 준다. 어떤 행동이 받아들여질 수 있는 행동인지에 대한 예측은 아동이 더 안정감을 느끼게 할 뿐만 아니라, 더 건강하고 사회적으로 적절한 상호작용의 방식에 대해서도 가르쳐 준다. 예를 들어, 때리는 행동을 자주 보이는 아동은 자신이 화가 나면 손을 들어 올려서 선생님과 친구들을 때리려고 한다. 이런 일이 치료 시간의 상황에 일어날 경우, 나는 아동의 손을 잡아서 나를 때릴 수 없게 한 후에 차분하게 '나는 너를 때리지 않을 것이며, 네가 나를 때리기를 원하지 않는다.'는 점을 알게 한다. 나는 만약 화가 났다면, 아동이 감정을 해소하기 위해서 때리기 말고도 할 수 있는 더 많은 다른 일—자신의 감정에 대해서 이야기하기, 분노에 대한 그림 그리기, 찰흙이나 베개 때리기, 딱딱하지 않은 장난감(솜인형이나 젤리 인형 등)을 텅 빈 벽에 던지기 등—이 있다는 것을 알려 준다.

Nina Fernandez가 만든 올빼미

치료 시간에, 나는 아동이 새로운 사물을 탐구할 수 있는 자유를 주고 창의력을 북돋는 치료 분위기를 유지하려고 노력하는 동시에, 아동이 혼란스러워할 일을 최소화하고 안전을 확신하기 위해 어느 정도의 제한과 경계를 둔다. 나의 목표는 지속적이고 안전하면서도 시시각각으로 달라지는 아동의 개인적 욕구를 수용할 수 있을 정도로 유연한 환경을 제공하는 것이다. 이에 관한 한 가지 특정한 사례는 4세 소녀 'Nina'와의 치료에서 찾을 수 있다. Nina는 충동 통제, 집중력장애, 과잉 행동, 강한 저항심을 가졌다. Nina는 어머니의 방치와 학대로 인해 1세 때 위탁 가정으로 보내졌다. 만성적으로 심한 학대에 더해, Nina의 어머니는 말하기와 듣기에 심각한 장애가 있었다.

손가락 그림 그리기를 하던 어느 날, Nina는 종이 대신 책상 위에 물감을 칠하기를 원했다. Nina에게 있어서 이는 Nina가 행동을 하기 전에 자신의 의도를 말로 표현할 수 있다는 자아 성장의 신호였으며, Nina는 나의 반응이 어떠할지에 대해 관심이 많아 보였다. 어쩌면 실패할 수도 있는 이 활동의 경계를 만들어 놓기 위해, 나는 마스킹 테이프와 까만색 유성 색펜을 사용하여 커다란 직사각형 모양의 영역을 책상 위에 그려, Nina가 그 안에서만 물감을 칠할 수 있도록 했다. 이 방식으로, 나는 치료사와 환자의 관계를 비유하는 외적 경계를 Nina에게 두었다. 합의된 범위 안에서만 물감을 칠할 수 있는 이 활동에서 Nina가 자기 자신을 표현할 수 있었던 것과 유사하게, 치료 시간에도 진정한 자신을 드러낼 수 있었다. 치료사와 환자의 관계에서 내 역할은 마스킹 테이프와 색펜 경계—자연스럽게 안전한 감정 표현을 할 수 있지만, 그와 동시에 감정과 충동이 너무 격해지지 않도록 경계의 역할도 할 수 있는 외부적 환경—와 유사하다.

활동을 시작하기 전에, 나는 Nina에게 이 활동이 특별한 활동이라는 것을 알려 주고, 정해진 규칙을 따르는 것의 중요함에 대해 상기시켰다. 한 규칙은 Nina가 물감을 적절한 방식으로 사용해야 한다는 점이었다(예: 벽 또는 우리가 합의하지 않은 영역에는 물감 칠하지 않기). 만약 Nina가 이를 따르지 못한다면, Nina는 이 활동을 정리하고 그만두어야 한다. 또 다른 규칙은 Nina가 치료 시간이 끝난 후에 청소를 적극적으로 해야 한다는 점이었다. Nina는 이 규칙들에 따르는 것을 동의했고, 우리 모두가 기쁘게도, Nina는 모든 약속을 잘 지켰을 뿐만 아니라 청소 역할도 열심히 수행했다. Nina는 이 활동을 크게 즐긴 것 같았다. 활동 내내 즐거운 웃음소리를 내었고 환한 미소를 띠었다. 나는 Nina가 책상에 그린 그림([그림 11-3]) 위에 하얀 종이를 꾹 눌러서 Nina의 그림을 복사해서 간직하자고 제안했다. Nina는 이 아이디어를 아주 많이 좋아했다. 나는 중요한 활동을 만질 수 있는 기록으로 남겨 두는 것이 좋겠다고 생각했기 때문에 이를 제안했다.

이 활동을 하는 동안, Nina는 자신이 충동을 통제할 수 있고 자신이 계획한 바를 따를 수 있다는 점을 알게 되었다. 이는 Nina의 자존감에 좋은 영향을 끼쳤고, Nina가 능숙함을 느끼게 해 주었다. Nina는 자신이 규칙을 잘 지킬 수 있을 뿐만 아니라 그렇게 규칙을 잘 지키는 것이 많은 재미를 가져다줄 수 있다는 점도 알게 되었다. Nina는 'Nina Fernandez가 만든 올빼미'라는 제목을 그림 위에 적어 달라고 말했다. 나는 Nina의 이름을 적는 것이 소유 의식을 나타내고, 자신의 그림에 대한 자랑스러

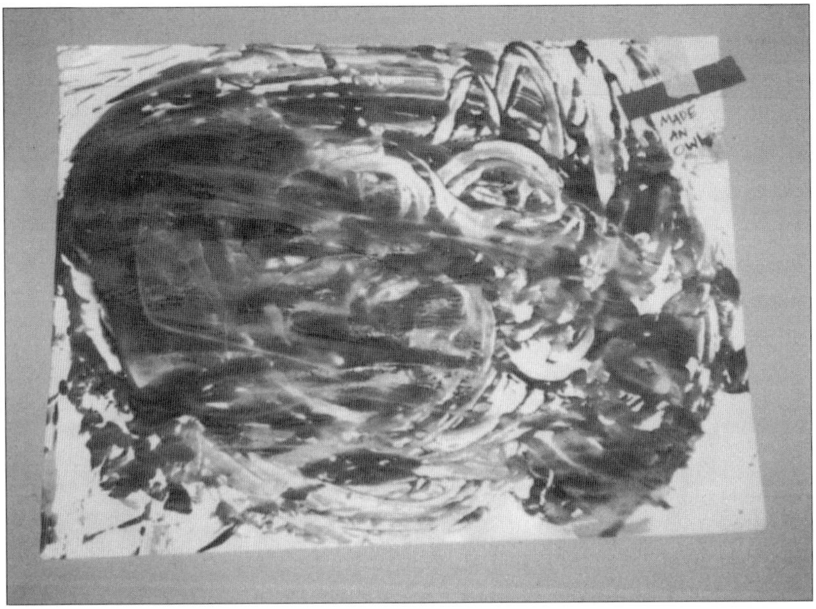

그림 11-3

움, 그리고 그림을 만드는 과정에서 Nina가 했던 모든 것에 대한 자랑스러움도 나타낸다고 믿는다. 예술 작품은 아동이 어떻게 자기 자신을 바라보는지에 대한 비유가 될 수 있기 때문에, 자신의 예술 작품에 대한 더 나아진 태도는 발전되어 가는 Nina의 자아상에 대한 증거이다.

Nina가 올빼미를 제목으로 선택한 것은 여러 가지 이유에서 상당히 흥미롭다. 상징에 관한 심리학적 이론에 따르면, 날 수 있는 새에 부여된 보편적인 의미는 자유를 상징할 뿐만 아니라 새가 날아가 버리는 것처럼 행동을 취해 괴로운 상황에서 벗어나고자 하는 소망도 나타낸다(Levy & Levy, 1958). 올빼미는 포식자 동물이기 때문에 다른 새나 포유류들을 사냥해서 숨통을 끊어서 먹이로 삼는다. 어린아이들은 올빼미를 주로 할로윈에 연관 짓기 때문에 올빼미는 종종 으스스한 동물로 여겨지기도 한다. 전래동화나 대중 문화에서 올빼미는 지혜롭고 동물들 중에서도 영리한 동물이라고 여겨진다. 올빼미들은 또한 밤에 잘 돌아다니고 어둠 속에서도 앞을 잘 볼 수 있다고 잘 알려져 있다.

Nina의 위탁 가정 어머니가 Nina는 자주 악몽 때문에 괴로워하고 울면서 잠에서 깬다고 증언하였기 때문에, 올빼미를 악몽과 연관 짓는 것이 Nina에게 적절한 것 같다. 야행성 새를 만들어 낸 것은 밤에 더 안정감과 안전함을 느끼고 싶은 Nina의 소망을 나타내는 것 같다. Nina와 올빼미의 관계는 악몽 속에서 느끼는 무력함에 상징적으로 저항하고, 올빼미가 Nina를 지켜 주는 관계로 보이기 때문에, 올빼미가 포식자 동물이라는 사실은 Nina에게 편안함을 가져다줄 것이다. Nina의 인생에서 첫 번째 한 해 동안 어머니로부터 방치되어 결국 버려졌다는 점을 고려하면, 우리는 Nina가 두려움을 느낄 때 주변에 Nina를 안심시켜 줄 그 누구도 존재하지 않았을 순간들이 있으리라 추측할 수 있다. 이는 어린아이에게 극심한 공포와 스트레스를 주었을 것이다. 아마도 Nina는 두려움이 더 심해지는 밤 동안에 자신이 올빼미를 가졌다고 상상하면서 더 안전함을 느끼고 두려움을 덜었을 것이다. Nina는 상징적으로 올빼미의 특징을 빌려와서 안전함을 느끼는 방법으로 사용했을 것이다.

약소함에 대한 방어 기제

약물 남용, 신체적 또는 정신적 질병, 부족한 양육 능력, 혹은 큰 스트레스 유발 요인 때문에 부모가 자녀의 요구에 무관심하면, 아이의 의존적 욕구는 충족되지 않을 것이다. 태어나서 한 살 동안의 발달 단계에 이루어져야 하는 주요 과업은 타인을 신뢰하는 능력을 기르는 것이다. 타인을 신뢰할 수 있는 능력은 자녀의 신체적 · 정서적 욕구가 양육자에 의해 충족된다는 점을 기본으로 한다. 만약 부모가 양육, 보호를 제공하고 자녀의 기본적 욕구에 잘 반응해 준다면, 자녀는 세상이 안전한 공간이고 주변의 어른들이 자신을 돌보아 줄 수 있다고 배우게 된다. 그러나 만약 어른들이 충분한 보살핌을 제공하지 않는다면, 아이들은 세상을 안전한 공간이라고도 여기지 않고, 타자를 통해 자신의 욕구가 충족될 수 있다는 사실에 대해서도 회의감을 가지게 된다. 결국에 이런 아동은 무력감, 결핍감 그리고 극심한 약소함을 느낀다.

아이들은 보통 몸집이 작고 나이도 어리기 때문에 상대적으로 무력하다. 아이들은 보살핌을 받고, 의식주를 위해 어른들에게 의존해야 한다. 아동이 보살핌을 받고 위험으로부터 보호받기 위해 부모님이나 보호자에게 의존할 수 없다는 기분은 심리적 압박을 준다. 아동은 어른의 보살핌과 보호 없이는 자신이 위험에 처할 것이라고 믿는다. 이런 무력감과 약소함에 대한 방어 기제로, 곤경에 처한 아동은 스스로를 지키기 위한 어떤 방법이라도 행할 것이다. 한 가지 방어 기제는 자신이 겪은 학대가 자신의 잘못 때문이라고 믿는 것이다. 아동은 자신이 '나쁜 아이'였기 때문에 그런 일이 자신에게 일어났다고 믿는다. 이는 미취학 나이의 아동들은 비현실적인 생각을 믿기도 하지만, 자아 중심적이기도 한 발달 단계에 있기 때문이다. 이 시기의 아동들은 좋은 일이나 나쁜 일이 자신 때문에 일어난다고 믿는다. 게다가 스스로를 나쁜 아이라고 인식함으로써 아동은 자신의 부모님이 신뢰 가능하고 자신을 잘 보살펴 준다는 환상을 계속 가지게 된다. 심지어 그 환상이 사실과 거리가 멀어도 말이다.

아이들은 예상치 못하는 나쁜 일들은 그저 단순히 '일어난다'는 것을 이해하기 어려워한다. 트라우마를 가진 아동들과 함께 한 치료에서 Lenore Terr(1990)는 대부분의 아이는 자신에게 일어난 일들에 대해 책임감을 느낄 뿐만 아니라 자신이 미래에 일어날 일들도 통제할 수 있다고 믿는다는 점을 발견했다. 또한 트라우마의 희생자인 아동들은 그런 일이 자신에게 일어났다는 점에 대해 수치심을 느끼는 경향이 있고, 약소함을 느끼지 않기 위해 트라우마가 된 사건에 자신들이 책임을 지고 있다고 믿는다는 점을 발견했다(Terr, 1990). 그러나 감정을 소모하는 이 방어 기제는 아동이 부정적인 자아를 형성하게 하고 아동의 자존감을 낮춘다. 문제는 부정적인 자아가 홀로 존재하거나 오직 트라우마를 일으킨 사건에만 관련되어 있는 점이 아니라는 것이다. 부정적인 자아는 외부로 확장되고, 스스로에 대한 아동의 믿음과 인식 전체에 영향을 미친다.

행동학적으로, 낮은 자존감을 가진 아동은 다른 사람을 몰아세우고 쉽게 좌절감을 느낀다. 자존감이 낮은 아동은 공격적이고 파괴적인 행동을 보일 수도 있다. 혹은 미래에 학대를 받을 가능성뿐만 아니라 자신이 가진 감정들을 털어 버리려는 노력으로, 극도의 완벽주의자가 될 수도 있다(Gonick & Gold, 1991). 미술 작품에서 낮은 자존감은 자기가 만든 작품의 파괴, 자신의 작품이 좋은 작품이 아니라는 불만으로 나타난다. 이는 아동이 스스로에 대해 어떤 감정을 느끼는지를 보여 준다. 자존감이 낮은 아이들은 자신의 작품을 버리는 것으로 알려져 있다. 자신의 작품을 버리는 행동은 일반적으로 아직 자아 의식을 하지 못하고 대부분의 경우 자신이 만든 미술 작품을 자랑스러워하는 어린아이들에게서는 흔하지 않은 일이다. 일반적으로 만약 어린아이가 자아를 의식하고 자기비판적이라면, 이는 주변의 어른들에게서 배운 것이다. 부정적인 자아는 아동이 '나쁘다'라고 묘사하며, 자신과 동일시하는 괴물 또는 공격적인 생물체들을 표현한 미술 작품으로 드러난다. 나는 학대, 방치, 유기를 당한 많은 아이가 "저는 괴물인가요? 저한테 일어난 일들을 생각해 보면 저는 괴물이 분명해요. 그건 제 잘못이에요."라고 말한다는 사실에 대해 Ann Cattanach와 동의한다(Cattanach, 1992, p. 80). 이는 괴물 조각을 만든 Carlos와 앞서 얘기한 올빼미 그림을 그린 Nina에게 모두 해당되는 것처럼 보인다.

Nina와 '흉폭한 동물들'

Nina는 처음에, 가정과 학교에서 보이는 공격적이고 부적절한 행동 때문에 미술치료 대상으로 선정되었다. Nina는 자신이 하고 싶은 대로 하지 못할 때, 물건을 때리고, 발로 차고, 깨물고, 찢고, 던지는 행동들을 보이는 것으로 알려졌다. Nina는 집중력이 낮았고 규칙을 따르려고 하지 않았다. Nina는 기분과 충동을 통제하는 데에도 문제를 겪었다. Nina는 친구들과 잘 지내지 못했고, 종종 친구들을 괴롭히고 짜증나게 했다. Nina는 혼자서 노는 걸 더 좋아하는 듯했다. Nina는 언뜻 보기에는 영리한 아이인 것 같지만, 경미한 발달 지연과 수용언어장애 및 표현언어장애를 가지고 있다는 진단을 받았다. Nina는 쉽게 절망감을 느꼈고 기분이 좋아 보이다가도 악의 없는 행동에 대한 반응으로 심하게 화를 내는 데에 몇 초도 채 걸리지 않을 정도로 감정 상태가 불안정했다. 나는 결핍에 대한 두려움이 (현재 일어나고 있는 일들보다는) 과거의 트라우마와 관련된 사건과 연관된 분노를 유발하였던 Ethan처럼, Nina의 분노와 감정 변화는 과거에 겪은 트라우마와 무의식적인 관계를 지닌다고 믿는다.

Nina는 친어머니가 유기를 했기에 1세에 위탁 가정으로 보내졌다. 어느 날, Nina의 친어머니는 친구 집에 Nina를 맡기고 '금방' 돌아올 것이라고 말한 후 떠났다. 일주일이 지나도 친어머니와 연락이 안 되자, 친어머니의 친구는 아동 보호 센터에 알렸고, Nina는 2세 반까지 친척 관계가 아닌 위탁 가정으로 보내져 그곳에서 살았다. 그다음에 Nina는 외할아버지와 그리고 외할아버지와 재혼한 20세의 부인과 같이 살게 되었다. Nina가 첫 번째 위탁 가정에서 겪었던 일들은 거의 알려지지 않았다. 현재 Nina의 위탁 가정 어머니는 첫 번째 위탁 가정이 너무 허용적이고 제한이 없었기 때문에 Nina의 정서적 문제에 대한 부분적인 탓이 거기에 있다고 믿는다.

앞서 말했듯이, Nina의 어머니는 약물 남용을 한 적이 있다. 그녀는 또한 꽤 많은 시간을 감옥에서 보냈다. Nina의 어머니와 아버지 모두 상당한 언어장애, 청각장애를 가졌다. Nina는 친아버지와 함께 산 적이 없고 Nina의 친아버지는 이미 과거에 친권을 포기했다. 그러나 Nina가 현재 머무르고 있는 위탁 가정 어머니에 따르면 Nina가 이곳에서 살게 된 이후로 Nina의 친아버지와 Nina가 드문드문 만남을 가지기 시작했다고 했다. Nina는 이 남자가 자신의 아버지라는 사실을 알고 있고, 만남의 시간이 끝날 때 울기도 했으나, 더 이상 울지는 않는다고 한다. Nina와 친아버지는 전화로는 연락을 할 수 없다. 왜냐하면 친아버지와 대화를 하기 위해서는 친아버지가 Nina의 입술 모양을 읽을 수 있도록 그의 앞에서 아주 큰 소리로 말해야 하기 때문이다.

Nina의 위탁 가정 어머니는 자신과 남편이 Nina의 외조부모라는 점을 알려 주었고, Nina의 친어머니는 Nina를 더 이상 돌볼 수 없기 때문에 자신과 남편이 Nina를 대신 돌보아 주고 있다는 점도 알려 주었다. Nina는 친어머니와 최소한의 만남만 가졌다. Nina의 위탁 가정 어머니에 따르면, Nina의 친어머니는 몇 달에 한 번씩 집을 찾아오곤 했는데, 대부분의 경우는 돈을 얻기 위해서였다. Nina의 친어머니는 집에 있는 동안 보통 Nina를 무시했다. 그러나 어느 날 친어머니가 Nina를 아주 꽉 안았고, 이를 무섭게 느낀 Nina는 친어머니를 깨물었다. 친어머니는 "넌 나쁜 아이구나."라고 말하며 반응했고, 더 이상 Nina를 보고 싶지 않다고 말했다. 이런 경험을 고려해 보면, Nina의 부적절한 행동들과 부정적인 자아는 놀랍지 않다.

Nina는 미술 작품을 통해서 스스로에 대한 부정적인 감정들을 흉폭한 동물(악어, 뱀, 호랑이 등)에 투영했다. 그리고 이 동물들은 '나쁜 동물들'이고 사람들을 '문다'고 했다. 우리의 치료 시간에, 나는 Nina가 이런 흉폭한 동물들의 원래 '흉폭한' 특징 대신에 다른 설명을 해 줄 수 있도록 도와주려 노력했다. 이런 동물들은 무섭거나 자신을 보호할 필요성을 느꼈을 때만 깨물 수도 있다고 말하자, Nina는 미소를 짓고 기쁘게 "그래요!"라고 말했다. 치료 당시에 나는 Nina가 친어머니를 깨물고 '나쁜 아이'라는 말을 들었던 사건에 대해서 몰랐다. 이 사건에 비추어 보아, Nina는 자신의 행동이 친어머니가 말했듯이 '나쁜 아이'라는 증거가 아니고, 두려움과 보호의 필요성 때문에 행한 것이라는 말을 정말로 듣고 싶었던 것 같다. 더 어린 시절을 보호받지 못한 상태로 보낸 아동이라서, Nina는 자신이 할 수 있는 어떤 방식으로든지 자신을 보호하기 위해 신경을 곤두세운다.

창의적 미술치료사 Gonic와 Gold(1991)에 따르면, 일반적으로 양육자와 애착 관계를 형성하는 데 실패한 아이들은 무력감과 의존감이 너무 큰 위협감을 주기 때문에 그런 감정들을 거부한다. 이런 감정들에 대한 방어 기제로, 아이들은 더 힘이 센 누군가에게 자신들을 투영한다. 이는 아이들이 상호적 인간관계에서 보이는 공격적이고 통제적인 행동, 그리고 왜 이런 아이들은 친구들을 놀리고 비웃는지를 부분적으로나마 설명해 준다. 또한 통제적인 행동 방식은 자연스레 자신의 약소함을 거부하려는 방식이다. 이는 또한 왜 Nina가 호랑이, 뱀, 악어 그리고 올빼미와 같은 포식자 동물과 자신을 동일시하는지를 설명하는 이유가 될 수 있다.

뱀을 색칠하면서, Nina는 뱀의 눈은 그렸지만, 코와 입은 그리지 않았다. 내가 이에 대해 묻자, Nina는 "뱀은 말을 할 수 없어요. 근데 전 할 수 있어요!"라고 말하였다. 입이 없는 것은 일반적으로 여러 가지를 나타낸다. 만약 자신이 의미 있는 말을 하지 못한다고 느끼면, 예술 작품으로부터 입을 제외하는 행동이 보일 수 있다. 입이 없는 것은 뱀이 먹이를 먹고 영양분을 섭취할 수 없게 만든다. 이는 아마 Nina가 가진 결핍감을 반영하였을 것이다. 뱀과 같은 포식자 생물이 입 없이 그려진다면, 이는 외부적 수단을 차단함으로써 공격적 충동을 통제하려는 시도로서 보일 수 있다. 만약 뱀에게 입이 없다면, 그 뱀은 사람들을 물 수 없을 것이고, 그러므로 더 이상 '나쁜' 뱀이 되지 않을 것이다. 즉, 이 사례에서 입의 제거는 자신이 스스로의 공격적인 충동을 통제할 수 없다는 Nina의 생각을 반영했을 것이다. Nina에게, 말을 할 수 없는 동물은 언어장애와 청각장애를 가진 친부모를 가리킬 수도 있을 것이다.

Nina의 그림 속 몇몇 동물이 가진 위험한 함축적 의미에도 불구하고, Nina의 작품 속 동물들은 본질적으로 무력하다. 때때로 이 동물들은 눈을 가지고 있지만 코와 입이 없다. 때때로 동물들의 얼굴에서 나타나는 특징은 벌려진 입이다. 이는 일반적으로 정서적 결핍을 나타낸다. 나는 Nina가 완전한 얼굴을 그리는 것을 본 적이 있으므로, Nina의 그림에서 얼굴 부위를 제거하는 것은 상징적 의미를 지닌 것으로 보인다. 중요 감각 기관 없이는 이 동물들은 상대적으로 무력하게 만들어졌고, 그러므로 어린아이가 어른의 도움을 필요로 하듯이 생존을 위해서 다른 동물들에게 의존해야 할 것이다. 아이들의 그림은 보통 자신을 표현하기 때문에, 나는 흉폭한 동물들에 대한 Nina의 이미지가 어떻게 Nina가 스스로를 바라보고 있는지를 설명한다고 생각한다. 두려움을 느꼈을 때 다른 동물을 무는 동물에 대한 앞의 설명처럼, 나는 Nina가 스스로를 보호하기 위해서 공격적 행동을 나타냈을 것이라 믿는다. 우리의 미술치료 동안에, 나는 Nina가 안전을 위해 다른 사람을 공격할 필요가 없다는 것을 알 수 있도록 Nina를 도울 뿐만 아니라, 도움이 필요할 때 다른 사람에게 도움을 요청하는 데서 편안함을 느낄 수 있도록 돕는 방법을 찾아내려고 했다. 양육자들이 우울하고, 약물에 중독되고, 무관심하고, 학대를 한다면, 자녀들의 신체적·정서적 요구에 관심을 보이는 능력이 손상된다. Nina의 뱀, 악어, 호랑이에 대한 설명을 사용하여, 나는 Nina 마음속의 의존적 욕구와 결핍감을 면밀히 알아보았다. 왜 이 흉폭한 동물들이 사람을 무는지에 대한 설명으로, 나는 아마도 동물들이 배가 고팠지만 충분히 먹을 음식이 없었을 수도 있다고 생각한다고 말했다. 또다시, Nina는 자신의 그림 속 흉폭한 동물들에 대한 이런 설명을 빠르게 받아들였다. Nina와 같이 1세까지의 유아들은 자신의 욕구가 인식되게끔 하기 위해 울음소리를 주된 방법으로 이용한다. 1세가 되기까지 딸을 무시하고 유기했을 뿐만 아니라 심각한 약물중독 문제를 가졌던 친어머니와의 삶을 생각해 보면, 우리는 Nina가 배고프고 겁이 나고 보호자가 필요한 상황이었을 때 Nina의 울음소리가 무시되었다고 추측할 수 있다. 게다가, Nina의 친어머니는 그녀가 가진 청각장애로 인해 Nina의 울음소리를 들을 능력에 한계가 있었을 수도 있다. Nina가 가진 힘이 더 커졌다고 느끼게 해주기 위해, 우리는 동물들이 음식을 얻기 위해서 혹은 자신이 무엇을 원하는지 다른 동물들도 알 수 있게 하기 위해서 어떤 행동을 할 수 있는지에 대해서 생각해 보았다. Nina는 동물들이 배가 고프지 않도록 곡물, 물, 풀을 사용해서 쌀과 콩을 만들기 시작했다.

Nina는 동물들이 두려움을 느꼈을 때에 또 무엇을 할 수 있을지에 대한 해결책을 생각해 내는 데 더 어려움을 겪었다. 아마 이것이 Nina의 마음을 더 불안하게 했을 것이다. Nina와 나는 함께 '계획'을 생각해 냈다. 이 계획은 동물들이 신뢰하는 더 큰 동물들에게 자신의 두려움을 말하고 자신을 안전하게 도와달라고 요청하는 것이다. Nina가 그린 흉폭한 동물들을 통해 Nina의 감정들을 알아봄으로써, 우리는 Nina가 필요한 것이 있을 때 그녀를 도와줄 수 있는 어른들이 존재한다는 것을 믿기 시작할 수 있는 발판을 만들어 주었다. 또한 우리는 부적절한 행동과 같은 부정적인 결과를 초래하지 않고도 Nina의 요구가 만족될 수 있는 선택지도 제공해 주었다. 나는 우리가 Nina의 악몽 치료를 이끌기 시작했다고 믿는다.

Nina의 편안한 잠들기를 위한 창조적인 의례

Nina와 나의 관계 속에서 자라난 신뢰는, Nina가 자신이 가진 두려움에 대한 놀이를 할 수 있게 해 주었으며, 치료사로부터의 위로를 받아들이기 시작할 수 있게 했다. Nina의 '나쁜' 동물들과 그에 대한 우리의 논의 이후에 Tisha라는 또 다른 아이가 치료 시간에 Nina와 함께하게 되었다. 이는 Tisha와 Nina 모두에게 상호적 능력과 문제해결 능력을 향상시키기 위함이었다. 대부분의 경우에 Nina는 또래 친구들을 무시하거나 못살게 굴었지만, Tisha의 경우에는 아니었다. 두 여자아이는 상대적으로 잘 어울려 지냈으며 종종 협력 미술 활동을 같이 했다. Nina는 내 사무실의 커다란 전등불을 자주 껐고, 내 책상 위에 놓인 작은 전등의 불도 끄고 싶어 했다. 나는 어둠을 무서워하는 아이들이 있고, 치료실이 항상 모두에게 안전한 공간이 되길 원하기 때문에 적어도 한 가지 불은 항상 켜진 상태여야 한다는 점을 알려 주었다. Nina와 Tisha는 모두가 편안함을 느낀다는 점을 확실히 하기 위해 상대방의 허락을 먼저 구한 후에, 나에게 불을 꺼도 된다는 허락을 받을 수 있었다. 앞서 언급했듯이, Nina는 악몽으로 괴로워하고 있었고 잠을 잘 못 잤다. 그러므로 치료실의 밝기를 통제하고자 하는 Nina의 욕구는 어둠의 시작을 조절하는 사람이 됨으로써 이런 두려움을 극복하려는 시도로 보인다. 처음에 어둠을 무서워하는 아이도 있다고 내가 말할 때마다 Nina는 잽싸게 자신은 어둠을 무서워하지 않지만 남동생은 어둠을 무서워한다고 말했다. 당시에 나는 Nina가 악몽을 꾸고 수면 문제를 겪는다는 점을 몰랐다. 시간이 지남에 따라 Nina는 자신도 어둠을 무서워한다고 인정했다.

Nina가 불을 끄기 시작한 시기 동안, 또한 '잠자고 있는' 뱀 그림을 그리기 시작했다. Tisha도 잠자는 뱀을 그리고 싶다고 말하면서 같이 그림을 그렸다. Nina는 뱀의 낮잠 시간 동안에는 목소리를 작게 하라고 지시했다. 그래서 우리는 Nina가 뱀이 깼다고 말하기 전까지는 속삭이는 목소리로 대화했다. 이 시나리오를 몇 번의 치료 시간 동안 반복하고 나서, Nina는 자신도 불을 끄고 잠자는 척을 하고 싶다고 선언했다. Tisha도 이 아이디어를 좋아했고 자신도 같이 하고 싶다고 따라 말했다.

Tisha와 Nina는 잠자리를 준비하고 벽지를 잘라 낸 길다란 종이를 이불로 사용했다. 베개로는 보라색 판지를 선택했다.

Tisha와 Nina는 같이 잠을 잘 인형들을 달라고 말했고, Nina는 자신과 Tisha를 위해 비슷하게 생긴 두 개의 사자 인형을 골랐다. 잠자리를 준비하고 잠자는 척을 하는 것이 이 치료 시간의 주요 활동이었다. 특히 Nina에게 있어서 이 놀이 활동에는 내재적으로 마음을 편안하게 해 주는 무언가가 있는 것처럼 보였다. 고요하고, 만족스러운 행동을 보이고, 이 활동 중에는 어떤 부적절한 행동도 보이지 않는 걸 보아, Nina는 이 환경 속에서 편안함을 느끼는 듯했다. Nina가 자신의 침대에서 일어난 순간은 내 무릎 위에 앉기 위해서였다. 내 무릎 위에 앉는 것은 이 활동을 하기 전까지는 어떤 흥미도 보이지 않았던 행위였다.

나는 Nina가 이 활동을 통해서 자신의 더 어린 시절의 경험에서는 가지지 못했던 경험을 만들어 낸 것이라고 믿는다. Nina는 이전에 충족되지 못했던 양육에 대한 요구와 마음의 안정을 얻기 위해 더 어린 시기의 발달 단계로 돌아가려고 한 것 같다. 이 놀이 상황의 맥락에서, Nina는 나를 좋은 '엄마'(안전함을 느끼게 해 주고 자신의 요구에 반응해 주는 존재)라고 불렀다. Nina는 이전에 나를 '엄마'라고 부른 적이 없었는데, 이 활동을 하고 난 이후로의 치료 시간에 나를 '엄마'라고 부르게 되었다. Tisha는 간간이 침대에서 일어나 책상 위의 찰흙을 가지고 놀았지만, Nina는 치료 시간의 대부분을 침대에서 보낸 점에 대해서 나는 흥미를 느꼈다. 안전하고 감싸 주는 환경에 대한 Tisha의 욕구는 Nina의 욕구만큼 간절하지는 않았던 것으로 보인다.

양육과 모성애에 대한 욕구를 충족하기 위한 또 다른 시도로 보였던 것은 Nina가 내가 밀어 주는 유모차를 타고 싶다고 말한 것이다. 나는 Nina를 태울 진짜 유모차는 갖고 있지 않지만, 우리는 종이로 유모차를 만들 수 있고, Nina를 그 유모차에 태워 밀어 주는 척은 할 수 있다고 알려 주었다. 나, 유모차, 침대에서 몸을 감싸지게 하려는 소망은 안전에 대한 욕구가 보인 예시이다. Nina가 현재 가진 행동과 정서의 문제와 어린 시절의 상황을 고려해 보면, Nina는 유아기 때 신체적 · 정서적으로 자신을 보듬어 주는 환경에서 자라지 못했다. Nina의 부적절한 행동들은 아마 자신이 더 어린 시절에는 가지지 못했던 어른으로부터의 관심과 보호를 받고자 하는 시도였을 수도 있다. 친어머니에게 버림받은 것에 더해, Nina는 첫 번째 위탁 가정과 위탁 어머니와의 이별로 괴로워했다. Nina의 삶을 생각해 보면, 첫 번째 위탁 가정으로부터 외할아버지의 집으로 옮겨 간 것은 Nina에게 또 다른 방식의 거부와 버려짐으로 인식되었을 수도 있다. Nina의 부적절한 행동과 관심을 끄는 행동들은 버려짐에 대항한 그녀의 마지막 반항이었을 수도 있다. 그런 방식으로 Nina는 자신이 잊혀지지 않을 것이란 확신을 얻고 싶었을 것이다.

학대로 인해 친부모와 떨어진 아이들은 원래의 부모와 자식 간의 관계에서 혼란을 느끼고 예상치 못한 상황을 겪었기 때문에 고통을 받는 경우가 대부분이다. 아이의 어린 시절에 이루어지는 양육자와의 애착 형성은 발달 단계에 지대한 영향을 미친다. 그러므로 애착 형성에 실패한 아이들은 다양한 행동/정서적 문제—충동성, 성급함, 반항, 공격성, 절망감에 대한 낮은 참을성, 짧은 집중 시간, 애정 통제의 어려움, 상호적 인간관계의 실패 등—를 가지게 된다(Levy & Orlans, 2000b). 위의 특징들 중 많은 부분이 위탁 가정에 있었던 아이들, 특히나 여러 위탁 가정을 거쳐 간 아동에게서 나타나는 특징들과 동일하다는 것은 놀랄 일이 아니다.

Nina는 자신의 인생 중 첫해를 약물을 남용하고 의사소통을 잘 하지 못하고 결국에는 딸을 유기한 어머니와 함께했다. Nina가 신체적으로 학대를 받았을 가능성 또한 제기된다. Nina는 일 년 반을 위탁 가정에서 살았고, 이에 대해서 우리는 아는 점이 별로 없다. Nina는 그 이후로 현재 거주하고 있는 집이기도 한, 외할아버지와 그의 부인과 함께 살고 있는 집으로 옮겨졌다. 세상을 바라보는 관점을 형성하고 양육자와 애착을 형성하는 시기인 태어나서부터 2년 반 동안의 시간에, Nina에게는 안정성과 지속성이 없었다. 치료 시간 동안, Nina는 자신의 더 어린 시절에는 없었던 안정성과 지속성을 얻고자 노력했다. 미술치료와 놀이를 통해, Nina는 더 어린 시절에 겪었던 일들을 극복해 내려고 했다.

치료 시간을 가질수록 Nina가 자신의 감정을 더 잘 표현할 수 있게 되면서, Nina는 충동 통제를 더 잘 해내게 되었고 화도 잘 내지 않았다. Nina는 제한과 규칙을 더 잘 받아들이게 되었고, 절망감에 대한 참을성이 높아졌다. Nina의 자존감과 표현 능력이 향상됨에 따라, Nina의 모욕적이고 비판적인 말들은 확실히 줄어들었다. 우리의 치료를 통해, 나는 Nina가 결과적으로 더 강해진 자아를 형성하게 되었고, 더 건강한, 더 융통성 있는, 세상과 상호작용하는 방식을 더 잘 알게 해 주는 자아개념을 형성했다고 믿는다.

결론

아이의 기본적 요구들에 관심을 가져 주는 양육자에게 지속적으로 의지할 수 없으면, 아이의 자아, 인지 능력, 건강한 인간관계를 형성하는 능력은 손상을 입는다. 여러 명의 양육자와 여러 위탁 가정을 거쳐 간 아동에게, 이런 손상은 대체적으로 더욱 크다. 학대 때문에 부모로부터 떨어져 위탁 가정으로 보내진 아이들은 많은 마음의 상처를 입는다. 이는 충동과 감정을 통제하는 데의 어려움, 좋지 못한 상호적 인간관계, 음식과 물건들을 닥치는 대로 쌓아 두는 증상, 과민 반응, 공격성, 반항, 심한 짜증과 같은 다양한 양상으로 나타난다. 위탁 가정의 아이들은 원래의 양육자와 친숙한 환경으로부터 떨어질 때 무조건 동반되는 상실감과 거부감으로 힘들어한다. 위탁 가정의 아이들은 위탁 가정으로 보내진 원인인 학대, 방치, 유기로부터도 힘들어한다. 과거에는 자신의 돌봄을 위해 의존했던 그들로부터 실패했다. 그러므로 위탁 가정의 아이들과의 치료에서 가장 중요한 점은 그들이 지금 이 순간에 최대한 안전함을 느끼도록 돕는 것, 자신의 요구가 만족될 수 있고 문제를 해결할 수 있는 적응 방법을 찾을 수 있도록 돕는 것이다.

미술치료는 치료사와 아동을 이어 주는 비언어적이고 안전한 방법이기 때문에, 상실감과 트라우마로 고통을 받는 아동들에게 특히나 효과적이다. 내가 아동들과 한 치료를 통해, 나는 어떻게 미술이 언어의 범위를 넘어서는 표현 방식에 다가가는지를 볼 수 있었다. 좋지 않은 감정과 경험에 대해 이야기하는 것은 아이들에게 어려울 뿐 아니라, 아이들은 그러기 위해 필요한 언어 및 인지 능력을 가지지 않을 수도 있다. 미술 작품을 만드는 것은 아이가 혼란스럽거나 고통스러운 생각과 감정들을 표현하기 위한 효과적이고 안전한 방법이다. 미술치료는 아동이 자신의 기억과 감정에 접근할 수 있고, 그것을 받아들일 수 있도록 돕는다. 미술 작품 자체가 자신과 자신의 감정 사이의 거리를 알 수 있게 해 주며, 그래서 안전함을 느끼도록 도와준다. 게다가 창의적으로 미술 작품을 만드는 과정 자체도 치유가 된다. 미술 재료를 만지고 상징을 만들어 냄으로써, 아동은 자신의 통제력과 능숙함을 느낄 수 있다. 나는 미술치료의 선구자 Elinor Ulman이 열변을 토하며 "무언가를 만들어 내는 행동 안에서 갈등 상황이 재경험되고 해결되고 통합된다."라고 설명했듯이, 그 안에는 엄청난 힘이 놓여 있다고 믿는다.

참고문헌

Ainsworth, M. D. S. (1967). *Infancy in Uganda: Infant care and the growth of attachment*. Baltimore, MD: The Johns Hopkins Press.

Bowlby, J. (1969). *Attachment and loss, Vol. I, Attachment*. New York: Basic Books.

Bowlby, J. (1980). *Attachment and loss, Vol. III, Loss: Sadness and depression*. New York: Basic Books.

Cattanach, A. (1992). *Play therapy with abused children*. Bristol, PA: Jessica Kingsley Publishers.

Children's Defense Fund (Spring 2000). *Child abuse and neglect, foster care, and adoption—child abuse and neglect fact sheet*.

Children's Defense Fund (2000). *Child protection/alcohol and drug partnership act [S. 484] will help keep children safe and in permanent families*.

Committee on Early Childhood, Adoption, and Dependent Care. (November 2000). Developmental issues for young children in foster care (RE0012). *American Academy of Pediatrics Policy Statement 106(5)*: 1145-1150.

Gil, E. (1991). *The healing power of play: Working with abused children*. New York: The Guilford Press.

Gonick, R., and Old, M. (1991). Fragile attachments: Expressive arts therapy with children in foster care. *The Arts in Psychotherapy 18*(5): 433-440.

Ferber, J., and Koplow, L. (1996) The traumatized child in preschool. In L. Koplow (Ed.), *Unsmiling faces: How preschools can heal* (pp. 202-218). New York: Teacher's College Press.

Koplow, L. (1996). Developmental reality and the reality of experience. In L. Koplow (Ed.), *Unsmiling faces: How preschools can heal* (pp. 3-15). New York: Teacher's College Press.

Levy, S., and Levy, R. (1958). Symbolism in animal drawings. In E. F. Hammer (Ed.), *The clinical application of projective drawings* (pp. 311-343). Springfield, IL: Charles C Thomas.

Levy, T., and Orlans, M. (2000). Attachment disorder as an antecedent to violence and antisocial patterns in children. In T. Levy (Ed.), *Handbook of attachment interventions* (pp. 3-26). San Diego, CA: Academic Press.

Levy, T., and Orlans, M. (2000). Attachment disorder and the adoptive family. In T. Levy (Ed.), *Handbook of attachment interventions* (pp. 243-258). San Diego: Academic Press.

Naumberg, M. (1958). Art therapy: Its scope and function. In E. F. Hammer (Ed.), *The clinical application of projective drawings* (pp. 511-517). Springfield, IL: Charles C Thomas.

Orme, J. G., and Buehler, C. (2001). Foster family characteristics and behavioral and emotional problems of foster children: A narrative review. *Family Relations 50*(1): 3-15.

Phares, E. J. (1991). *Introduction to personality* 3rd ed. New York: Harper Collins.

Ruskai-Melina, L. (1986). *Raising adopted children: A manual for adoptive parents*. New York: Harper Collins.

Sedlak, A. J., and Boadhurst, D. D. (1996). *The third national incidence study of child abuse and neglect*. Washington, DC: U.S. Department of Health and Human Services, Administration for Children, Youth and Families.

Simms, M. D. (1991). Foster children and the foster care system. Part II: impact on the child. *Current Problems in Pediatrics 21*: 345-369.

Terr, L. (1988). What happens to early memories of trauma? A study of 20 children under the age of 5 at the time of documented traumatic events. *Journal of American Academy of Child and Adolescent Psychiatry 27*(1): 96-104.

Terr, L. (1990). *Too scared to cry*. New York: Basic Books.

Ulman, E. (1975). Art therapy: Problems and definitions. In *Art Therapy, in Theory and Practice* edited by E. Ulman, (pp. 3-13). New York: Schocken.

U.S. Department of Health and Human Services (2000). *The AFCARS report, Current estimates as of October 2000*. Washington, DC: U.S. Government Printing Office.

U.S. Department of Health and Human Services (1999). *Child maltreatment 1998: Reports from the states to the National Child Abuse and Neglect Data System*. Washington, DC: U.S. Government Printing Office.

Winnicott, D. W. (1965). *The maturational process and the facilitating environment: Studies in the theory of emotional development*. New York: International Universities Press.

CHAPTER 12

유대감이 형성되지 않은 아동과 청소년을 위한 미술치료

LISA HINZ

초록

애착 관계가 형성되지 않은 아동들은 문제가 되는 행동적 · 인지적 · 정서적인 반응을 나타낸다. 그들은 그들이 신뢰하는 보호자와 유대감을 형성한 적이 없기 때문에 환경과 사람들을 그들에게 유리하도록 조종하고 통제한다. 애착이 형성되지 않은 아동을 위한 성공적인 치료는 신뢰 형성이 중요하기 때문에 그 과정이 매우 길다. 다양한 방식으로 접근하여야 성공적인 치료가 된다. 이 장에서는 유대감이 없는 아동이나 청소년에 대한 성공적인 치료 구성으로서의 미술치료 과정을 설명할 것이다. 치료의 첫 단계에서, 미술치료가 아동들이 다른 사람을 신뢰하는 데 도움을 줄 수 있다는 것을 증명할 것이다. 또한 미술치료는 초기(beginnings) 애착의 정서를 유지하는 데 사용될 수 있고, 타인과 세상에 대한 안전한 관계를 제공한다. 또한 아동들은 자신들의 행동을 조절하는 법을 배울 수 있다. 치료의 중기 단계에서 미술치료 훈련은 정서의 올바른 표현과 정체성을 형성하고 자존감을 높이는 데 사용될 수 있다. 치료가 끝나갈수록, 미술치료는 문제가 되는 방어 기제를 설명하고 새로운 것을 가르쳐 주는 데 사용될 수 있다. 결과적으로 이 독창적인 치료 방법(modality)은 가족에 대한 상상을 가능하게 하고 종결 문제들을 다루는 데 사용될 수 있다.

도입

입양 및 위탁 양육 아동들은 종종 정신건강전문가들에게 애착의 문제 패턴 혹은 애착 및 유대감 장애를 나타낸다. 유대감 및 애착 문제를 가진 아동들은 그들의 인생에서 중요한 사람들을 신뢰하는 데 다양한 어려움을 겪는다(Magid & McKelvey, 1987; Paterson & Moran, 1988). 보호자와 강하고 긍정적인 유대감이 형성되지 않았거나 유지되지 않았기 때문에 애착이 없는 아동들은 누군가를 신뢰하는 법을 배운 적이 없다. 그래서 그들은 빈번하게 자신이 원하는 것을 갖기 위해 거짓말을 하고 타인을 조종한다. 그들에게 우정을 지속하기란 쉽지 않은 것이다(Levy & Orlans, 2000; Weitzman & Cook, 1986). 유대감이 없는 아동들은 그들의 분노를 반려동물이나 자신보다 어린 가족 구성원을 해치고, 재산을 부수고, 반사회적인 행동을 통해 나타내는 경향이 있다. 일부 연구자는 이러한 아동들이 애착 단절(break) 때문에 도덕 관념(conscience, 양심, 자각)을 형성하지 못했으며 죄책감 없이도 살인이 가능하다고 말한다(Levy & Orlans, 2000; Magid & McKelvey, 1987). 행동화하는 것은 유기(abandonment)에 대한 두려움에 대항하는 주된 방어라고 생각할 수 있다(Paterson & Moran, 1988).

애착 문제가 있는 아동들은 학교에서도 주의 집중 시간, 문제해결에 대한 의지, 교사의 지도 준수를 포함하는 문제들을 나타낸다(Bretherton, 1985; O'Connor et al., 2000). 이러한 아동들은 정신보건복지사(mental health workers)들에게 종종 행동장애 진단을 받는다. 부차적인 진단은 적대적 반항장애(oppositional defiant disorder)와 주의력결핍 과잉행동장애(attention deficit hyperactivity disorder)를 포함한다(Speltz et al., 1999). 애착 관계가 형성되지 않은 아동들은 대다수 실패한 입양 때문이다. 실패한 입양을 예방하려는 노력으로, 많은 주에서는 신체적 · 성적 학대를 포함한 입양 아동들의 배경에 대해 더 많은 정보를 제공하는 법률을 제정하여 입양하는 부모들이 특별한 조치가 필요할 때를 대비하도록 했다(Magid & McKelvey, 1987; Weitzman & Cook, 1986).

미술치료 평가 및 치료법

유대감 및 애착 문제를 가진 아동들과 청소년들을 평가하는 데 미술을 사용하는 것은 진단에 도움이 되는 정보를 풍부하게 제공한다. 근원적인 신뢰 문제를 가진 모든 아동은 그림 그리는 것을 좋아하고 말이나 다른 평가 절차보다 그리기를 통해 종종 더 많은 정보를 나타낼 것이다(Levick, 1983). 따라서 그리기는 아동의 자존감, 대략적인 인지 및 성심리적 발달 단계, 방어 기제, 성격 기능 특징, 가족 관계 및 상호작용에 대한 감정, 유대감과 애착 정도에 관한 정보를 얻는 데 사용될 수 있다(Hammer, 1999; Kramer, 1971; Silver & Ellison, 1995).

Bender와 Schilder(1958)는 수년 전에 애착장애를 가진 청소년들의 그림은 스트레스나 문제를 부인하는 성향을 보인다고 했다. 나의 임상 및 연구 경험을 통해, 유대감이 형성되지 않은 아동과 청소년들은 빗속의 사람(Person-in-the-Rain-Drawing) 그림이라고 불리는 다양한 인물화(Human Figure Drawing)에서 스트레스를 부정하거나 최소화하는 경향을 보인다는 것을 확인했다(Hinz et al., 1997; Hinz, 1994). 유대감이 없는 아동들은 복잡하거나 격자창 또는 격자문이 있는 집들을 그린 것이 특징적이었다. Hammer(1958, 1999)에 따르면, 이러한 방식으로 그린 창문과 문은 바깥세상과 상호작용하기 매우 싫음을 나타낸다. 어떤 사람은 애착발달장애와 관련된 방치나 학대의 상당 수준이 아동이 세상과 상호작용하기를 꺼리도록 하는 원인이 될 수 있다고 생각할 수 있다.

애착장애를 가진 아동들과 청소년들에 대한 수백 가지의 평가를 마친 후에, 나는 동적가족화(Kinetic Family Drawings: KFDs)에서 부모와 아동 사이의 부정적이거나 대립적인 상호작용을 빈번히 묘사한다는 것을 관찰하였다. 부정적이거나 대립적인 상호작용에는 ① 화난 말투나 얼굴 표정들, ② 이름을 부르는 것, ③ 신체적 폭력, ④ 가족 활동이나 게임에서 협동과 반대로 속임수를 쓰는 것 등의 예가 있다. 추가적으로 위탁 가정에 사는 아홉 살짜리 여자아이가 영화관에서 영화 〈나 홀로 집에(Home Alone)〉를 보고 있는 자신과 형제들만을 그린 KFD에서처럼 부모들은 모두 생략될 수 있다. 다른 유대감이 없는 아동들은 "당신의 가족이 무언가를 하고 있는 그림을 그리세요."라는 KFD 지시를 받았을 때 단지 그들 자신만을 그린다.

애착 문제가 있는 아동들은 가족 관계, 자존감, 학업 성취와 같은 많은 부분에 영향을 받는 것 같다. 이전에 기술한 바와 같이, 유대감이 없는 아동들은 대다수의 실패한 입양 때문이다. 정신건강 치료는 가정을 온전하게 유지할 수 있도록 돕는다. 이러한 복잡하고 임상적으로 어려운 청소년들과 그 가족들을 위한 성공적인 치료는 장기간의 노력과 다양한 접근 방식이 필요하다(Hughes, 1999; Rila, 1997). 부모 훈련과 가족치료를 통한 부모의 필수적인 참여와 함께 정신적·도덕적 발달, 또래 관계 개선, 긍정자아 발달에 대한 개인 상담 구성이 포함될 수도 있다. 애착이 없는 아동/청소년이 대자연(mother nature: 부모)을 조종하는 것은 불가능하기 때문에 많은 입원환자(in-patient) 치료 프로그램은 '야생에서 살아내기 훈련' 구성을 포함한다(Berman & Anton, 1988). 이러한 다양한 종합 프로그램 구성을 통하여 아동은 조종하는 힘보다는 자신이 가지고 있지만 이전에는 깨닫지 못한 긍정적인 내면의 힘을 그릴 수 있게 된다. 미술치료는 정서적 유대감이 깨지기 쉬운 초기 단계를 지지하고 장려하는 데 사용될 수 있는 또 다른 중요한 치료법이다(Gonick & Gold, 1991).

미술치료의 치료적인 면

유대감이 없는 아동이나 행동장애를 가진 아동들과의 미술치료 사용에 관한 글은 매우 적다. 하지만 내가 정서적 유대감을 지지하는 것과 함께 미술치료가 다음과 같은 치료의 양상을 높이는 유용한 보조적 치료법이 될 수 있음을 깨닫게 된 것은 이러한 아동들과의 경험을 통해서였다. ① 아동이 치료사와 타인들에 대해 신뢰를 높이도록 돕는 것, ② 타인과 세상과 안전한 관계를 허용하는 것, ③ 아동에게 제한된 행동 조절이 가능하게 하고, ④ 적절한 정서 표현이 가능하고, ⑤ 자존감을 향상시키고, ⑥ 문제가 있는 방어 기제(defense mechanisms)를 설명하고 새로운 것을 가르치는 것.

신뢰 쌓기

유대감이 형성되지 않은 청소년이나 아동을 다루는 데 있어 첫 번째 단계는 신뢰 쌓기를 포함하므로 이 단계가 힘들 수 있다(Weitzman & Cook, 1986). 이러한 아이들은 일반적으로 어느 누구도 신뢰해 본 적이 없기 때문에, 신뢰 쌓기의 첫 단계가 성공적인 치료 접근의 기본이 된다. 아동이나 청소년이 치료사를 신뢰하기 시작하기 위해서, 미술치료와 미술 매체 사용에 대한 규칙은 확립되어야 하고 일관적으로 시행되어야 한다. 아동과 청소년 모두 어떤 상황에서 그들이 얼마만큼 통제할 수 있는지 알아보기 위하여 규칙의 한계를 테스트할 가능성도 있다. 한계를 테스트하고 조종하려는 시도 때문에, 미술치료는 검사를 위한 예상 가능하고 안전한 환경일 것이라는 것을 확립하기 위한 규칙이 끊임없이 시행되어야 한다. 미술치료 경험을 위한 규칙들은 다음을 포함할 수도 있다: 최선을 다해야 하고 치료하는 동안 자신이나 타인, 다른 물건을 훼손하면 안 되며 재미있게 즐기라. 미술 매체 사용에 대한 안전하고 비파괴적인 사용을 위한 규칙 또한 필수적이다(Rubin, 1984; Sobol, 1985).

미술 매체의 탐색과 비구조화된 방식에서의 사용은 치료사와 어린 내담자 간에 신뢰를 향상시키는 데 도움이 될 수 있다. 이러한 비구조화된 교류 상황에서는 치료사와 아동 사이의 통제에 대한 싸움은 잘 발생하지 않는다는 것을 경험을 통해 알게 되었다. 아동이나 청소년들에게 매체 선택과 안전한 방법으로 사용한다는 조건하에 자신이 원하는 대로 재료를 사용할 수 있도록 최대한 허용한다. 그렇게 함으로써 환경에 대한 통제감을 보다 더 건강하게 생기도록 할 수 있다.

이러한 초기 세션에서는 미술 매체를 탐색하고 결과물보다는 그 매체를 사용하는 과정에 집중해야 한다. 예를 들면, 아동이나 청소년들에게 자유롭게 클레이를 탐색할 수 있는 분위기를 제공해야 한다. 무슨 느낌이 나는지, 그것이 눌리는지, 굴리거나 모양을 만들 수 있는지 등등. 다른 방법으로는, 내담자에게 주요 색상으로 된 그림 샘플을 주고 색상을 섞어 보는 실험도 요구할 수 있다. 파란색과 노란색이 합쳐져 초록색이 만들어지는 것처럼, 그들에게 그들이 실험을 통해 보이는 것들에 대해 자유롭게 말하도록 할 수도 있다. 청소년들은 미술치료사와 함께 이러한 비구조적이고 창의적인 접촉으로 무엇이 일어날지 결정할 수 있다. 내가 함께 작업했던 한 어린 소년은 그리기 재료를 이용하여 '선'과 '악'이라는 종이비행기들을 만들었다. 이러한 방식으로 탐색을 확장한 후에, 그는 비행기들을 그들의 '성격'에 따라 색칠했다고 말했다. 초기 탐색에서 그 아동이 '선'과 '악'이라고 정의한 것이 다음 세션의 색상 사용에 대한 기초를 마련한 셈이다.

따라서 초기 미술치료 세션에서 애착장애를 가진 아동과 미술치료사는 이미지, 색상, 상징에 대한 공통 언어를 형성할 수 있다. 이를 통해 내담자인 청소년 혹은 아동은 미술치료사뿐만 아니라 미술치료 작업 과정에 대한 신뢰쌓기를 시작할 수 있다. 결국, 어린 내담자들은 앞으로 진행될 미술치료 세션에서 이상적인 종료를 위해 미술 매체들을 사용하는 자신의 능력에 대한 신뢰를 갖기 시작한다.

타인과 세상과의 안전한 만남

유대감이 형성되지 않은 아동에 대한 글을 보면(Magid & McKelvey, 1987), 그들 자신 외에는 그 누구에게도 의존하지 않는 것처럼 보인다. 관계가 피상적이고 오래가지 못하며 개인적 경계가 부적절하다. 강압적이지 않으며 자신의 생각을 자유롭게 표현하는 것이 허용되는 집단 안에서 미술 매체를 탐색하고 작업 결과물을 만드는 것은 타인과 세상과의 만남을 촉진시킨다.

Linesch(1988)에 따르면 청소년기의 발달 과제들은 자기표현과 또래 영향을 중심으로 이루어지기 때문에, 청소년들은 특히 집단 미술치료에 관심이 많다. 어떤 개인적 정보를 공유하고 어떤 것은 사적으로 비밀을 유지해야 하는지에 대해서 청소년이나 아동에게 적절한 선택권을 주는 것은 건강한 환경 조절감을 향상시키는 데 도움을 줄 수 있다. 이전에 유대감이 형성되지 않은 아동이나 청소년은 개인적 경계에 대해서 아무것도 공유하지 않거나 모든 것을 공유하는 과도한 조절감을 가지고 있을 수도 있다.

환경 인식을 장려하는 훈련들은 더 큰 세상과 관계하고 창조성을 증진시키는 데 사용될 수 있다. 아동 내담자들에게 재활용 재료들을 활용한 조각품을 사용하게 함으로써 자기 주변에 있는 어떤 것에 대해 걱정과 주의를 기울이거나 지구를 보호해야겠다는 개념을 심어 줄 수 있다. 재료를 모으고 조각품을 계획하고 조립하는 활동들은 만족의 지연을 강화하고 원인과 결과의 손상된 관계를 강화하는 데 도움을 줄 수 있다.

아동이나 청소년들을 바깥으로 데리고 나가 콜라주(collage) 작업을 하기 위한 매체를 찾도록 하는 활동을 통해 더 큰 세상과 연결시킬 수 있다. 바깥에서 찾은 매체들을 그림에 포함시키고 그에 대한 이야기를 만드는 다른 활동들도 있을 수 있다. 위탁 아동들은 발견한 매체가 이야기상에서 거주지 배정이 잘못되었다는 것을 발견하기 전까지, 여러 가지 잘못된 거주지 배정이 지장을 준다는 것을 종종 거부한다. 예를 들면, 나와 함께 작업했던 청소년기 여자아이는 조개 조각이 박힌 시멘트를 발견했다. 그녀는 평화롭고 한가로운 해변으로부터 시멘트 제분 공장을 통과해 정신없이 바쁜 도로 위까지 가는 조개의 여정에 관한 마음 아픈 이야기를 썼다. 그 이야기를 쓰고 집단/개인/가족 치료에서 읽고 난 후, 그 아이는 이전의 다양한 위탁 상황의 부정적 영향에 대해 더 이상 크게 영향을 받지 않게 되었다. 그들의 미술치료 경험을 보다 더 개인적이고 의미 있게 만들기 위해, 자신이 설명할 수 있고 작품을 만들기에 적합한 중요한 물건들을 가져오도록 하였다.

이와 같은 활동들을 통하여 유대감이 형성되지 않은 아동들과 청소년들은 타인과 자신 밖의 세상과 교류하기 시작할 것이다. 미술치료 그룹은 자신의 개인적인 정보가 비웃음당하거나 보복당할 걱정 없이 적절히 공유되는 첫 번째 안전한 장소가 된다. 이처럼 안전한 환경에서의 미술 작품 활동을 공유함으로써, 유대감이 형성되지 않은 아동이나 청소년들은 세상을 애착 형성을 돕는 좋은 사람들과 사물들로 채워진 더 따뜻한 곳으로 볼 수 있게 된다.

감정을 인지하고 표현하는 것

분노는 유대감이 형성되지 않은 아동이나 청소년들이 종종 분출하는 감정이다. 물론 다른 감정들도 나타난다. 하지만 그들의 감정은 종종 억압되어 있거나 신체적 증상으로 나타나거나(somatisized) 혼란스럽다. 예를 들어, 슬픔이란 감정이 분노로 나타나기도 한다(Magid & McKelvey, 1987). 개인적으로나 그룹 안에서 충분한 신뢰가 형성된 후에야 감정 인식을 위한 미술치료를 시작하는 것이 좋다.

어린 환자들에게 다양한 감정을 나타내는 얼굴을 잡지에서 찢어 콜라주를 만들게 하는 것은 감정 반응들을 알려 주는 위협적이지 않은 하나의 방법이 될 수 있다. 경험을 확장하기 위해 청소년이나 아동들은 사람들이 어떻게 생각할지, 어떤 감정을 느낄지에 대해 글을 써도 좋다. 이러한 방식으로 어린 내담자들은 감정들을 정확히 구별하기 시작할 수 있다(Landgarten, 1981). 더욱이 이러한 활동들을 통하여 생각과 감정의 차이를 배우거나 두드러진 것을 알 수 있다.

감정 반응을 인식하기 위한 또 다른 활동으로는 아동들에게 다양한 감정을 담고 있는 얼굴을 그리도록 하는 것이 있다. 청소년들은 감정을 표현하는 사람들 간의 상호작용 장면을 그리도록 요구될지도 모른다. 더욱이 그들은 운동감각 및 감각 수준에서 감정이 더 잘 표현되고 있다고 느낄 수도 있다(Lusebrink, 1990). 행동화로부터 얻어진 감각 입력으로부터, 내담자들은 추후에 어떻게 감정을 인지할지에 대한 정보를 얻을 수 있다. 정서 인지와 표현에서 차후 양상들은 다른 감정들에 대한 그림 반응을 포함할 수 있다. 이러한 방식으로 아동들과 청소년들은 다른 사람들에 대한 행동 및 감정의 결과를 예측할 수 있게 된다.

타임 라인 활동은 인과 방식에서의 감정을 살펴볼 수 있는 또 다른 방법이 될 수도 있다(Linesch, 1988; Tracz & Gehart-Brooks, 1999). 이 활동에서, 8세 정도의 어린 아동부터 청소년들은 현재 나이를 기점으로 어린 시절로 내려가며 자신들의 인생에 중대한 사건들을 찾는다. 그들 삶에서 '중요한 모든 순간을' 포함해야 한다. 예를 들면, 학교 입학, 위탁 보호소, 학교 전학, 이사, 이혼, 죽음 등이 있다. 타임 라인을 그린 후, 사건들의 결과와 관련 감정들은 알아차리고 논의되어야 한다. 타임 라인은 또한 미래에는 기복이 적게 표현된 목표를 가지고 이러한 어려운 사건들과 감정들을 처리하기 위한 기초를 제공할 수 있다.

감정 반응을 확인하기 시작하는 청소년들은 10개의 감정을 작성하고 각기 다른 종이에 색칠하도록 할 수 있다. 색칠이 완성되면, 그 감정들을 분류하지 않은 채 그림들의 전형적인 미술적 특성을 사용하여 이야기할 수 있다. 예를 들어, 어떤 사람은 이러한 질문을 할지도 모른다. "왜 분노는 빨강 원 같은 건가요?"(Lusebrink, 1990) 다음 세션에서 청소년들은 그림의 전형적인 미술 특성에 근거하여 크게 세 가지로 분류한다. 그래서 그들이 묘사한 감정이 아닌 색상이나 모양들이 그림에서 어떻게 분류되는지 결정된다. 나중에 감정들이 인식되고 어떻게 분류되었는지에 대해 토론하는 것은 아마 청소년들이 혼란스러운 감정들을 확인하는 데 도움이 될 수 있을 것이다(예를 들어, "슬픔과 분노가 같은 분류 체계에 들어가 있다면, 어떻게 너는 슬픔과 분노의 감정이 비슷하니?"라고 질문함으로써 가능하다). 이후 논의는 어떻게 혼란스러운 감정이 해로운 방식(종종 입양 부모나 위탁 부모에게 마음의 상처를 주고 위탁 보호소나 결과적으로 파양으로까지 가는 위태로운 상황을 만드는 것)으로 표출되어 왔는지 청소년이 판단하는 데 도움이 될 수 있다.

아동들은 사람 몸의 외곽선을 딴 선을 색칠하고 자신의 감정들이 어디로부터 느껴지는지를 가리키는 활동을 통해 이익을 얻을 수 있다. 이 활동에서 각각의 감정은 각기 다른 색깔로 표현되고 밑그림에서 각각의 감정들이 나타나게 된다. 그때 아동은 분노, 슬픔, 기쁨, 두려움을 느끼는 신체의 부분에 색을 칠하게 된다. 감정의 신체화 반응(배가 아프거나 두통)에 대해 또는 감정의 부적절한 반응들에 대해 이야기함으로써 활동을 진전시킬 수 있다. 예를 들면, 한 어린 소년은 자신이 분노로 선택한 색으로 손과 발만 색칠하였고, 화가 날 때 사람을 때리거나 발로 찬다고 설명했다. 그때 자신의 분노 감정을 더 적절하게 표현하는 방법들에 관해 논의할 수 있다. 나의 내담자 중 8세의 한 여자아이는 '분노 색깔'인 빨강을 그녀의 머리에 칠했을 때 분노와 두통 사이에 연관성이 있다는 것을 깨닫고 받아들이게 되었다.

마지막에 아동이나 청소년들에게 긍정적인 장면과 부정적인 장면들을 클레이나 콜라주로, 혹은 페인팅이나 드로잉을 통하여 상징적으로 나타내도록 한다. 그러고 나서 그림과 그에 따른 감정들의 유사성과 차이점에 대해 논의할 수 있다. 이후에도 여전히 부정적인 반응을 긍정적인 반응으로 바꾸어 갈등 표현을 행동화하도록 요구할 수 있다. 집단 피드백은 그들이 상호작용하는 데 있어 각기 자기만의 서로 다른 반응들을 알아차리는 데 도움이 된다. 애착장애를 가진 한 어린 소년은 연장된 기간 동안 나와의 미술치료에서 개성을 발휘하는 것이 보였다. 미술치료는 협조적인 반응을 형성하는 행동론적인 방법으로 사용되었다. 미술치료사와 상호작용하는 동안 소년은 자신이 사용하고 싶은 액션 피규어를 프라스티신을 이용하여 만들었다. 초기 액션에서, 소년이 피규어를 세게 내리쳐서 놀이가 중지되었다. 많은 시도와 논의 후에, 놀기 위해서는 피규어들을 서로 내려치는 것이 아니라 협조적으로 놀아야 한다는 것을 배웠다. 미술치료사는 이후 가족이 방문했을 때의 관찰을 통해, 협동적인 놀이가 그 아이의 남동생과의 게임으로 빠르게 일반화된다는 것을 알았다.

요약하자면, 감정을 인지하는 것은 애착 문제가 있는 더 어린 아이들에게 도움을 주는 매우 중요한 단계이다. 감정들이 정확하게 구별될 때까지, 그들은 종종 거처를 위험에 빠뜨리면서 혼란스럽고 부적절하게 표현하는 경향이 있다. 감정이 확실히 구분된 후에는, 아동이나 청소년이 그들 삶의 파괴적인 사건을 다루는 데 더 나은 언어를 구사할 수 있다. 더욱이, 감정에 관한 새로운 언어는 그들이 행동과 결과 사이의 인과 구조를 더 잘 결정하고 대립적인 상호작용 대신에 협력적인 선택을 하도록 돕는다.

자존감에 대한 건강한 이해 발달

자존감은 아동이 자기 자신에 대해 어떻게 느끼는지를 표현하는 미술치료 활동에서 항상 다루어진다(Landgarten, 1981; Levick, 1983; Rubin, 1984). 미술치료사는 미술 작품 만들기의 진지한 과정이 긍정적인 자존감을 발달시키는 경험이 되도록 혼신의 노력을 다해야 한다. 치료의 중간 회기 동안 자아상과 자존감이 미술치료 접근을 통해 특별히 집중해야 할 부분이 될 수 있다. 처음에 언뜻 보기에는 유대감이 형성되지 않은 아동이 높은 자존감을 가진 것처럼 보인다. 그렇지만 정밀한 검사를 통해 높은 자존감으로 나타나 보이는 것이 사실은 실제적으로 또는 감지된 거절에 의해 만들어진 자기 의견을 감추는 매우 낮은 자존감의 반사회적인 태도이다.

아동들에게 자존감을 처음으로 다룰 때 한 가지 비위협적인 방법은 신체상(body image)에 집중하는 것이다. 아동이나 청소년들은 몸 외곽선 따라 그리기 활동(body tracing)을 하고 그것을 자신의 현재와 이상적인 모습을 나타내도록 색을 칠하거나 콜라주 작업을 하도록 한다. 그다음으로 두 가지 모습의 유사점과 차이점을 설명하도록 한다. 덧붙여, 어떻게 이상적인 자신의 모습이 현재 나타나고, 어떻게 이상적인 모습을 더 실제로 만들 수 있을지에 대한 구체적인 논의가 도움이 된다.

콜라주는 긍정 인물(positive hero) 발달을 인지하고 강화하는 것을 돕는 데 사용될 수 있다. 또한 특히 유대감이 형성되지 않은 소년들에게 일반적인 방어 기제인 '어두운 면'이나 공격성을 알아차리고 없애는 데 도움이 될 수 있다(Larose, 1987). 흰 티셔츠에 패브릭 물감을 칠하는 것은 새로운 정체성을 알릴 수 있다. 수채화 그림과 같이 미술 활동에 따라 만들어진 상(imagery)은 미래와 미래 속의 자신에 대한 긍정적인 시각을 형성하는 데 도움이 된다(Peake, 1987).

라이프북은 과거 사건들의 영향과 미래의 이상적인 자신의 모습을 계획하는 데 모두 도움이 되는 방법이다(Holody & Maher, 1996). 나이와 능력에 따라 아동과 청소년들은 그들의 인생 스토리를 쓰고 삽화를 그리도록 할 수 있다. 인생 스토리는 ① 특정한 지시 없이, 혹은 ② (출생, 학대, 입양, 고등학교 졸업, 결혼, 출산, 부모의 죽음 등과 같은) 미리 결정된 특정 장면을 사용하여, 혹은 ③ 이미 결정된 전체 스크립트를 사용하여(단지 삽화만 추가하는) 작성되거나 묘사될 수 있다. 인생 스토리를 쓰면서 젊은 사람들은 치료의 목적으로 논의된 긍정적인 자신의 모습과 관계들을 계획할 수 있다. 게다가 어린 내담자들에게 그들 자신뿐만 아니라 미래의 자신의 아이들과 증손자들을 위한 치료에 참가하는 것이다.

성공적인 미술치료는 현실적이고 이상적인 자기훈련 또는 인생 스크립트 북과 같은 자존감 목표 활동뿐만 아니라 단순한 창조 활동에 의해서도 자존감이 향상된다고 보면 된다. 또한 내담자들이 그들 자신의 삶은 물론 그들의 후대의 삶에 긍정적인 창조 가능성을 열어 준다는 체험을 하도록 한다.

방어 기제를 인지하고 변화시키기

유대감이 형성되지 않은 아동의 전형적인 방어 기제는 행동화이다. 이러한 공격적인 성향은 그의 가정을 빈번하게 파괴하게 된다. 애착 및 유대 장애를 가진 아동과 청소년들과의 미술치료 마지막 단계는 문제가 되는 방어 기제를 인지하고 그에 따른 대처 기술을 개발하는 것이다. 전체 미술치료 경험을 통해, 아동이나 청소년들은 그들의 공격적인 충동을 행동화시키기보다는 순화하는 법을 배우기 바란다. 순화는 직접적으로 다루거나 감정 일지를 사용함으로써 도움을 받을 수 있다(Linesch, 1988).

미술치료는 유대감이 형성되지 않은 아동과 청소년들의 특성인 부정(denial)과 분열(splitting)을 없애는 데 도움이 될 수 있다. 예를 들어, 내적 자아와 외적 자아(즉, 분노로 가득 찬 내적 자아와 사회적으로 용인되는 외적 자아)를 구분하는 것을 돕는 활동들은 두 자아를 분리시키기보다 더 완전한 자아상으로 합쳐지도록 만든다. 이러한 개념을 쉽게 인지하고 함께 작업하기 위해 명확한 외적 상징들을 필요로 하는 아동들에게 미술치료는 효과적인 방법이다.

가족 조각 및 역할극은 유대감이 형성되지 않은 아동과 청소년들이 부적응적인 방어의 근원을 인지하고 새로운 것을 형성하는 데 도움이 될 수 있다. 미술 재료의 사용으로 모든 종류의 가능성 탐구와 피드백은 열려 있다. 가족 구성원 간의 문제가 되는 상호작용 패턴들은 가족 미술치료를 통해 알 수 있다. 역할극은 미술치료사와의 관계를 돈독히 만드는 것처럼 생소한 행동을 보다 더 편안하게 만들도록 돕는다.

드로잉은 가족치료에서 상호작용의 패턴을 설명하는 비언어적 의사소통의 수단으로 사용될 수 있다(Harvey, 1991). 예를 들어, 6세 때 위탁 부모에게 입양된 14세 소녀는 나와 함께 작업을 한 이후 위탁모와 가족 미술치료에 참가하였다. 한 세션에서, 소녀와 위탁모는 큰 포장 용지에 그림으로만 콘셉트를 상의하도록 요구되었다. 엄마는 계속해서 이전 그림을 가리키는 화살을 그리고 밑줄을 치고, 강조하였다. 엄마의 그림은 종이의 3/4을 차지했다. 딸은 한두 개의 약하고 알 수 없는 그림을 그리고는 그림 그리기를 포기하고 침울하게 앉아 정신없이 그리고 있는 엄마를 바라보았다. 엄마와 딸 둘 다 그들 사이의 상호작용 패턴이 바뀔 필요가 있다는 것을 쉽게 알아차렸다.

미술치료는 가족에 대한 환상과 소망을 아는 데 사용될 수 있다(Harvey, 1991). 차후 세션에서 그 소녀와 엄마는 그들이 가장 좋아하는 동화의 세 가지 장면을 그리도록 요구되었다. 엄마는 신데렐라의 장면들을 그리고 자신이 수양딸을 끔찍한 삶에서 구한 것처럼 느낀다고 말했다. 딸은『금발의 미녀와 세 마리 곰(Goldilocks and the Three Bears; 영국 전래동화)』의 장면들을 그렸다. 그 그림은 그녀가 금발의 미녀(Goldilocks)이고 (입양 부모의 친아들인) 그녀의 오빠가 아기 곰임을 나타낸다. 그녀의 엄마는 8년이 지난 지금에도 딸이 자신을 가족의 침입자라고 생각한다는 것을 전혀 몰랐다.

치료의 마지막 단계에서 애착과 유대의 어려움을 겪는 아동이나 청소년들은 부적응적인 방어 기제와 가족 상호작용의 문제를 인지하고 변화시킬 준비가 되어야 한다. 역할극과 가족 미술치료 세션들은 생소한 행동들을 보다 더 편안하게 만드는 데 도움이 될 수 있다. 마지막으로, 미술치료는 어린 내담자들이 종결 문제를 다루는 데 사용될 수 있다. 치료의 마지막 단계에서 시작된 감정 일기는 젊은 사람들이 치료가 끝난 후에도 치료에서 받은 도움을 지속적으로 유지하도록 도울 수 있다.

요약 및 결론

유대감이 형성되지 않은 아동들은 행동, 인지, 정서적인 반응에 문제를 보인다. 기능의 모든 영역이 그들이 경험한 초기 상실에 영향을 받는 것처럼 보인다. 그들은 한 번도 보호자와 긍정적인 유대를 형성해 본 적이 없기 때문에, 유대 및 애착 장애를 가진 아동들은 신뢰를 하지 못한다. 오히려 그들은 사람과 환경을 그들에게 유익하도록 조종하고 통제하려고 시도한다. 조종과 방어적인 행동화는 많은 입양 실패와 위탁 양육 거주지 배정의 변화가 원인이 된다. 애착이 없는 아동을 위한 성공적인 치료는 신뢰 형성이 중요하기 때문에 보통 장기적이다. 성공적인 접근은 여러 형태로 된 것이어야 한다.

미술치료는 초기 정서 애착을 유지하는 데 사용될 수 있다. 더욱이, 미술치료는 유대감이 형성되지 않은 아동이나 청소년들에게 성공적인 치료를 위한 중요한 집단 또는 개인적 구성 요소가 될 수 있다. 치료의 첫 번째 단계에서, 미술치료는 세상과 타인과의 안전한 관계뿐만 아니라 아동이 치료사를 포함하는 타인과 신뢰를 형성하도록 돕는 데 사용될 수 있다. 또한 아동들에게 적절하고 제한된 행동 조절 양을 제공할 수 있다. 치료의 중간 단계에서, 미술치료 활동은 정서의 적절한 표현과 인지 그리고 자존감을 높이는 데 사용될 수 있다. 치료가 끝나가면서, 미술치료는 문제가 되는 방어 기제나 상호작용의 패턴을 묘사하고 새로운 것을 가르치는 데 사용될 수 있다. 마지막으로, 미술치료는 가족에 대한 환상의 탐구를 촉진하고 종료 이슈를 다루는 데 사용될 수 있다.

참고문헌

Bender L., and Schilder, P. (1958). Simplification of the world and its problems in the art of asocial delinquent boys (pp. 584-595). In E. F. Hammer (Ed.), *The clinical application of projective drawings*. Springfield, IL: Charles C Thomas.

Berman, D. S., and Anton, M. T. (1988). A wilderness therapy program as an alternative to adolescent psychiatric hospitalization. *Residential Treatment for Children and Youth 5*: 41-53.

Bretherton, I. (1985). Attachment theory: Prospect and retrospect (pp. 3-40). In I. Bretherton and E. Waters (Eds.), Growing points of attachment theory and research. *Monographs of the Society for Research in Child Development 2*: 3-40.

Gonick, R. S., and Gold, M. (1991). Fragile attachments: Expressive arts therapies with children in foster care. *Arts in Psychotherapy 18*: 433-440.

Hammer, E. F. (1958). *The clinical application of projective drawings*. 4th ed. Springfield, IL: Charles C Thomas.

Hammer, E. F. (1999). *Advances in projective drawing interpretation*. Springfield, IL: Charles C Thomas.

Harvey, S. (1991). Creating a family: An integrated expressive approach to adoption. *Arts in Psychotherapy 18*: 213-222.

Hinz, L. D. (1994, August). Person-in-the-Rain Drawing: A new art therapy assessment. Paper presented at the American Psychological Association, Los Angeles, CA.

Hinz, L. D., Hall, E., and Lack, H. S. (1997, August). *The Person-in-the-Rain drawing: A normative study*. Paper presented at the American Psychological Association. Chicago, IL.

Holody, R., and Maher, S. (1996). Using lifebooks with children in family foster care: A here-and-now process model. *Child Welfare 75*: 321-335.

Hughes, D. A. (1999). Adopting children with attachment problems. *Child Welfare 78*: 541-560.

Kramer, E. (1971). *Art as therapy with children*. Springfield, IL: Charles C Thomas.

Landgarten. H. B. (1981). *Clinical art therapy: A comprehensive guide*. New York: Brunner/Mazel.

Larose, M. L. (1987). The use of art therapy with juvenile delinquents to enhance self-image. *Art Therapy 4*: 99-104.

Levick, M. F. (1983). *They could not talk and so they drew: Children's styles of coping and thinking*. Springfield, IL: Charles C Thomas.

Levy, T. M., and Orlans, M. (2000). Attachment disorder as an antecedent to violence and antisocial patterns in children (pp. 1-26). In T. M. Levy (Ed.), *Handbook of attachment interventions* (pp. 1-26). San Diego, Calif.: Academic Press.

Linesch, D. G. (1988). *Adolescent art therapy*. New York: Brunner/Mazel.

Lusebrink, V. B. (1990). *Imagery and visual expression in therapy*. New York: Plenum Press.

Magid, K., and McKelvey, C. A. (1987). *High risk: Children without a conscience*. New York: Bantam.

O'Connor, T. G., and Rutter, M., et al. (2000). Attachment disorder behavior following early severe deprivation: Extension and longitudinal follow-up. *Journal of the American Academy of Child and Adolescent Psychiatry 39*: 703-712.

Paterson, R. J., and Moran, G. (1988). Attachment theory, personality development, and psychopathology. *Clinical Psychology Review 8*: 611-636.

Peake, B. (1987). A child's odyssey towards wholeness through art therapy. *Arts in Psychotherapy 14*: 41-58.

Rila, B. (1997). The attachment-disordered adoptee. In S. K. Roszia and A. Baran (Eds.), *Creating Kinship* (pp. 61-76). Portland, OR: The Dougy Center.

Rubin, J. A. (1984). *Child art therapy* (2nd ed.). New York: John Wiley and Sons.

Silver, R., and Ellison, J. (1995). Identifying and assessing self-images in drawings by delinquent boys. *Arts in Psychotherapy 22*: 339-352.

Sobol, B. (1985). Art therapy, behavior modification, and conduct disorder. *American Journal of Art Therapy 24*: 35-43.

Speltz, M., DeKlyen, M., and Greenberg, M. T. (1999). Attachment in boys with early onset conduct problems. *Development & Psychopathology 11*: 269-285.

Tracz, S. M., and Gehart-Brooks, D. R. (1999). The lifeline: Using art to illustrate history. *Journal of Family Psychotherapy 10*: 61-63.

Weitzman, J., and Cook, R. E. (1986). Attachment theory and clinical implications for at-risk children. *Child Psychiatry and Human Development 17*: 95-103.

PART 03

다문화와 이(異)인종 간의 문제

CHAPTER 13

국제입양 적합성의 평가도구로서 미술치료

DEBORAH GOOD

도입

이 장은 국제입양을 원하는 부부에게 심리적 적절성을 평가하는 비형식적 미술치료의 과정을 볼 수 있다. 입양될 아이는 이 부부의 먼 친척이며, 지금은 남태평양에서 예비엄마의 여동생과 살고 있다. 이 Zimmermans 부부는 입양기구로부터 승인된 나의 자격증과 독립된 두 곳에 등록된 외국인 증서를 통해 나에게 의뢰하였다. 아이가 태어난 나라의 정부는 특정한 평가나 검사를 요구하지는 않지만 임상의 재량에 따라 이러한 평가인터뷰를 하였다.

첫 의뢰

2000년 5월, Maria Zimmerman은 나에게 연락을 하여 그녀와 남편인 David의 심리평가 면담을 의뢰하였다. 이 부부는 이제 한 살이 되는 먼 친척 남자아이를 입양하기 위해 Maria의 모국인 섬나라 정부로부터 입양절차를 밟는 중이라고 하였다. Zimmerman의 심리평가에 내 자격을 허가받기 위하여 사례관리자인 Susanna Jones를 만났다. Jones는 나의 자격이 적합하다고 확언해 주면서 심리평가에 나타나지 않는 Zimmerman 부인의 정보를 대략 알려 주었다.

처음 두 회기는 Zimmerman의 가족사를 인터뷰하였다. Zimmerman 부부는 이 친척아기의 입양에 애쓰고 입양절차 중이라고 하면서 국제입양절차를 분명하고 빈틈없이 설명하였다. '어린 David'의 애정에 대해 이야기할 때 그들은 활기를 띠었고 아이를 가족으로 데려오고 싶은 부부의 간절한 바람은 수없이 표현되었다. 그들은 둘 다 40대이며 아기를 임신할 수 없었다. Maria는 수차례에 걸쳐 어린 David를 보러 갔으며 아이를 비디오로 녹화하여 집에서 남편과 함께 보았다고 하였다.

David의 과거력

David는 아이오와의 한 농장에서 자랐다. 연락하며 지내는 두 명의 형제 중 한 사람은 아이오와에 살고 있으며 다른 사람은 텍사스에 살고 있는데, 모두 결혼하여 자녀가 있다. David의 부모는 둘 다 집에 있으면서 아이들을 키웠는데, 집안일은 어머니가 하였다. 그녀는 당뇨를 앓다가 10년 전에 심장마비로 사망하였다. David가 어머니의 죽음을 말할 때 보면 두 사람이 매우 친근했던 것이 분명했다. 아버지는 아이오와에서 혼자 살면서 대장암 투병 중이다. Maria와 David는 주로 주말을 David의 아버지와 함께 보내며 그곳 이웃에게 부탁하여 하루에 한 번씩 아버지를 살펴보게 하였다.

David는 1979년부터 1990년까지 정유회사 기술자로 일하면서 텍사스, 오클라호마, 캔자스로 옮겨 다니다가 10년 전에 의학을 전공하러 다시 학교에 들어갔다. David는 입버릇처럼 정형외과의가 되고 싶었는데, 지금은 중서부 대도시의 큰 의료 회사에 고용되어 있다. 그는 스포츠와 같은 것에는 관심이 없고, 유일한 취미라고는 농사뿐이며 가족이나 친구들과 시간 보내는 것을 즐긴다고 하였다.

Maria의 과거력

남태평양에서 나고 자란 Maria의 부모는 모두 생존해 있으며, 미국과 남태평양에 있는 그들의 집을 오가며 지낸다. 84세가 된 아버지는 건강하며 학교 교사로 있으면서 농사도 짓는다. 77세인 어머니는 녹내장을 앓고 있다. 마리아는 남태평양에서 부모가 새집을 짓도록 도왔다고 하였다.

그녀는 2명의 남자 형제와 5명의 여자 형제들과 함께 자랐다. 현재 뉴저지에서 정규 간호사로 일하는 장녀가 동생들에게 두 번째 엄마와 같은 역할을 하며, Maria는 교육비를 보내 주는 것으로 남태평양의 동생들을 보살핀다.

둘째와 셋째는 아들이다. 세 명의 자녀를 두고 있는 둘째는 부모와 가까운 곳에 남아 변호사로 일하는데, 그가 부모의 주 부양자 같다. 결혼하여 네 명의 자녀가 있는 셋째는 1987년에 납치된 후 지금껏 아무런 소식이 없다. 가족들은 셋째가 정치적 공격의 피해자이며 아마 죽었을 것이라고 생각한다. Maria는 그의 자녀 중 의과 교육을 받는 딸 한 명에게 교육비를 보내 준다.

그 아래 네 명은 모두 딸로서, 넷째 딸은 어린 시절에 병으로 죽었다. 간호사인 다섯째는 결혼하여 아이 하나를 두고 있다. 가족의 여섯 번째 자녀가 Maria이다. 두 명의 자녀를 두고 있는 Maria의 동생은 임상심리사로 일하면서 아기 David가 완전히 입양될 때까지 돌봐 주고 있다.

결혼의 과정

David와 Maria는 서로 만나게 된 사연을 자세히 말해 주었다. 그들이 서로의 얼굴을 실제로 보고 만나기까지 상당히 오랫동안 장거리 통화를 했던 것으로 보인다. 데이트 시기에 David는 갈비뼈가 14개나 부러지는 트랙터 사고를 당하였는데, 정규 간호사인 Maria는 전화나 편지를 통하여 진심으로 그를 돕고자 하였다. 두 사람은 이러한 위기가 그들 관계를 더 견고하게 만들었다고 이야기하였다.

David와 Maria의 결혼 이전에 다른 결혼을 한 적은 없다. 두 사람 모두 '맞는 사람'을 만나본 적이 없다고 이야기하였다. 두 사람은 매우 가정적이며 가족으로 아이를 데려오기를 기대하였다. 그들은 진심으로 아기 David를 입양할 수 있기를 원하고, Maria가 일 년에 수차례씩 아기에게 가서 유대관계를 만들기 위해 노력하였고 입양 후 일을 쉴 계획이다.

평가

나는 그들의 문제해결력뿐만 아니라 상호작용 기술도 측정하기 위하여 두 개의 비형식적인 미술치료 평가를 실시하였다. David와 Maria의 문화적인 차이를 심사하는 것은 중요한 일이며, 이러한 측면을 심사함으로써 그림평가에서 그들 각자의 접근방식에 미치는 영향은 어떠한지, 그림과제를 편하게 수행할 만큼 묘사능력이 있는지, 의사소통 방식의 차이를 어떻게 창의적인 방법으로 표현해내는지도 볼 수 있다. 그림과제를 수행하는 진행 과정 안에서 이미지를 볼 수도 있다. 여기에는 Maria와 David 사이의 신체언어와 언어적 상호작용, 그림이 완성되기까지의 소요시간, 각각의 미술 과정에서 드러나는 이야기의 질이 포함된다. 먼저, 나는 Maria와 David에게 서로가 말을 하지 않고 함께 그림을 그리게 하여 그들이 비언어적으로 주제를 창작하고 그림을 완성하도록 하였다(Landgarten, 1987).

첫 번째 그림

Maria와 David는 온종일 업무로 지쳐있었지만 그림평가에서 기운을 차리는 것 같았다([그림 13-1]). Maria가 David보다 그림평가에 더 예민해 보였다. David가 먼저 검은색 마커로 그림의 기저선을 그었고 집과 인도를 그려 넣었다. David가 Maria쪽 화면으로 옮겨가려 할 때, 그녀는 "안돼!"라고 말을 하고 나서 당황한 듯 나를 보며 손으로 그녀의 입을 가렸다. Maria는 녹색 마커를 집어서 나뭇잎을 그렸고, David에게 말하지 않고 붉은 과일을 더 그려 넣었다. 그녀는 자신을 의식하고 자제하게 되면서 수관의 오른쪽 아래 구석에 과일 무더기를 꾸준히 그렸다. David의 비언어적인 격려로 Maria가 이완되면서, 그들은 그림을 번갈아 나누어 그렸으며, 눈빛을 주고받거나 머리를 끄덕이는 의사표현으로써 그림 작업을 마무리하였다. 화면의 오른쪽 아랫부분에 표현된 그들 사이에 아기 David를 그려서 인도를 함께 걸

그림 13-1

어 올라가는 모습으로 채워 나갔다. David는 집 옆에다 차 한 대와 나는 비행기 한 대(어린 David와 그를 미국으로 싣고 오는), 그리고 노란색 태양을 추가하여 그렸다. Maria는 덤불과 인물의 손발을 그렸다. 그림을 완성하고 나서 Maria와 David는 "여긴 우리 집이고, 우리부부 사이에 David가 있어요."라고 설명하였다.

이 그림에서 Maria와 David는 익숙하지 않는 과제를 함께 완성하는 데 성공적으로 작업할 수 있음을 보여 주었다. 작업하면서 그들의 의견이 항상 일치하는 건 아니지만, 과제를 완수할 방법을 찾아냈다. Maria가 그림을 시작하지 못하고 망설인다는 것을 David가 느끼고 먼저 시작하였으나, 그녀가 준비가 되면서 양보하였다. 그들은 비언어적인 그림을 그려야하는 익숙하지 못한 스트레스 상황에서 그림을 완성하는 데 책임을 나누었으며, 긍정적인 문제해결방안을 통해 서로 협력하였다. 그들은 둘 다 오랜 세월 동안 그림을 그리지 않았다고 이야기했다.

Hammer(1980)는 이것은 완성된 그림으로 간주되어야 한다고 말하였다. David와 Maria가 그린 사람을 보면, 정교한 막대인물과 유사한 형상임에도 불구하고 신체 각 부분은 구별되게 완성하였다. 표준화된 그림평가에서 막대인물은 허용되지 않지만, 이 평가 특성은 이러한 인물 사용에 관한 것이라기보다 그들 각자가 얼마나 오랫동안 그림에 매달려 있었는가에 대한 의미가 평가에 추가된다.

Maria와 David는 그림에서 자신들을 어린 David와 가깝게 배치함으로써 아이를 입양하고 싶은 간절한 소망을 드러냈다. 그림의 왼쪽 상단 모서리에 태양으로 맑은 날이 표현되었으며, 그들이 서 있는 긴 보도가 집의 현관문까지 잘 이어지도록 조절되어 있다. 보도의 길이는 그들이 계속적으로 당면하고 소화해 나가야 하는 입양절차의 긴 과정일지도 모른다(Hammer, 1980).

집, 차, 그리고 비행기와 같은 안전성을 나타내는 그림들이 의도적으로 포함되었다. 이 그림들은 가정을 형성하고, 어린 David를 남태평양에서 미국에 있는 그들의 집으로 데려오는 실용적인 수단임과 동시에 양 집안을 연결하는 수단이 되었다. 집은 화면 중앙에 위치하여 적절한 시점으로 눈에 들어오며, 문에는 문고리가 달려 있다. 이것은 집안에 접근할 수 있도록 하면서, 외부로부터 오는 이들을 환영하는 것이다. 집은 너무 상세하지 않게 장식되어 있으며, 굴뚝의 연기가 적절한 양인 것으로 보아 그 집안에는 온기가 있음을 알 수 있다. 집 옆에는 빨강과 녹색, 꽃 두 송이가 있다. 적당히 균형 잡힌 차가 집 근처 가까운 곳에 주차되어 있는데, Zimmermans 부부는 공항으로 왕래하는 그들을 실어 주기 위한 것이라고 평하였다.

David는 기저선을 그리고 난 뒤, 아주 재빨리 나무줄기를 그렸다. 그 나무는 투명해 보이므로 기본강도는 알 수 없다(Buck, 1981; Hammer, 1980). 그림의 외곽선 양식은 그림의 다른 소재들에서도 균일하게 표현되었는데, 이 부부가 그림평가에 대한 불편함이 컸기 때문일 것이다. Maria가 녹색으로 수관을 그리고 나서, 가지처럼 보이는 수관의 아래와 중간에 빨간 사과를 듬성듬성 그려 넣었다. 과일은 명확하고 빽빽하게 채워 장식적인 기능으로 보인다. 과일은 상하거나 나무에서 떨어지지 않은 점으로 보아 견고하다(Buck, 1987). David는 나무를 Maria가 채색하기 시작할 때까지 그렸다. 이 과일은 나중에 누군가가 나무 아래서 손으로 따먹을 수 있다고 하였다.

David와 Maria 중 누구도 어린 시절 이후에 그림을 그리지 않았음이 분명했다. 그들의 그림 실력은 나이에 비해 초보적이었다(Lowenfed & Brittain, 1987). 그들은 평가에 유희적인 태도로 접근하게 되면서 결국, 불편하고 생소한 상황에 적응하는 능력을 발휘하게 되었다. 선은 대체로 진하고 신중하였는데, 이것은 삶에 접근하는 두 사람의 태도를 보여 준다. 말로 표현되는 질적 이야기로서 그림의 내용과 화면의 공간 활용에서 사고의 성숙함과 연결성을 모두 볼 수 있다.

두 번째 그림

두 번째 그림은 자연을 그린 것이다([그림 13-2]). 나는 David와 Maria에게 함께 그림을 완성하도록 지시하면서 이번에는 상대방에게 그림의 주제와 형태를 말로 표현할 수 있도록 하였다(Landgarten, 1987). David는 Maria에게 표현하고 싶은 것을 물어보면서 그리기 시작하였다. 그녀가 주제를 생각해 낼 수 없자 그가 낚시 가는 그림이 어떠냐고 물었다. 낚시는 Maria가 좋아하는 편이라, David는 그것을 지켜보면서 때때로 책을 읽는다고 하였다. 호수를 스케치하는 것으로 David가 그림을 시작하자, Maria는 둑을 더 그렸다. David는 낚싯대를 가지고 있는 사람을 그렸다. 그들은 번갈아 함께 작업하면서 협력하는 방법으로 그림을 완성하였다. 이번에도 David가 문제해결 과제를 먼저 시작하여 그의 선택으로 Maria가 편안함을 확실히 느낄 수 있도록 하였다. 그들은 모두 다른 방식으로 상대를 안심시키고 격려하는 것으로 보였다. David는 Maria에게 그녀가 잘 그릴 수 있고 그리고 싶은 것이 무엇인지를 물었고, 반면 Maria는 세부적이고 다채롭게 색을 채워나가면서 더 창의적인 그림을 그렸다.

Zimmermans 부부가 이 그림을 그리면서 언어적인 의사소통을 할 수 있게 되자 더 서둘러 활기차게 작업하였다. 이를테면, 왼편 가장자리 위쪽에 있는 구름은 Maria가 손에 쥐고 있던 파란색 마커로 그렸지만, 그 주제의 내용은 부부가 결정한 것이다. 물결은 대화가 생성되고 사라지는 것처럼 흔들리는 선으로 표현되었다. 가족 구

그림 13-2

성원의 순서는 같다. David와 어린 David는 수영복 차림으로 '여가 보내기'를 하고 있으며, Maria는 낚시를 하고 있다. 음식과 간식으로 채워진 피크닉 바구니가 가까이 있다. 그들은 앉아 먹을 수 있는 세 개의 돌을 화면의 모서리 아래쪽에 그렸다.

David는 화면의 왼쪽, 연못의 가장자리 옆에 두 그루의 나무를 그렸다. Maria는 연못의 오른쪽을 꽉 채워 세 번째 나무를 그렸는데, 이 나무는 땅에서 견고하게 자라난 굵은 줄기처럼 진하게 채색되었다. 나무 한 그루는 수관이 뚜렷하게 보이며 나머지 두 그루는 외곽선으로만 표현되었다. 다음의 두 가지 예에서 Maria와 David의 그림 스타일이 명확하게 차이가 있음을 볼 수 있다. Maria는 말할 수 있도록 허락되었을 때 보다 과장되고 반복적인 선의 성질을 보였다. David는 그가 맡은 부분에서 한결같은 선으로 더 신중하게 그렸다. 이러한 차이는 Maria와 David의 문화적인 차이에서 오는 것 같다. 여러 해 동안 그림을 자주 그리지 못했던 사실과 관련하여 이 사례를 보면, 그들의 그림 실력은 퇴보되었으며, 25세 이후에 현저히 떨어진다는 것을 알 수 있다(Hammer, 1980).

이 그림은 그들이 살아왔던 자연환경의 특징으로, 그들이 모국에서 흔히 보던 산과 호수이다. 강한 기저선은 그림에 원근감을 더해 준다. 보트는 David와 어린 David가 탈 수 있도록 비어진 채 대기하고 있다. Maria는 벌써 그들의 점심밥상에 올릴 물고기를 낚아 올리고 있다.

첫 번째 그림과 달리 인물에서 양손의 형태가 없는데, 이것은 점심거리를 낚는 Maria의 두 손이 낚싯줄을 감고 있다는 것이며, David가 한 손을 어린 David에게로 뻗고 있다는 것을 암시하기 때문이다. 이와 대조적으로 그들의 발과 얼굴외곽선은 모두 표현되어 있다.

언어적인 소통이 허락되는 동안은 두 사람의 그림스타일이 현저하게 바뀌었다. 이것은 그들이 그림평가의 스트레스를 다루고, 서로 도와가며 그림의 내용과 문제를 풀어 나가는 과정에서 통찰력을 가지게 된 것으로 보인다.

결론

미술작업이 언어적인 면담보다 David와 Maria에 대해 더 많은 것을 들을 수 있었다. 그들은 두 개의 그림을 완성하면서 자발적으로 서로에게 협력하였으며, 익숙하지 못한 과제에 호기심을 가진 눈으로 응하였다. 그들이 함께 한 많은 활동에서 서로 기다려주고 즐겁게 작업하면서 이해와 결합의 방법을 찾아가는 것이 분명하였다.

David와 Maria 두 사람은 책임감 있는 성인으로서, 교제를 시작하여 오랫동안 서로를 알아보는 방법으로 사려 깊고 신중하게 결혼을 결정하였다. 두 사람은 가톨릭을 선택하고 이러한 종교적 믿음에서 아이를 양육하기 위한 계획을 세웠다. 그들의 강한 영성적인 믿음 때문에 6개월 동안 개인적으로 부제[1]의 혼전상담을 받고 결혼을 결정하였으며, 어린 David가 태어난 곳이 같은 종교로 양육될 수 있는 곳이기에 기뻐하였다.

미술치료평가에서 그림을 그리는 동안 특별히 문제되는 일은 일어나지 않았다. David와 Maria는 의료분야에서 일하며, 아동기 이후로는 그림을 그려보지 않았지만, 그림을 그리기 시작하자, 창작열이 커졌으며, 그 과정으로 몰입하게 되었다. 이러한 평가 동안 그들이 부모가 되기 위해 인고한 기다림의 시간을 볼 수 있었으며, 유희성을 더하는 기회가 두 사람 모두에게 주어졌다.

Zimmermans 부부는 훌륭한 부모가 될 것으로 보인다. 그들은 지금까지 가정환경에서 강한 유대감과 부모와 가족에 대한 진정한 책임감을 보여 주었다. 그들은 스트레스와 문제해결에서 더 건강한 태도를 보였다. 나는 어린 David가 이러한 애정과 안정된 환경에서 자랄 수 있다면 다행이라고 믿는다.

1 역주: 기독교에서 사제를 도와 봉사하는 직품인 부제품을 받은 성직자이다.

맺는 말

내가 이 장의 글을 쓴다고 David와 Maria에게 말할 즈음에, 입양절차는 어느 상태에 있는지를 물었다. 1년이 지났지만 아직 어린 David를 입양하지 못하였다. 아기는 계속 Maria의 친척과 함께 살고 있었으며, Zimmermans 부부는 아이에게 필요한 재정적인 지원을 하였다. 그들이 어린 David를 미국으로 데려올 수 없었던 것은 아이가 Maria의 가족들과 살기 때문에 남태평양 정부는 아이를 고아로 생각하지 않기 때문이었다. David와 Maria는 실망하였지만 Maria의 가족과 함께 하는 안정과 안전이 부모가 되려는 사적인 필요성보다 더 중요하다는 것을 느꼈다. 그들은 어린 David를 이야기할 때 여전히 기뻐하였으며, 가능한 한 자주 아이를 보러 가고 있으며, Maria의 가족과 함께 정규적으로 비디오를 교환해서 보았다.

참고문헌

Buck, J. N. (1981). *The House-Tree-Person technique*. Revised Manual. 6th ed. Los Angeles, Calif.: Western Psychological Services.

Hammer, E. F. (1980). *The clinical application of projective drawings*. Springfield, IL: Charles C Thomas.

Landgarten, H. B. (1987). *Family art therapy: A clinical guide and casebook*. New York: Brunner/Mazel.

Lowenfeld, V., and Brittain, W. (1987). *Creative and mental growth*. New York: Macmillan.

CHAPTER 14

국제입양아의 모래상자를 이용한 미술치료: 정체성에 대한 은유와 표현

WENDY MILLER

도입

국제입양아의 개인적 경험과 문화적 정체성에 대한 통합과정을 알아보기 위한 관련 자료로서 국제적으로 입양된 사람들의 내적 삶을 심층적으로 다룬 탐구는 드물었으며, 그들의 언어적인 표현 외, 시각적인 것에 대한 연구는 더욱더 찾아보기 힘들었다.

입양에 대한 일반적인 견해는 주로 기존의 고정관념에서 생성된 가설에 근거를 둔다. 여기에는 집단 문화적 편견도 반영되어 있는데, 입양을 인생의 사건으로서, 특히 상실과 관련된 문제들을 안고 있는 것으로 본다. 이러한 문화적 편견의 핵심은 입양을 부정적으로 보며, 입양된 사람들이 가지는 공허감이나 결핍감은 그들이 느끼는 다른 모든 감정을 합한 것보다 더 압도적일 것이라는 생각이다. 이러한 관점의 두 가지 역할 중 하나는 상실에 대한 사회적 초점이고, 다른 하나는 이러한 상실의 초점이 임상적으로 영향을 미치는 것이다.

정체성 통합에 관한 자료를 이해하는 데 이 초점을 도입한다면 문제가 발생할 수 있다. 일반적으로 고정관념은 종합적인 자료보다는 대부분 독립적인 일사례에 기초하고 있기 때문이다. 정신건강의 임상시설에서 비임상군의 대립 표본으로 시행된 수많은 입양아 연구에서 임상적 편견이 확인된다(Haggard, 1998). 이는 소아과 아동을 표본 추출한 건강연구에서도 유사하게 나타나는데, 누군가가 자신도 모르게 건강보다 질병에 대해 과대추정하고 있다면 이것은 분명히 결과와 결론을 왜곡시킬 것이다. 이와 관련하여 비입양가정 아이들을 통제집단으로 사용한 다른 연구는 찾을 수 없다. 입양아의 경험과 그들의 정체성이 통합되는 과정에 대한 질적 자료로서 입양에 관한 더 상세한 견해와 근거를 위해 실제 데이터를 수집하고 조사해야 할 필요성은 크다. 이 과정은 매우 다양하고 미리 정해진 선형 순서대로 발생되지도 않아 입양아의 언어적 표현뿐만 아니라 그들의 상징적이고 은유적인 놀이를 시간에 따라 관찰하는 것도 유용할 것이다.

오늘날 삶의 사건으로서 입양은 과거에 비해 더 흔한 일이며 문화적으로 존중받는다. 입양에 관하여 문제시되는 것은 근본적으로 입양 자체에 대한 것이 아니라, 오히려 과거의 문화가 입양의 비밀, 슬픔의 방치, 수치심, 산만함, 이해 부족, 교육 부족, 출생가족의 기억과 사색에 대한 의사소통수단의 부족을 어떻게 보는가에 대한 것이다. 과거의 문화적 문제는 입양에 대하여 사람들이 다루었던 복잡하고 당황스러운 방식에 대한 것이다. 본 저자/임상가는 부정적인 역사와 이러한 인식 부족에 따른 복합적인 문화적 편견을 마주하여 조사할 필요성이 있으며, 더 완전하고 균형 잡힌 생각을 조사하고 인정함으로서 새로운 가족문화에 긍정적인 것들을 임상적으로 보조할 필요성이 있다고 믿는다.

연구 및 목적

나는 임상가이자 연구자로서 이미지와 미술, 건강 사이의 상호정보와 영향방식에 대한 관심에서 출발하면서, 나 또한 이 분야의 문화적 문제에 희생자이기 때문에 입양 혹은 입양관건에 대한 가설은 다루지 않을 것이다. 그러므로 가설의 발견과 생성에 앞서 더 근본적인 것을 다룰 필요성이 있다. 대답하기 전에 질문이 필요한 것처럼, 임상적인 결론을 내리기 전에 경험적인 발견이 우선일 것이다. 무엇을 물어볼 것인가?

이 장은 아주 기본적인 질문으로 시작한다. 국제입양아에게 정체성을 찾기 위한 다른 출발점이 있을까? 7세나 8세 아이의 행동과 감정에 맞는 개인적이면서 중요한 실존적 질문은 무엇일까? '여기까지 와서 어떻게 하지?' 이 질문은 아이가 유아기에 입양되었을 때나 이들이 나이가 더 들어서 입양되었을 때, 두 경우 모두 해당된다. 이 질문으로 논할 것은 국제입양아의 정체성 형성과 관련된 독자적인 도전과제이다. 그들을 탐색하는 데 다른 출발점이 있을까? 임상가가 가족이나 어린이와 함께 작업하는 과정에서 해석되고 내면화된 문화적 편견은 정보처리에 실제로 영향을 주는 설정이나 환경이 된다. 여러 이유로 같은 문화에 입양된 아이와 인종이나 피부색이 다른 가정에 입양된 아이의 정보는 다를 것이다.

이 질문에 답하기 위해, 나는 국제입양아가 만든 모래상자 이야기와 이미지들을 연구하였다. 그들이 보인 특별한 형식은 무엇인가? 혼란, 갈등, 창조, 성장의 징후로 이미지가 창작되었는가? 그들의 경험이 외상이나 창조적인 잠재력의 동기가 된다는 것이 밝혀졌는가? 전체적인 배합은 어떠한가? 이러한 질문으로 구성된 연구의 목적은 다음과 같다.

1. 국제입양아가 정체성 형성을 위해 추구하는 독자적인 욕구는 무엇인가?
2. 정체감 형성에서 인식하는 '이해하지 못함' 혹은 무지의 역할은 무엇인가?

3. 그들 자신에 대하여 무엇을 얼마나 발견하는가에 따라 정체감 형성에 미치는 영향은 어떠한가?
4. 국제입양가족들과 함께하는 임상적인 작업에서 더 연구되어야 할 분야는 무엇인가?

임상과 개인적 투사

나는 미술을 바탕으로 하는 정신요법으로 임상사례를 하고 있으며, 특히 마음과 몸의 건강에 초점을 두고 접근하고 있다. 지난 10년 동안 국제입양으로 맺어진 가족들과 광범위하게 작업해 오면서, 주로 아이들의 개인회기를 진행하였지만, 그 과정에서 보완적으로 아이와 엄마 혹은 아빠와 함께 활동하는 가족회기의 형식으로 작업하기도 하였다. 부모와 함께 작업하면서 정보를 얻고, 아이가 작업에 은유적으로 표현한 것을 해석하여, 아이에 대한 것을 옹호하며, 아이가 작업을 하는 동안 부모로부터 야기되는 보완적인 주제에 관심을 가질 수 있다. 보통 6세에서 16세 사이의 아이들과 함께하는 임상과정은 모래상자 작품과 이야기 모음에서 볼 수 있다. 입양가정의 성인, 그리고 가족으로 입양된 성인과 함께 한 작업은 이 장에서 제외된다.

나도 입양모가 되면서 입양에 대한 일을 잘 알게 되었다. 그것은 나와 양녀 사이의 문화적 배경에 대한 차이를 보면서 가족 구성원 내의 개인 및 문화적 정체성을 찾는 것으로, 그녀를 낳아준 부모와 내 가족의 기원에 대한 복잡한 문화적 차이를 개인의 문제로서 어떻게 보는가에 대한 것이다. 내가 청소년과 함께한 작업은 특히, 입양아 연구의 중요한 부분이며, 개인의 정체성 탐구와 결합된 문화적 연구로 볼 수 있다. 이것은 무엇이 우리의 차이와 정체성을 만들어 내는 데 중요한 요소인지 이해하는 연구이다. 문화적 유산, 생물학, 민족, 유전적 특성, 언어의 기원, 성격과 정서적 기질, 지리적 가족적 환경과 또래환경은 우리의 문화적 정체성과 자기이해에 기여하는 부분이다.

문화적 편견은 우리에게 뿌리로 연결되고자 하는 본질적인 욕구를 버릴 수 없다는 것과 그 연결이 끊어져 있다면 마비되었거나 혼미해져 있는 것이라고 말해 준다. 그렇다면 이 연결은 어떤 형태일까? 세상은 미국의 융합된 문화적 정체성을 일컬어 모든 재료를 섞어 놓은 비빔 그릇과 같은 이미지이라고 하면서, 새로운 전체를 만드는 데 서로의 관심을 섞지만 각기 다른 구성물이 그 자체의 독특성을 유지한 채 담긴 샐러드 그릇 같은 그림으로 비유한다. 우리는 시간이 지나면서 공동 문화정체성의 뿌리를 통해 강한 연결성을 가질 수 있지만, 또한 시간에 따라 변화될 수 있다는 것도 안다. 예를 들면, 나는 플로리다의 한 작은 이탈리아 식당의 간판에서 주인의 문화적 정체성이 드러나는 것을 본 적이 있다. 그의 조부모님은 이탈리아계 이탈리아인이고, 그의 부모님은 미국계 이탈리아인이고, 그는 이탈리아계 미국인이고 그의 아이는 미국계 미국인이라고 하였다. 입양의 정체성을 이해하기 위한 이 연구는 '알지 못함'이라는 막에 가리게 된다. 영국의 정신 분석가 Christopher Bollas(1989)에게 인용된 알지 못함은 "무의식중에 어떤 일관된 방식을 완화한다는 용어로 사용되며 창조적으로 알 수 있도록 하는 것이다."(p. 63)

도움을 구하는 문제들

나는 국제입양아들에게 발생하는 문제들로 임상적인 도움을 주거나 그들의 가족으로부터 의뢰를 받는다. 아이들은 기분이 나쁘거나 화를 내기도 하며, 집에서는 행동이 통제되어 있지만 학교에서는 부적응적인 행동을 한다고 말하면서, 부모가 "그 애가 입양을 어떻게 생각하는지 알아봐 주세요."라고 말하는 경우도 있다. 그들이 "아! 입양, 그 애는 입양을 좋게 여겨요. 이 상황에서 어찌할 바를 모르겠어요. 그 애는 그것에 대해 결코 말하지 않아요."라고 할 때, 여기서 입양과 관련되어 보이는 문제가 있는가? 그들에게 입양은 치료를 필요로 하는 요소인가? 아니면 그들을 의뢰한 것과 서로 관계있는 요소인가? 그들이 미술치료를 받으러 내게 오는 이유에서 결정적이면서 중복되거나 부차적인 요인은 무엇이 있는가? 그것은 '닭과 계란을 분리하듯 독립된 문제인가? 아니면 닭과 계란을 한 가지로 보듯 같은 문제인가?'를 묻는 것과 같다.

닭과 계란 중 한 가지냐, 아니면 닭과 계란을 합한 것이냐를 고민하면서, 국제입양가정의 아이들에 대한 이미지와 내적인 삶을 둘러싸고 있는 구조로 나아가서 무지와 발견과 욕구에 관한 것을 제언할 수 있기를 바란다. 이러한 마음으로 아이들과 함께 작업하면서 관찰한 세 가지 과정을 한 가지 맥락으로 놓을 수 있었다.

PART I—욕구

국제입양의 문화정체성을 찾는 연구를 진행하면서 국제입양에는 각기 다른 수준의 욕구가 있음을 보게 되었는데, 그것은 상실이 아니라 알지 못한 것을 밝혀서 알아내고자 하는 인간의 욕구이다. 이것은 가장 기본적인 욕구로서 흔히 '차이'로 경험되는 자기의 개성을 배울 수 있는 과정에 들어서는 것이다. 그것은 마음속 깊은 곳에서부터 부르는 갈망으로서 본질적으로 우리가 누구이고, 누구로부터 왔으며, 어디에 속해 있다고 느끼는지, 우리가 가진 자질은 어떤 것인지를 알아내는 실존적인 욕구이다. 즉, 우리 자신을 가늠하는 기준을 가지려는 욕구이며, 우리가 누구인지를 알게 하는 모든 측면으로서 생득권과 환경 그리고 기회를 통한 질적 혼합의 특수성에서 찾아볼 필요가 있는 것이다.

PART II—무지

"과거에 대한 무지는 심리적 성장을 관여하는 수많은 종류의 환상을 생성하는 굉장히 풍부한 지평이며, 알지 못함이란 사물이 마음속에 자리하지 못한 채 단지 사물을 뒤흔들어 놓을 뿐이다."(Brodzinsky, Schechter, & Henig, 1992, p. 188)

입양하거나 입양되는 사람 모두를 위하여 우리가 자신의 무지함에 직면하는 것은 입양의 의미에 가려져 있는 것과 특히 가족의 기원에 관련된 모든 문제들의 알지 못함에 직면하는 것이다. 그리고 친구들이나 우리 이외의 사람들을 위해 무엇이 입양의 현실이고 무엇이 입양과 상관없는지, 대답하기 두려운 질문은 그들의 인식과 무지에 맞서는 것이다. 이 부분에서 국제입양아와 그들 양부모는 내부와 외부 모든 방향으로부터 무지에 대하여 수많은 폭격을 받는데, 이것은 일반적으로 정체성 문제에 있는 청소년 시기와 일치하면서 동시에 일어난다. 대부분의 경우에 아이들은 가장 큰 그들의 관심사에 대한 대답을 하기에는 준비가 부족하여 스스로 이 무지함으로 대답해야 한다. 다시 말하자면, 그들은 부모가 대신 대답을 해 줘야 할 만큼 어리지는 않지만, 어렵고 공격적인 질문처럼 여겨지는 표현에 대응기술을 사용할 만큼 나이 들지도 않았다. 그들은 자신의 무지함으로 알지 못하는 것에 놓여있는 바로 그 순간에 입양 전문가가 되어야 하는 것이다.

PART III—발견

밝혀내는 것이나 발견하는 것으로서 정체성 확인의 과정에 살을 붙이기 시작하는 부분이다. 국제입양된 사람이 자아정체성을 확립하는 것은 그들에게 중요한 것을 발견하는 것, 그들의 감정에 상처 주는 것을 알아내는 것, 그들의 차이점과 소속감에 안정되는 점을 찾아내는 것, 그리고 다른 사람들과의 공통점을 찾는 것, 그들의 소리를 찾고, 어떤 문제를 다룰 언어를 찾는 것, 이 세계에서 일어날 법한 것에 대한 작업과 이해의 방식을 찾는 것, 궁극적으로는 그들 자신을 이해하는 방식을 찾는 것이다.

이 세 부분을 작업 틀로 삼고 독자들이 무지함에 대한 욕구를 돌이켜 볼 수 있도록 방법을 설명하여 문화적 편견을 찾아낼 수 있고 직면할 수 있도록 할 것이다. 이 장에는 도움이 필요한 아이들에게 일어난 일을 독자들이 이해하도록 돕기 위해, 그 틀에 따라 작업했던 부분을 제시하였다. 나는 그들이 많은 종류의 고통을 해소하고, 예상치도 못한 놀라운 방법으로 그들의 가족과 결합하고, 가족 안에서 그들이 일구어낸 것을 발견하면서 마음껏 기뻐하는 것을 보게 되었다.

문화에 대한 개인의 정체성

국제입양아들과 작업하면서 정체성 형성에 영향을 미치는 발달의 강력한 역할뿐만 아니라 정체성의 문화적 요소도 상호작용과 동시에 고조되는 것을 볼 수 있다. Brodzinsky, Schechter와 Henig은 "입양청년의 정체성 형성방식은 다른 사람들과 다르지 않다. 실제로 입양십대들의 '나는 누구인가?'라는 질문에는 두 가지의 것이 있다."라고 하였다. 그들은 자신뿐만 아니라 입양과 관련된 사람들에 대해서도 밝혀내야 한다(1992, p. 103). 이러한 방식의 모든 단계에는 입양아가 어떤 사람이 되기를 선택했는지에 대한 외적인 측면뿐만 아니라 내적인 측면도 받아들이거나 거부할 기회가 있다. 이러한 판단은 의식적인 부분이 있지만 그렇지 않은 부분도 있다. 일부는 타당한 이유를 만들어 내기도 하지만 때로는 그다지 좋지 않은 이유를 만들어 내기도 한다.

정체성이란 무엇인가? 일찍이 정체성 분야를 연구했던 정신분석가 Allen Whlis (1958)는 Erik Erikson의 연구를 근거로 하여 다음과 같은 정의를 내렸다.

> 정체성은 일관되게 느끼는 자기이다. 한 개인의 노력과 인생 경험에 의해 지각되는 것으로서, 인생을 살아 내는 것의 의미를 깨닫는 것과 관련된다. 그것은 한 개인의 행동 가치에서 안정된 가치관과 조화로운 신념에 달려 있으며, 무엇이 옳고 그른지를 알아서 선택하고, 전체로 통합하여 지각하는 것이다. 그 사람의 인생 경로에서 확실한 정체성은 삶의 방향을 정하는 나침반이나 무게중심처럼 느껴진다(p. 19).

"이것이 우리의 인생경로에서 방향을 찾는 데 나침반이나 무게중심과 같은 정체성의 심리적 중요성을 강조하는 마지막 지점이고, 정체성은 결국 창조성을 생산하는 것으로서 내면세계와 외부세계의 영향으로 경험되는 우리 자신의 반응을 반영한다."(Cohen, 2000, p. 234)

Brodzinsky, Schechter와 Henig(1992)는 입양과 관련된 정체성의 범주에 대해 상세히 설명하였다. 그것은 '정체성 확립, 정체성 유예, 정체성 폐쇄, 정체성 혼미'로 설명된다(pp. 102-103). 대다수의 어린 입양아들은 '유예' 상태로 볼 수 있는데, 그들이 들어서야 할 길이 명확하지 않아서 아직 특정한 경로에 들어서지 않았다는 것이며, '정체감 혼미'의 상태일 수도 있다는 것을 의미한다. 입양 전문가들은 이들의 상태를 '족보의 혼란'으로 일컫는다(p. 108). 그들은 보통 해결안을 찾아내거나 정체감 혼미 상태에 있으며, 그들의 생각과 행동에서 계속적으로 기원을 찾아다니는 상태가 된다(p. 104).

Brodzinsky, Schechter와 Henig은 나이의 영향력도 고려해야 된다고 주장한다. "6세에서 12세는 자신에 대한 탐구가 계속되면서 더 핵심으로 간다. 이 지점에서 두 가지 양상이 나타나는데, 자신을 유일한 존재로 인지하는 자기개념, 그 상태에서 더 나아가서 자신의 유일함의 가치를 인지하는 자기존중감이다. 자기개념은 아이가 자신을 어떻게 보는가와 관련되며 자아존중감은 그들이 얼마나 자신을 보는 것을 좋아하는가에 관련되어 있다."(p. 62) 연구자들은 연령이 높은 아이를 보면서 "입양에 대한 긍정적인 감정이 많이 있음에도 불구하고, 이 아이들은 입양에 관하여 가중된 어려움과 혼란의 측면으로 경험하고 인식하기 시작한다. 여기에는 자신에 대하여 커지는 불확실성과 때때로 일어나는 슬픔과 분노와 같은 일반적인 경험도 포함된다."(p. 67)라고 기술하였다.

상실과 입양

Brodzinsky, Schechter와 Henig(1992)는 아이들이 겪는 이혼, 죽음, 입양됨에 따른 상실감을 비교하였다. 연구자들은 입양아가 겪는 '상실의 정도'로 정의되는 것을 논의하면서 "친부모와 친 가족 모두의 상실, 문화와 대물림되는 유산의 상실, 때로는 영속성의 상실, 입양가족에 대한 유대감의 상실, 자아와 사회적 지위의 상실"(p. 75)을 기술하였다. 이러한 상실이 거의 인식되기 어려운 이유는 상실을 겪은 아이에게 도움 주는 의식이나 지원시스템이 거의 없기 때문이다. 하지만 상실을 대체할 수 있는 요소는 입양으로 생성할 수 있다는 점이 더 중요하다. 이것은 양부모 쪽에서 대체계획과 노력을 거부하지 않고 구성요소를 창조적으로 대체하는 기회를 갖는 것이다. 먼저, 국제입양아와 함께 했던 나의 임상사례 연구는 미술치료로써 상실을 탐구하는 것으로 미술치료가 의식과 지원체계를 중재하여 주는 것을 기술할 것이다. 그런 다음, 상실경험에 대한 아이들의 투사를 볼 수 있는 일부 질적 방법과 그들이 정체감을 형성하기 위하여 친족들의 상실을 투사해 내는 창조적인 해결안을 보여줄 것이다.

주로 입양에 대한 전문적인 논의는 친부모와 유대관계의 상실에 대한 조사는 더 구체적인 것이다. 우리의 논의에서는 그러한 예들을 구체화할 것이지만, 입양아와 함께했던 내 연구에서 더 강력하게 드러나는 것은 놀라운 문제해결력이다. 그것은 앞에서 정의했던 수많은 상실과는 다른 측면에서 들려오는 그들의 내부와 외부의 목소리와 같다. 이와 같이 그들이 입양에 대처하고, 삶에서 불가분으로 공존하는 과정에 대처하여 만들어 내는 놀랍도록 창조적인 해결력은 더 강력해 보인다. 입양은 그들의 정체성에 영향을 미치는 복잡한 요인들을 더하지만 그들 나름의 방식으로, 입양의 내부와 외부 세계가 모이는 곳으로 도전하면서 효과적인 경로를 발견하도록 돕는 촉매제가 될 수 있다. 앞에서 언급했듯이, 정체성에 관한 문화적 문제는 특히 청소년기 발달의 역동성을 복잡하게 만들 수 있다. 그러나 정체성에 대한 도전은 건강한 정체성 형성을 이끌어내기 위해 정상적인 내적심리과정에 대한 억압을 구조적으로 증가시킬 수 있다. 단적으로 말하자면, 입양에 대한 부정적인 심리적 영향은 너무 많이 강조되어 다루어졌지만, 다음의 사례연구에 반영된 것처럼 긍정적인 측면도 상당히 있지만 거의 다루어지지 않았다. 그러나 창조적인 과정은 어려우며, 누구도 고통이 없다고 말하지 않는다.

자료의 수집과 방법: 모래상자 이야기

> 안전한 장소에서 끝임 없이 심상을 표현하고 그것들이 변하도록 달구라. 그리고 미술이 뜻밖의 치유로 온다는 것을 믿으라.
>
> — Shaun McNiff

표현 미술/놀이 치료는 아이들의 내면을 이해하는 데 효과적이며 매우 가치 있는 치료방법이다. 이는 입양아와 했던 작업에도 똑같이 적용되었다. 가족이나 입양과 관련된 문제에 대해 아이들에게 직접적으로 질문을 하면, "괜찮아요."라면서 단조롭게 표현하거나, 무시하는 반응으로 "나는 정말 그렇게 생각하지 않아요." 혹은 "아무튼" 과 같이 이어지는 경우가 많다. 많은 감정들은 비언어적이며 말로는 표현할 수 없다. 내게는 "사람들이 내가 원하지 않을 때 내 입양에 대해 이야기하도록 강요해요. 나는 그것에 대해 말하기 싫어요."라는 말이 들린다. 반면, 가정이나 교실에서 표현되지 못한 흥분감이 고조된 반응으로 집이나 학교에서 행동으로 드러나면, 부모나 교사는 이를 이해하지 못하여 오해로 남게 되는 경우가 종종 있다. 이러한 반응은 일반적으로 가족 모두가 관계를 차단하고 있으며, 다른 가족구성원들의 사적인 문제들에 가려서 소외된 감정을 표현할 수 없기 때문이다.

모래상자는 치료 과정을 보여 주고 은유적 언어를 담아내는 그릇이 될 뿐 아니라 역동적인 미술 형태도 제공한다. 아이가 자유로운 자신만의 세계를 만들어 그 안에서 뭔가를 만들어 내고, 그에 대한 이야기를 구성하고, 그 이야기를 공유하기 위해 부모를 초대할 수 있다. 이야기는 주로 아이 자신이 만든 이미지로 꾸며지며 은유적인 언어로 표현된다. 부모는 이 환상적 상태에서 그의 지시에 따르는 것을 배운다.

표현미술치료사인 나는 의뢰인들이 그들 자신을 표현할 수 있도록 미술, 움직임, 소리, 그리고 단어들을 포함하여 치료적으로 접근할 수 있는 복합적인 표현이 가능하게 한다. 모래놀이 과정은 이러한 모든 접근 방식을 하나의 상자에 담아낼 수 있는 장소가 된다. 내가 모래상자 놀이치료에 초점을 맞추어 논의하려는 이유는 다음과 같다. ① 위협을 주지 않는 치료양식, ② 정신 상태를 표현하는 자연적인 경로, ③ 정신성에서 발달되는 양육 과정, 그리고 ④ 창의적 이미지 구축과정이기 때문이다.

모래상자를 이용한 치료의 역사

모래상자 치료는 40여 년 전 스위스의 융 분석심리학자인 Dora Kalff가 런던의 Margaret Lowenfeld의 개발기술을 응용하여 개발하였다. Kalff(1980)는 Neumann (1973)의 이론을 도출하여 자아발달 단계에 따라 모래상자 치료를 세 단계로 나누어 설명하였는데, ① 동식물 단계, ② 투쟁단계 ③ 집단적응 단계이다. 이러한 단계는 정신적 작업과 겹쳐서 나타나기도 하고, 갈등으로 다시 제작된다(Carey, 1990).

이 과정에서 작업하는 사람은 빌더[1]라 불릴 만하고, 모래상자는 빌더의 세상이 된다. 모래상자 놀이치료는 짜놓은 작은 나무상자(안쪽 바닥에 파란색 페인트칠이 되어 있는)를 이용하여 모래, 물, 실제로 있거나 환상세계에 있는 물체를 모방한 축소 모형물도 사용한다. 내담자인 어린이나 성인들은 모래상자 작업을 하면서 이러한 대상들을 모래에 배치하는 과정을 겪는데, 그들이 원하는 배치와 재배치를 하면서 새로 창조된 세계에 대해 이야기한다. 그 이야기는 심리적 상태에 존재하는 것, 내적인 문제, 해결되지 않은 갈등과 관련이 있다. 그 작업에는 개인과 집단의 무의식으로부터 나타나는 상징이 있으며, 모래상자 세계를 창조함으로써 상상력 속에 잠재된 치유력을 활성화한다.

모래상자놀이 치료는 독특한 방법으로 내담자를 새로운 인식으로 이끌 수 있다.

---

1 역주: 빌더(builder)는 모래놀이치료에서 의뢰되어 온 내담자를 지칭한다. 모래상자 속의 구조물을 창조적으로 배치하거나 미술적 표현을 하면서 자신의 내면세계를 드러내는 사람으로서 일반적인 건축자, 건설자와 구별되도록 역자는 '빌더'로 표기하였다.

여기에서 언어는 부수적으로 사용하며 언어적 치료와는 달리 표현이 일반적인 심리적 방어를 통과할 수 있기 때문에 그 사람의 운동감각과 상징적인 수준에 도달한다. 모래상자는 사고 과정을 보여 주며, 분리된 감정과 생각을 결합하는 경험적인 방법이다. 모래상자의 구성 방법은 정신이 어떻게 움직이는지를 말해 주며, 미래에 대한 생각과 현재와 과거에 처한 현실, 때로는 모든 것을 동시에 통합한다. 기존의 것을 사용하거나 새것으로 배치하고 재배치하는 움직임에는 그것에 맞는 새로운 정보가 들어 있다. 모래상자는 '경험'을 통해 '사고'하는 정신과정을 명백히 하는 도구이다.

전통적 융 학파는 각 회기마다 생성된 상자에서 내담자가 마련하는 새로운 세계를 신선하게 볼 수 있기에 모래상자를 표현기법으로 쓴다. 내 연구실에는 매 주 작업된 모래상자의 세계를 보관해 두는데, 더러는 몇 개월씩 보관하기도 하며, 아이가 모래를 분해해서 다시 배치하거나, 그대로 두거나, 필요에 따라 아예 다른 상자로 작업할 수 있도록 한다. 내가 이런 방식으로 일하는 것은 나의 미술경험과 미술치료 경험에서 빌더에게 시간이 필요하다는 것을 배웠기 때문이다. 제작하는 형식으로부터 보고 말하는 형식으로 전환되는 이러한 경험에는 새로운 정보와 인식이 정신에 정착되는 데 필요한 시간이 있다. 세상이 만들어지고, 그것이 이미지가 되면 그것은 양쪽 모두에 해당된다. 항상 그런 것은 아니지만 이미지는 때때로 욕구와 무지함을 발견하는 작업 과정의 일부를 은유적으로 보여 준다. 상자 속의 세계는 은유나 변형을 선택하여 활성화시키기 위한 어떤 형식의 틀이 생겨난다. 물체를 모래상자로 가지고 와서 이동시킬 수 있으며, 색 모래를 추가하거나 제거할 수도 있다. 모래상자를 점유하거나 사용하는 사람은 특정 활동을 할 수도 있으며, 배경을 바꾸거나 전시하여 묘사된 것 사이를 오가면서 구체적 양식으로 표현할 수도 있고 극 놀이도 할 수 있다. 내 작업에서 이런 변화들은 시간이 지나면서 일어나고, 대개 내담자가 하고자 하는 대로 세계는 바뀌어 간다. 그렇기 때문에 우리는 변화와 발달의 필수적 과정을 위해 모래상자를 작업한 그대로 둔다. 이런 일은 보통 몇 주가 지나야 일어나는데, 여기 이미지들은 혼돈, 투쟁, 해결에 대한 다양한 묘사를 통해 움직이는 정신적 과정으로서 신화와 창조의 의미를 은유적으로 담고 있다.

모래상자의 치료적 지침

모래상자에서 작업을 할 때는 일부 특정한 지침에 따른다. 다음의 내용을 주의 깊게 보면 신화와 이야기를 듣고 이해하는 데 유용할 것이다.

1. 모래상자를 만들 때 유용한 방법은 작업하는 사람이 원하는 매체를 사용하도록 허용하는 것이다. 임상가는 돕고, 붙잡고, 유지하고, 수용하고, 기다리고, 동행하는 일을 한다.
2. 우리는 정신 운동에 주목하면서 정신이 어떻게 문제를 해결하는지 관찰한다. 세계가 창조될 때, 빌더는 모래상자 세계에 그의 경험을 쏟아 붓는 과정을 통해, 그의 투사를 적용한다. 임상가는 그 세계를 마주하여 빌더로 하여금 돌아볼 수 있도록 한다. 임상가는 치료적 관찰자처럼 행동하고, 이 과정을 반영하면서 지지한 다음, 빌더가 옳다고 느끼는 것을 얻어내는 방법을 이해하도록 돕는다. 직면은 빌더와 치료사에 관한 것이 아니라, 빌더와 세계 간에 이루어지는 것으로, 일치, 관계 및 작업경향을 인식하도록 뒷받침하는 것도 필수적인 치료적 개입 중의 하나이다.
3. 이미지는 이정표와 같다. 여러 개의 이미지가 통합되는 것은 그것에 해당되는 그 사람의 어떤 부분이 통합되고 있다는 표시이다.
4. 대화의 과정에서 질문을 한다면, 그 때에 답하지 않아도 된다. 질문은 나중에 대답할 수 있도록 열어 두라.
5. 모래상자의 세계는 드러나지 않는 가족생활에서 설익은 솥[2]과 같은 상태로서 아직 말로 나눌 수는 없는 것이 미술제작에서는 소리 없이 이루어지고 있다.

2 역주: 솥(cauldron)은 마녀의 솥처럼 연금술로 변화되거나 초월되기 위해 준비되는 과정이며, 음식으로 완성되기 전의 단계로 아직은 미해결되거나 이해되지 못한 상태를 의미한다.

6. 우리는 이미지에 따른다. 이미지가 상상력을 불러일으키는 대로 따른다. 빌더에게 그것을 과장하여 말하도록 돕고, 임상가로서 그것이 이끄는 곳을 보기 위해 기다린다.

사례: 창조의 세계

어린이 빌더

십대 초반부터 청소년 시기에 속하는 6명의 국제입양아와 함께 한 특별한 미술작업 사례를 통하여 그 과정과 내용을 관찰하여 이미지와 이야기를 진단해 보고자 한다. 이들의 미술치료는 아이들에게서 흔히 볼 수 있는 주제였지만 그림에도 유사함과 차이가 논의될 것이다. 입양아와 함께 하는 대다수의 작업이 가족역동을 다루고 있지만, 여기서는 아이들의 이미지에 초점을 맞추어 집중적으로 볼 것이다. (사실, 국제입양가족들과 함께하는 임상작업에서 아이와 관련하여 부모와 상의해야 할 질문들이 있다. 부모와 아이들은 오래 전 상실을 어떤 방식으로 그대로 간직하고 있는가? 각자가 자신의 슬픔을 나누는 과정에 참여할 때 어떤 도움이 필요한가? 부모들은 기꺼이 교육자가 되고, 입양을 옹호하게 될 것인가? 그들은 발생하는 문제를 아이나 치료사와 함께 어떻게 의사소통을 할 수 있을까? 가족 단위의 다문화적 정체성을 어떻게 경험할까? 이러한 가정에 대한 질문들은 치료 과정 중에 있지만, 여기서 직접적으로 다루지는 않을 것이다.)

대상 아동

Cozi는 한국에서 3세 6개월에 입양되었다. 그것은 치과의사와 소아과 의사에 의해 결정된 나이이다. 그녀는 어린 시절을 한국에서 생모와 살다가 그 후에 양부모와 그들의 친자인 오빠와 함께 살게 되었다. Cozi의 입양모는 딸이 어둠을 무서워하지 않기를 바랐다. 어머니는 Cozi를 걱정하면서 무엇인가로부터 괴롭힘을 당한다고 생각하고 그녀를 보호하고 도와 줄 수 있는 어른과 친근한 관계로 발전시켜 나가기를 원했다. 그 집안에서 분노표출은 대수롭지 않게 발생하는 일었다. 대부분의 상처와 고통도 분노로 표현되었으므로 Cozi 개인이 품은 분노는 다른 사람의 분노에 섞였을 뿐이었고, 왜 분노하는지 다루어진 적은 없었다. Cozi는 9세에 치료에 들어갔으며, 치료목표는 더 평화로운 삶을 사는 것으로, 내가 그녀의 어머니에게 이완하고, 자발적으로 놀고, 자신의 생활을 이해하는 방법을 가르쳐 주기를 원했다.

Cassandra는 포르투갈에서 태어난 지 3일째에 입양되어 처음 4년 동안은 파리와 런던에서 양부모와 살았다. ADD 진단을 받은 그녀에게 가족들은 불안과 지배력이 감소되기를 바라면서 사회적 관계로서 지나치게 또래관계에 애쓰는 것, 특히, 소유욕에 치료가 필요하다고 느꼈다. 그녀의 지배력은 대부분의 성인들과 어린아이들을 사로잡을 만큼 매력이 있었다. 부모는 그녀가 거리낌 없이 입양 일을 이야기하는 것을 보면, 입양이 그녀에게 문제되지 않을 거라고 하였다. Cassandra는 10세가 되어 치료를 받으러 왔다. 그녀의 목표는 누군가와 사적인 이야기를 나누는 것인데, 입양도 이러한 사적인 것 중의 하나임이 분명하였다.

Rachel은 양어머니가 평화 유지군으로 복무했던 콜롬비아에서 태어난 지 3주 만에 입양되었다. 그녀는 두 자녀 중 장녀이며, 둘 다 콜롬비아의 같은 고아원에서 입양되었다. 11세의 조용한 소녀로서 치료를 받게 되었을 때, 부모는 그녀가 우울하거나 슬퍼하진 않는지 궁금하였다. Rachel의 목표는 미술작품을 만드는 것이었다.

Josh는 남미에서 2세에 입양되었다. 17개월까지 친 가족과 살다가 소도시의 한 병원으로 보내졌으며, 입양이 될 때까지 두 아이가 있는 가족과 살았다. 그는 두 입양아 중 첫째로서, 동생은 동유럽에서 입양되었다. 부모는 Josh가 사랑스러운 아이였지만 9세가 되자, 지배하려다가 좌절하면서 화내는 아이로 변하는 것을 보았다. 그의 목표는 그런 좌절감을 느끼지 않는 것이며, 얼마동안 나를 보러 와야 하는지 정확히 아는 것이었다.

Ramona는 Josh의 입양남매로서 동유럽에서 9개월에 입양되었다. 표현 언어장애를 가지고 있어 학교에서 문제가 있었지만 입양에 대한 그녀의 감정에 접근하는 일은 어렵지 않았다. 그녀는 6세에 미술치료를 받았으며, 그녀의 목표는 생모를 포함한 자신의 가정생활에 대해 이야기하고 가능한 빨리 10대가 되는 것이었다.

Allessa는 생모가 죽은 후 병원에 있다가 4세 6개월 때 러시아에서 입양되었다. 학습장애와 강박장애가 있는 그녀가 학교나 집에서 제대로 기능하는 동기가 부족하여 부모는 딸을 위해 여러 임상가에게 의뢰하였다. Allessa는 12세 6개월에 미술치료를 시작하였는데, 그녀의 목표는 내리막길로 치닫는 삶에 대하여 누군가의 도움을 받는 것이었다.

창조의 세계

이제 독자들은 어린이 빌더들을 만났으므로, 그들의 모래상자세계를 전체적으로 살펴본 다음 개별 모래상자도 몇 가지 사진을 첨부하여 자세히 볼 것이다. 모래상자는 그들의 문제에 각기 유연하게 반응하도록 하며 이러한 정신을 볼 수 있는 창이 되어 준다.

Josh는 창조적인 공격탐사로서, 모래, 색, 물을 과학자처럼 마구 섞었다. 그는 항상 상자를 정확하고 정교하게 구성하였는데, 심지어 홍수, 댐, 화산이 폭발하여 물건들이 묻히는 피해를 입고 파괴가 있을 때에도 그러했다. 무의식으로부터 올라오는 이러한 공격적인 보상은 임상가에게 아이의 내적 삶을 알려 주며, 그의 내부에서 고통스럽게 담겨 있으면서 좌절과 분노로 반응하는 모든 것을 보여 준다.

Josh의 여동생 Ramona는 신중하게 공격성을 연출하였다. 그녀는 상자작업을 하면서 언제나 행동을 하는 편인데, 해피마운틴[3] 꼭대기에서는 극 놀이를 하였다. 그곳에서 가상의 친부모는 유령처럼 서성이면서 상상놀이를 지켜보았다. 그녀의 모래상자는 매장, 홍수, 질병과 같은 일이 벌어지고 난 뒤의 잔재를 남겨놓고 마무리되었다.

Cozi가 창작한 것을 자세히 보면 많은 대상이 상자의 상단 가장자리에 있다. 그러

3 역주: 해피 마운틴은 어린이가 모래상자에서 만들어 낸 가상의 산 이름이다.

나 모래 밑의 마을 아래에서 움직임이 일어났다. 그녀는 자신의 사적인 생각과 감정을 다루면서, 모든 것을 관찰하고 가능한 많은 질서와 평화를 만들어 내려고 노력했다. 하지만 상자들을 눈이나 얼음으로 덮는 것처럼 흰 모래로 하얗게 만들거나, 녹색 모래를 뿌려서 살아있는 잔디처럼 만들곤 하였다. 그러고 나서, 첫 번째 상자 옆에 별도의 상자를 놓고 거기에 말없이, 지진, 폭포, 그리고 '좀생이' 수프가 전 세계를 삼키도록 하였다.

Rachel은 움직임 없이 질서정연한 동물가족의 세계를 연출하면서 그녀의 정신에 사로잡혀 있는 사적인 경직성을 드러내었다. 상자에는 이동하는 방향이 있다. 대상은 모래 속으로 가라앉아서 오랜 기간 동안 그곳에서 머물렀다. 그 자체의 변형이 대지 위에 드러난 것은 한참 뒤의 일로서, 다른 놀이상자를 꾸미고 난 뒤 몇 개월을 보내고 나서야, 왁스나 찰흙조각, 그림 콜라주로 이미지가 만들어졌다.

Cassandra는 콘크리트로 구획을 나눈 세상을 만들었다. 그녀가 좋아하는 것들, 기억하는 장소들, 그녀에게 중요한 사람들을 만들었다. 그것은 표면세계 같은 느낌을 주지만 실제로 모래상자 안에 감추는 게임을 함으로서 내면의 이야기를 말해 주었다. 그녀는 대상을 모래아래 보이지 않는 곳에 놓음으로써 숨겨진 생각과 감정을 들추어 보였다.

Allessa는 자신이 무엇을 했는지 정확히 알아야 되는 것처럼 결의에 차서 조용히 작업하였다. 그녀는 종종 자신이 멍청하지 않다는 것을 증명하려는 듯이 동물이나 행성에 대해 상세하게 설명하곤 하였다. 그런 한편, 그저 대화할 힘이 없다고 모래 속에서 느릿느릿 율동을 하는 것도 그녀를 반영하는 것이며, 침묵이 필요할 때임을 알 수 있다.

경험

모래상자는 생각, 느낌, 반응의 경험을 탐구하는 특별한 공간이 된다. 미술작업은 입양에 대한 직접적인 검색이 아니라 창의적 탐색과 표현을 위한 모형이다. 결국 Josh는 공격적인 세계로부터 잘 꾸민 그의 섬나라 정원으로 나를 이끌었으며, 그곳에서 실존적인 질문들을 제기하고 대답을 기다리게 하였다. Ramona는 매주 해피마운틴을 방문하여, 해소될 결말을 준비하면서 그녀의 에너지를 버스여행 극 놀이로 모아들였다. 양어머니를 회기에 초대하고 그곳에서 생모를 만나러 루마니아에 가는 연기를 하였다. 나는 생모역할을 부탁받았다. 내가 해피마운틴에 대해 말하고 일어나는 모든 일들을 '목격'했기 때문이다. Cozi가 만든 조직화된 마을에서 주민의 일상생활은 그 여행자가 알고 있는 비밀이다. 내게는 그녀의 내면에서 오는 시에 대한 믿음과 신념을 심어 주었는데, 그녀에게 부착된 불안한 가족의 경험에 맞서기 위해 혼신의 노력으로 애쓰는 것이 보였다. Rachel은 나를 밀림의 동물세계로 이끌었는데, 그곳에 있는 동물들은 종족 모습에 따라 다르게 분류되었으며, 그녀가 가족으로 생각하는 구성원들끼리 따로 모았다. 처음 과정은 고요한 실외그림처럼 우울한 분위기로 느껴지지만 대단히 정교하고 역동적인 내부세계를 신중하게 보여 준다. Cassandra가 직접적으로 문화적 정체성과 직면하는 회기에서, 그녀의 사적인 것을 드러낼 수 있는 인물로서 사촌을 불러와서 각자가 태어난 입양 전의 섬나라를 모래상자로 표현하였다. Allessa의 세계는 그녀의 다른 미술작품들과 마찬가지로 끝없이 진행되는 이야기들이지만, 이미지에 몰두하려는 노력에도 불구하고 마무리는 어려웠다. 이야기를 전하는 그 동안에도 새 작품으로 그녀의 이미지를 도출해 나갔다. '상자 속의 사람'은 그녀가 표현해야만 하는 감정이 정확하게 담겨 있다.

과정

시간이 지나고 이렇게 고도로 개인화된 세상에 들어서면, 통상적으로 빌더들은 생성과정을 인식할 수 있는 단계에 이르게 된다. Brodzinsky, Schechter와 Henig (1992)의 정체성 범주에 대한 연구는 모래상자 작업으로 정체성이 형성되는 과정을 밝히는 초창기 연구로 알려졌지만 다른 차원에서는 입양여행이라고 언급되기도 한다. 이것은 개인이 정체성을 성취하는 것만큼 많은 관계성의 본질을 발견해 가는 여정이다. 단지 '나는 누구인가?'라는 질문에 그치지 않고, '내 개인적인 발견의 길을 따라가면서 이해하게 된 사람은 누구이며, 그들은 나와 어떤 관계를 맺고 있고, 나에게 어떤 영향을 미치는가?'와 관련되어 있다. 그것은 자신과 중요한 사람들이 동행하는 대화의 여정이다. '당신은 누구이며 원하는 것은 무엇인가?'

그 여행은 오즈의 마법사가 있는 세계를 창조해 내는 것과 유사한데, 토네이도에 의해 집에서 이동된 후에 우리가 함께 하는 이야기가 덧붙여진다. Dorothy가 되돌아갈 길을 찾으면서 다른 이들의 도움이 필요했는데, 그들의 마음과 지혜, 그리고 용기는, 이미 그녀에게 있는 것들이다. 그러나 그것을 알기 전까지는 Dorothy와 함께 수많은 소동, 모험, 그 모든 두려움에 맞서다가 창의적인 해결로 막을 내리게 되는 '양철 나무꾼' '허수아비' '사자'의 역할을 하는 다양한 캐릭터일 뿐이다. 흥미롭게도, 우리는 Dorothy의 친부모에 대해 궁금해하지만 아무것도 모르고 있고, 집만큼 좋은 곳은 없다고 생각하면서 그녀가 여행을 마치고 입양가족(Em아주머니, Henry아저씨, 농장 공동체)에게 돌아갈 것으로 예상하지만, 그녀가 살면서 여기에 대하여 본질적으로 느끼는 것이 무엇인지 모르고 있다.

모래상자에서 보이는 주제

모래상자 작업은 어린이들이 그들의 상황을 알려주는 과정으로서 그들의 부담감을 덜기 위해 발견과 이해를 찾아가는 것으로 보인다. 이 과정의 보편적인 형식은 알지 못함을 시작단계로 한다. 치료사인 나는 모르는 것을 안전한 방법으로 말할 수 있는 도구를 제공한다. 그 말은 아이마다 다르며, 개인적인 조사에 기반이 된 열려 있는 창조활동이다. 국제입양아의 모래상자에는 개인적인 문제와 상관없이 어떤 일관된 주제를 찾아가는 과정이 있다. 아이들은 스스로 어떤 불편함의 근거가 되는 것을 경험하는데, 그것을 탐구해 보면 그들에게 중요한 '알지 못함'의 느낌이 드러난다. 치료사로서, 그 연구에 동참하는 것도 중요하지만, 그것이 가야 할 곳으로 이끌거나 통제하지 않아야 한다. 입양은 경험의 일부분으로 남아 건강한 정체성을 향한 움직임에 영향을 미치는 요소가 되며, 아직 그것이 어떤 역할을 하는지 모른다.

국제입양아의 모래상자와 이야기를 평가하다 보면 명확한 입양주제가 있음을 알게 된다. 그들은 영웅행로의 이야기를 하고 정체성에 대한 탐구심을 반영한다. 그들은 때때로 생생한 이미지에 변형된 움직임을 반영하여 표현하는데, 알지 못함에 대한 창의적인 대응방식으로 볼 수 있으며, 상실의 유형을 마주하면서 특수한 국제입양과 보편적 입양에 대한 문화적 오해에 의해 가지는 왜곡된 생각과 이해할 수 없는 것에 대한 표현으로 보인다.

나는 국제입양가정의 아이들이 정체성을 통합하기 위해 탐색하면서 사용하는 이미지에 발달의 과정이 있음을 발견하게 되었다. 이것은 아이들이 자극된 정신으로부터 내부와 외부에 대한 무지함을 발견하고 해석하면서 그려내는 은유의 형태로써 연구에 유용한 것이다. 모래상자로 구성하는 여정에서 그들이 선택하는 대상은 함께 여정가고 싶은 사람이나 물건이다. 그것에는 숨겨진 자료가 드러나는 특정한 과정이 있다. 모래상자에서 드러나는 경험을 살펴보면 개인과 문화의 양 측면으로 각자의 감정에 근거하여 시도되는 이야기 단계가 있다.

1단계 장면: 문제 제기

상자의 초기 이미지에는 '여기 문제가 있다'는 뜻으로 설정되는 시나리오가 있는데, 나는 그것을 보기 위해 애쓴다. 상징적으로 생성되는 이것은 특히 치료적 관계의 초기단계에서 섣불리 그 과정을 해석하거나 단정할 수 없다. 은유의 일부 기능은 비밀을 목적으로 하며, 이에 따라 위장하여 제공된다. 이 정도는 모든 아이들에게 전형적으로 나타나지만, 국제입양아의 모래상자에서는 무언가 추가적인 것이 보인다. 그들은 정체성 문제에 관하여 다양한 해결책을 좀 더 즉각적으로 파악하는 것 같다. 이것은 이해하기 위해서 탐구하도록 더 자극을 받는 것처럼 보이는데, 그것이 무엇인지 모를 때조차, 의식적이고 무의식적인 수준에서 이루어진다. 아이들에게 각기 다른 문제가 있더라도, 문제해결방법을 제시함으로써 다양한 문화적 정체성의 다른 측면에서 평화를 만들어 가는 데 한 걸음 더 다가간다.

예를 들어, Josh의 초기 모래상자 이야기에는 정체성 문제뿐 아니라 그것을 해결

그림 14-1

하려는 동기가 얼마나 많은지 볼 수 있다. [그림 14-1]은 다른 상자에 동물들이 사는 섬을 꾸민 초기작업인데, 큰 파도가 새끼동물과 부모를 분리한다는 언급이 있다. 비록 새끼들이 건너오고 싶어도 그 사이는 심술궂은 물고기가 사는 아주 위험한 곳이다. 이 상자에 표현된 과정은 다음과 같다.

그러던 어느 날, 새는 날아서 물을 건너가려고 했지만, 물이 너무 넓어서, 다시 돌아왔어요. 다음에는 거북 두 마리가 가려고 했지만, 모래가 바닥까지 너무 깊어 갈 수 없어서 포기했어요. 그리고 며칠 후에 새끼들은 물속에서 모래를 차기 시작

> 했어요. 긴 시간이 흐른 후, 그들은 물속에 사는 모든 동물들을 묻었던 엄청난 양의 모래를 차 냈어요. 그래서 그들은 달려가 부모들을 만났어요.

넓은 해변과 가족: part 2([그림 14-1])에서 이야기는 다음과 같이 계속된다.

> 같은 작품으로, 이전에는 새끼 동물들이 물속에 잠겨 있지 않고 아랫부분에 있었지만 이번에는 물고기가 나누어져 있어요. 물고기와 물고기 사이에 섬이 생겨서 떨어져 있어요. 그래서 물고기들은 다른 쪽으로 가는 방법을 알아내려고 노력했어요. 그러다가 그들은 한 가지 아이디어를 얻게 되어 동물들에게 이야기하게 되었는데, "우리 물고기가 이쪽에서 저쪽으로 이동할 수 있도록 중간에 굴을 만들면 어떻겠니?"라고 말했어요. 그래서 원숭이들은 좋다고 대답했고, 그리하여 그들이 한쪽에서 다른 쪽으로 건너갈 수 있게 되었어요. 그러자 동물들이 말했어요. "우리는 어떻게 이쪽에서 저쪽으로 갈 수 있을까?" 그래서 이 물고기들이 헤엄을 쳐서 많은 바위를 가져와 다리를 만들어 한쪽에서 다른 쪽으로 이동할 수 있었어요. 끝.

신체적인 분리가 문제로 표현된다. 그리고 문제를 해결하는 것은 아기들로서, 아이들이다. 이러한 모티브는 반복되며, 심지어 물고기조차도 분리의 의미를 가지게 되고 그들 역시 자신들이 가진 문제를 풀게 되는데, 자신들 뿐만 아니라 다른(미래) 동물들을 위해서도 그러하다. 어떻게 이렇게 될 수 있을까? 내가 어떻게 이런 상황에 처하게 되었을까?

문제가 보이는 것과 동시에 창의적인 문제해결의 다각적인 시나리오가 있으며, 여기에는 그들의 은유가 함께 있다. 환경, 도움을 요청할 수 있는 사람들, 섬, 굴, 다리의 이미지와 방법으로 해석이 가능하다. 문제와 해결 두 가지에서 명시되는 물리적인 이동은 두 살에 국제입양된 그가 한 장소에서 다른 장소로 옮겨갔던 것과 마찬가지로 보인다.

자주 제기되는 다른 문제는 차이에 대한 것이다. 이 아이들은 어린나이에 신체적, 인종적 차이를 직면할 수밖에 없었기 때문에 그들의 정체성은 거의 본능적인 욕구가 된다. [그림 14-2] Rachel의 상자는 그것을 잘 표현해 주고 있다

> 모든 동물들이 와서 거북을 보고 있어요. 그들은 같은 종으로 분류되어 각자 무리를 이루고 있어요. 그들은 모두 다른 쪽에서 왔어요. 그곳의 거북은 한 마리밖에 없어요. 모든 동물들이 그를 좋아하지 않는데, 거북은 딱딱한 껍질을 가지고 있고 다른 동물들은 부드럽기 때문에 거북을 무서운 종으로 보기 때문이죠.

거북은 고통스럽고, 무섭고, 혼자서 다른 동물의 감각과 다른 정체성을 가지고 있다. 그렇지만, 독자들은 이 장에서 그녀가 복잡한 과정을 통해 만들어 내는 주제 설정의 방식과 정체성 탐구의 움직임을 볼 수 있다.

2단계 장면: 정체성의 반영

유사성과 차이점에는 밀접한 관련성이 보인다. 중요한 질문은 누구에게 속해 있는지, 어떤 종류의 집단에 속해 있는지, 그들 집단과의 관계는 어떠한지, 이런 것과 상관없이 소속감을 형성하는 것에 대한 것이다. 모래상자 이야기의 과정은 일반적으로 빌더를 반영하는 주제를 포함하고 있다. 나는 이것을 '정체성의 거울'이라고 말한다. 다시 말하자면, 이 거울들은 잘 닦여있으며, 그들은 문제 제기와 그것에 대한 창의적인 해결책, 두 가지 모두를 제공한다. 여기서 작업하는 것은 소속감에 대한 노력이나 투쟁이다. 모래상자에 있는 장면은 쌍둥이 또는 유사한 동물이나 어떤 식물의 종류로 보이는 것, 혹은 소속감을 보여 주는 어떤 사람으로 묘사된다.

9세에서 11세 사이의 입양아는 입양의 기본적인 개념을 이해하고, 입양되면서 어떤 것을 잃었다는 사실을 깨닫게 된다(Fact Sheet Series, 2001). 이 연령에 있는 Cozi는 상자에 일련의 마을을 만들었다. 모래상자에서 주인공 인물은 Carrie라는 이름을 가지고 있으며, 많은 상자에서 자신인 Carrie의 세계를 개발시켜 나갔다. 바깥쪽

그림 14-2

은 음식, 생활공간, 장난감, 그리고 삶을 구성하는 모든 것으로 분류되어 있는 매우 질서정연하게 만든 세상이다. 이것은 인생을 구성하는 것을 기록하는 과정이며, 그녀가 좀 더 나이가 들어 스크랩북의 한 면에다 잡지 사진으로 상상속의 가족을 붙이는 것과 같다. 이것은 Pertman(2000, p. 89)이 언급한 '가계도보다는 가족 나무를 제작할 필요성'과 유사한 내용이다.

Cozi는 첫 번째 단계에서 아주 감정적으로 문제를 진술하고 해결하였다. 은유로 표현된 그녀의 혼란스런 상태는 Brodzinsky, Schechter와 Henig(1992)가 말했던 '계통의 혼란'과 같다. 물리적인 이동은 그녀의 일이 어느 정도나 묘사되었는지는 몰라도 고유의 문화, 언어, 장소, 음식, 냄새, 사람들, 그리고 사랑하는 것으로부터 다른 위치에 처하게 되는 것이다. 그녀는 다음과 같이 상자에 대해 설명하였다.

그림 14-3

이런 것들은 물론, 물체와 같아요. 모든 것이 텅 비어 버리고. 모든 언어는 사라지죠. 빗방울이 떨어지는 모루구름 위, 그녀는 여기 있어요. Carrie는 커다란 소용돌이 하나에 있는 한 방울, 아무것도 아니죠. 모든 것이 젖었어요. 강아, 어서 그곳으로 걸어가거라. 큰 물방울. 그녀는 무슨 일이 일어나고 있는지 몰라요. 그것이 Carrie의 세상입니다.

Cozi의 이 상자와 가족생활을 표현한 두 번째 상자 사이로 그녀의 이야기가 오갔을 것이다([그림 14-3]). "여기서 Carrie와 Rachel을 제외하고 모두 잘 지내요". Carrie와 Rachel은 쌍둥이 소녀이다. Carrie는 가족으로부터 온 어린 여동생이다. 그리고 조상이 한 사람 왔는데, 그녀와 똑같이 생긴 또 다른 어린 소녀 Rachel이다. "보시다시피 여아 둘이 있어요. 제가 가족을 바꿨어요." 처음 모래상자에서 이 쌍둥이들은 검은색의 작은 여자 인형과 흰색 인형으로 묘사되었다. 그 뒤에, Cozi는 상자에 두 명의 금발 소녀가 있는 흑인가정을 만들어 냈다. "그들은 쌍둥이라서 서로 닮았어요." 그것은 건장한 백인 유대인 가정에서 살았던 작고 구부정한 한국 소녀를 흥미롭고 극적으로 묘사한 것이다. 그녀는 쌍둥이를 통해 위장된 정체성을 반영하면서 그녀는 백인과 유색인종 사이의 인종적 차이를 보여 주었다. 그리하여 자신과 비슷하기 때문에 자신을 더 이해할 수 있다고 느끼는 그런 사람에 대해 이야기할 수 있었다.

이 단계는 나중에 국제입양가족으로 가는 아이들의 모래상자에서 특히 눈에 띄는 것으로 창조된 인물이 아무 관련이 없는 것을 더 직접적으로 붙들고 있는 것이다. 일부 모래상자 사례에는 실제로 잘 모르는 트라우마(원가족으로부터 분리되는 상실, 질병, 영양실조, 공포)에 대한 인식이 직감적으로 보이는 장면이 있다. Cozi는 한국을 표현하기 위한 방식으로 '미스 사이공'이라는 특유의 인물을 만들었으며, 내 연구소의 운동 스카프(녹색)로 그녀 자신을 싸매고는 '그린 레이디'라는 이름을 지었다. 이처럼 그녀는 무엇인가 당황스러운 상태에 놓일 때 자신을 싸매곤 하였다. 다른 이들도 같은 주제로 표현한 자신의 은유가 있었다. Josh는 자라면 빨래집게 모양이 되는 '기이함'의 나무를 심었다. Allessa는 이국적이고 환상적인 클럽에 열중하였는데, 여기에 속한 사람은 특별하고 불가능한 명령을 수행하였다. Ramona는 항상 약이 필요한 공룡을 가지고 있었다.

때때로, 정체성이나 소속감의 거울은 모래상자에서 셀 수 없이 많이 표현되었음에도 불구하고 나중까지 그들 자신을 정의하지 못하였다. Josh는 한때, 그가 사용한 이미지와 식물에 대해 설명하기 위해 내게 그것을 종이에 적어 달라고 부탁하였다([그림 14-4a]).

> 이상한 식물이 있어요. 살아서 좋은 식물과 나쁜 식물이 있어요. 그것은 쓸모 있으며, 어떻게 왔는지 어디로 가는지는 몰라요. 모르는 사이에 믿을 수 없을 만큼 자라죠. 모든 동물들이 새끼를 낳는다는 건 알지요? 고약한 이들은 정원 전체에 식물로 변해서 심겨졌어요. 착한 이들은 침대에 머물러요. 모두 짝이 있거나 나와 나를 닮은 내 자매와 같은 아기가 있으며, 우리는 서로 간의 중간세계에서 태어났어요.

그림 14-4(a)

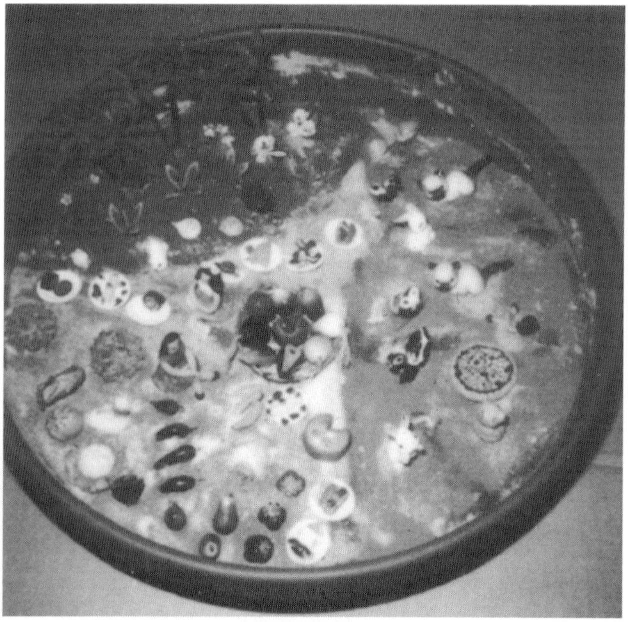

그림 14-4(b)

3단계 장면: 배치/분류

편안해지기 위한 창조적인 시도에는 나는 이대로 고수할 것이다. 혹은 이것은 필요 없으니 버릴 것이다 등 어떤 생각의 방식이 있을 것이다. 무엇이 좋고 나쁜지 나눌 수 있으면 행동이 결정된다. 그것은 우리가 배운 정보를 처리하는 방법이다. 말하자면 내가 이 사람들과 다름에도 불구하고 이들을 사랑하는데 이것을 어떻게 분류하지? 분류를 하려면 받아들일 수 있는 한 가지 신념이 만들어져야 한다.

모래상자에서 분류와 배치는 여러 수준의 단계를 거친다. 아이들은 동물, 음식, 언어와 집짓기를 어떤 방식으로 표현할지 숙고할 것이다. 그들은 보통, 특정한 방향에 빠져 있거나 잠시 다른 방향을 탐색하기도 하지만, 분류하는 것은 여전히 목표로 남는다. Kalff(1980)는 이를 은유적인 세계에서 자아발달의 단계를 강화하려고 애쓰는 자아발달의 '동물–식물적' 단계라고 설명한다(p. 24).

분류하는 방법에서 아이들이 선택한 은유의 방식은 그들의 이야기를 편안하게 말해 주면서 그 자신과 연관되게 대상을 배치하는 것이다. 그들이 살아온 모습으로서 중요한 삶의 사건들을 탐구할 때 검열되는 과정은 긍정적이지도 부정적이지도 않다. 이것은 사물들을 분류하는 중립적인 검열이며 진짜 놀라움을 알게 된다.

Cozi의 가족회기는 이러한 배치단계의 통합적 영향이 있는 예로 보인다. 이것은 모래상자의 실제장면을 보여 주는 것이 아니라 모래상자를 배치하고 분류하는 과정에서 어떻게 가족 내의 의사소통이 외부로 이동하기 시작했는지에 대한 설명이다. Cozi가 11세였을 때 그 가족 모두가 회기에 초대되었다. 그녀는 자석활자가 담긴 상자를 가지고 왔다. 어머니는 대기실에서 아버지와 다른 자녀를 기다리고 있었고, 잠자코 있던 Cozi는 자석이 붙는 표면을 발견하게 되었다. 그녀는 [그림 14–3]과 같이 상자놀이와 유사하게 벽난로의 앞부분에다 그 글자들을 정렬하였다. 왼쪽에는 그녀가 사용하고 싶지 않은 모든 단어로 분류해 놓았고, 오른쪽에는 자기가 원하는 단어를 놓았으며, 바닥에는 'ly' 'ed' 와 같은 다양한 어미를 놓았다. 이러한 단어의 어미 옆에 동사를 놓은 다음 그녀의 가족과 의사소통하도록 준비하였다.

행복한 꿈의 장소로는 집이 떠오른다.
나는 빨리 태어난 딸이야.
(이 마지막 줄은 그녀가 나중에 수정하였다.
우리는 함께 빨리 태어난 아이들이야.)

가족이 그녀와 함께하면서 하나의 단위로서 모두를 '아이'라는 특정 단어로 부르는 것을 오빠는 재빨리 이해했다. 어머니가 Cozi에 대해 알고 있는 것으로 Cozi는 정말 빨리 자랐으며, 새로운 나라에 와서, 모든 것을 영어로 배워야 했다고 말하였다. Cozi의 의사소통 방식은 가족과는 매우 달랐다. 그들은 매우 언어적이고 지적이었지만 그녀는 비언어적이며 매우 직감적이었다. 하지만 그녀가 모래상자에서 선택한 배치방법은 신화적인 것이며, 그것은 그 가족에게 평소의 말투와 언어, 그리고 주로 사용하는 의사소통 방식에서 벗어나 그녀의 근본적인 평가영역으로 인도하는 것이었다. 그녀는 이렇게 직접적인 대화를 이끌어가며 "만약 다른 누군가가 나를 입양했다면, 당신은 다른 딸이 있을 거예요."라고 말하였다. 그녀는 자신의 욕구와 말과 대상을 보이는 대로 무작위로 배치해 나갔는데, 그것은 그녀의 분노(내가 어쩌다가 앞뒤생각 없이 여기에 속하게 되었을까?)를 만들어 내는 일이었다. 혼란(왜 내가 이 가정에 있을까?) 그리고, 강요(가족의 유대감과 사랑)를 혼합하여 배치하였다. 그녀는 가족들에게 실존적인 상태에서 그녀와 함께 이해하기를 요구하였으며, 그녀의 진입 방법과 타이밍은 우리 모두에게 놀라운 것이었다.

이 단계는 때때로 놀라울 정도로 아름답게 보인다. 상자에 나누고 배치하는 데는 어마어마한 시각적, 정신적 분류가 있으며, 이 장의 모든 그림에서 그와 같은 수많은 예를 볼 수 있다. [그림 14-6b] Josh의 모래상자를 예로 보아도 그 배치의 형식은 정체성을 찾는 해결안으로 생성된 것이다. 상자 전체를 3등분으로 나누어 보면 음식, 동물, 식물로 분류되어 있는데, 이 은유는 앞에서 말한 내용을 분명하게 볼 수 있다.

4단계 장면: 전래 인물과 환상이 주는 안전과 도움

다음 단계에서, 아이들은 실제로 그들이 사로잡혀 있는 두려움이나 상상해 낸 공포를 담아낸다. 모래상자는 안전과 도움이 필요하다는 것을 밝히고 계속되는 탐험을 준비한다. 이것은 초기에 일어날 수도 있지만 치료의 과정이 잘 진행될 때까지는 일어나지 않을 수도 있다. 여기는 힘의 형태나 마술이 주로 사용되는 단계로서 이동에 도움을 주는 요정, 안전과 신앙을 지키는 천사, 가루, 약 그리고 주술을 만드는 마녀가 주로 나타난다. 각 마법의 이미지는 안전한 장소나 이름만 바뀔 뿐 계속적으로 덫처럼 위험이 창조되어 나타난다. 그들은 좋은 엄마나 거울, 날아다니는 구원자로 변신하기도 한다.

Cassandra는 요정들과 천사들을 그녀의 상자에 그림처럼 놓았다.([그림 14-5])

그림 14-5

> 사랑하는 사람들. 남자 요정과 여자 요정들이 있어요. 그들은 우리를 돕기 위해 무언가 필요한데, 언자마자 울음을 그치게 만드는 그런 것이에요. 어떤 사람들은 정말이지 좋은 가족이 없어요. 아! 요정처럼.

다른 때에, 그녀는 자기 상자에 있는 천사들에 대해 말하였다.

> 그들은 사람들을 도와주러 나오기 때문에 특별해요. 내가 큰 위험에 처하지 않았기 때문에 아직 나를 도와주러 나오지 않아요. 때가 되면 올 거예요.

Rachel은 보호와 안전을 위해 상자의 네 모서리마다 천사를 놓아둠으로써 그들을 조력자로 이용했다. 그녀가 천사를 이용하여 우리를 다음 단계로 이끌었는데 갈등과 전략에 직면하는 장면이다. 그곳은 아이들이 마주하는 실존적인 딜레마로서 그들의 심리적인 작업이 다루어진다. 여기 천사에 대한 것은 좋은 장소와 나쁜 장소라고 하는 상자 이야기에서 발췌한 내용이다([그림 14-6b]).

> 천사들은 호위대. 일이 벌어지면 그들이 도와줘요. 둥지에는 천사들, 아기 천사들, 그리고 요정 한 명이 있어요. 그들은 좋은 사람이고 행복과 같이 좋은 것들을 가져다줘요…… 나쁜 곳의 여왕은 나쁜 생각을 하고 나쁜 일이 일어나게 해요. 좋은 곳의 여왕은 천사를 보내 좋은 일을 하게 하죠. 그녀는 다른 달걀을 원하지 않아요. 천사는 나쁜 곳에서 좋은 일을 만들죠. 천사들이 웃음과 행복을 가지고 오면 그들은 재미있는 어떤 말을 해요. 우리 개는 재미있어요.

그녀의 순수함과 그러면서도 복잡한 심상을 잘 볼 수 있는 장면이 있다. 둥지, 조력자, 알과 다른 알들. 모래상자에서 아이가 교묘하게 반영하는 것은 그녀가 운명을 통제할 수 있는 것에 대한 의문으로서 '어떻게 무작위와 유전학이 서로 관련되는가?'라는 의미이다. 이 마법의 인물들은 희망을 주기 위해 불러오는데, 그들이 제공하는

그림 14-6(a)

그림 14-6(b)

그림 14-7

마법은 통제할 수 없거나 그런 힘이 없다는 느낌을 갖게 한다. 국제입양가정의 청소년들에게 통제력은 큰 문제로 볼 수 있다. 자립은 발달 단계와 입양문제가 결합되어 있고, 그것 또한 청소년에게 영향을 미치는 문제이기 때문이다. 이 시기에 문화적·신체적 차이감은 이러한 감정과 이미지 군을 더 확대하고 자극할 수 있다. 마술은 효력이 없다는 느낌에 맞설 수 있는 자원을 제공해 줄 때 안정감을 얻을 수 있으며, 이것은 또한 무언가를 해결하기 위하여 도약을 시작한다는 의미이다. 때때로 마녀는 주술이나 독으로 사용되는 가루와 약 때문에 궁지에 몰리거나 문제에 빠진다.

Josh의 야생마([그림 14-7]) 장면에서 보면, 마녀는 우리를 Josh가 갈등하는 곳으로 이끌었는데, 나중에는 상자에다 이 게임을 어떻게 전개해 나갈지 고민하게 되었다. 그녀는 원인(비열한 그녀가 비난받는 것은 난폭하기 때문이며)과 해결책(그녀가 쫓겨나는 것), 그리고 곧장 치유를 가져왔다(그녀가 상황을 얼려 버려서 시간을 벌고 다른 일이 일어나도록 하는 것). 이러한 마비의 일종인 얼림, 그리고 녹임은 나중에 6단계에서 설명할 것이다.

> 여기 야생마들은 너무 사나워서 그들은 주변에 불을 놓았어요. 그리고 이 모든 일은 비열한 마녀 때문에 일어났지요. 그래서 그들은 마녀를 쫓아내기로 결정했어요. 그래서 그들은 이야기를 나누었어요, 만일 그들이 그녀에게 더 많은 사람과 더 많은 물건들이 있는 땅이 있다고 말하면, 마녀는 그곳으로 사라질 것이라고 생각했어요. 그래서 그들은 마녀에게 땅에 대해 이야기했지만 그녀가 떠나기 전에 '먼저, 이곳을 전부 얼려 버릴 거야.'라고 말했어요. 그리고는 마녀는 떠났어요.
>
> 그들이 가진 모든 나무재료를 가져다가 가운데에 놓고, 그것에 불을 놓았어요. '불이야, 불이야, 땅에 불이 났어!' 그리고 눈이 녹기 시작했어요. 그래서 눈이 모두 녹았어요. 그랬더니 나무들이 정상으로 돌아왔어요. 빨래집게가 벗겨지자 바나나가 벗겨지고, 후추가 벗겨지고, 말들은 더 이상 날뛰지 않고, 오리는 연못에 무리짓고, 열매는 정상 크기로 줄어들고 나무들은 다시 정상크기로 돌아왔어요. 그리고 모든 사람이 행복했어요. 끝.

5단계 장면: 갈등직면과 전략

분명히 갈등은 경험의 다음 단계에서 직면하게 된다. 모든 단계가 그렇듯이 문제와 창의적 해결책은 함께한다. 갈등에 직면하는 과정과 갈등에 맞서기 위해 전략을 만드는 과정은 동전의 양면처럼 같이 있다. 상자의 전투장면을 보면, 지진이 일어나는 동안 댐에서 화산이 폭발하고 섬에서는 전투가 일어난다. 갈등은 주로 힘겨룸의 형태로 나타나는데, 그 다음에 누가 이겼는가? 라는 질문이 제기된다. 갈등을 마주보는 방법으로 여행을 떠나는 것이 만들어진다. 이 아이들은 지략이 풍부한 영웅이나 여장부처럼 갈등을 직면하는 것의 본질은 살아남는 것임을 아는 것 같다. 그래서 생존은 위대한 탐험의 주제가 된다. 해결의 방법도 갈등의 일부이다. 상자에서는 대상이 춥고 더운 날씨를 극단적인 신체성으로 견뎌내는(Rachel, Cozi) 것이 시나리오가 되며, 빛과 어둠의 정신적 투쟁에 대한 실존적인 언어(Josh, Ramona, Cozi), 어려운 선택이 놓이는 정서적인 풍경(Allessa, Rachel, Cassandra)으로도 표현된다.

Allessa의 탐구는 실존적인 탐색이라는 것을 예시로 볼 수 있다. 어느 날, Allessa의 어머니는 "우리 딸이 거짓말과 도둑질을 하고, 친구도 없는데 가출하고, 우리를 사랑하지도 존중하지도 않아요."라고 말하며 소리 없이 슬픈 눈물을 흘렸다. Allessa가 마음속으로 결정한 것을 실제로 행동했던 것은 그녀의 마음이 무엇 때문에 그리 불편한지를 다른 사람들이 이해할 수 있도록 애쓴 하나의 방법이며, 그녀가 특히, 부모로부터 느끼지만 딱히 무엇이라고 설명하기 어려운 고뇌의 감정을 이해받고자 하는 것이다. Allessa는 정체성 성취의 많은 측면들에 대해 일시적 중단 상태에 있었다. 그녀는 모든 것에 대해 양가감정을 가지고 있었기 때문에 자신의 마음에 분명히 있는 사랑을 부모에게 보여 주지는 못했다. 그녀의 생모가 있는 땅 그 아래에 묻힌 '이름 모를 작은 사람'은 이것에 대한 가장 강렬한 이미지로 보인다. 처음에 그녀는 그것을 '낯선 사람'이라고 불렀다가, 그 다음에는 '그냥 친구' '지체된 사람' '자매'라고 하였다. 나중에는 그것이 누구인지 몰라서 제거하고 싶었다. 그녀는 동물 이미지도 사용했다. 올빼미나 새는 나뭇가지 끝에서 아래의 삶을 조심스럽게 바라보았다. 이처럼 위나 가장자리에 있는 표현은 그녀 자신을 멈춤 상태에 두면서 상냥하게 실존적 질문을 던지는 형태이다.

'무슨 일이 있었을까? 나는 어디서 왔지? 나는 진짜로 몇 살이지? 내가 12세인 것 같지 않아. 만약 아직도 우리 가족이 살아 있다면 찾을 수 있을까?' 나는 출신을 모르기 때문에 가슴 메이게 슬퍼하지. 내가 있어야 할 곳은 여기가 아닌 것처럼 느껴지고 누군가가 나를 찾는 것만 같아. 아무에게도 이해받지 못할 때는 속상해. 나는 늘 잘못된 곳에 있는 것 같다.

때때로 친구나 친척, 흔히 다른 입양아를 표현하는 일은 중요한데, 아이가 느끼는 불안의 형식을 이해하는 계기가 된다. Allessa는 치료회기 어느 시점에 수차지방 사람을 불러왔다(Cassandra의 사촌이다). Allessa는 잭 인 더 박스(jack-in-the-box)[4] 이미지를 만들고, 그것을 열면 그녀 안에서 일어날 공포가 얼마나 큰지 친구가 알도록 하였다. 그녀가 놀라서 날뛸까? 혼란스러워 할까? 그만둘까? 러시아에서 입양된 네 살 연상인 그녀의 친구는, 그녀가 사랑을 준다면 사랑을 잃지 않을 것이라는 말로써, 그녀가 선택된 사람이 되도록 하였다. Cozi의 경우처럼(자신을 입양 보낸 엄마를 비난하면서 화를 내었다) Allessa는 무의식적 계약을 맺어 자신을 가두어 버리는 것으로 투쟁하였다. 거기에는 표현되지 못한 감정과 생각이 있었다. "내가 진짜 누구인지를 기억하고, 능력이 생기면 언제든지 그 일을 할 것이다. 나는 결코 믿지 않을 것이며, 또한 진실한 사랑을 주지도 않을 것이다. 나는 내 비밀을 말할 수도 없으니 내 말을 바꾸지 않아도 되는 개한테나 말할 것이다. 내가 아는 그런 고통에 시달리거나 주저하거나 억누르는 것을 다시는 하지 않을 것이다."

문제는 이러한 계약 때문에 내면의 분열이 생겨났으며(모래상자의 작업에도 그렇게 보인다) 그녀가 처음으로 한 말은 '내 인생은 내리막으로 치닫고 있다'라는 것이다. 온 세상이 고통이며 모든 것이 알 수 없는 것에 계약되어 있다. 미술작품을 통한 탐색은 그녀에게 잠재적으로 대체되고 해방될 수 있는 선택권을 준다. 그녀가 흘린 오랜 눈물이 마르기 시작하였다. 우리가 작업에서 해야 할 일은 그녀의 암묵적인 계약을 조금씩 제거하고 다시 작성하는 것이다. 안타깝게도 그녀의 부모는 치료를 일찍 중단하여 그녀가 갈등에 직면하면서 무슨 일이 생겼는지 내가 모르는 것처럼 부모도 그러하였다.

Rachel의 갈등은 좋은 곳과 나쁜 곳이라는 것으로 나타났다. 좋은 쪽에는 천사들의 둥지가 있고([그림 14-8a]), 동물들이 있다. 그들은 나쁜 쪽을 알지 못한다. 승자는 둥지 쪽이다. 그녀가 모래 속에서 일어난 양측의 일을 몸으로 연기하는 것을 보면서, 그녀의 엄마와 나는 깊은 경의를 표했다. 먼저, 뱀이 나쁜 쪽의 지하에서 건너왔다. 그 다음으로 진딧물과 다른 동물들, 마지막으로 천사들과 가축들이 왔다. 나쁜 일이 있으면 만사가 틀어진다. 그녀가 상자에 있는 이러한 시간을 위해 "무너졌

4 역주: 잭 인 더 박스(jack-in-the-box)는 뚜껑을 열면 튀어나오는 스프링 장치가 되어 있는 인형이 든 장난감 박스이다.

어."라고 한마디 하였다.([그림 14-6b]) 운동감각에는 깊은 침묵, 억압, 내부의 강렬한 움직임이 있다. 무너진 것은 생명력인가? 감정인가? 아니면, 자기를 숨기거나 보호하는 것인가? 그녀는 우리에게 다음과 같이 말하였다.

> 나쁜 쪽이 착한 일을 하는 좋은 쪽에 지고 말았어요. 양쪽은 서로 숨었는데 나쁜 쪽이 무너졌기 때문에, 계란을 집으려고 했기 때문에 그들은 무너졌어요. 왜냐하면 들키고 싶지 않았기 때문에, 왜냐하면 계란을 가지는 것을 들키곤 했기 때문에. 좋은 쪽은 나쁜 쪽이 그것을 가지지 못하도록 숨겼어요. 나쁜 쪽은 뺏으려고 하기 때문에 나빠요.

6개월 뒤, 우리가 그 상자를 해체했을 때, 상자속의 모든 것이 같은 종끼리 무리지어 배치되었음을 보게 되었다. 8단계에서 그녀는 갈등을 어떻게 해결하는지 볼

그림 14-8

수 있다.

'어느 쪽이 이길까?'라는 제목으로 된 Josh의 상자그림([그림 14-8])에서는 이 단계와 그 다음 단계를 모두 볼 수 있다.

"이 지역에 엄청난 홍수가 났어요. 독을 쓰는 자매가 사는 섬은, 홍수로 피해를 입었어요. 보라색 모래가 독이에요. 보시다시피 닿으면 모든 게 다 나빠지는데, 산채로 묻혀있지만, 마법의 녹색이 도와주어요. 마술과 독 중에서 어느 쪽 힘이 더 셀까요?" 내가 "마법?"이라고 하니, Josh는 "왜요? 죽음은 흰색이고(뿌리는 모래), 사랑은 갈색이에요(뿌리는 모래). 좋은 것과 나쁜 것 중에 어느 쪽 힘이 더 셀까요?"라고 말하면서, 죽음, 독, 그리고 사랑 이 세 가지 색을 모두 섞어 놓고는 다시 물었다. "어느 쪽이 더 셀까요?"

그 질문에 답을 내지 못하고 우리는 바람에 부서진 커다란 나무의 잔재와 물이 떨어지는 종이 수건을 치웠다. 홍수나 태풍이 발생했거나 자매가 이 섬에서 다쳤을 때 우리는 과거에 하던 대로 구조 작업을 하였다. 분노가 실제로 초래되고 난 뒤의 모래상자에서 우리는 흐트러진 대상들과 그릇을 수리하였다. Josh는 대혼란의 작업을 통하여 상자에 힘의 투쟁을 표현함으로써 어린 시절의 정신적 외상과 전환점의 과정도 모두 보여 주었다. 그가 발견한 분노와 내면의 혼란에 대한 표현의 의미를 제목붙이자면, 'Josh의 마음속에서 공존하는 사랑과 분노는 이해될 수 있는가?'이다.

6단계 장면: 재난

전투와 힘의 투쟁이 일어날 때 지진, 화산, 태풍, 홍수, 폭포 등의 다양한 형태를 취하면서 반복적으로 일어나는 재난을 보게 된다. 혼돈, 익사 그리고 매장되는 일도 발생한다. 화산은 창조를 위한 파괴가 필요한 미술작업에서 창조적인 과정을 위한 은유로 사용된다는 것을 명심해야 된다(Cox, 1993). 재난은 변형되어 나타나고 우리가 보는 것은 그러한 형태중 하나에 불과하다. 파괴의 일부는 다른 종류의 것으로 표현되기 때문에, 재난이 언제 어떻게 나타나는지 알아두는 것이 중요하다. 작업을 통하여 일부는 어린 시절의 외상과 분리를 볼 수 있는데, 예를 들면 다른 작업에서는 초기외상에 사용되는 전략과 또 다른 작업에서 그 전환점을 볼 수 있다. 우리는 이 장면에서 재난의 종류에 따른 차이점과 상호작용을 볼 수 있다.

여기 Josh의 모래상자는 게임으로 놀면서 제작한 것으로 '죽음의 강'이라고 불린다([그림 14-9]). 이 두 개의 장면은 안전과 구조를 다 사용하고 있으면서, 이 단계가 선형적 방법이 아님을 보여 주는데, 갈등에 맞서기 위해 규칙을 세우는 과정이 우리를 다음의 재난 단계로 이동시키는 바로 그 지점이기 때문이다. [그림 14-9]는 놀이가 끝난 후의 장면으로서 게임에서 어떤 파괴가 일어났는지를 볼 수 있다. 그의 엄

그림 14-9

마와 나는 몸에 밴 그의 기억속의 누이로 인해 혈육에 대한 분리외상이 일깨워지는 것이 아닐까하고 생각하였다.

> '죽음강'은 죽음의 강이죠. 위험해요. 그 안에서 죽을 수도 있어요. 식물들은 안전한 곳으로 데리고 가서 구해야 해요. 거기는 물고기와 피라냐가 있어요. 연못은 생명을 주지만 날아다니는 물고기는 그만큼 생명을 빼앗을 수 있어요. 원숭이들은 물고기에게 우정을 맺어서 착하게 만들 수 있어요. 하지만 너무 무서워서 우정을 나눌 수 없는 자매들은 원숭이에게 우정을 맺도록 시켜요. 여기 그 자매들이 있는데, 녹색 자매는 뚱뚱하고 물에 떠있어요. 오렌지색 자매는 영리해서 드릴을 운전할 줄 알죠. 파란 자매는 물 위를 걸을 수 있고, 분홍 자매는 정말 다리가 길어요. 이 음식은 생명을 주고, 생명을 조금 잃는다면 그것을 돌려주어서 살려 주어요. 보트로 안전하게 지날 수 있지만 단 한 번뿐이에요. 그렇게 게임할 수 있어요. 좋아요, 해 봐요.

때로는 이 단계에서 파괴는 덜 치명적일 수 있는데, 모든 사람들이 무엇인가 마비되어서 가던 길을 멈추고 일종의 동면이 일어나는 곳에서 잇달아 부화가 시작된다. 이러한 이미지 아래의 마을 전체가 얼음으로 덮여 있다. 하얀 모래는 뿌려진 눈으로 표현되기도 하고 폭포 밑은 무덤이 되었다. 이러한 형식의 내면과정은 임상가에게 파괴라는 이름으로 전달된다. 내면의 어떤 것은 치료를 위해 꺼내어도 될 만큼 충분히 안전한 상황이 될 때까지 한동안 보류된다.

Cozi의 상자에서는 이러한 재난이 복잡한 유형으로 표현되었다. 상자에 연이어 작업한 마을생활은 점점 더 복잡한 양상으로 나타났는데 어린 소녀가 왔다가고 떠났다가 돌아오기도 하면서, 평화로운 마을은 얼음 폭풍을 겪게 되었다. 모든 것이 하얀 모래로 된 눈으로 덮이게 되었다([그림 14-10a]).

그녀가 옆에다 별도로 작업한 다른 상자에서는 지진과 같은 다른 종류의 재난이 발생되었다. 그녀와 내가 서로의 손을 맞잡고 그 안의 모래를 체로 치면서, 다함께

그림 14-10(a)

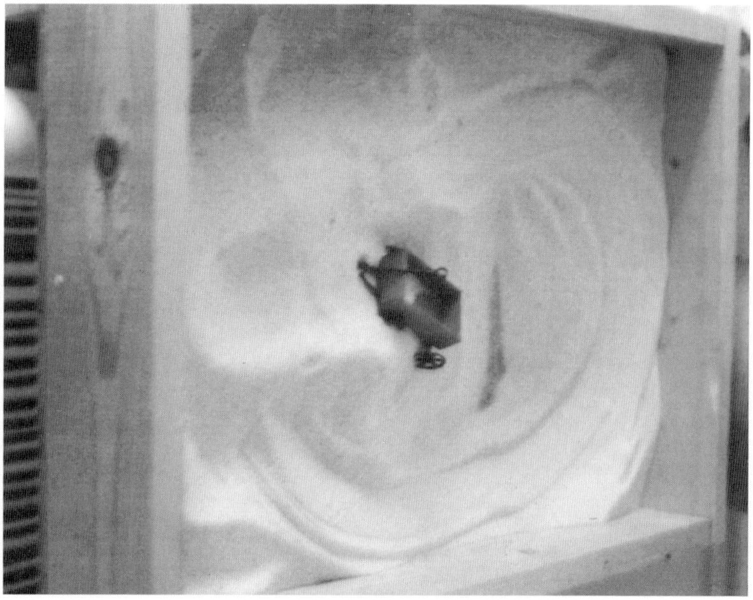

그림 14-10(b)

그림 14-11(a)

그림 14-11(b)

"우르르 쾅쾅" 효과음을 내는 의식을 여러 번 거행하였다. 석 달 후, 얼어붙은 마을의 상자 옆에 차를 타고 있던 작은 소녀는 던져졌고 우리는 굉음과 지진을 일으켰다. 어린 소녀가 폭포에 매장되고 그녀는 소리쳐 불렀다. "엄마, 엄마, 우리 엄마 어디 있어요?"([그림 14-10b])

파괴가 일어날 때, Cozi는 그녀 삶에서 매우 진실된 무언가를 표현하려고 애쓰면서, "나는 6년 동안 그들의 딸이었어."라고 말했다. 그녀가 표현하려던 상실은 엄마와 아빠가 그녀의 화에 분노하였기 때문에, 가족은 귀담아 듣지 않았던 것이며, 그들의 분노에는 어린 시절에 입었던 상처와 손상이 있었다. Cozi는 특히 입양한 엄마에게 화난다고 생각하였으며 그래서 그녀의 삶이 망쳐진다고 여겼다. 실제로 Cozi의 화는 상실에 대하여 스스로를 다스릴 필요가 있는 혼란과 비탄이었다. 그녀의 부모 중 누구도 자신들의 성난 내면아이를 돌볼 수 없었으므로 그들 간의 계속되는 공격적인 삶의 모습이 비춰졌으며, 서로 간의 채워지지 않는 욕구 때문에 그들 모두 사랑받지 못하고 학대받는 것처럼 느껴졌다. 나는 그녀 자신의 얼어붙음과 마비의 이미지가 재난의 필수적인 것으로 여겼는데, 그녀의 내부와 주변에서 발생하는 지진과 그녀가 거듭 되풀이하여 그렸던(폭포) 이미지에 표출한 것은, 슬픔의 눈물(물)을 흘리는 것처럼 그녀에게 매장되어 있던 것을 씻어 내기 시작한 것으로 보인다.

그림에서처럼 Cozi가 10대가 되어 제작한 상자에는 파괴의 전환점을 맞게 되는데, 재난과 파괴가 더 의식화되어 창조되었다. 여기서는 이미지가 때때로 변하고, 파괴는 자연적으로 발생되는 것이 아니라 사람들을 위협함으로써 일어났다. 그녀는 이때, 상자에 있는 인형들 중 하나에 대하여 나에게 말을 부탁하였다. 나에게 그녀가 만든 가게([그림 14-11a])에서 아기를 사도록 하는 것이다. 그녀에게 아기는 살 수 없다고 말했지만, 그녀가 만든 이 가게에서는 아기를 살 수 있다고 하여 나는 아기를 샀다. 그러자 그녀는 내게서 아기를 빼앗고, 내게 뒤집어엎으면서 미친 듯이 행동하라고 지시하였다. 우리는 가게를 엎어 버리고, 물건을 던지면서 뒤집었다. 역할극을 통해 내게 전했던 재난은 그녀의 내부에 살아있으면서 가족 안으로 들어가 이해되기를 시도하는 과정이며, 그녀의 생모가 선택했을 수도 있는 그 상황이다. [그림 14-11b]에는 모래에 '도움'이라는 단어가 새겨져 있다.

7단계 장면: 해방/해소

죽음이 발생했다. 의문과 가능성과 수색이 연출되었다. 생존여부는 면밀히 조사되었다. 수색은 지하와 지상의 땅, 가정과 둥지, 모든 종류의 집단 안에 이루어졌으며, 무너짐, 숨김, 묻힘이 있는 곳에 동반되었다. 의식적으로 알지 못하더라도 해소가 오는 것 같다. 친부모, 동물 그리고 식물들의 죽음이 있다.

Gilbertson은 정체성과 자아존중감의 발달에 대한 어려움을 글로 표현하였다.

> 외부 세계와 만나는 외부자아와 숨겨진 내부자아가 있다……. 하지만 그 힘의 동기는 그런 감정들을 회피하는 것이다. 가장 가깝게 표현되는 말은 '수줍음'으로

그 사람의 핵심에서 그 자신에게 무언가 잘못된 것이 있다는 확실한 느낌을 동반하는 감정이다(1996, p. 14).

Cassandra는 모래상자를 이용하여 나에게 수색게임을 하자고 하였다. 우리는 교대로 모래상자에다 작은 대상들을 숨겼는데, 상대가 그것들을 숨길 때 눈을 감았으며, 눈을 뜨고 나서는 손으로 모래를 걸러 모든 대상들을 회수하기 위해 미세한 모래를 샅샅이 뒤졌다. 그 대상들의 의미는 작고 발견하기 힘든 데 있다. 오랜 시간에 걸쳐 이 놀이를 하면서, 그녀는 13세의 어린 소녀로서 나의 해석을 기꺼이 받아들이려고 하였는데, 그것은 어쩌면 숨겨진 부분, 숨겨진 생각, 숨겨진 것에 대해 소통을 원한다는 것 같았다. 이런 숨겨진 감정들이 그녀의 부모들에게 분명하게 드러나지 않았던 이유는 부모는 입양이 그녀에게 쉬운 주제라고 생각했기 때문이다. 실제로, Cassandra에게 그것이 쉬웠다면 입양에 대해 말하였을 것이며, 보고서를 통해서라도 이야기되었을 것이지만 친구와 선생님의 사적인 생각들과 그녀가 방어하게 되는 질문들은 그녀를 힘들게 하였다. 나중에 그녀는 부모에게 있을 법한 비극적인 일이 발생될 것 같은 감정을 가지고 작업하였다. 그녀는 그들에게 무슨 일이 일어난다면 어떤 위급한 상황에서도 그녀의 행복을 위한 법적 계획이 마련되어있다는 것을 알고 안도하였다.

보안문제는 일반 어린이들 사이에도 널리 퍼져 있지만, 입양과 관련된 문제에 영향을 받거나 강화될 수 있다. 입양에 대한 문화적 편견 때문에 이러한 보안 문제와 관련된 것은 기본적으로 입양에 기인된 것이지 일반적인 발달에 있는 것은 아니다. 특히 아이가 입양에 관하여 분명한 관심을 밝힐 때는 그 시기에 발달적으로 일어나는 포괄적인 문제 때문에 보안에 애쓴다. 양부모들은 개인적인 방식으로 추가적인 충격을 겪는 것은 일반적인 일이며(Wackwaks, Fisher, 1993), 입양이 일반적 발달과 나란히 이루어지도록 역할하지 못한다. Cassandra에게 그녀가족의 보안과 안전에 대한 문제는 발달상에서 적절한 것이다. 그녀의 입양 경험에서 부모는 그녀에게 입양에 대해 말해 줄 수 있는 모든 이야기를 이미 다 들려주었다는 느낌을 종종 주었으므로 그녀의 부모에게 이러한 말을 하는 것이 두려웠는지 모른다. 그래서 계속 질문을 하면 바보 같아 보였을 것이다. 그러나 이것은 그녀가 입양아로서 자신의 숨겨진 감정에 대해 부끄러워한다는 의미는 아니다. 오히려 그녀의 정체성 속에 짜여진 조각으로 다른 발달상의 역동과 혼합하여 그녀의 인식을 더 높이는 것이다. 이 혼합물은 의사소통에 영향을 미친다.

해피마운틴은 Ramona가 입양에 대하여 마주하는 모든 감정들로 규정되는데, 그녀의 슬픔과 행복한 감정은 어머니에 대한 환상과 현실, 두려움과 희망에 대한 것이다. 그녀는 아기가 되어 보는 역할극으로 다양한 연기를 하면서 산에서 일어난 일을 표현하기 시작하였다. 병에 든 것을 마시거나 똥과 오줌, 그녀는 아기에게 소다수를 주는 것과 같이 그녀의 생모에 대하여 떠올릴 수 있는 모든 것들을 상상하였다([그림 14-12a]).

해피마운틴은 내가 친엄마와 함께 살고 있는 곳이죠. 마녀와 공룡이 나타나면 산은 나쁜 산이 돼요. 오즈의 마법사와 요정을 찾아가요. 나는 내 생일에 해피마

그림 14-12(a)

운틴과 친엄마에 대해 생각해요. 나의 친엄마는 내가 원하는 것을 알지만 우리 엄마와 아빠는 알지 못해요. 해피마운틴에는 음악이 있기 때문에 행복하고, 음악은 슬픔을 떨쳐버릴 수 있는 것으로서 밤에 내가 침대로 갈 때 내 방에 와서 그곳에 살고 있는 슬픔 같은 것을 흔들어서 쫓아 버려요.

최종적으로 두 개의 상자가 만들어졌다. 어떤 때에 그녀는 생모가 죽었기 때문에 홀로 해피마운틴에 살기도 하고, 어떤 때에는 생모가 그녀와 가까운 곳에 살아 있어서 생모를 방문하여, 함께 아침 식사를 하고 집으로 돌아올 수도 있었다([그림 14-12b]).

나는 친엄마를 안아 주고 집에 가서 엄마가 하라는 대로 할 수 있어요. 그 요정이 친엄마에요. 내 친구들은 모두 친엄마를 볼 수 있어요. 내가 바보 같다고 느낄 때, 해피마운틴에 가서 친엄마에게 그곳에 있어 달라고 부탁해요. 그럼 진짜 엄마한테 수프를 부탁해도 될까요? 그 요정은 나에요. 미니가 친엄마에요.

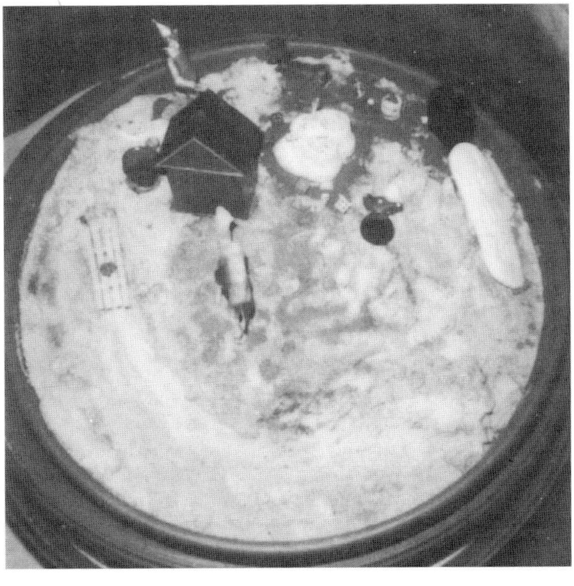

그림 14-12(b)

우리 관계의 안전함과 그녀 자신의 연극놀이로 편안함을 느끼면서 Ramona는 상자의 모래 위와 아래로 인물들을 옮기고, 휩쓸고, 체로치고, 물을 붓는 활동을 하였다. 앞에서 언급한 내용과 같이 그녀는 작업하면서 말하였는데, 때때로 그녀의 이야기, 영화, 음악, 상념, 두려움을 가지고 대상에게 직접 말을 걸기도 하였으나, 나와 직접적으로 대화하는 일은 가장 많이 피하였다. 시간이 지나면서, 그녀가 나에게 대사를 지시하는 것으로 그녀의 환상놀이에서 내가 어떤 방향으로 말해야 할지를 알게 되었지만, 나의 진짜 과제는 그녀의 이야기 양식을 파악하는 것이었다. 죽음은 널리 사용되는 이미지인데 함께 다루기 어려운 극단적인 정서처럼 불편한 감정이나 심각한 생각이 될 수 있는 곳이다. 죽음에 관한 Ramona의 이미지는 생모에 대한 느낌을 더 많이 알고 싶고, 그러면서도 양어머니를 깊이 사랑하고 싶은 욕구처럼 말로 표현할 수 있는 상태로 되었으며, 이러한 형태는 [그림 14-13]에 실려 있다.

> 여기 죽음의 배가 있어요. 내가 너의 모든 것을 죽여 버릴 거야. 이 죽음을 보여주고 싶어요? 널 잡아서 쓰레기통에 버릴 거야. 당신은 죽음의 어머니요. 내 아이인가요? 발차는 소리가 들리고 아프네요. 내가 죽어 가고 있다고 쳐. 좋아요, 말해봐요, 오, 안 돼, 난 엄마를 죽일 거야, 하하하. 나는 마녀처럼 말하는 사자일 뿐이에요.

해피 마운틴은 많은 변화를 거쳐 이 상자에서 화산이 된다.

> 이것은 모두 용암이에요. 용암은 이 구멍으로 들어가. 여기저기서 뚝뚝 떨어지며 덮여 있다가 조금씩 식어가요. 그다음에, 죽음의 신은 이렇게 트림을 하고, 산을 옮기고, 모든 사람을 죽이죠. 산을 죽이고, 그다음에, 결국 멈추고 나서, 나는 무지개의 색깔들을 얻게 돼요. 그다음에, 모든 사람들은 휴일을 보내고, 오줌과 똥을 싸고, 그다음에, 폭탄이 오고, 그다음에, 해피마운틴은 이제 죽어요.

그림 14-13

나중의 행동에서는 해피 마운틴이 깨어나서 말했다.

여기 나의 행복이 있어요(그러면서 그녀는 모래 위에 얼굴을 그렸다). 나처럼 보이나요? 어둠이 오네요. 그래, 두려워요. 여기 어둠이 있고(검은 모래) '엄마, 엄마, 너를 죽일 거야, 엄마와 너' 라고 말해요. 그러고 나서, 불빛이 들어와. 어둠이 사라지고, 엄마와 아빠는 행복하고, 그들은 밤낮으로 춤을 추어요.

8단계 장면: 경이와 발견

이 모든 소동을 이끌거나 표현으로 이루어내는 것은 언제나 여정의 목적지로서, 감탄과 경이로움으로 가득 찬 어떤 종류의 발견과 해결책이 된다. 미술제작의 모든 발견처럼 미술가가 작업도중에 자신의 문제와 마주치게 되는 이유는 고장 난 사물을 수리하는 것과 다르게 어떤 창의적인 과정으로 작업하기 때문이다. 초기 상자의 이미지는 변형되는 과정에서 그들의 의미와 함께 상세하게 드러나기 시작하였다. 설치과정에서 내가 볼 수 있었던 것은 근본적인 상실감이 치유되는 방향으로 전개되어 가는 것이 아니라 아이들에게 창의적인 문제해결과 성장을 가르쳐주는 것임을 깨달았다. 입양과 관련된 상실은 실제로 존재할 수 있지만, 그것은 좁은 관점에서 확대해서 보는 것이다. 국제입양가정의 아이들과 함께 작업한 모래상자에서 은유적으로 표현된 내면의 삶은 좀 더 완성된 입양 그림으로 보이는데, 군더더기 없는 입양의 모습을 이해하게 된다.

[그림 14-2]는 중앙에 거북이 있는 Rachel의 동물 상자를 볼 수 있다. 그녀의 동물 가족들에게 돌아가 보자. 그녀가 은유적으로 표현한 거북과 다른 동물들이 사는 환경 모두를 폭넓게 탐구하면서, 우울증, 신경증, 안전 그리고 소속 여부에 대한 임상 진단 평가를 통하여 문제를 조사하였다. 하지만 그녀 개인의 문화적 소속에 대한 내면의 연구와 조사는 그녀를 변화시켰고 그녀의 가족을 변화시켰다. Rachel은 동물의 삶과 이미지를 통해 그녀 문제를 해결하는 작업을 하였다. 펭귄이 자신의 추운 세상에서 살아남는 방법을 찾아내는 것처럼, 거북의 이미지는 다른 동물들과 다르기 때문에 그들이 자신을 쫓아낼까 겁에 질려 있다. 거북은 외로웠고, Cozi의 쌍둥이처럼, 그와 같은 누군가가 필요했다. (Rachel 역시 콜롬비아에 남동생이 있었지만, 기질이 그녀와는 매우 달랐기 때문에, 문화적 소속감은 신체적 특징이나 심지어 출생 문화의 조건에서도 이루어지는 것이지 단순한 민족 문제가 아니다.) 시간이 흐르면서 정체성에 대한 해결은 그녀의 모래상자와 다른 미술 작품들에 표현되었으며, 그녀는 결국 태어날 때의 이름을 자신의 것으로 받아들이게 되었다. 그녀는 자신의 문화유산을 반영하기 위해 자신의 이름을 Lydia Cervantes로 바꾸면서, 묵은 껍데기에서 나오듯

그녀에게 새로운 정체성을 부여해 주었다. 그녀는 거북의 단단한 껍질이 그녀의 개인적인 태도라는 것을 발견하였지만 처음에는 이것을 그려내고 풀어내는 모든 것이 힘들었음을 보여 주었다. 그녀가 차이점, 생존, 소속에 대해 모두 탐구하고 나서야, 자신을 확인하도록 출생 이름을 선택할 수 있었고 그녀가 더 나은 부류라는 것을 느낄 수 있게 되었다. 모래상자에 담긴 동물가족([그림 14-14])과 같이, 그녀의 인생에서 다른 중요한 문제들을 표현하면서 동물들을 다양하게 분류해 나갔고, 그녀의 가족은 그녀 자신을 다른 이름으로 부르도록 허락하였다. 그녀는 가족의 소속감을 느낄 수 있었을 뿐 아니라 상자에 있는 동물들이 속한 것처럼 더 넓은 개인적, 문화적 정체성을 가질 수 있었다.

> 이들은 모두 아프리카, 중동, 미국, 인도, 호주와 같이 서로 다른 지역에서 온 가족들입니다. 그들의 집안에는 소와 말, 송아지와 새끼 나귀가 있어요. 그들은 모두 농장의 동물이죠. 여기 호랑이와 팬더가 있어요. 그들은 둘 다 고양이고, 단지 다른 종류죠. 그리고 여기 코요테와 늑대와 개가 있어요. 그들은 같지만 어떤 것은 야생이고 어떤 것은 가축이에요. 크기와 종류, 색깔이 다른 가족들도 있어요. 그들은 모두 가족이에요.

이 상자에는 모래 위에 '동물가족'이라는 낱말이 적혀 있다. 다른 종류의 동물들과 사이를 두고 친족임을 지켜보는 것은 강력한 경험이다. 그녀가 첫 번째 상자로 무너지는 현실을 표현하였을 때, 우리는 그 현재에 놀랐지만, 그것은 세계 공동체 중의 하나처럼 느껴졌다. 그녀에게, 무리지음은 '그저 느끼는 대로 만드는' 것이었다. 동물가족을 제작했던 그 해에, Rachel은 계속하여 어린 소녀를 찾아가는 내용의 스페인어 대사를 작성하여 등장인물의 부풀려진 정체성 이야기를 썼다. 이 이야기를 통해, 그녀는 우리 모두에게—부모, 교사들, 친구들, 나—그녀의 조용한 태도가 불안감이 아닌 진정한 표현이라는 것을 보여 주었고, 자신의 스페인어 유산을 다루면서 훌륭한 작가처럼 관찰하고 이야기에 살을 붙일 수 있었다. 처음에는 그녀가 자

그림 14-14

신의 이러한 면을 부정하거나 무관심하게 표현하였지만, 아버지가 학술여행에 그녀를 데리고 일본으로 갔을 때 그녀는 일본에 중점을 둔 문화에 대한 관심을 간접적으로 표현하였다.

이러한 준비 작업은 그녀가 소유한 유산의 편안함으로 풀어지는 것 같다. 그것은 라틴계 미국인으로서 백인 부모와 히스패닉 형제를 둔 유색인종 소녀가 백인 사립학교의 8학년에 있으면서 겪는 고뇌에 대한 응답이다. 그녀가 자신의 이름을 친부모가 준 이름으로 바꾼 점은 자신의 지지와 정체성에 대한 문제를 해결하기 위해 창의적으로 고안해 낸 전략이며, 그녀의 정신적 기저에서 꽤 오랫동안 침묵하면서 꿈틀대던 그 씨앗이다. 그녀는 미술치료에서 그 환경에 속하지 않는 동물 집단을 창조적으로 만들어 왔다. 허공을 날아다니는 물고기들, 거실의 나비들, 아프간에서 볼 수 있는 것처럼 카우치를 가로질러 다니는 개들과 같은 이미지이다.

그녀가 백인사회에서 유색인종이라는 고뇌에 빠져 있거나, 모든 친구가 백인이라는 고뇌로 그 세계로부터 혼자 떨어진 것 같은 차별에 놓였다 하더라도 이름을 바꾼 것은 진취적인 반응이었다. 좁은 시야로 그려지는 이러한 환경에서 그녀의 입양 경험을 둘러싸고 드러나는 문화적 문제와 충돌하면서 정체성 형성의 위기가 초래되었다. 침묵의 기다림 뒤에, 그녀 자신에게 Lydia Cervantes 라는 이름을 부여하여 그녀 자신을 설명할 필요가 없는 문화적 정체성을 가지게 되었다. 그리고 가족 내의 변화로서, 그녀의 부모는 그녀의 선택에서 자부심을 보여줄 기회를 가지는 것이며, 그러면서도 그들에게 복잡한 감정이 있음을 알고 나누는 것이며, 그녀에게 준 이름이 아닌 다른 이름의 그녀를 사랑하는 것이다.

그림 14-15

Rachel과 마찬가지로 미술치료를 시작한 지 2년이 되어 제작한 Josh의 마지막 모래상자([그림 14-15])는 즐거움과 자기와의 올바른 관계로서 그의 해방과 안정을 보여 준다. 치료의 마지막 5개월 동안 작업했던 상자는 다양한 변형을 보여 주는데, 행복, 행복하거나 기쁜 것, 기쁨이라고 불린다. 그것들은 모래상자의 마지막 발달 단계에 속하는 것으로, 원이나 중앙에 집중되는 형식은 심리적 통합의 과정이다. 이 상자에는 그가 삶을 여는 세 개의 열쇠라고 부르는 것이 있다.

> 이것은 수많은 동물의 집이다. 모두 다 함께 평화롭게 살 수 있다는 것을 보여 준다. 꿈에 그리던 집이다. 집들은 다른 모양이고 다른 동물들은 다른 모양이 필요하다. 단순하기 때문에 나는 이 집에 산다. (각 모퉁이에 다른 가족들이 있다. 그의 넝쿨 유기농 나무에는 스컹크가 굴을 열어 밖을 내다보고 있다. 가운데 집에는 토끼가 입맞춤을 하고 있고, 금으로 된 모든 천사들이 함께한다. 그것은 다른 상자에 특별히 만들었던 사람 같은 꽃과 같은 종류이며, 그가 많은 상자에서 사용했던 '불가사의하다'라는 말처럼 표현한 것이다. 그것은 평화롭다. 나는 불가사의한 공간에 무엇이든 둔다. 보다시피 닭은 큰 둥지에 살지 않고 벌레는 산호에 살지 않고, 천사는 나뭇잎에 살지 않고, 고양이는 방에 살지 않고, 스컹크는 통나무에 살지 않고, 해군은 연못에 살지 않고, 여우는 굴에 살지 않고, 토끼는 우리에 살지 않는다. 물고기는 식물과 더 비슷하다.

Josh와 Rachel이 품게 된 의문은 다른 모두가 가졌던 물음이다. 어떻게 내가 한 가지 종(동물이나 동물 종)에서 분리되었는가? 그리고 어쩌다가 이 종(부모의)과 이렇게 되었나? Josh가 처음으로 했던 이러한 질문은 '바다가 어떻게 갈라졌을까?'를 묻는 것과 같다. 나는 전망과 발견의 새로운 길을 제시하는 기적의 분야에 물과 관련된 은유로서 항상 홍해를 인용한다. 이것은 우주에서 보기 어려운 분리가 열렸고, 얼마 동안의 짧은 시간에 새로운 세계가 열렸다. 세계는 부모들의 취약함으로 닫히지만, 아이들의 취약함으로 열린다.

열림의 시간에, 친부모와 양부모가 기적적인 교환을 하게 되고, 닫히면 가족과 사랑이 그들의 유대관계가 된다. 하지만 정체성 형성 과정에서 이런 열림과 닫힘은 그들의 위치를 전환시킨다. 바다를 잠근다는 의미는 입양아들에게 친 가족에 대해 알아야 할 필요를 없애는 것이지만, 깨달음은 그 이야기가 계속 말로 표현되어야 하고 모든 사람 편에서 다시 말로 표현되어야 함을 알도록 우리를 가르친다. 바다는 잠시 분리함으로써 반짝이는 빛을 통과시키는 기적을 얻는다. 닫히고 열리는 두 과정을 거치는 것은 삶에서 일어나는 성장과정과 흔들림의 영향, 그리고 소통을 이루는 것이다. 마찬가지로 모래상자는 회전시키거나 뒤집고, 각 이미지의 관점에서 경험되어야 할 필요성이 있다. 그들이 시간의 모든 측면을 일제히 열어젖히는—과거, 현재, 그리고 미래—바로 그 융통성처럼 우리는 입양의 경험을 이해하고 계속적으로 이해해 나가야 한다. 기적이 열리면 삶이라는 물은 분리된다. 처음에는 상처를 입고 그 상처를 도려내는 일이 되지만, 마찬가지로 우리의 강점이 할 수 있는 치유와 건강, 그리고 성장의 장소가 되기도 한다.

논의

창의적 역량에 대해

국제입양아들이 무의식적으로 보는 입양의 놀라운 현상은 어느 정도인가? 입양을 둘러싼 문화적 문제로서 상실과 거부의 영역에 초점을 맞추는 가설은 우리에게 편견을 가지게 한다. 이러한 편견은 국제입양가정의 개인들 사이에서 종종 놀랄 만한 창조적인 문제해결 역량을 있음에도 그것을 볼 수 없도록 만들었다. 이 눈가림은 실제로 문화적 탐구의 과정을 방해할 수 있다. 거부와 상실감에 대한 인식 그리고 조장된 불안을 다루는 것은 넓고 긴 창의적 과정의 일부로서 합일과 통찰로 이끌어 낼 만큼의 충분한 탐구가 되지 못하였다. 문화적 문제에 대한 오해는 입양의 기적이나 발견의 측면을 흐리게 한다. 입양된 사람들 사이에서 단지 상실과 투쟁의 문제로 관심을 두는 것은 그들의 주요문제와 입양의 과정에 대한 도전을 친부모에 대한 견해로만 제한하는 것이다. 입양되는 측면에서 주목할 만한 발견이 간과되어 왔던 것처럼, 많은 친부모 연구에서 놀라운 기적적인 면에 대하여, 특히 친부모가 그들의 출생아에게 주는 선물로서 그 다음의 양부모와 완전한 사랑으로 다른 결실을 맺을 수 있도록, 인간 경험에서 비할 데 없는 선물을 하는 놀라운 과정도 간과되어 왔다.

입양아들이 경험하는 친부모와의 분리외상 문제가 초점이 되는 과정에서 간과되는 것은 친부모와 국제입양가족 모두에게 받은 기적의 선물이 무의식의 다양한 수준으로 있다가 명료한 의식 수준으로 인식된다는 것이다. 실제로, 입양아들의 대다수가 모래 놀이를 하면서 그들의 내면 여행을 서사극으로 반영하는데, 방랑에 대한 결과가 될 수 있는 창조적인 해결과 그에 동반되는 모든 소란은 분리의 영향이 새로운 통찰로 이동하는 것을 비춰준다. 더 넓은 현상과 입양 여정에 대한 새로운 지식에 도전하는 기회는 임상적으로 어린이와 그들의 가정에 더 많은 지침을 제공하게 되며, 문화적인 통합과 정체성에서도 정신의 새로운 상태로 변환시킬 수 있다.

임상적으로 우리가 이러한 여정에서 아이들의 문제해결력과 창조적인 역량을 지지할 기회를 갖게 되면서, 보태기도 빼기도 하는 입양 경험에 대하여 더 나은 인식으로 우리 자신을 안내할 수 있다. 그렇게 함으로써 창조적인 문제해결에 타고난 정신적 능력을 더 지지할 수 있으며, 우리가 실존적으로 가지는 어떠한 어려운 질문에도 더 나은 대답을 할 수 있는 개인 탐구가 될 것이다. 우주의 무작위, 우리가 다른 사람으로부터 도움이 필요한 때는 언제이며, 어떤 도움이 필요할지에 대한 것, 신념과 사랑으로 맺어진 관계, 또 다른 최고의 선을 향해 겨눌 수 있는 역량, 상실과 함께 일어서는 기적, 이런 것들은 탐구의 끝점이 아니라 여행에서 우리가 더 나아갈 수 있는 이동수단이 된다. 그럼에도 어린이들은 강력한 주제를 발견하면 아동책 속에 넣어 달라고만 간청할 뿐이다.

문화적 이해(오해)에 대하여

Cozi, Josh, Allessa가 아동 초기에 각자 가지게 된 분리외상은 심리적으로 차단되고 은폐된 채 얼어 있다. 즉, 그 사람을 압도하지 않는 방법으로 내면에 저장되어 있는 것이다. 서너 살에 가족으로부터 분리되는 것은 깊은 상처로 남는다(Bowlby, 1973). 분리는 너무나 일찍 일어나 심지어 말도 배우기 전의 일이기에 기억할 수 없다고 믿고 있는 가족이나 문화에 의해서는 설명되지 않은 복잡한 것이다. 아이는 상실이나 말할 수 없는 외상, 혹은 끔찍한 일을 겪게 되면 슬퍼하며 자라는 대신에 싸고 감추면서 그 상황을 강제로 저장한다. 이러한 수준의 정도라면 아이들의 내부 경험을 보살피는 데 부모는 무력감을 느끼기 쉽고 그래서 그것에 대해 말 하려고 하기보다 아이들에게 말할 상대를 갖도록 한다. 어떤 이유에서든 아이가 미술치료를 받으러 온다면 나는 부모들이 이러한 의사소통이 시작되도록 허락하기 위해 한 걸음 다가온 것이라 가정한다.

아이가 나중에 (출생 후 어느 정도 시간이 지난 후) 입양이 정해질 때의 이 분리불안에 대하여 상황을 알고 이해할 수 있다면, 아이가 출생하면서 입양 갈 곳이 정해지더라도 분리불안이 생겨나는 일을 참이라고 가정할 수 있을까? 나는 자료로써 작업의 역동이 일어나는 맥락과 범주에 따른 이러한 가정에 도전할 것이다. 입양에 마주하는 실존적 슬픔으로서의 초기상실은 트라우마와는 구별되어야 한다. 어떤 경우 입양이 되는 그 자리에 아이들의 삶에는 이미 트라우마와 초기상실이 일어난다. 특정 사건과 관련된 외상과 상실은 입양으로 가족이 되는 과정에서 생성된 실존적 슬픔과 동일하게 다루어질 수 있는 것인가? 나의 자료에 의하면 아니다. 이 두 과정의 맥락을 무시해서는 안 된다. 그들은 여전히 입양 문제 아래에 묶여 있지만 우리에게는 사회적으로나 임상적으로 그것을 풀어야 할 필요가 있다.

우리는 초기분리, 상실, 질병, 가난에 대한 수많은 경험 때문에 문화적 편견이 점차 커져 가는 방식을 볼 수 있는데, 문화와 지리적 상실은 말할 것도 없고, 그것에 따른 소리, 냄새, 맛, 리듬, 의례의 변화가 입양에 대한 우리의 이해와 탐구에 혼란을 준다. 이러한 경험이 입양의 짜임새라고 가정할 수는 없으나 입양의 개별적인 이유가 함께 수반됨으로써, 아이와 가족들의 경험에 영향을 미친다. 또한 국제입양이 위탁양육자가 없는 고아이거나 주양육자가 바뀌게 되는 일은 드물기 때문에 이러한 사례는 특별하게 취급되며, 그것 자체로는 여전히 상실과 슬픔의 차이와 균형을 정의할 수 없다.

Ramona, Cassandra 그리고 Rachel뿐만 아니라 Josh, Cozi, Allessa가 선택하는 이미지를 보면, 은유와 모티브에서 현저한 차이를 볼 수 있다. 실존적 직면과 투쟁은 정체성 통합을 위해 각기 실현되지만 늦은 나이에 입양된 아이의 내면에 있는 트라우마는 얼거나 마비된 채 가두어져 있을 뿐이다. 그들의 이미지는 우리에게 입양의 슬픔과 상실 아래에 놓여있는 다른 역동을 더 잘 정의하도록 도와주며, 우리가 출생과 관련하여 입양시기에 영향을 받는 다양한 문제들을 더 잘 이해하도록 도와준다.

이 연구에서는 입양에 대한 편견이 다음과 같은 요인에 의해 유발된다는 것을 밝혀낼 수 있었다. ① 잘못된 연구, ② 오랫동안 비밀에 부쳐진 입양, ③ 입양 이야기와는 다른 것으로서 통념적 상실과 실존적 슬픔의 차이에 대한 이해 부족, ④ 나무와 고속도로 프로그램(Adopt-A-Highway program)[5]과 같은 예로, 'adopt'를 아무런 말에 붙여서, 의도하지 않지만 경시된 의미로 사용하게 되는 언어의 무지함, ⑤ 국제입양가족의 개인적 차이를 보는 사람들의 호기심과 오해, ⑥ 입양에 대한 더 우수하고 폭넓은 공교육의 부족이다. Pertman(2000)은 가족의 상당수가 입양, 이혼, 독신, 동성애자, 양부모를 두고 있음에도 불구하고 우리는 여전히 '생물학적으로 형성된 핵가족'(p. 89)을 고수하고 있다고 말한다. 입양에 대한 그들의 질문이나 언어가 부적절하다고 사람들에게 말할 때가 왔다. 교사, 상담가, 종교 교육자들에게 그들의 교과 과정이나 메시지에 입양에 대한 부정확한 언급이 있다면 부적절하다고 말해

5 역주: 고속도로 프로그램(Adopt-A-Highway program)은 자원봉사자들이 고속도로의 일부분을 각자 맡아서 청소를 하고 돌보는 봉사활동을 말한다.

야 할 때이다. 입양을 더 가까이에서 밝혀 보면, 입양은 이전보다 더 흔하고, 잘 보인다. 입양아들이 자신의 건강한 정체성을 개발하면서 사용한 창의적인 전략과 이미지의 발전은 사회적 도움을 주는 사람들과 개인, 임상가들이 입양에 대하여 더 깊은 이해와 공감으로 성장할 수 있도록 다음과 같은 창의적인 안내가 필요할 것이다.

임상가를 위한 제언

이 장에서는 국제입양아와 함께 일하는 임상가를 도울 수 있는 구체적인 정보를 제공하려고 노력해 왔다. 임상가들은 자신이 가지고 있는 편견과 내담자 가족이 살고 있는 문화의 편견들을 이해하는 것이 중요하다. 놀이, 미술 그리고 모래상자치료의 다른 측면들을 이해하는 것도 중요하다. 임상가의 입장에서 사람들에게 입양의 과정에 대해 밝히는 것은 가족 안에서 일어나는 문화적 충격에 대한 더 나은 관계, 의사소통 및 이해를 위한 것이며 문화적 편견과 그것이 임상 작업에 미치는 영향이다. 알려지지 않은 것을 탐색하기 위하여 의식과 지원 시스템을 제공함으로써 임상가는 트라우마, 발전 그리고 빛을 통해 정체성 형성에 관련된 움직임을 경험할 수 있는 긴요한 위치에서 그런 기쁜 감정을 전달할 수 있다. 그렇게 함으로써, 우리와 함께 작업하는 사람들뿐만 아니라 우리가 사는 사회, 우리 모두가 직면하는 문화적 편견, 그리고 다문화 가정의 수용에도 영향을 미치는 기회를 가지는 것이다.

이러한 아이들이 그들의 민족적 차이에 대해 화해할 필요가 있다는 것을 인식함으로써 임상가에게 작업에 대한 중요한 단서뿐만 아니라 피신할 수 있는 중요한 은신처들도 주어진다. 우리는 임상가로서 문화적 정체성에 필수적인 창조적 과정 안에서 거부와 상실에 관한 입양 문제에 문화적 편견을 가지도록 허용할 수 없다. 우리는 이 분야에 대하여 추가 연구에 박차를 가할 수 있다는 점을 명심할 필요가 있다. 국제입양아의 긍정적인 정체성 통합을 보여 주는 임상적인 징후는 무엇인가? 그들의 성공적인 통합을 어떻게 인식하고 강화하고 있는가? 국내입양아와 통합을 찾아가는 국제입양아를 비교한다면 유사점과 차이점은 무엇인가? 입양아와 통합을 찾아가는 비입양아와 비교한다면, 유사점과 차이점은 무엇인가?

결론

가장 넓게 분류된 가족 내에 살고 있는 국제입양가정의 아이들은(Rachel/Lydia가 표현한 이미지는 색과 종류, 야생과 주거와 같이 계통적 범주로 나누어져 있다) 그들의 정체성을 찾아보면서 자주 슬픔에 마주한다. 그러나 앞에서 논의한 바와 같이, 이러한 슬픔의 느낌은 상실감과는 다른 것이며, 그 결과, 슬픔에 대처하는 그들의 접근 방식이 상실에 대처하는 것과 다를 수 있다. 슬픔의 주요 부분은 그들의 상황을 적절히 이해하지 못하고, 정체성 문제와 씨름하거나, 더 이상 적용되지 않을 수도 있는 기본적인 믿음에 마주서는 데 있다. 가장 구체적인 감각에서, 입양아들에게 도전받는 기본적인 믿음은 어머니와 몸에 관한 것으로 그들이 처음에 그 안에서 자라났던 그 사람, 그 말, 그 경험이 아니라는 것이다. 두 번째 어머니를 갖는다는 것은 그 몸에서 태어났다는 믿음이 진실이 아니기에 슬픔이 된다. 그리고 그것으로 무엇을 할 것인가? 혈육 문제를 해결할 다른 방법이 있는가? 왜 묻는가? 왜 나야? 왜 내가 아니지? 입양아가 자기와 접촉하기 위해 무엇과 접촉하여야 하는가? 만일 그것이 슬픔이라면, 슬픔은 사랑과 무슨 상관이 있는가?

슬픔이란 마음속에서 자라난 아이가 다른 몸으로 가는 통로로서 그곳은 영혼을 품은 몸들이 있는 새로운 장소이다. 슬픔은 낳아 준 어머니라는 믿음이 진실인 인간 집단에 속하지 못함을 '알게 될 때' 우리가 남겨지는 곳이다. 이 아이들은 두 번째 몸으로 이동하는 방법을 상상하는데, 처음에는 그들이 새로운 영역에서 항해하는 데 필요한 기술을 거의 갖고 있지 않은 것처럼 보인다. 새로운 영역에서 길을 찾는 탐색은 혼란스러울 수 있지만, 위의 이미지에서 볼 수 있듯이, 창조적인 문제해결에 접근하여 건강한 정체성을 형성하는 데 도움을 주는 변화가 불가피하게 일어난다. 상실에 대한 문화적 인식과 슬픈 내면의 감정을 다루는 도중에 아이들의 영혼 속에는 부드러운 빛이 있어, 그들이 여행하는 곳이 단지 친모나 친부모와의 분리에 의해 형성되는 것이 아니라 입양 부모의 깊은 사랑의 선물에 의해서 형성되고 있다는 사실을 밝혀 주며, 대다수의 친부모로부터 오는 깊은 사랑의 선물은 종종 간과된다. 그리하여 정체성 형성과 창조적인 해결의 여정을 통하여 그들이 얻게 되는 엄청난 선물은 궁극적으로 그들의 입양가족과 친부모에게 주는 선물이 될 수 있는 것이다. 그것은 그들이 잘 살 것이라는 의미이다. 여기에 놀라움과 기적이 있다. 부모, 친구, 임상가, 그리고 교육자로서 우리의 과제는 우리가 이 놀라운 과정을 더 잘 보고, 듣고, 즐기고, 참여할 수 있도록 그들의 이야기와 이미지를 더 가까이에 보고 듣는 것이다.

참고문헌

Black, C., and Kaczmarek, M. (1992). Projective drawings in the treatment and evaluation of a late-adopted child. *The American Journal of Art Therapy 31*: 10-16.

Bollas, C. (1989). *Forces of destiny: Psychoanalysis and human idiom*. London: Free Association Press.

Bowlby, J. (1973). *Attachment and loss: Vol 3.: Separation*. New York: Basic Books.

Brodzinsky, D., Schechter, M., and Henig, R. (1992). *Being adopted: The lifelong search for self*. New York: Doubleday.

Carey, L. (1990). Sand play therapy with a troubled child. *The Arts in Psychotherapy 17*: 197-209.

Center for Adoption Support and Education. (2001). *Adopted children and their peers*. Fact Sheet Series, Silver Spring, MD.

Cohen, G. (2000). *The creative age: Awakening human potential in the second half of life*. New York: Avon Books, Harper Collins Publications.

Cox, C. (1993). *The volcano drawing: A technique for assessing levels of affective tension*. Paper presented at the American Art Therapy Association 24th Annual Conference,

Atlanta, GA.

Gilbertson, P. S. (1996). Moving beyond words with expressive arts therapy. *Adoption Therapist* 7(1): 13-17.

Haggard, J. J. (1998). Is adoption a risk factor for the development of adjustment problems? *Clinical Psychology Review 18*(1): 47-69.

James, B. (1990). *Treating traumatized children: New insights and creative interventions.* Lexington, MA: Lexington Books.

Kalff, D. M. (1980). *Sand play: A psychotherapeutic approach to the psyche*. Boston: Sigo Press.

Malchiodi, C. (1990). *Breaking the silence: Art therapy with children from violent homes.* New York: Brunner/Mazel.

Neumann, E. (1973). *The child*. New York: G. P. Putnam's Sons.

Pertman, A. (2000). *Adoption nation: How the adoption revolution is transforming America*. New York: Basic Books.

Rosenthal, K. (1987). Rituals of undoing in abused and neglected children. *Child and Adolescent Social Work 4*(374): 78-88.

Verrier, N. (1987). The primal wound: A preliminary investigation into the effects of separation from the birth mother on adopted children. *Pre- and Peri-Natal Psychology Journal 2*(2): 75-86.

Watkins and Fisher (1993). *Talking with young children about adoption*. New Haven and London: Yale University Press.

Wheelis, A. (1958). *The quest for identity*. New York: W.W. Norton & Co.

CHAPTER 15

국제입양 청소년의 정체성 형성을 위한 언어적 인터뷰와 시각적 표현

이윤정

초록

이 연구는 국제입양에서 나타나는 정체성 현상을 시각적 표현과 언어적 인터뷰를 통하여 알아본다. 본 연구대상은 두 명이며, 개방형 질문과 함께 네 개의 그림을 그렸다. 동적가족화(KFD), 학교생활화(KSD), 모국을 주제로 한 그림, 입양된 나라(미국)에서의 자신에 대한 그림이다. 이러한 미술과제는 아동의 자아개념, 자아상, 그리고 자신의 대인관계 역동에서 다른 사람들과의 관계를 조사하기 위해 선정하였다. 연구의 목적은 국제 입양된 청소년의 정체성 형성 발달에 입양이 어떤 영향을 미치는지를 설명하고, 미술치료가 이들을 위한 치료양식으로서 어떤 영향을 미치는가를 알아보기 위하여 국제입양 청소년의 과거력과 미술작업을 탐구하였다.

도입

대다수의 미술치료사들은 입양에 의해 영향을 받은 사람들과 작업을 하고, 가족상담으로 함께 작업하지만 이 대상에 대해 발표된 연구는 찾아보기 어렵다(Eldridge, 1999). 게다가 입양과 입양 문제를 집중적으로 훈련하는 전문학교도 없다. 입양문제는 정신건강분야에서 잘 드러나지 않기 때문에 이러한 특정 주제에는 실증적인 연구가 필요하다. 본 연구의 목적은 시각적 표현과 언어적 인터뷰를 통하여 국제입양에서 드러나는 정체성 현상을 탐구하고, 국제입양된 청소년의 정체성 형성의 현상을 이해하는 것이다.

이 질적 연구는 국제입양 청소년들의 과거력과 미술작품을 탐구하기 위해 설계되었으며, 다른 나라에서 입양된 청소년들의 정체성 형성 발달에 입양이 어떤 영향을 미치는지, 입양청소년들의 자아상과 정체성이 그들의 미술작품에 어떻게 표현되는지를 알아보는 것이다. 모집된 연구대상은 유아기에 입양된 청소년들로서, 일련의 그림들을 그리고 연구자와 자유토론하였다.

이 연구는 두 가지 기본적인 가설 공식에 기초하였다. 첫째, 어릴 때 국제입양된 과정과 청소년기의 정체성 형성 발달은 서로 관련되며, 국제입양의 정서 및 심리적 경험이 이 집단의 자아상과 정체성 개발에 상당한 영향을 주었을 것으로 가정하였다. 둘째, 유아기에 이루어지는 입양은 대부분 음성언어로 접근하기 어려우므로 전언어적 경험이 중요하며, 이른 시기의 이러한 경험들은 작업 활동의 전언어적 과정을 통하여 적절하게 표현될 수 있다. 시각이미지는 개인의 초기경험에 대한 표현수단으로써 말을 하기 이전부터 사용가능하기 때문에(Wadeson, 1980), 미술작업은 이러한 경험을 표현할 수 있다. Lusebrink는 이미지를 인식, 기억, 환상에 바탕을 둔 대표적인 사고로서, 생각과 느낌을 표현하기 위해 부여된 감각적인 형태라고 하였다(1990, p. 7). 시각 이미지는 음성언어로는 접근할 수 없는 초기아동기의 전언어적 경험이 반영되므로(Lusebrink, 1990; Wadeson, 1980), 이 연구의 중요한 정보가 된다.

따라서 국제입양 청소년의 초기 입양경험을 확인하기 위하여 언어적 표현을 포함한 시각 및 이미지 형태를 연구방법으로 사용하였다.

국제입양아에 대한 문학이나 연구를 보면 그들이 자라면서 정체성을 형성하는데 어려움을 가지는 것으로 나타난다(Brodzinsky et al., 1992; Goebel & Lott, 1986; Lifton, 1990; McRoy et al., 1988). 입양과 입양가족 문제를 다루는 전문가들의 주요 관심사 중 하나는 입양아가 입양되지 않은 아이보다 정서장애의 위험이 더 크지 않을까 하는 것이다. 연구 자료에 따르면 입양아들은 또래 비입양아보다 심리치료를 받을 확률이 2~5배 높으며, 입양아의 정체성 발달 과정은 또래 비입양아보다 복잡하다(Brodzinsky et al., 1992; Goebel & Lott, 1986). 하지만 이러한 결과는 양부모와 전문가의 편중된 말과 반응에서 기인되었을 수 있다(Brodzinsky et al., 1992).

Erikson(1950)은 사춘기를 '정체성 위기'라고 일컬으면서 아이가 자신과 가족을 분리하고 독립적인 정체성 형성을 요구한다고 하였다. 하지만 입양아에게 이러한 분리는 원래의 가족을 알 수 없기 때문에 어려운 과정으로 보인다(Brodzinsky & Schecher, 1990; Lifton, 1990).

때때로 입양아는 학령초기에 경험한 상실과 슬픔을 청소년기가 될 때까지 겪을 수 있다. 자신과 친부모를 잃은 것에 대한 슬픔일 수 있으며, 이것은 다시 정체성 발달에 영향을 미칠 수 있다(Hoopes, 1990).

연구자들은 입양아가 양부모에게서 태어난 것처럼 살고, 그들의 상실감을 억누르기를 바라는 것을 흔히 발견한다(Brodzinsky et al., 1992; Lifton, 1990, 1994). Verrier(1993)는 입양의 진실을 인식하고 현실을 다루는 것이 입양아들의 정체성 형성에 도움이 된다고 하였다.

본 연구에서는 입양아와 양부모가 함께하는 가족치료에 미술치료를 적용하였다. 입양은 보통 어릴 때 이루어지기 때문에 그 경험은 전언어적이다. 이와 같이 가족미술치료를 적용하여 입양에 대한 아이들의 어린 시절 경험을 부모들과 공유하게 해주며, 친가족과 입양가족의 경험차이를 연결시킴으로써 가족이해와 가족정체성을 향상시켜, 국제입양 청소년들의 정서적 성장과 발달을 도울 수 있도록 전제하였다.

두 명의 연구대상을 다루기에 그 수가 적고 연구의 제한점이 되므로, 이 결과를 다른 입양아들에게 일반화하기 어렵다. 또, 이 연구에서는 연구대상의 양부모와 환경적 요인이 고려되지 않았다. 이를테면, 가족 중에 입양된 다른 아이들이 있는가? 양부모에게 다른 친자녀가 있는가? 왜 부모들은 그들 자신의 아이를 낳지 않고 입양을 했을까? 부모가 자신의 친자녀를 가질 수 없었을까? 이러한 점이 고려되어야 할 것이며, 추후연구에서는 연구대상을 더 늘리고 입양 가족들의 환경적 요인을 고려해야 할 것이다.

이 연구는 현상학적 방법으로 설계하여 입양아들의 살아 온 경험을 탐구하였다. 언어와 시각적 표현을 현상이해의 방법으로 사용하여, 각 개인의 과거력부터 탐구하였다. 그러므로 연구의 목적은 아이의 자아개념, 자아상, 그리고 다른 집단과의 역동에서 다른 사람들과의 관계를 조사하는 것이며, 입양에 대한 민족적-인종적 정체성에 대한 입양아들의 인식을 핵심 쟁점으로 제기하였다.

연구 방법

연구설계

이 연구는 어릴 때 국제입양된 청소년들의 정체성에 대한 경험을 알아보는 것이다. 현상학적 연구는 개념이나 현상에 관하여 몇몇 개인의 체험적 의미를 서술한다(Creswell, 1998). 현상학적 연구의 대상은 특정변수를 측정하기보다 각 개인의 실제 경험에 대한 심층적인 정보를 수집하기 때문에 소수를 모집한다(Creswell, 1998).

현상학적 방법은 국제입양아라는 특정대상의 청소년기 정체성에 대한 경험을 이해하기 위해 일상생활의 경험을 깊은 이해로 발전시키는 데 사용하였다.

연구대상 모집

이 연구대상은 15~20세의 5명으로 계획하였으나, 입양기구에서 응하지도 않았고 모집과정의 어려움 때문에 15~20세의 한국 출생 입양아 2명만 응답을 하여 연구대상으로 선정하였다. 이들은 미국의 주요 대도시 지역의 지원단체와 입양기관을 통하여 모집되었다.

대상 모집 기준

- 현재 미국에 거주하고 있는 사람
- 다른 나라에서 입양 온 사람
- 유아기에 입양된 사람
- 고등학교에 재학 중이거나 그 연령에 맞는 활동에 종사하는 사람(예를 들면, 고등학교 졸업생을 위한 직장 또는 대학)
- 15~20세의 사람
- 시각 및 청각이 정상인 사람
- 양부모로부터 자신의 입양 사실에 대해 전해들은 사람

대상 제외 조건

- 현재 미국에 거주하지 않는 사람
- 미국 태생의 사람
- 2세 이후에 입양된 사람
- 현재 학교에 등록되지 않은 사람
- 15세 이하 또는 20세 이상 사람
- 시각 및 청각 장애가 있는 사람
- 현재 신체적 또는 정신적 장애가 있는 사람

자료 수집

연구자는 초기 인터뷰와 미술 평가를 실시하기 전에 미술매체와 녹음기를 탁자 위에 준비하였다. 대상에게 제공한 매체는 다른 크기의 흰 종이 두 종류(81/4인치×14인치와 12인치×18인치), 크레용, 크레파스, 얇은 마커, 두꺼운 마커 그리고 색연필이다.

대상과 면담자 사이의 언어적 인터뷰는 비디오카메라로 녹화하였다. 첫 인터뷰는 연구대상의 나이, 현재 학교성적, 출신국가, 신체적 외모 차이에 대한 첫인상, 대상과 부모 사이의 입양에 관한 의사소통, 모국에 대한 지식의 정도 그리고 대상 국가에 따른 정체성에 대한 것이다.

첫 인터뷰에 이어, 각 대상에게 연구 자료로 수집될 그림의 수행절차를 설명하고 동적가족화(KFD), 학교생활화(KSD), 모국에서의 자아상, 현재 살고 있는 나라에서의 자아상으로 4개의 그림을 그리게 했다. 종이 크기와 매체는 자유롭게 선택하도록 하였다. 이러한 미술과제들은 대상의 자아개념, 자아상, 그리고 대인관계에서 다른 사람들과의 관계를 조사하기 위해 선정한 것이다. 일련의 과제들은 모국에서의 자아상과 같이 상상지향적이며, 현재 살고 있는 나라에서의 자아상과 같이 현실지향적인 미술과제를 제공함으로써 회기가 진행될 때 커진 불안감이 회기가 결말로 가면서 줄어들 수 있도록 세심하게 고안되었다.

대상들에게 설명한 지침은 다음과 같다. "네 가지의 다른 그림을 그려 보세요. 그림을 시작할 때마다 그리는 방법을 알려드리겠습니다. 그림을 완성한 후에, 당신이 그린 그림에 대해 이야기할 시간을 가질 겁니다. 여기 탁자에 있는 미술매체는 모두 사용할 수 있습니다." 연구자도 대상의 미술표현을 위해 함께 애쓰면서 가능한 불편함을 줄이고 그림을 완성할 수 있도록 미술능력은 필요하지 않다고 설명하였다. 이 밖에도 미술과정과 언어 인터뷰를 사용하는 목적을 알려 주었다. "언어는 입양과 관련된 모든 경험과 감정을 묘사하는 데 한계가 있을 수 있기 때문에 저와 경험을 공유하는 데 있어 그림이 당신의 말을 뒷받침해 줄 것입니다."

면접시간은 최대 두 시간이었으며 대상의 상황에 따라 약간씩 시간적 유연성을 가지면서 만났다. 4장의 그림을 완성한 후 연구대상에게는 힘들었을 수도 있는 길고 치열한 면담으로 이어졌다.

언어적 인터뷰의 두 가지 자료 수집방법은 비디오테이프와 수기노트로, 작업과정과 내용, 작업에 소요된 시간 및 매체선택 과정에서의 행동관찰이 있는 자료도 수집되었다.

대상이 그림을 하나씩 완성할 때마다 다음과 같은 개방형 질문을 하였다. 자유질문이 가능한 인터뷰였기 때문에 면담자는 인터뷰에 응하는 사람의 질문에 자유롭게 답할 수 있었다. 연구자는 그림이 완성될 때마다 "당신이 그린 그림에 대해 이야기해 주세요."라고 청하면서 다음과 같은 질문을 하였다.

- 당신이 그린 그림을 확인하세요.
- 그림에 있는 인물들은 각자 무엇을 하고 있습니까?
- 그림에 있는 인물들의 관계를 설명해 주세요.

회기의 마지막에 연구자는 그림 작업에 대한 각 대상의 경험을 들려 달라고 요청하였다.

자료 분석

자료 분석은 Stevick-Colaizzie-Keen 방법(Moustakas, 1994)으로 하였다(Creswell, 1998). 각 언어적 진술을 괄호치기[1] 하여 지평에 포함시키고, 개별적인 기술을 조직하고 개발하여 의미 단위로 묶어 내었으며, 이것을 개발하여 기술된 의미를 종합하

1 역주: 괄호치기(bracketing)는 질적연구의 현상학적 방법론에서 현상을 사태 그대로 파악하기 위하여 연구자의 선입견이나 기존 정보를 따로 분류해서 보는 방법이다.

고 합성하였다.

미술작업은 사진으로 남겼으며 언어적 인터뷰는 비디오로 촬영하여 녹화하였다. 그림에 소요된 시간과 수행과정에서 보이는 대상의 행동도 기록하였다.

1단계: 지평구성(진술 찾아내기)

연구자는 두 대상들의 인터뷰 녹음을 전사하여 개별 문장으로 정보화하고 그것을 괄호치기 하였다. 자료를 괄호치기 한 후에 입양과 정체성에 관한 개인의 경험에 대한 진술들을 열거하였다.

2단계: 분류(의미단위로 묶어 내기)

이 자료를 의미 단위로 조직하고 다른 주제로 발전시켰다. 연구자는 소속감, 다른 사람들과의 관계(즉, 부모, 형제자매, 친척, 또래…), 입양, 신체적 모습, 출신국가의 다른 사람에 대한 느낌 등의 진술뿐만 아니라 자주 보이면서도 결과적으로 다른 범주를 형성할 수 있는 예외진술도 열거하였다.

3단계: 개별적 기술로 조직하기

기술된 말을 주제에 근거하여 조직화하는 것이며, 각 주제의 지평을 정하는 일이다. 입양경험의 본질과 핵심은 그 주제에 대한 이야기로 기술하였다.

4단계: 개별적 기술의 구조화

이것은 개별 기술에 기초해서 만들어진 경험의 의미와 본질에 대한 전체적인 기술이다. 기술의 구조는 경험의 근본적인 역동을 잘 이해시켜 준다. 즉, 다른 나라에서 입양되는 것이 무엇을 의미하는지에 대한 느낌과 생각이 기술된 주제어이다. 연구자는 개인의 자아개념과 정체성 형성과 발달에 입양이 어떤 영향을 미쳤는지 기술하였다.

5단계: 합성

연구자는 각각의 경험에서 유사점과 차이점을 기술하고 난 뒤 완전한 설명이 되도록 재구성하였다.

시각적 표현

1단계: 명백히 보이는 내용

연구자는 매체선택, 색상, 공간 활용, 각 그림을 완성하는 데 걸린 시간, 그림에 있는 대상 간의 움직임도 포함하여 각 그림의 내용을 기술하였다.

2단계: 잠재적인 내용

연구자는 연구대상의 잠재적 문제를 사정하기 위해 그림의 발달수준과 방어를 확인하였으며, 그림의 내용에서 타인에 대한 그들의 정서적 관계성과 자신의 여러 특성에 기초한 인종적·사회적 정체성 개념도 기술하였다.

3단계: 그림비교

연구대상들이 수행한 그림과제의 모든 차이점과 유사점을 명백히 보이는 내용과 잠재된 내용의 관점에서 기술하였으며, 평가자는 그림 작업에 나타난 불안을 측정하였다.

4단계: 각 대상에 대한 전반적인 기술

연구자는 각 대상의 그림묘사를 기술하였다. 그들이 타인과의 개인적인 역동을 이해하는 데 자신을 어떻게 묘사하고 있는지, 그림 속에서 그들의 정체성을 어떻게 드러내는지 기술하였다.

5단계: 합성

연구자는 대상의 모든 그림의 전반적인 차이점과 유사점을 기술하였다.

이 단계를 완료한 후에, 언어와 시각적 표현을 통합하고 발생한 현상에 대하여 전체적으로 설명하였다. 또한 평가자는 평가를 진행하는 동안 비언어적 행동을 관찰하였으며 전체 설명에 필수적인 매체와의 상호작용도 관찰하였다(Rubin, 1978).

결과

결과 개요

이 연구의 주요 결과는 언어적 표현과 시각적 표현 사이의 차이이다. 두 대상의 개념을 보면 분노와 인식이라는 차이가 있었다. 하지만 시각적 표현은 다소 유사하게 보였다. 첫째, 마지막 두 그림의 패턴이 유사한 것으로 나타났다. 둘째, 회기가 진행됨에 따라 두 대상의 그림이 모두 퇴행되어 갔다.

각 사례는 가족 배경, 인종/종교 인식, 다른 역동관계를 포함한 대상의 과거력부터 시작하였다. 또한 각 대상의 그림, 단어 연상, 명백히 드러나는 내용과 잠재적 내용을 정의하기 위해 작업과정에 보이는 행동도 설명하였다. 연구자는 각 대상이 주로 갈등을 보이는 특정 그림 과제의 정서적 반응을 파악하기 위하여 미술발달과 방어를 조사하였다. 이러한 기술의 목적은 현상학적 관점으로 개인의 경험을 알아보는 것이며. 대상의 비밀보장을 위해 필명을 사용하였다.

대상 1: Judy

Judy는 생후 4개월 때 한국에서 입양된 15세의 여학생이다. 그녀의 키는 평균나이보다 작고 다소 말랐다. 당시에 Judy는 지방 고등학교 2학년 진급을 앞두고 있었다. 그녀의 양부모는 백인 미국인이며 그녀에게 10명의 형제자매가 있었다. Judy의 큰 오빠가 양부모의 유일한 친자였으며 나머지는 국내외에서 입양되었다. 그들은 모두 아프리카계 미국인, 혼혈인, 또는 한국인으로서 다른 인종적 배경을 가졌다. Judy와 연구자 사이의 언어적 인터뷰에서 다뤄진 핵심 쟁점 중 하나는 '다름'에 대한 문제였다. 다르다는 느낌은 그녀의 입양뿐만 아니라 이중적 실존에서 뿌리 깊은 것이기도 하였다.

그녀는 자신의 신체적 차이와 가족이 서로 닮지 않은 점은 큰 문제가 아니라고 주장하며 "나는 달라도 좋아요."라고 말하였지만, 혼란된 정체성은 언어와 시각적 표현에서 모두 드러났다. 그녀는 인터뷰 동안 스스로를 부인하는 말을 하였는데, 이를테면, 누군가가 그녀의 국적을 혼동할 땐 화난다고 하였다가 물어보면, 그녀 자신을 어떤 국적의 사람으로 구분하지 않으려 하였다. 이러한 Judy의 불안정감은 그림에도 반영되었는데, [그림 15-3]에서는 자신을 같은 인종 배경을 가진 사람들과 동색계열을 사용함으로써 신체적으로 동일시하였지만, '거기에서는 한국계 미국인' 이라는 말로 자신을 차별화시켰다. 그림은 상실감이 보이고, 자기표현이나 상호관계가 부족하게 표현되었으며, 인물들은 모두 떠 있는 형태로 자아가 완전히 부재하거나 고립되어 보였다.

Judy의 그림에서 미술발달은 나이에 비해 미성숙하며, 원시적 방어를 이용하고 있어 그녀의 심리적 갈등이 아직 완전히 해결되지 않아 보였다. 작은 동생을 안고 있는 장녀와 농구 게임을 하고 있는 두 명의 형제로 표현된 인물들은 마주보는 이미지로 짝지어져 있고 빠르게 그려졌다. 서로 마주보는 자아상과 친구([그림 15-2]), 학생들과 연단에 있는 사람([그림 15-3]), 집과 헛간이 맞닿아 있고([그림 15-4]), 소

그림 15-1

그림 15-2

그림 15-3

그림 15-4

〈표 15-1〉 시각적 표현(주제화 대상 1. Judy)

	주제	내용	매체선택	색상	공간사용	시간(분)	자아표현	발달 단계	방어
KFD	가족그림	가족구성원의 일상	12"×18" 크기의 종이, 마커	모든 색 사용	전체 공간	35	없음	전도식 단계, 의사실기, 사실기	부인, 주지화
KSD	농구연습	농구코치, 농구팀원, 그녀 자신. 농구공, 농구코트	81/4"×14" 크기의 종이 투명마커	노랑, 빨강, 오렌지, 하늘색, 파랑	종이의 오른쪽에 집중	5	1. 작은 형상 2. 세부묘사 부족 3. 떠 있음	도식기	융합, 부인, 회피, 퇴행
모국에서의 자아상	학교에서의 아침	강단, 학교장, 자전거, 학생과 그녀 자신	81/4"×14" 크기의 종이 투명마커	오렌지, 빨강, 보라	전체 공간	7	1. 세부묘사 부족 2. 떠 있는 형상	도식기	회피, 퇴행, 감정의 격리
현 거주국에서의 자아상	펜실베이니아의 거대한 농장	태양, 언덕, 헛간들, 집, 소, 송아지와 그녀 자신	81/4"×14" 크기의 종이, 투명마커	빨강을 제외한 모든 색 사용	전체 공간	10	1. 신체의 전체 부분 묘사 2. 큰 자아상 3. 배경	도식기, 의사실기, 사실기	주지화, 고립, 융합

와 송아지도 서로 마주보고 있다([그림 15-4]). 이 시각적 묘사는 Judy 자신이 생물학적 어머니와 미러링[2]되는 시간을 빼앗겼거나 상실했다는 것을 의미할 수 있는데, 그녀의 심리적 안녕감은 이러한 것에 영향 받았을 것이다.

대상 2: Joy

Joy는 생후 4개월 때 한국에서 입양된 17세 소녀로서 입양된 남동생 또한 한국 태생이다. 이 연구가 진행될 당시에는 고등학교를 졸업하고 대학에 갈 예정이었다. 그녀는 한국에서의 어린 시절에 대해 거의 알지 못하였는데, 친부모가 서로 헤어지면서 Joy를 입양시키는 것이 더 낫다고 결정하였다. 그녀의 양부모는 백인 미국인이었다.

인터뷰에서 Joy는 삶에서 종종 경험했던 사회적 편견과 차별에 대해 언급하였다. 사회적 편견에 대한 끊임없는 투쟁이 강인함의 원천이 되어 그녀 자신을 다그치는 동기로 보였다. 두 번째 그림([그림 15-5])에는 '승자는 결코 포기하지 않으며 포기하는 자는 결코 이기지 못한다.'라고 썼다. 이 글은 수업시간에 Joy의 선생님이 했던 말이지만, 그녀의 삶을 표현하는 것이기도 하였다. 그녀는 자신이 되기 위해 경주하듯이 달리며, 자신을 다그치기 위해 수차례에 걸쳐 그림에 지적인 문구를 넣는 방어기제를 사용하는 것 같다.

비록 말과 그림에서 자신이 잘 표현되었지만 경험에서 그녀는 훨씬 더 어려워 보였다. 그림의 인물은 발이 지면에 닿지 못하고 머리와 본체도 분리되어 있다. 몸과 머리가 연결되지 못하는 것은 신체적 차이가 스트레스의 근원이기 때문에 무의식적인 부분이 자신의 몸을 피하고 싶다는 것을 의미한다.

2 미러링(mirroring)은 타인의 행동, 기술, 신념, 가치관을 받아들여 반영하거나 거울처럼 따라하는 것이며, 무의식차원에서 동질감과 친밀감 형성에 도움이 된다.

그림 15-5

Joy의 그림은 미술발달 단계의 도식기와 또래집단기의 몇 가지 특성을 보여 주는데, 이것은 그녀의 정신적 발달의 일부가 미숙하다는 것을 암시한다.

〈표 15-2〉 시각적 묘사(주제화 대상 2. Joy)

	주제	내용	매체선택	색상	공간사용	시간(분)	자아 표현	발달 단계	방어
KFD	TV를 시청하는 가족	소파에 누운 엄마, 의자에 앉은 아빠, 바닥에서 먹고 있는 남동생, 긴 의자에서 TV를 보는 자신, 탁자	81/4"×14" 종이 크레파스	모든 색사용	전체 공간	15	1. 몸과 머리의 연결성 부족 2. 가늘고 긴 목 3. 지면에 닿지 않은 발 4. 떠 있는 형상	또래 집단기	주지화, 고립, 감정의 격리
KSD	미적분 수업	교사, 자신, 친구 두 명, 칠판에 쓰인 글자	81/4"×14" 종이 크레파스, 색연필	검정, 갈색, 파랑, 빨강, 주황, 고동색 황갈색	전체 공간에서 위쪽 반쪽에 집중	10	1. 상단 모서리에 위치 2. 발이 지면에 닿지 못함 3. 색차이로 구별된 자아상	도식기, 또래 집단기	주지화, 고립, 퇴행
모국에서 자아상	한국의 밤	불꽃놀이, 사람, 빌보드, 건물, 건물의 내부와 자신	81/4"×14" 종이, 색연필	모든 색 사용	전체 공간	10	1. 막대사람 2. 떠 있는 형상 3. 작은 크기의 형상 4. 긴 목	도식기	부인, 퇴행, 감정의 격리
현 거주국에서의 자아상	야간 소프트볼 연습	운동장, 그녀 투구, 한 사람, 건물, 2구 야광등과 울타리	81/4"×14" 종이, 크레파스, 색연필	갈색 노랑, 녹색, 파랑, 빨강, 고동색 검정색	전체 공간에서 왼편 반쪽에 집중	5	1. 얼굴의 세부 묘사 부족 2. 불균형 형상 3. 긴 목	도식기	주지화, 회피, 고립, 융합, 퇴행

논의

결과 개요

본 연구는 시각 및 언어 인터뷰를 통해 국제입양에서 드러나는 정체성 형성에 대한 현상을 탐구하면서, 국제입양 청소년의 정체성 발달에서 초기아동기의 경험과 영향을 다루었다.

연구대상들은 유아기에 입양되어 그 이후의 삶을 다 알고 있지만 입양과 유산에 대해서는 지식이 부족하였다.

문헌에 따르면 입양아의 부모가 자녀의 신체적 차이를 인정하면서도 심리적 유사성을 강조할 때 심리사회적 적응은 극대화된다(Friedlander et al., 2000; Steinberg & Hall, 2000). 또한 부모가 자녀의 문화정체성을 알리고 자녀가 자신들의 유산에 대한 지식과 자긍심을 느끼게 함으로서, 정체성 형성의 발전을 이룬다(Friedlander et al., 2000; Steinberg & Hall, 2000). 부모는 아이의 관심 주제로 토론하고 그들 유산에 대해 잘 알 수 있는 기회를 제공하여 아이의 정체성 발달을 돕는다(Friedlander et al., 2000; Steinberg & Hall, 2000). 다문화 환경으로 구성된 가족은 아이들의 외로움이나 차이를 줄이기 때문에 정체성 발달에 도움이 된다(Friedlander et al., 2000; Steinberg & Hall, 2000).

이 연구는 입양된 개인의 정체성 형성에 입양 부모와 가족구조가 영향을 미친다는 것을 증명하였다. Judy가 자란 대가족 가정은 다양한 사회적 축소판의 대표적인 예로 보이는데, 그녀의 부모가 가족 구성원 모두를 돌볼 수는 없었을 것이다. 반면, Joy의 형제는 한 명만 있어 부모는 아이들에게 입양과 민족에 대해 적극적으로 가르치는 동기를 가질 수 있었다. 부모는 Joy의 감정표현을 격려하고 한국 문화를 배우고 가르치는 데 적극적이어서, Joy가 Judy보다 더 성숙한 정체성을 이룰 수 있었을 것이다.

전반적으로, 언어적 진술과 시각적 묘사는 정체성 발달에서 Joy가 Judy에 비해 더 성숙해 보이지만 이 연구에 참여한 두 청소년의 민족정체성은 모두 혼미해 보인다. 이것은 가치관이나 신념 체계에 헌신할 의지가 부족한 것이 특징이다(Hoopes, 1990). 그들 중 자신의 민족적 특성을 명확하게 밝히는 사람은 아무도 없었다. 그중 한 명은 인종 정체성이라는 주제에 부정적인 감정을 표현했으며, 심지어 이 주제에 대하여 더 이상 논의하기를 거부하였다.

이 연구에 참여한 청소년들의 그림에는 유사하게 보이는 패턴이 있다. 색 표현으로 정체성을 드러내는 것, 회기가 진행됨에 따라 불안이 커졌다는 것, 짝을 짓거나 미러링 이미지를 그림으로 표현하는 것이다.

Judy와 Joy는 인물의 친밀한 관계를 색으로 표현하였는데, 예를 들면 Judy는 가족 중에서 가장 가까운 형제라고 말하는 한국 태생의 남동생은 주황색 마커를 동일하게 사용하여([그림 15-1]) 그와 동일시하는 것을 볼 수 있다. 그녀는 자신과 동기생을 묘사할 때도 같은 색을 사용하였으며([그림 15-2]), 동기생 집단과 윗사람은 다른 색 계열로 구분하였다.

Joy는 인물 표현에서 양부모의 색채와 위치도 유사하게 표현하여 동일시하였다([그림 15-6]). KSD에서도 친구들의 옷은 자신의 옷과 같은 색으로 채색하였으며, 앉은 자세도 똑같이 그렸다([그림 15-5]). 하지만 이러한 옷 표현의 유사함은 그녀가 교복을 입는 학교에 갈 계획으로 설명될 수도 있다.

문헌에 따르면, 아동미술에서 미술발달과 방어는 특정한 발달시기가 있다(Lowenfeld & Brittain, 1987). 그림의 내용, 미술발달의 수준과 방어는 개인의 갈등이나 특정 고착의 주요 영역으로 간주된다.

이들 입양청소년의 그림은 미술발달로 볼 때 나이에 비해 수준이 낮다. Judy의 그림은 5세 미만의 어린이가 주로 사용하는 색채이다. 어린이들은 현실의 원리보다 즐거움의 원리에 기초하여 그림을 그리는 경향이 있기 때문에 자신들이 좋아하는 색을 선택한다(Lowenfeld & Brittain, 1987). Joy의 그림도 미술발달 수준으로 볼 때 나이만큼 도달하지 못하였다. 인물형상의 반복적인 도식, X선 그림, 혼합 원근감

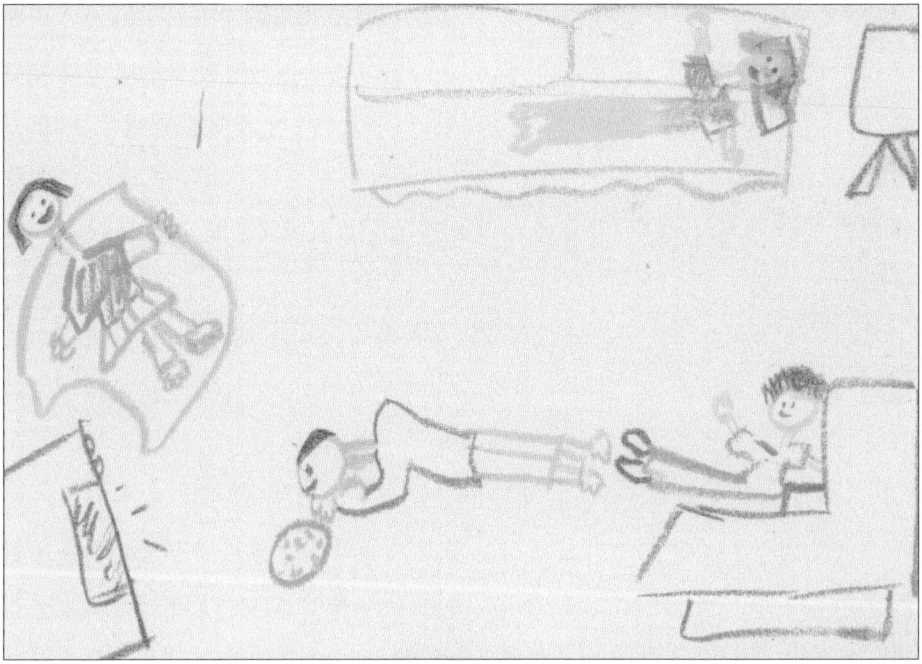

그림 15-6

의 공간적 관계는 흔히 7세에서 9세 사이의 그림에서 표현된다(Lowenfeld & Brittain, 1987).

Judy와 Joy의 발달수준은 미술작업마다 다르게 보이는데, KSD나 모국에서의 자아상과 같은 일부 작업은 그들에게 불안을 증가시키고 고통스러운 기억들을 상기시키는 것 같다.모국에서의 자아상은 불안감이 가장 큰 미술 과제로 보이며 퇴행된 표현을 보인다. Lusebrink에 따르면, 압도적인 감정은 퇴행으로 이어지며, 이러한 그림과 언어는 모두 퇴행적인 표현 방식으로 나타난다(1990, p. 104). 대상의 무의식적 사고가 미술과제로 자극받아 이전 기억이 그림 속에 표현되었을지도 모른다.

보통 첫 번째 그림이 가장 방어적으로 여겨진다. 인터뷰가 진행됨에 따라 두 대상의 방어가 줄어들자, 그 다음 그림부터는 각기 전언어적이고 무의식적인 요소가 드러났다. Judy와 Joy가 그린 마지막 그림을 보면, 현재 나라의 그들 자신에 어느 정도는 전언어적 기억을 보여 주는 것 같다. 두 대상은 자신을 모두 좌측 하단 모서리에 그려 넣고, 그 가장자리는 여성스런 곡선으로 둘렀다([그림 15-4]와 [그림 15-7]). 이 그림들은 마치 엄마의 자궁에 있는 것 같은 이미지로 보이는데, 화면의 좌측은 과거의 지표이며, 우측은 미래의 지표로 주로 해석된다. 두 대상이 화면의 좌측에 집중하면서 자신들을 좌측에 배치했기 때문에 이미지들은 과거의 전언어적 경험과 관련이 있다고 가정할 수 있다.

더군다나, Judy와 Joy의 마지막 그림에는 짝짓거나 미러링되는 이미지를 발견하게 되는데, 이러한 표현은 대개 모자관계로 해석된다. Miller(1981)에 따르면 생후 첫 몇 주 동안 아기는 엄마의 뜻에 따라 자유롭게 키워야 하고, 엄마의 눈에 띄어야 한다. 만일 아이가 미러링으로 성장한다면 건강한 자기애로 점차적인 발달을 이룰

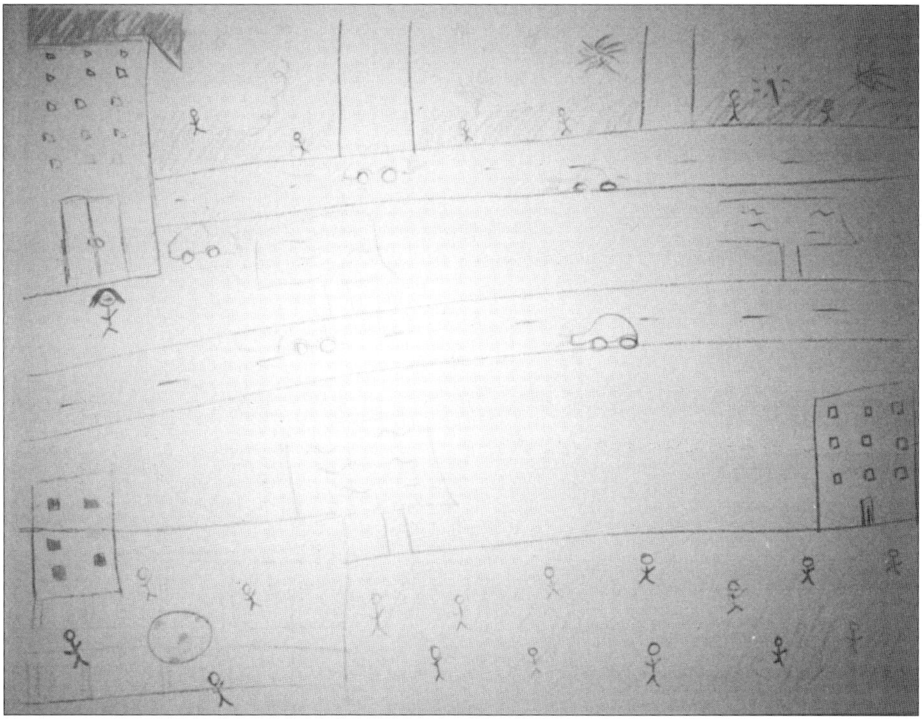

그림 15-7

수 있다.

대상의 그림에 반복적으로 묘사된 미러링 이미지는 자신들이 박탈당하거나 상실한 어머니와의 미러링 시간으로 볼 수도 있다. 집 두 채와 헛간 두 채가 있는 Judy의 마지막 그림을 보면 이러한 시각적 요소들 간의 대화는 없어 보인다([그림 15-4]). 이 집들은 얼굴을 닮은 형상이지만 창고는 아무런 세부적인 묘사도 없다. 마치 누군가가 대답을 하지 않는 누군가와 이야기하고 있는 것 같다. Joy의 마지막 그림([그림 15-8])도 이러한 방식으로 누군가와 마주치고 있지만, 이 사람의 정체가 확인되지 않는다. 그녀는 누군가에게 말을 하고 있지만 대화상대가 누구인지 알 수 없으므로 모르는 사람을 상대하고 있는 것 같다.

KSD는 수행주제에서 다소 어려운 과제로 보인다. 두 대상은, 학령기를 시작하면

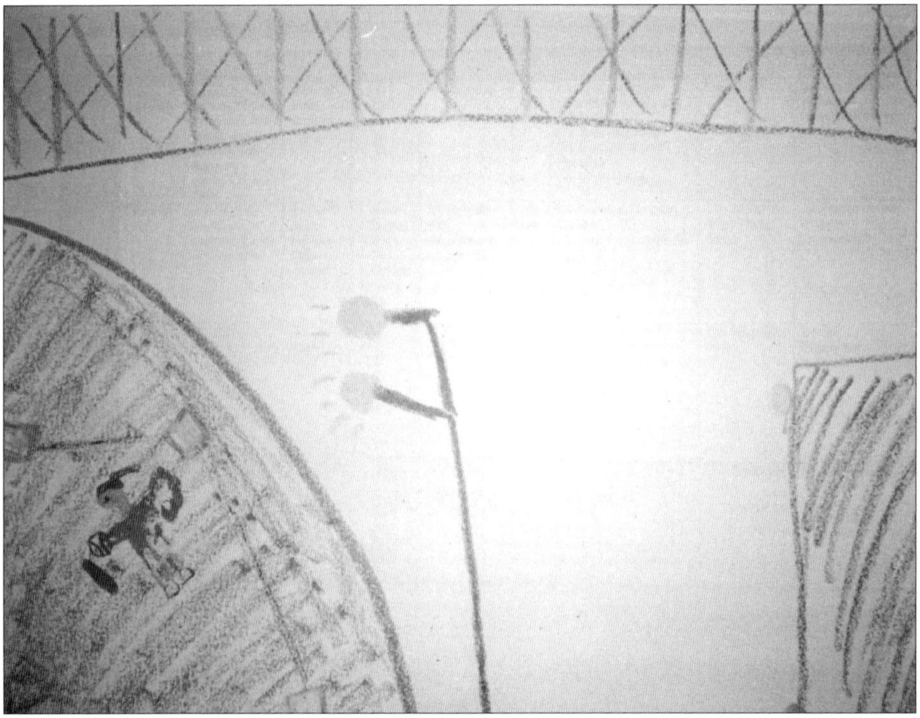

그림 15-8

서 자신들의 신체적 차이를 깨닫고, 학교와 생활에서 인종적 모욕, 편견, 차별에 시달렸다고 하였다. 이러한 어려움은 입양아로서의 정체성보다는 인종적 차이에 더 가까워 보였다. 인종 차이는 소속감과 정체감 발달에 도전받는 또 다른 문제로 보인다.

연구대상인 청소년들은 사회적 도전에 직면하여, 의외로 잘 적응하였으며 양부모와의 연결감도 보고하였다. 하지만 그림의 떠 있는 사람은 자신감 부족이나 대인관계 결여와 연관됨을 보여 준다. 입양에 내재된 상실은 우리가 평생 동안 예상하는 죽음이나 이혼과 같은 상실과는 다르다. 입양은 더 광범위하지만 사회적 인식은 부족하고, 더 깊숙한 곳에 있다(Brodzinsky, Schechter, & Henig, 1993, p. 9).

결과의 임상적 적용

이 연구결과는 국제입양아들이 상실감과 이질감 때문에 감정적으로 취약하다는 것을 보여 주며 정체성의 요소들을 통합하고 감정을 가라앉히는 것이 어렵다는 것을 보여 준다. Luft와 Ingram(1999)이 인용한 바에 따르면, 개인의 정체성에는 자신에게 알려진 것, 다른 사람들에게 알려진 것, 다른 사람은 모르는 것, 자기 자신도 모르는 것의 네 가지 차원이 있다(Eldridge, 1999). 개인의 일부로서 자신에게 알려진 것은 신체적인 차이에 대해 의식적으로 인식하고 좋아하는 활동이나 좋아하는 음식과 믿음에 대해 알고 있는 것을 의미한다. 다른 사람들에게 알려진 것은 강하고, 자신감에 차 있으며, 통제력이 있어 보이는 부분을 의미한다. 다른 사람이 알 수 없는 것은 그 개인이 다른 사람과 공유하고 싶지 않는 부분을 의미한다. 이 차원은 국제입양청소년들의 정체성 형성에 필수적으로 도전받는 것이다. 자아에 대해 알 수 없는 것은 태어날 때 엄마에게서 받은 감각적 기억과 두려움을 포함해 자궁에 있으면서 개인이 인식할 수 없는 미묘한 메시지를 의미한다. 이 연구는 이 차원을 더 밝혀 보았다.

국제입양아들은 여러 번의 상실을 경험한다. 부모, 친척, 가족력, 전통, 국가, 문화유산과 심지어 언어 상실은 그의 인생에서 정신적 충격이라 할 수 있다. 보통 젖

먹이 때 해외에서 입양된 사람은 짧은 기간 동안에 극적인 변화를 경험한다. 그는 낯선 사람과 함께 지내기 위해 자궁에서 연결되어 있던 어머니를 떠나야 하며, 새로운 환경에 적응하기도 전에, 외국 환경에 적응하기 위해 본국을 떠나야 한다. 끊임없는 변화와 조정은 스트레스를 해소하기 위한 극복 심리기제가 아직 발달하지 못한 아기에게는 정신적 충격이 될 수 있으며, 이러한 변화와 대변동은 어린 아이의 정신적 안정성이나 건전한 정신이 형성되는 데 위협이 될 수 있다.

Winnicott(1953)의 초기 심리발달에 따르면, 통합, 개인화, 대상관계의 시작이라는 세 가지 기본적인 발달 과제가 초반기에 발생하여 이루어진다. 이 과업은 엄마와 아이 사이에서 연속적으로 발전하는 '충분히 좋은 엄마 역할'을 통해 달성될 수 있다.

이 연구결과는 개인의 입양에 대한 이해를 계발하는 이론과 일관성을 가진다(Brodzinsky et al., 1992). 연구대상의 국제입양에 대한 이해는 그들의 정신사회적이면서 인지적인 발달과 관련이 있다는 것을 암시하며, 시각적 과정은 이러한 이론과 입양아의 정체성 형성 현상을 이해하는데 중요한 역할을 한다.

이 연구 참여자들은 어린나이에 가족들과 구별되는 그들의 신체적 차이를 발견하였고 이러한 신체적 인식을 그림으로 표현하였음을 보고하였다.

안착의 어려움과 상실감을 느끼는 것은 국제입양된 개인에게는 일반적인 경험으로 보인다. 입양 전문가와 부모는 이런 문제들에 대한 지식을 가져야 하며, 그들에게 세심하게 안내하기 어려운 점을 알아야 한다.

입양청소년을 위한 기구의 지원시스템 개발도 필요하다. 이러한 지원 체계가 없다는 것으로도 청소년 가족과 지역 사회의 양가감정을 짐작할 수 있는데, 입양기구 내의 지원체계 부족, 입양가족들의 참여와 기여의 부족은 입양관련문제를 부인하는 것으로 볼 수 있다. 하지만 입양아들은 모든 문제가 해결되었다고 생각할 수 있기 때문에 그것에 대해 다시 논의하고 싶지 않거나, 자신들의 친부모에 대한 환상인 '가족 간 로맨스'를 여전히 가지고 있으면서 이 환상을 포기할 준비가 안 되었을지도 모른다.

그러나 국제입양 청소년들을 위한 지원시스템 개발은 중요하게 여겨지며, 추천할 필요가 있다. 입양청소년에게 전문가의 도움이 필요하지 않더라도, 기구는 이러한 지원을 제공해야 하고 이 지원이 그들에게 도움이 될 수 있다는 것을 알아야 한다.

이 연구에 참여한 두 청소년은 그림을 그리는 경험이 유익하였으며 시각적 표현 과정을 통해 그들의 생각을 객관적으로 알게 되었다고 말하였다.

연구의 제한점

이 연구 설계의 제한점은 다음과 같다.

1. 연구의 크기는 작다.
2. 표본 대상이 다양하지 않다.
3. 입양에 대한 부모의 동기는 배제되었다.
4. 방법론적 오류가 발생했다.

원래 이 연구는 다섯 명의 연구대상으로 설계되었지만 다음과 같은 이유로 한국인 입양아 두 명만 참여하였다. 첫째, 대부분의 입양기관은 입양 후 양부모와 어린 아이에게만 지원을 하다가 일정 기간이 지난 후에는 이 아이들을 입양한 부모들과 흔히 연락이 끊긴다. 둘째, 연구가 실시된 주요 대도시 지역에는 입양청소년에 대한 지원단체가 드물다. 이 지역에는 단 두 개의 10대 그룹만 있었고 거기서 활동적인 그룹을 찾기가 힘들었다. 본 연구를 위해 접촉한 기관과 지원단체는 입양아들이 나이가 들면서 지원단체와 문화 활동에 참여하지 않는 경향이라고 보고하였다. 셋째, 양부모는 그들의 아이가 이 연구의 대상이라는 것에 대해 보호적이고 민감하게 반응하였다. 이 조사는 백여 개의 가구에 실시하여 네 가구로부터 응답받았다. 부모는 그들을 연구대상으로서 기꺼이 허락하였지만, 일부 아이들은 불편한 감정을 드러내었다.

이 연구는 일반적인 국제입양아를 이해하기 위해 고안되었으나 1981년과 1986년 사이에 국제 입양된 유아들은 대부분 한국 아이들인 것 같다. 필리핀과 인도에서 입양된 아이들이 몇 명 있었지만, 그들은 연구에 참여하지 않거나 도심 근처에 살지 않았다. 이 연구는 규모가 작고, 대상 간의 인종과 성에 관한 다양성이 부족하기 때문에, 이러한 발견들을 다른 입양아들에게 일반화하기는 어렵다.

대상들의 사회 경제적 지위나 입양가족의 환경적 요인은 고려되지 않았다. 이 연구는 부모와 자녀간의 입양에 대한 개방성이 중요하다는 것을 다루면서 각 대상의 대인관계를 조사하였지만 부모는 연구에서 배제하여 입양에 대한 그들의 동기나 사회경제, 심리적 상태는 고려되지 않았다. 자신들의 아이를 가질 수 없어 입양을 결정한 부부도 일부 있으므로 양부모의 심리적 상태 때문에 입양아의 정신적 발달에 대한 이해가 복잡해질 수도 있기 때문이다.

이 연구의 또 다른 한계로서 연구 방법에 대한 오류이다. 이 연구에서는 현상학적 연구 방법이 사용되었지만 현상학적 연구에서는 구조적 설명을 구성하기 전에 '반성적 글쓰기(Imaginative variation)'[3]가 있어야 한다. '반성적 글쓰기'는 인터뷰를 바탕으로 한 가상의 이야기이다. 그러나 이 절차는 이 연구에서 실수로 제외되었다.

향후 연구에 미칠 영향

차후 연구는 대상의 수와 아이들의 환경적 요인도 고려해야 할 것이다. 이를 위해 연구자는 더 낮은 연령층의 아이들을 모집하고, 부모가 연구에 참여하도록 할 필요성이 있다.

또한 이 연구의 대상들은 유아기에 입양되어 출생 국가에서 살았던 기억이 없다. 나이가 더 들어 입양된 개인들은 다른 조정과정과 정체성 형성동기를 계발시킬 수 있을 것이다. 유럽계, 루마니아, 불가리아 국적으로 태어난 아이들은 참가하지 않았

3 역주: Imaginative variation은 현상학적 질적 연구자가 현상에 대한 이해를 돕기 위해 참여자의 체험을 이야기로 재구성하여 현상의 본질을 드러내는 것을 일컬어 역자가 '반성적 글쓰기'라는 통용된 말로 번역하였다.

는데, 그들의 신체는 아시아에서 태어난 아이들만큼 현저한 차이가 없기 때문에 정체성의 형성은 다르게 나타날 수도 있다.

이 연구에 구체적으로 설명되지 않았지만, 전이와 역전이도 고려해야 한다. 인터뷰 진행자의 아시아 민족성이 대상에게 어린 시절의 무의식적 기억을 제시하고 어느 정도 영향을 미쳤을 수도 있다. 한국인 연구자의 인터뷰가 그림 표현에 자극이 되었을 수도 있으며, 특히 마지막 그림에 무의식적인 자료로 들어갔을 수도 있다. 이들 대상은 인터뷰 진행자를 엄마상으로 감지하고, 생모와의 이전 기억을 미술작업에 가져올 수 있었는지도 모른다. 그러므로 다른 민족적 배경을 가진 면접자와의 인터뷰 과정은 어떻게 다른지를 알아보는 것도 흥미로운 일이다.

특히 마지막 그림 "고국에서의 자아상을 그려 주세요."라고 지시한 그림에서 방어가 약화된 사실과 두 대상 모두가 유사한 형태를 보여 주는 점에 주목된다. 이전 기억이 제시될 수 있었던 것은 한국인 인터뷰 진행자와 시간을 보냈기 때문인지, 그림 작업에 의해 그들의 기억이 자극되었기 때문인지를 논의하는 것도 흥미롭다. 미술 작업의 순서를 변경하면 어떻게 그림이 달라지는지를 파악하는 것도 좋다.

두 명의 한국 태생 입양아를 인터뷰하는 과정에서 연구자에게 발견된 점은 국제입양청소년이 취약한 감정과 상실감을 느낀다는 것이다. 이러한 연구 결과는 지역사회에 지원 시스템이 필요하다는 것을 의미한다. 인터뷰에 응한 아이들은 이러한 복잡한 문제들을 기꺼이 그리고 어려움 없이 토론할 수 있었지만, 다른 사람들은 이 연구에서 언급된 문제에 대하여 더 민감하거나 힘들어 할 수 있다. 이러한 모집단에 접근하기 위해서, 연구자와 연구대상 사이의 직접적인 접촉을 포함하지 않는 전화 인터뷰 또는 설문조사와 같은 미래 연구방법론을 고려할 필요도 있다.

표본 크기는 제한적이었지만, 본 연구 결과로 보면, 입양청소년의 정체성 형성을 더 잘 이해하기 위하여 양부모의 역할, 면담자의 영향력, 그리고 연구방법과 같은 영역에 더 많은 연구가 필요하다.

요약 및 결론

이 논문은 시각적 표현과 언어적 인터뷰를 이용하여 국제입양 청소년들에게 형성되는 정체성의 현상을 이해하는 것이 목적이다.

이 연구는 문헌조사에 기초하여 개발된 두 가지 가설로 탐구하였다. 첫 번째 가설은 국제입양 청소년의 어린 시절 경험이 그의 정체성 형성에 영향을 미칠 수 있다는 것이다. 두 번째 가설은 이러한 개인이 그린 이미지의 시각적 검사가 그의 어린 시절 경험을 감지하는 데 도움이 될 수 있다는 것이다.

이 연구는 현상학적 연구방법을 사용하여 자신의 인식을 통해 체험하였던 개인 경험의 의미를 설명하는 데 초점을 맞추고 있으며, 언어적 인터뷰와 시각적 표현으로 수집된 모든 자료는 Stevick-Colaizzig-Keen(Moustakas, 1994)의 방법으로 분석되었다.

시각적 과정으로 이용된 네 가지 그림 과제는 동적가족화, 학교생활화, 모국에 있는 자신의 모습, 그리고 현재 살고 있는 나라에서의 자신의 모습을 그리는 것이다.

한국 태생 입양아들에 대한 두 연구사례에서 이미지 표현의 과정이 전언어적이고 무의식적인 기억을 탐색하는 데 사용될 수 있음을 보여 주었다. 또한 언어적 면담과 시각적 표현을 통해 몇 가지 공통적인 요인이 발견되었다.

첫째, 대상의 시각적 표현으로서 인물 형상이 떠있도록 그린 것은 Judy와 Joy의 그림에 상실감이 반영된 것으로 보인다.

둘째, 대상의 언어 및 시각적으로 표현하는 이질감은 그들의 심리사회적 장애물로 보인다. 그 이질감은 입양상태와 가족이나 또래들과의 신체적 차이에서 오는 것 같은데, 두 참여자가 인종차별이나 꼬리표에 불편한 감정을 드러내는 것에서도 볼 수 있다.

셋째, 학교는 입양아들에게 사회적 편견과 차별로 인해 감정적으로 취약해지는 환경으로 보인다. 대상들은 둘 다 학교에 들어갔을 때 신체적인 차이를 더 많이 인식하게 되었다고 보고하였다.

넷째, '모국에 있는 자신의 그림.'이 대상 모두에게 가장 어려운 과제인 것 같다. 미술 작업을 하면서 대상의 불안수준이 높아졌으며, 미술발달은 낮은 수준으로 되고, 원시적 방어 기제로 퇴행되는 표현을 보여 주었다.

다섯째, 회기가 진행되면서 두 대상의 방어가 감소되었고 이전의 기억을 드러낸 것으로 나타났다. "모국에 있는 자신을 그리세요."라고 지시한 세 번째 그림에서 그들의 방어가 무너지고 있음이 보였다. 그 후 "현재 살고 있는 나라의 자신을 그리세요."라고 지시한 그림에서 언어 이전의 무의식적인 자료들이 나타나게 되었다. 예를 들어, 생모와 대상 사이의 관계지표가 될 수 있는, 쌍으로 구성된 미러링 이미지가 끊임없이 그림에 나타났다. 회기가 진행되면서 이러한 이미지의 시각적 반복이 증가되어 보였다. 또한 마지막 그림에서는 두 대상이 왼쪽 아래 모서리에 자신들을 위치시켜 보임으로써 일종의 보호조치를 하였다.

마지막으로, 이 연구의 대상들은 그들이 객관적으로 자신의 생각을 볼 수 있었기 때문에 시각적 과정이 유익하다고 보고하였는데, 이것은 보편적인 미술치료의 이점 중 하나로 인식된다. 구체적인 형태로 표현된 내면화된 사고는 개인에게 자신의 현실을 받아들일 기회를 준다.

결론적으로, 연구의 제한점 때문에 이런 발견들을 일반화하기는 어렵다. 하지만 수집된 결과는 국제입양 청소년의 정체성 형성과 그들의 무의식적인 투쟁을 이해할 수 있는 근거를 제공해 준다. 덧붙여 말하자면, 이미지 표현 과정은 언어적 의사소통에서 인식할 수 없는 문제들이 종종 발견되고, 개인에게 더 분명하게 자신을 볼 수 있는 기회를 얻는 데 유용함을 밝힌다.

참고문헌

Brodzinsky, D. M., Schechter, M. D., & Henig, R. M. (1992). *Being adopted: The lifelong search for self.* New York: Doubleday.

Brodzinsky, D. M., and Schechter, M. (Eds.). (1990). *The psychology of adoption.* New York: Oxford University Press.

Burns, R. C., and Kaufman, S. H. (1972). *Actions, styles, and symbols in kinetic family drawings (KFD): An interpretive manual.* New York: Brunner/Mazel.

Creswell, J. W. (1998). *Qualitative inquiry and research design: Choosing among five traditions.* Thousand Oaks, CA: Sage Publications, Inc.

Eldridge, S. (1999). *Twenty things adopted kids wish their adoptive parents knew.* New York: Dell Publishing.

Erikson, E. (1950). *Childhood and society.* New York: W.W. Norton and Company, Inc.

Erikson, E. (1968). *Identity: Youth and crisis.* New York: W.W. Norton and Company, Inc.

Friedlander, M. L. (1999). Ethnic identity development of internationally adopted children and adolescents: Implications for family therapists. *Journal of Marriage & Family Counseling 25*(1): 43-60.

Friedlander, M. L., Lucille, C., Skau, M., Hotaling, M.,Cutting, M. L., and Schwam, M. (2000). Bicultural identification: Experiences of internationally adopted children and their parents. *Journal of Counseling Psychology 47*(2): 187-198.

Goebel, B., & Lott, S. L. (1986). *Adoptees' resolution of the adolescent identity crisis: Where are the taproots?* Paper presented at the meeting of the American Psychological Association. Washington, DC.

Hoopes, J. L. (1990). *Adoption and identity formation. In D.M. Brodzinsky and M.D. Schechter (Eds.), The Psychology of Adoption* (pp. 144-166). New York: Oxford University Press.

Hoopes, J. L., and Stein, L. M. (1985). *Identity formation in the adopted adolescent.* New York: Child Welfare League of America.

Levick, M. F. (1983). *They could not talk and so they drew.* Springfield, IL: Charles C

Thomas.

Lifton, B. J. (1994). *Journey of the adopted self: A quest for wholeness.* New York: Basic Books.

Lifton, B. J. (1990). *Lost and found: The adoption experience*. New York: Dial Press.

Lusebrink, V. B. (1990). *Imagery and visual expression in therapy*. New York: Plenum Press.

Lowenfeld, V., & Brittain, W. (1987). *Creative and mental growth* 8th ed. New York: Macmillan.

McRoy, R. G., Grotevant, H. D., & Zurcher, L. A. (1988). *The development of emotional disturbance in adopted adolescents*. New York: Praeger.

Miller, A. (1981). *The drama of the gifted child: The search for the true self*. New York: Harper Perennial.

Moustakas, C. (1994). *Phenomenological research methods.* Thousand Oaks, CA: Sage Publications.

Rubin, J. A. (1978). *Child art therapy*. New York: Van Nostrand Reinhold.

Steinberg, G., & Hall, B. (2000). *Inside transracial adoption*. Indianapolis, IN: Perspectives Press.

Verrier, N. N. (1993). *The primal wound: Understanding the adopted child*. Baltimore, MD: Gateway Press, Inc.

Wadeson, H. (1980). *Art psychotherapy*. New York: John Wiley & Sons.

Winnicott, D. W. (1953). Transitional objects and transitional phenomena: A study of the first "not-me" possession. *International Journal of Psychoanalysis 34*: 89-97.

CHAPTER 16

다문화, 다인종에 입양된 아동을 위한 미술치료 협력단체

MIMI FARRELLY-HANSEN & MELONY LAWLOR

"Diary에게. 미국으로 건너와서 오늘 처음으로 나는 느꼈어……."

지난 50년간, 국내의 대규모 비극적 상황과 세계의 정치 격변으로 인해, 세계적인 관심이 고양되어 아동과 청소년들이 미국의 가정에 환영을 받으며 성공적으로 입양되었다. 유럽과 아시아의 제2차 세계대전, 중앙아메리카와 아프리카의 시민전쟁(미국-남북전쟁), 한국전쟁, 베트남전쟁으로 인한 고아들뿐만 아니라 중국과 인도의 인구 과잉의 재난, 소비에트 연방국의 붕괴로 인해 국제적인 주목을 받은 기준 이하의 고아원 보호 재난 등으로 많은 아동이 미국으로 가기 위한 그들만의 방법을 찾았다(Pertman, 2000). 다른 문화나 다른 인종의 아동들이 대부분 백인 부모에 의해 양육되는 것과 같은 거주지 배정은 다문화와 다인종 입양아 그리고 그들의 새 가정 모두에 대한 독특한 수요를 만든다. 이 장은 HeART Talks라고 불리는 간단한 미술치료 개입의 결과를 설명한다. HeART Talks는 한국인, 베트남인, 동인도인, 러시아인, 라틴아메리카인, 중국인, 필리핀인, 아프리칸계 미국인 입양 가정들을 섬기고 있는 콜로라도 헤리티지 캠프(Colorado Heritage Camps: CHCs)에서 3~14세 아동들을 위해 개발되었다. HeART Talks 프로그램의 개관에 따라, 저자는 뛰어난 부모 교육을 구성 요소로 갖춘 미술치료 협력단체를 통해 두 문화와 두 인종 사이에서의 정체성 및 자존감 문제를 다루는 것에 대한 효과를 논의한다. 여러 개의 콜로라도 헤리티지 캠프 중 어느 하나를 설명하기 위해 정확한 단어를 찾는 것은 어려운 일이다. 이것의 성격은 활기차고, 협력적이고, 자극적이고, 교육적이고, 놀랍고, 겸허하고, 귀중하고, 사랑으로 가득 차고 등등이다.

200명의 한국 입양아와 그 가정들로 구성된 큰 모임이나 그보다 더 적은 수의 모임, 새로이 나타난 25~30명의 필리핀 혹은 러시아 입양 가정의 모임에서 이러한 2~4일간의 이벤트들은 다양한 민족성을 가진 부모와 아동들에게 그들의 새로운 다문화나 다인종 정체성을 위한 귀중한 도구를 제공한다. 이곳의 아동들은 연령별로 그룹화되고, 같은 국적을 가진 상담사와 짝을 이루게 된다. 아동들은 출생 국가의 공예품, 춤, 음악, 미술을 순회하며 경험한다. 부모들은 다양한 활동에 스태프로 참가하여 맛있는 민족 음식을 준비하여 차리고, 문화유산과 국내외의 입양 문제들과 관련된 협력단체, 워크숍, 수업들에 참가하여 도움을 받는다. 다른 그룹이 할 수 없는 방식으로 모든 가족 구성원을 육성하면서 이러한 모임은 많은 가족에게 연중행사가 되었다.

양부모 Pam Sweetser와 소수의 다른 양부모가 설립한 CHC와 다른 몇 개의 '문화 캠프'는 지난 10년간 미국으로 입양되는 외국인의 수를 크게 증가시켰는데, 1990년에는 7,093건인 데 비해 1999년에는 거의 1만 6,000건이 되었다(Pan & Keene-Osborn, 1999). 러시아와 중국에서 현재 가장 많은 수의 아동들이 입양되는데, 미국은 제2차 세계대전 이후부터 국제 고아들에게 접촉하고 있는 중이다. 최근 중국의 엄격한 가족 계획 제도와 여성의 신분저하는 2000년의 끝 무렵에 대략 2만 1,500명의 여아가 막대하게 입양되는 증가 추세를 초래하였다(Evans, 2000).

헤리티지 캠프는 입양된 아이들에게 어느 나라가 가장 인기가 있는지, 즉 일반적인 유아는 물론 특별히 의학적 또는 심리적 조치가 필요해서 주거지 배정이 어려운 어린이에게도 상당히 정확한 상황을 제공한다. 그들은 외국에서 태어난 많은 입양아가 미국에 있는 이유를 보여 준다. 많은 사람이 풍부한 물질을 누리는 미국인들이 매우 이타적이고 온정이 있지 않냐고 누군가 물어볼지도 모른다. 중국의 Pearl Buck, 한국의 Harry Holt, 베트남과 인도의 Cherie Clark를 상기시키는 3, 4, 8, 10세 등의 입양 자녀와 친자녀로 구성된 많은 다양한 가정에서 증거를 찾으면, 어떤 경우는 그렇다. 하지만 다른 성인들, 불임이나 한 명 혹은 더 많은 자녀의 죽음으로 인해 가족의 희망이 좌절되어 온 다수의 경우, 국제입양은 더 쉽고 사실은 유일한 방법이다. 국제입양은 국내입양에 비해 일반적으로 더 빨리 진행되고 비용이 싸다. 그리고 나이나 부부의 지위, 입양 부모의 성적 성향에 구애를 덜 받는 편이다(Alperson, 1997). 따라서 CHC 어느 곳에서든, 다른 문화권에서 태어난 아이를 어떻게 최고로 키울지에 대한 정보를 희망하는 다수의 첫 부모를 찾게 된다.

HeART Talks는 3~14세 아동을 위한 8개의 CHC에서 사용되는 미술치료 협력단체의 이름이다. 이 모델은 1995년에 동인도인 입양 부모의 대안으로 세워졌는데, 지역 입양 기관의 정신질환 전문의들이나 입양 부모들이 이끄는 말뿐인 협력단체에 대해 만족하지 못하여서 세우게 되었다. Mimi Farrelly-Hansen은 경험 있는 아동 미술치료사이자 유치원 및 초등학교 교사 그리고 동인도 입양 딸을 가진 입양 부모로서, 아동들이 자신들의 (인도에서부터 입양될 때와 미국에서 백인 가정에서 자라면서의) 경험에 대한 대화에 도움이 될 연령대에 적합한 미술 개입을 만들었다. 청소년과 아동들의 연령 그룹에 맞게 개발된 이러한 미술 활동들은 입양 인식의 발달 단계를 이해하도록 설계되었고, 지역 입양 전문가와 불임 전문가와의 상담을 한 후에만 사용되었다. 마지막으로, 비입양 형제들(이 중 다수가 캠프에 함께 참석함)의 양 문화 경험은 HeART Talks 커리큘럼에서 인지되고 존중받아야 할 필요성에 대한 이해와 HeART Talks의 일회성 성격을 고려하여 만들어진 활동이다.

1995~1999년 HeART Talks는 동인도 헤리티지 캠프에서 독점적으로 성장하고

발전하였다. 2000년에는 한국인, 베트남인, 중국인, 러시아인, 라틴아메리카인, 필리핀인, 아프리카계 미국인 입양 가정을 위한 다른 7개의 헤리티지 캠프로 프로그램이 확장될 만큼의 자금이 마련되었다. 그때 Farrelly-Hansen은 이 노력을 돕기 위해 나로파 대학에서 다섯 명의 미술치료 대학원생과 상담학 학생들을 고용하여 훈련시켰다. 그해 여름의 성공을 기반으로, 2001년에도 HeART Talks를 지속할 뿐 아니라 추가적으로 부모들을 위한 교육 기회를 만들 수 있는 재정까지 모였다. 프로그램의 조정을 위해 고용된 Melony Lawlor는 각각의 캠프에 부모들을 위한 HeART Talks 세션들을 촉진시켰다. 그리고 '어떻게 입양에 관한 대화를 집까지 이끌어 갈 수 있을지에 대한 캠프의 전과 후에 관한 제안'이라는 부모들을 위한 인쇄 자료를 만들었다(Lawlor, 2002). 당시 HeART Talks의 목표는 다음 세 가지로 요약된다.

1. 입양 아동들에게 입양 경험에 대한 미술 활동을 하고 대화할 수 있는 안전한 장소를 제공할 것
2. 사회적 고립을 축소하고 입양과 관련한 어려운 상황들(예: 신체적 차이에 대한 놀림, 차별, 지나친 질문과 코멘트)에 대해 그룹 문제해결을 통하여 권한 분산을 장려할 것
3. 문화의 뿌리와 롤모델을 확인하는 과정과 나이에 맞는 미술 과제를 완성하는 과정을 통해 긍정적인 자존감을 육성할 것

문헌 조사

HeART Talks에 사용되는 실제 미술 개입 중 몇 가지를 설명하기 전에, 입양 문헌에 확립된 목표가 어떻게 일반적으로 적합한지, 또 특히 다문화/다인종 입양에 적합한지를 이해하는 것은 중요하다. 저자들은 다음과 같은 주제를 연구하였다.

1. 양 문화/인종 정체성 문제와 자존감

2. 입양아들을 대상으로 한 미술치료
3. 입양 가정을 위한 협력단체들
4. 입양 부모 문제

양 문화/인종 정체성 및 자존감

대부분의 입양 문헌은 국내입양과 입양 아동의 자존감 육성의 필요성에 중점을 두는 반면, 다문화/다인종 입양에 대해서는 간략하게만 다룬다(Pavao, 1998; Pertman, 2000; Melina, 1986; Lifton, 1994; Brodzinsky, Schecter, & Henig, 1993; Verrier, 1993). 다문화/다인종 입양에 관한 작은 항목을 찾았지만, 한 권의 책이나 글 전체에서 다른 나라에서 아동을 입양할 때에 관한 특정한 문제에 대해 다룬 것은 매우 드물다. 하지만 Alperson(1997), Register(1991), Bascom과 McKelvey(1997)는 특히 다문화/다인종 입양 분야에 초점을 맞춘 책들을 저술해 왔고, 최근 많은 박사 논문이 이 주제에 대해 쓰기도 한다(Baden, 2000; Des Jardins, 1996; Huh, 2000; Rowlett, 1999; Yoon, 1997). 그럼에도 특정 나라에 대한 사회적 · 정치적 이슈에 중점을 두거나 아시아에서 아동을 입양하는 것에 대한 책은 드물다(Clark, 2000; Evans, 2000; Koh, 1993). 『선택된 아동(Chosen Child)』과 『입양가정(Adoptive Families)』은 매우 훌륭한 정기 간행물로 부모들과 전문의들이 아동들의 긍정적인 정체성 발달을 후원하는 것에 대해 쓴 기사들을 다루었다. 부모들, 전문의, 입양 아동 자신들에게 정확하고 최신의 정보를 제공하기 위해서는 이 분야에 대한 더 많은 연구가 필요하다는 것은 저자들에게도 자명한 사실이다.

자신의 참된 자아를 찾고 개발하는 것은 보편적인 인간의 의무임은 사실이지만, 다문화/다인종 입양 아동들에게 이 과제는 너무나도 복잡하다. 무능함, 낮은 자존감, 수치, 우울, 외로움, 분노는 많은 트라우마 생존자들에게 보이는 흔한 감정들이다(Lifton, 1994). 그리고 이 감정들은 입양 아동의 친부모, 생물학적 친척들, 유적, 그리고 자신의 본래 인종과 문화로부터의 깨진 역사에 의해 빈번히 혼합된다

(Brodzinsky, Schecter, & Henig, 1993). 출산 전후기 심리학에 대한 연구가 점차 분명해지면서 모든 입양아는 출생 시 또는 그 직후에 한 저자가 '원시적인 상처'라고 부르는 트라우마에 의한 관계 분열로 고통을 겪었다(Melina, 1986). 대부분의 다문화/다인종 입양 아동이 자라면서 겪는 어려움은 어떻게 그들이 입양 부모나 친척들과 신체적으로 다르게 보이는지에 관한 것이다. 이러한 신체적 차이가 유년 시기 중기에서 청소년기로 접어들 때까지는 문제가 되지 않는다 할지라도, 현실에서 다른 문화와 다른 인종 간의 입양은 다른 사람에게 보일 수밖에 없는 불가피한 사실이다. 입양 아동들은 종종 두 세상에 갇힌 것 같은 느낌을 받는다. 노골적인 차별과 현재 가족의 상황에 대한 지나치고 무차별적인 질문을 받고 백인 문화로부터 소외되면서 같은 문화나 같은 인종 공동체에서도 언짢거나 심지어 달갑지 않게 받아들인다는 느낌을 받는다(Lifton, 1994; Pavao, 1998; Register, 1991).

그렇다면 어떻게 이러한 청소년들이 건강한 자아개념을 가질 수 있도록 할 수 있을까? 이 분야의 연구자들은 한 가지 사실에 동의한다. 연구자들 중 다수는 입양 부모이거나 입양아이며 그들 자신의 고통과 혼란을 다룰 더 나은 교육과 훈련을 연구해 왔다. 그들이 동의하는 사실은 '사랑으로 충분하지 않다'는 것이다(Lifton, 1994; Melina, 1986; Verrier, 1993; Pavao, 1998). 심지어 출생 후 며칠 되지 않아 입양된 아동을 최선을 다해 기르는 가정조차도 "다른 나라로부터 백인이 아닌 아동을 입양하는 가정은 그들을 다민족적이고 다인종적인 가정이라고 다시 정의하여야 한다." (Brodzinsky, Schecter, & Henig, 1993, p. 83) 문화 다양성 분야의 전문가인 Houston의 주장에 따르면, "문화의 히어로, 현재 역사와 더불어 문화유산에 대한 긍정적인 지식과 롤모델이 수반된 정체성은 긍정적인 인종적 정체성을 조장하는 데 필요 요소이다."(Houston: Schooler, 1998 재인용) 문헌에 언급된 자존감을 조장하는 부가적인 전략은 다음과 같은 내용을 포함한다. 아동이 선택할 수 있도록 돕기, 문제해결 능력 개발하기, 긍정적인 자기 대화하기(Jewett, 1982), 기능적이고 적응을 돕는 생활기술 능력 조장하기(Schooler, 1998), 상실을 인정하고 슬퍼하기(Melina, 1986; Jewett, 1982), '입양에서 사라진 사람들', 즉 친부모, 태어난 나라, 입양 부모의 가능성 있는 불임이나 유산을 포함하여 상실을 인정하고 슬퍼하기(Lifton, 1994), 감정을 그대로 두고 그들을 구분하는 법 배우기(Jewett, 1982; Melina, 1986), 아동들이 희생자 역할을 피하고 원하지 않는 출생이라서 자신이 보잘것없다는 생각 버리기(Melina. 1986).

입양아를 위한 미술치료

입양아들과의 치료를 위한 미술치료 문헌은 드물다. 그리고 저자들은 다문화/다인종 입양아들을 위한 특히 미술치료에 대한 정보를 저술할 수 없었다. Giglio와 Robertson(2001) 두 미술치료사는 청소년 입양아들의 미술치료와 그들의 작업은 길고 상세히 논의될 것이라고 이야기한다. 저자들의 연구에는 적절하지 않다는 사실에도 불구하고, 입양아들과 그들 가정의 평가와 치료 동안 표현 미술을 사용하는 것에 대한 Harvey(1990, 1991)의 귀중한 공헌에 주목하여야 한다. 또한 Lifton(1994)은 미술이 입양아들을 치유하도록 도울 수 있다는 사실을 알았다. 그녀는 Alice Miller의 연구를 통해 미술이 유년 시절에 종종 억압되는 "두려움, 절망, 완전한 외로움"을 표현할 수 있는 능력을 가졌다는 사실을 증거로 언급하였다(Miller: Lifton, 1994, p. 265 재인용).

많은 입양아가 청소년 시절에 가장 많은 어려움을 겪기 시작한다는 것이 밝혀졌다. Robertson(2001)은 이 사실이 청소년들이 입양에 대한 사실을 이해할 수 있는 능력이 향상되었기 때문이라고 생각했다. 입양아들은 10대 시절에, 남겨진 유년기의 상실 문제에 대해 탐구하기 시작한다. 친부모와의 이별과 자신들의 과거에 대해 알려지지 않은 정보는 유년기에서 청소년기로 자라는 과정에서의 발달적 과제를 복잡하게 만든다. 청소년 입양아들이 집을 떠나려고 반항하거나 대학 진학을 무산시키는 것은 자신의 인생에서 잃어버린 기억의 조각들이 많을 때 유년기를 지나면서 어려움이 있었음을 나타낸다.

미술치료는 종종 청소년 입양아들에게 성공적인 개입이 된다. Robertson(2001)

에 따르면, 한 가지 핵심 이유는 청소년들이 많은 내적 혼란을 겪고 그 혼란을 혼자 참는 것보다는 행동으로 나타낸다는 것이다. 미술치료는 미술 재료와 미술 창작 과정을 통해 청소년들이 입양에 관한 그들의 좌절, 혼란, 분노, 슬픔을 표현할 수 있도록 한다. Giglio(1984)는 또한 미술이 청소년들에게 그들의 감정을 간직하기보다는 객관화할 수 있다는 것에 주목한다. 감정이 한번 오픈되어 나오면, 미술치료사들은 청소년들이 해결하도록 도울 수 있다.

입양아들은 종종 그들의 친부모나 태어난 나라에 관해 많은 환상을 가진다. 이러한 환상들은 적응을 돕는 기능이 있지만, 그것을 끌어내어 현실적으로 만드는 것이 입양아들에게 도움이 된다. 미술은 이 일에 조력한다. Giglio(1984)는 그가 연구 실험에서 사용한 많은 미술치료 개입으로 환상을 구체화하는 데 집중하였다. Robertson(2001)은 입양된 청소년들에게 life books를 사용하여 자신의 환상에 형태를 부여하도록 한다. 조립미술과 쓰기 과제는 입양아들에게 자신의 개인적인 과거를 이야기할 수 있도록 한다. 그녀는 입양아들이 어떻게 지금의 가족 구성원이 되었는지에 대한 스토리를 가지고 자라는데, 그 스토리가 외적인 것에서 온다는 사실을 알게 되었다. 그 뿌리는 대부분 사랑과 양육의 모양이지만, 과거에 대한 정보는 입양아의 외부로부터 온다. 미술은 아동들에게 자신의 입양 스토리에 대한 정보를 얻을 수 있는 환경과 자신의 기억과 환상을 혼합시켜 그들 자신의 것으로 만들 수 있는 환경을 제공할 수 있다.

Robertson(2001)과 Giglio(1984)에 의하면 입양아들은 미술 개입과 미술 재료를 이용하여 그들의 인생 스토리를 분명하게 만드는 것에 온 힘을 기울인다. 몇몇 입양아가 이 과정을 겪고 그들의 인생은 이해되고 실제의 삶이 된다는 것을 알게 된다. 반면에, 미술치료사들이 그들의 입양아 내담자들의 독특한 창조적 과정에 민감하고 한 사람의 과거를 이해하는 것의 목표에 도달하는 데 많은 방법이 있다고 믿는 것은 중요하다. 방법이 무엇이든지, 정체성 형성은 입양 사실을 자신의 삶의 일부분으로 통합시키는 방법으로 완성되어야 한다.

입양아 내담자들의 미술치료에 대한 그룹 접근의 유용성과 중요성에 대한 필요한 정보가 없긴 하지만, HeART Talks에서 했듯이, Malchiodi(1998)는 미술치료 그룹이 사람들에게 왜 도움이 되는지에 대한 일반적인 정보를 제공한다. 다음 절에서 언급될 터이지만, Lifton(1994)은 성인 입양아들을 위한 후원 단체의 중요성에 대해 기술한다. 그녀는 이러한 그룹이 입양아들에게 깨달음을 줄 수 있고, 이전에는 금지된 주제에 대해 논의할 장소를 마련해 주었다고 진술한다. 또한 그룹은 입양아들에게 그들 자신의 경험을 인정하는 정보를 제공하고 그들이 혼자가 아니라는 사실을 깨닫게 할 수 있다. 이러한 것들은 HeART Talks가 참여 아동들에게 제공하려고 힘쓰는 경험들이다.

다문화/다인종 입양아와 그 가정을 위한 후원 단체

요즘 전문 문헌은 문화적 또는 인종적 경계를 넘어 입양된 아이들은 말할 것도 없이 입양 아동과 10대 입양아들을 위한 후원 단체에도 그다지 주의를 기울이지 않는다. 다른 한편으로는 많은 저자가 청소년 입양아나 입양 부모들을 위한 단체의 유용성에 중점을 둔다. Lifton(1994, p. 263)에 따르면, "입양아가 전 세계에 있는 수백 개의 입양 단체 중 한 단체에 가입할 때…… 그들은 그들을 직관적으로 이해해 주는 다른 입양아들과 접촉하게 된다. …… 그들은 똑같은 가족 시스템을 가진다. 가족의 변천과 금기(taboos)를 유사하게 경험해 오고 다른 사람들도 자신과 같은 감정을 가진다는 것을 알면서 자신들이 미치지 않았다는 사실에 안도감을 느낀다. 금기된 것은 아무것도 없다. 그들은 그동안 쌓인 분노를 표출할 수 있다. 슬픔도 마찬가지이다. 정당한 일이다."

이 단체들이 중요한 변화를 장려하는지 아닌지는 여전히 의문으로 남아 있다. Conditt(1998)는 인지치료의 효과를 연구하였다. 그리고 입양아 문제에 관련하여 성인 다섯 명의 자존감에 관한 논문을 연구하였다. 하지만 그룹 구성원들이 그룹이 도움이 되었다고 말했음에도 불구하고 통계상의 눈에 띄는 변화는 찾지 못하였다. 더 나아가, 부모 중 한 사람의 사별(bereavement) 문제에 관해 그룹치료를 받는 17명의 백인(카프카스인) 중학생을 대상으로 한 1999년 Huss와 Ritchie의 연구에서는 자존감, 우울, 행동, 상실에 대처하는 능력에 관한 통계적으로 눈에 띄는 변화가 나타나지 않았다. 하지만 이번에도 참가자들은 그룹이 도움이 되었다고 진술하였다는 것에 주목해야 한다. 호스피스(Hospice) 스태프와 자원봉사자들이 운영하는 다양한 사별 그룹의 많은 성인과 아동이 공통적인 아픔을 나누면서 치료가 촉진된다는 것에 대한 증거로 볼 수 있다.

입양아들의 부모들을 위한 후원 단체 분야에서, 가장 체계적인 단체는 AFT인 것처럼 보인다. AFT는 1992년 보스턴에서 설립되었고 뉴잉글랜드 지역 전반에 걸쳐 현재 22개의 부모 그룹을 제공하는 민간 자원봉사단체이다. "AFT의 목적은 입양 가정이 그들의 가정을 옹호하고 자식들의 과거와 욕구를 이해하고 판단할 수 있도록 돕는 것, 교육/의학/정신 질환 보호자와 협력하여 적절한 서비스를 조정하는 것, 가족의 분열을 막기 위해 전형적인 입양 위기를 예상하고 인지하는 것이다."(AFT 공식 문서 중) 그것의 임무를 달성하기 위해, AFT는 후원 및 교육 그룹을 이끌기 원하는 부모들에게 지속적인 감독, 훈련, 전문성 개발을 제공한다. 또한 모바일/온라인 후원, 분기별 뉴스레터, 강연자 패널, 교육 팸플릿을 제공한다. 이 저자들의 관심사는 AFT가 입양 아동들에 대한 후원 그룹은 제공하지 않는다는 사실이다. 간부인 Linda Grillo에 따르면, "아동을 위한 그룹은 자원봉사자들이 아닌 훈련된 전문가들이 임상적으로 진행해야 한다."(개인 관찰 내용, 2001. 7. 23.) Grillo에게 아동들을 어느 후원 서비스에 보내냐고 묻자, 그녀는 매사추세츠주 케임브리지에 있는 조이스 파바오 가족연결센터(Joyce Pavao's Center for Family Connections)를 언급하였다. 그곳에서는 훈련된 임상의들이 잠재 연령기 아동들을 위해 미술치료 그룹을, 청소년들에게는 심리극 그룹을 제공한다.

다문화/다인종 입양아들이 성장하게 되면서, 그들은 그들의 부모가 속할 수 없는 그룹에 속해야 할지도 모른다. 이 사실은 정체성 문제에 대해 괴로움과 혼란을 느끼게 되는 청소년기에 특히 더 두드러진다. 고등학생 또래의 입양아들은 그들과 같아 보이고, 데이트와 관련된 어려움을 다루고, 매력의 다른 기준을 수용하려는 그들의 노력을 이해하며, 미국 사회의 소수자로서 성인이 되는 긴 여정의 방향을 잡아 줄 수 있는 롤모델과 멘토를 갈망한다. 청소년들은 같은 문화나 같은 인종 상담사에게 깊은 유대감을 느끼고, 밖에서 '노는 것'을 간섭하는 것에 대해 종종 분노한다. 이메일의 보편화 덕분에 청소년들은 일 년 내내 상담사와 연락을 주고받는다.

입양 부모 이슈

문헌들에서 부모들이 자식들과 입양에 대해 얘기해 볼 것을 권하는 방식은 흥미롭다. Pavao(1998), Bazzoli(1998), Watkins와 Fisher(1993), Melina(1986)는 부모들의 논의가 입양에 대한 아동의 이해도와 나란해야 한다는 것에 동의한다. Pavao(1998), Brodzinsky, Schecter와 Henig(1993), Melina(1986)는 모두 입양에 대한 이해도 면에서 아동 발달 단계에 대한 자세한 정보를 제공하고, 각 단계에서 얼마나 나누어야 할지에 대한 단서를 제공한다. 입양과 관련한 대화는 종종 단순한 용어로 구성되어 시작되었다가 아동들이 나이가 들고 높은 이해도를 가질 수 있는 인지 능력을 갖추게 되면서 점점 복잡해진다. 부모들이 입양에 관해 논의하는 것에 대한 열린 마음을 가지는 것과 아동들에게 언제든지 물어봐도 좋고 이야기해도 좋다는 메시지를 전달하는 것은 중요하다. 그러나 때로는 입양된 아동들이 입양 부모에게 입양에 대해 얘기하는 것은 어려운 일이기도 하다. 왜냐하면 그들은 유기에 대한 두려움을 느끼거나 부모의 기분을 상하게 하고 싶지 않기 때문이다. 입양된 아동의 부모들은 아동들이 집은 입양과 관련한 어려운 문제들에 대해 이야기할 수 있는 장소라는 사실을 이해하도록 해야만 한다. 인종이나 문화가 다른 아동을 입양한 경우에는 이 사실이 더욱 중요하다. 가족 이외의 사람들의 반응에 대처할 준비를 모든 가족 구성원이 해야만 한다(Pertman, 2000; Register, 1991).

과거에는 부모들이 입양아들에게 그들의 입양 스토리에 대해 매우 적게 알려 주는 것이 추세였다. 심지어 몇몇 가정은 체계가 잡혀가면서 다른 가족들과 닮아 보이게 되자 입양을 부인하기도 했다. HeART Talks 부모 그룹에 참가한 대다수의 부모는 정기적으로 입양에 대해 논의해 왔다. 부모들은 가끔 얼마만큼의 정보를 공유해야 하며 어떤 언어를 사용할지에 관한 어려움을 보이기도 한다. 이러한 질문이 나올 때마다 HeART Talks 관리자들은 문헌과 과거 경험에 의존하여 부모들이 입양 스토리를 공유할 때 이해할 수 있고 적절한 방법으로 공유하도록 지도해 준다.

많은 부모는 자녀들이 겪는 친부모를 잃은 것에 대한 어려움, 과거에 대한 불확실성, 또 다른 태생적인 외로움과 고독함을 돕기 위해 무엇을 할 수 있는지 알기를 원한다. 그들은 자녀들이 이러한 문제가 있음에도 불구하고 건강하고 자신감 있는 개인으로 성장하도록 도울 수 있는 방법을 알고 싶어 한다. 자녀를 온전히 그대로 지지한다는 것은 자녀가 자존감과 긍정적인 주체성을 발달시키는 데 큰 영향을 끼칠 것이다(Pavao, 1998; Register, 1991). 자녀가 강한 자아개념을 가지도록 돕는 요소 중 하나는 자녀가 출생한 국가의 문화에 노출시키는 것이다(Pavao, 1998; Pertman, 2000; Register, 1991; Yoon, 1997). Register(1991)는 한 아이가 국제적으로 입양될 때 그 자신의 문화로부터 떠나는 것인데 바로 이것이 상실감이라는 것을 깨닫는 것이 중요하다고 보았다. 그녀는 새로 입양된 아이에게 있을 법한 경험을 묘사하고 있다. 아이가 입양을 기쁜 마음으로 기대하고 있더라도, 그것이 얼마나 큰 변화를 일으킬 것인지에 대해 준비하고 있다는 뜻은 아니다. 사람들은 다르고 이상하게 보인다. 냄새와 소리가 낯설 것이다. 그것은 마치 다른 행성에 가는 것과 같은 기분일 것이다(p. 72). 입양 부모가 이러한 일이 일어나기 전에 다음과 같은 상황을 공감할 수 있다면, 후에 일어날 결과에 대해 더욱더 잘 처리할 수 있을 것이다.

입양은 얻는 것과 잃는 것이 동시에 수반된다는 것을 부모들은 이해하여야 한다. 그래야 입양하는 자녀가 상실감을 잘 이겨 내도록 도울 수 있을 것이다. 자녀를 출생 국가 사람들에게 노출시키고 문화 이벤트에 대해 공부하고 참석시키는 것으로 도울 수 있다. Keefer와 Schooler(2000)는 이렇게 하는 것이 얼마나 중요한 일인지 다시 한번 언급한다. 그들은 "다른 인종이나 문화의 아이를 양육할 때에는 아이의 문화를 가진 사람에게 반드시 도움을 구해야 한다."(p. 146)라고 말한다. 입양 부모는 아이가 자신과 비슷하게 생긴 사람들과 어울릴 수 있고 그 문화를 집에서 느낄 수 있는 환경에서 사는 것을 권장하고 있다(Alperson, 1997). Lambe(1999)는 그녀의 가족이 '다문화' 가정이 되기 위해 했던 노력들과 아프리카계 미국인 딸을 위해 준비했던 것들을 소개한다. 그녀는 카프카스인(백인)과 아프리카계 미국인들의 문화뿐만 아니라 세계의 많은 문화를 반영하는 미술 작품, 장난감, 책, 음악으로 바꿈으로써 모든 색의 인종을 수용할 수 있다는 것을 보여 주려고 했다. 그녀는 그 노력이 다가올 힘든 순간을 모두 이겨 내도록 하진 못할 것이라는 것을 알았다. "입양아로 산다는 것이 때로는 힘들 것이다. 백인과 백인 사회에서 소수로 살아간다는 것은 훨씬 힘들 것이다. 하지만 문화적 정신력과 전통을 조금이라도 가르치는 것은 자아와 용기를 쌓는 것에 도움이 될 것이다."(p. 33)

HeART Talks 커리큘럼

곰돌이 입양하기

HeART Talks에 참가한 5세 아동에게 '곰돌이 입양' 활동에 참가할 수 있는 기회가 주어졌다. 이 활동의 목표는 자신의 물건 중 작은 하나를 입양하는 과정을 통해 자신의 입양에 대해 이해하도록 돕는 것이다. 아동들은 그들의 곰돌이에게 '영원한 집'을 만들어 주면서 무언가를 돌본다는 것이 어떤 의미인지를 배운다. 영원한 집은 입양부모들이 가족으로 입양된 것의 영속성을 나타내기 위해 종종 사용하는 용어이다. 가족, 양육, 사랑, 영속성, 소속감이라는 주제가 이 활동에서 탐구된다.

아동은 방에 들어가 각설탕이 밑에 깔려 있는 고운 천을 바닥에서 발견하게 된다. 대체로 그들은 그것에 바로 매료되고 호기심을 가진다. 이 그룹을 위한 워밍업 대화에서, HeART Talks 스태프들은 아동들이 느끼는 서프라이즈와 그것이 가정에 입양이나 출산으로 인해 새로운 아동이 나타났을 때와 어떻게 관련되는지에 대해 논의한다. 입양에만 초점이 맞춰진 것이 아니다. 생물학적 형제도 그들에게 입양 형제가 생겼기 때문에 종종 HeART Talks에 참석한다. 관리자는 아동들과 그들의 부모가 집으로 입양 아동을 데려오기 전에 그들에 대한 많은 것을 궁금해한다는 것을 나눈다. 아이들이 놀라움의 개념을 이해하도록 돕는 방법으로 외적인 모습, 좋아하는 것과 싫어하는 것 등과 같은 궁금할 만한 내용 목록이 제공된다. 그러고 나면 아동들은 천을 만지도록 하고 서프라이즈를 받아들이도록 한다. 그리고 감싸진 물체를 만지면서 그 느낌을 설명할 수 있는 단어를 찾게 한다. 많은 아동은 기쁨과 흥분감을 나타내는데, 관리자들은 이러한 감정들을 그들의 부모의 경험에 비유한다. 그룹 구성원들이 서프라이즈가 무엇인지 벗겨 보게 되고 방에 있는 누군가는 흥분감을 느낀다. 얼마 지나지 않아, 다른 사람들이 빨리 벗기기 위해서 애쓰는 동안 "곰돌이야!" 또는 "테디베어가 생겼어!"라고 외치는 소리가 들려오게 된다.

그 후 아동들은 '영원한 집'이 무엇인지, 아동이나 곰돌이가 건강하게 자라기 위해서 영원한 집에서 필요한 것은 무엇인지로 논의 주제가 바뀌는 동안 곰돌이를 품게 된다. 질문에 대한 응답은 매우 재미있다. 아동들은 곰돌이가 음식에서부터 닌텐도까지 그리고 침대부터 수영장까지 필요하다고 응답한다. 집에서 필요한 것이 사랑이라는 답을 그룹이 말하지 않으면, 관리자들은 아동들에게 상점에서 팔지는 않지만 우리 마음속에서 우러나오는 감정이 무엇인지를 물으면서 아동들 스스로 깨닫도록 도움을 준다. 많은 아동은 '사랑'이라고 소리치며 대답하고, 그룹은 누군가에게 자신의 관심을 나타내는 다양한 방법에 대해 논의한다.

마지막으로, 아동들은 작은 박스에 다양한 매체를 사용하여 곰돌이들을 위한 영원한 집을 만들게 된다. 사람, 나무 심장, 파이프 클리너를 만드는 데 사용되는 펠트지, 깃털, 면, 마커, 나무숟가락 등이 매체로 주어진다. [그림 16-1]과 [그림 16-2]에서 명백하게 나타나듯이, 아동들은 이 단순한 재료들을 가지고 열정을 다해 곰돌이를 위한 부드럽고 편안하고 사랑이 넘치는 집을 만든다. 시간이 된다면, 아동들은 그룹에게 그들이 만든 것을 보여 주고 그들이 만든 영원한 집에 어떤 다른 재료를 더했는지 설명하도록 권장된다.

그림 16-1

그림 16-2

이 활동을 수년 동안 장려하면서, 우리는 몇 가지 두드러진 점을 발견하였다. 첫째, 그것의 매력이다. 캠프에서 HeART Talks 방에 들어서서 이전에 만든 곰돌이의 근황에 대해 행복하게 보고하는 것은 흔한 일이 아니다. 우리는 입양한 엄마들에게 감사 편지를 받아 왔다. 그 편지들은 아동들에게 입양이 의미하는 바가 무엇인지에 대한 감정을 불러일으키고 대화를 유발하였다는 내용이었다. Brodzinsky, Schecter와 Henig(1993)는 유아기(아장아장 걷는 시기) 아동들과 유치원 나이대의 아동들이 다 알아듣지는 못해도 그들의 입양 스토리를 듣는 것을 좋아한다는 점을 주목하였다. HeART Talks에서 어린 아동들은 그들의 입양스토리를 작은 곰돌이라는 비위협적인 수단을 통해 이해할 수 있었다.

둘째, 영구성에 관한 문제가 있다. 이 문제는 한 무리의 플라스틱 말들이 다리가 세 개밖에 없을 때 수령자가 즉시 완벽한 상태의 새로운 한 마리의 말을 요구했던 해가 있었다. 입양의 영구성에 관한 중요한 대화는 결과로서 발생한다. 그리고 작은 소녀는 관리자가 부서진 다리를 고치고 말이 안성맞춤인 영원한 집에 있는 새로운 '부모'에게 갈 수 있게 하는 '의사'로 개입할 수 있다는 것을 보고 안심했다.

만다라 셀프 콜라주

HeART Talks 동안 4~5학년 아동들은 만다라 셀프 콜라주를 만든다. 활동은 이 발달 단계에 있는 입양된 아동들이 직면하고 있는 문제들, 입양 가족과 신체적 차이를 대처하는 법, 입양의 사회적 낙인에 대처하는 법, 누군가의 뿌리와 기원에 대해 검색하는 법, 다른 입양된 사람들의 반응을 다루는 법과 같은 문제들을 다루기 위해 설계되었다. 같은 문화/인종의 롤모델 부족은 청소년기 이전 입양아들이 자신의 외모를 싫어하고 그들이 속한 곳에 대한 걱정을 야기하기 때문에, 우리는 그들에게 미국 미디어에서 선전되는 모습이 아닌 보다 더 비슷한 모습을 가진 같은 문화/인종의 콜라주 이미지를 공급하는 방법으로 아동들의 발달하는 정체성에 대한 대화를 시작한다. 우리는 또한 미리 자른 이미지들, 가위, 풀, 간단한 그림 도구를 다양하게 제공하여 그들의 개성, 흥미, 꿈, 친구 등을 나타내는 콜라주를 만들도록 한다. 만다라의 경우는 12인치 너비 원 모양의 색도화지로 다른 종류의 요소들을 통합하고 이를 장려하는 전통매개로 소개되었다.

워밍업 시간에 우리는 아동들에게 밝게 염색된 천의 다양한 이미지를 제공한다. 우리는 그룹 구성원들에게 그들이 그룹과 나누고 싶은 하나의 이미지를 고르는 것에서부터 시작하도록 한다. 다음으로 그룹 구성원들에게 입양된 사람으로서의 자신이나 입양 경험에 관련된 무언가를 나타내는 두 번째 그림을 고르도록 한다. 그 후 그룹은 정체성이 의미하는 바가 무엇인지, 그리고 입양된다는 것이 어떻게 그룹 정체성의 한 부분인지에 대한 대화를 시작한다. 아동들은 입양된다는 것에 대한 긍정적인 측면과 부정적인 측면 모두를 고려해 보도록 요구된다. 이 부득이한 사실은 백인 문화의 소수 구성원이 되는 것과 기준에 편향된 가족들에 속하는 것에 대한 격렬한 논의로 이어진다. 아동들은 자신들의 개인적인 이야기를 할 수 있도록 격려된다. 하지만 절대 요구되지는 않는다.

이 그룹에서 이야기된 다툼을 설명하는 가장 좋은 방법은 한 캠프에서 있었던 대화를 발췌하는 것이다. 관리자 Lawlor는 대화가 입양된다는 것의 긍정적인 면에 초점이 맞추어졌다는 것과 그녀가 다른 입양아들과 나눈 다툼에 관한 이야기를 해 주었음에도 불구하고 아동들이 어려운 부분을 논의하기는 불가능해 보인다는 것을 알아차렸다. 한 교실과 공동체에서 어두운 피부색을 가진 유일한 사람이 되는 것에 관한 다음의 대화는 분위기를 바꾸었다.

아동: 저는 필리핀 사람인 게 싫어요.

Lawlor: 왜 그렇게 느끼는지 아니?

아동: 저는 제 피부색이 싫어요.

Lawlor: 피부의 어떤 부분이?

아동: 색깔이요. 제 피부색이 싫어요.

Lawlor: 너의 피부색을 좋아하지 않는 것이 다른 사람들과 달라 보여서 눈에 띄는 어떤 것과 관련이 있는지 궁금해. 너는 네가 다른 사람들과 달라 보이는 게 싫은 거니?

아동: 네, 달라 보이는 게 힘들어요.

이 부분에서 그룹이 아동을 지지했다. 그리고 다른 아동들은 자신이 뭔가 다른 것에 대해 싫은 감정을 공유하였다. 어떤 아동들은 사람들 간의 차이점이 얼마나 중요한지에 대해 그들의 생각을 표현하였다. 한 소녀는 "우리가 다 똑같이 생겼다면 세상은 너무 지루할 거야."라고 말했다. 방에 있는 모든 아동과 상담사들이 필리핀 사람이었기 때문에, Lawlor는 아동들에게 현재 속한 곳에 주목하라고 하였다. 위의 대화에 나온 아동은 Lawlor가 방에서 유일한 백인이라고 말했고, 그로 인해 Lawlor는 그룹과 다름에 대한 자신의 감정을 말할 기회를 얻었다. 이 예시는 HeART Talks에서 일어나는 이야기 가운데 매우 가슴 아픈 예시이다.

그들의 피부색이나 머릿결 적기, 그들과 부모는 어떻게 다르게 생겼는지 대해 적기와 같은 어려운 일이 관련되었다면, 우리는 공감한다. "이건 여기 있는 누구나에게 일어나나요?" "어떻게 처리했나요?" "이러한 상황에서 무엇이 도움이 되었나요?" "이런 일이 일어나면 무슨 말을 하거나 행동을 해야 하는지 생각해 볼 수 있는 사람 있나요?"와 같은 질문을 가지고 우리는 그룹 문제의 해결을 요구한다. 우리는 골랐던 이미지들을 그들과 그들의 발달하는 정체성에 관한 콜라주를 만들도록 함으로써 미술 작업으로 전환한다. 그들은 할 수 있다면 입양되는 것에 대한 견해를 포함하도록 격려된다.

우리는 아동들이 이 활동에 꽤 잘 참여하고 그들이 출생한 나라의 사람 이미지로 다양한 대화를 이어 간다는 것을 관찰해 왔다. 사람들이 어떻게 옷을 입는지, 누구와 데이트하고 결혼하는지, 그들 나이의 남자와 여자 차이, 묘사된 가족 활동들에 대한 코멘트들은 아동들의 옷장, 친구, 취미 등 자신들의 선택에 관한 쉬운 질문을 불러일으킨다. [그림 16-3]과 [그림 16-4]는 5학년인 두 동인도 소녀가 만든 셀프 콜라주이다. 각각의 그림에서 인도 여성들은 자연스러운 아름다움의 이미지에 따

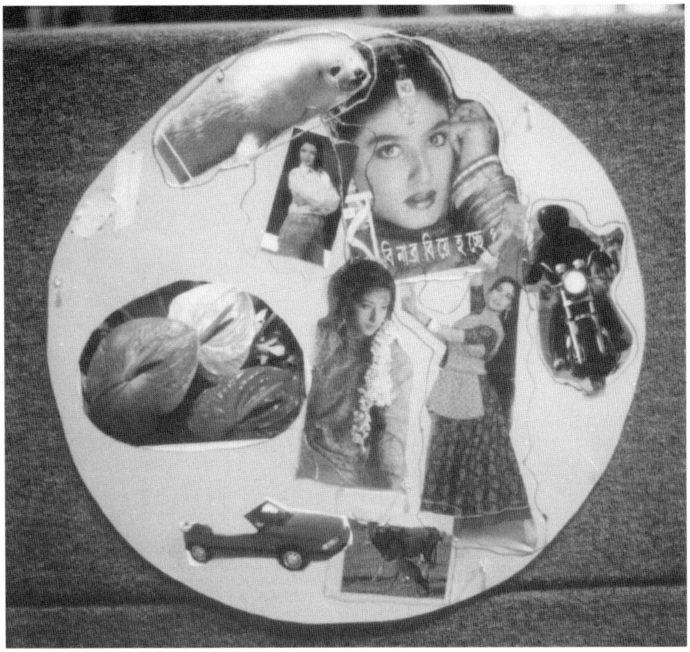

그림 16-3

그림 16-4

라 눈에 띄게 묘사된다. 내적 평정을 선호하는 친구와의 그림과 반대되는 두드러지는 차이점은 흥미롭게도 스포츠카와 오토바이로 나타난 한 소녀의 스피드 사랑이다. 두 소녀의 부모는 캠프 직후부터 그 후로 얼마간 이 만다라들이 소녀들 방에 눈에 띄게 전시되어 있다고 말했다.

부모 그룹

HeART Talks 부모 그룹은 부모들에게 HeART Talks 프로그램에 관련된 정보와 적절한 토픽에 관한 논의를 할 수 있는 장소를 제공하기 위해 설계되었다. 대부분의 캠프에서 논의는 형식이 갖추어지지 않고 자연스럽게 진행되며 보통 약 1시간 동안 지속된다. 정보를 제공하는 섹션은 HeART Talks의 간단한 역사와 목적을 설명하는 이야기로 시작된다. 그 후에 그룹의 구성 방식을 보여 주어 부모들에게 HeART Talks 그룹 동안 방에 있는다는 것이 어떤 것인지 살짝 엿볼 수 있는 기회를 제공한다. 이 부분에서 그룹이 어떤 아동들의 불편하고 친숙하지 않은 감정을 자극할지도 모른다는 사실과 입양되지 않은 형제의 경험과 같은 특별한 욕구에 대해 논의하게 된다. 특정 캠프에서 진행된 모든 미술 활동에 대한 리뷰는 다음에 제공된다. 캠프 전에 부모들에게 자식들이 참가할 활동에 관련된 간단한 설명이 주어지고, 이 시간에 HeART Talks 진행자는 보다 더 상세한 설명, 논의된 주제에 관한 예시, 캠프에서 만들어진 미술품의 예시들을 보여 준다.

미술 개입에 대한 설명이 끝난 후, 리더들은 다음 주제에 관한 논의를 시작한다. HeART Talks에서 시작된 입양에 관한 대화를 어떻게 지속할 수 있을까? 그리고 어떻게 아이들과 입양에 관한 이야기를 할 수 있을까? 그녀는 아동들이 입양과 관련된 자신의 감정을 이야기하도록 돕는 방법에 관한 제안을 한다. 그리고 부모들에게 유용했던 방법들을 공유하도록 한다. 부모들은 HeART Talks의 과제에 적힌 정보를 아동들이 HeART Talks에 대해 어떻게 생각하는지 이해할 수 있는 도구로 사용한다. 실질적인 미술 작품 자체로써의 질문에 관한 충고 또한 해 준다.

이어서 부모들은 입양아들을 키우는 데 있어서의 궁금한 질문이나 걱정을 말할 수 있다. 종종 날카롭고 가정적인 주제가 떠오르게 되고, 부모들은 비슷한 어려움을 겪은 다른 사람들의 지지를 얻을 수 있다. 이 세션 동안 부모들은 거의 항상 풍부한 지혜, 연민, 실용적인 정보를 주고받는다.

많은 부모는 그들의 자식이 다른 인종이거나 다른 문화권 사람이라는 것을 알아차린 일반 대중의 언급에 관한 좌절감을 나타낸다. 낯선 사람들은 식료품점에서 그들에게 접근해 개인적인 질문을 한다. 나쁜 의도는 아니었을지 모르지만 그들에게는 지나친 간섭으로 느껴진다. 부모들에게 이러한 언급들을 무시하지 말고 오히려 질문하는 사람에게 적절한 입양 언어를 사용하여 아이는 가족의 한 구성원이며 입양은 아이에게만 좋은 일이 아니라 가족 모두에게 좋은 일이라고 설명하도록 제안해 왔다(Alperson, 1997; Pertman, 2000; Register, 1991). 이것은 입양아들에게 좋은 본보기가 되는 방법이고 아동들이 외적인 차이에도 불구하고 자신이 가족의 한 구성원임을 더 신뢰할 수 있도록 하는 방법이다. 또한 Brown(2000)은 부모들에게 아동들이 마주하게 될 질문들에 대해 열린 마음으로 논의하고 아동들이 자기 자신에 관해 얘기할 수 있도록 도움이 되는 책과 스토리를 사용하여 이러한 상황에 대처할 수 있도록 준비시킬 것을 제안한다.

어떤 부모들은 HeART Talks 그룹에서 우리가 사람들의 차이점이 아닌 유사성에 초점을 맞춰야 하고, 우리 모두는 인간 공동체의 한 부분임을 강조해야 한다는 믿음을 드러낸다. HeART Talks에서 우리는 아동들이 그들과 비슷하게 생긴 아동들로 이루어진 그룹과 앉아 있으면서 그들의 감정을 알아차리도록 격려하고, 다른 그룹에서 신체적인 차이로 인해 놀림받을 때 어떻게 대처하는지에 관한 논의를 기꺼이 받아들인다. 우리는 이런 종류의 논의가 치료에 있어 절대적으로 필요하다고 믿는다. 왜냐하면 이러한 주제들은 아동들이 캠프 밖에서 만나는 문제들이기 때문이다. Register(1991)는 부모들에게 인종 차별이 발생한 경우, 아동들이 무슨 일이 일어나고 있는지 이해하도록 인종 차별에 대한 논의의 중요성에 대해 알린다. 그녀는 부모들에게 '색맹(인종 무차별)'에 대해 경고한다. 왜냐하면 그것은 대다수의 문화에 있는 기본적인 인권이고 아마 아동이 감당하기 힘들 것이기 때문이다. 부모가 자식이 다른 인종이라는 사실을 그냥 부정하는 경우, 다문화/다인종에 입양된 아동은 미리 이러한 문제를 직면할 준비가 되어 있지 않을 것이다. 이것은 부모가 흔히 볼 수 있는 일이기 때문에 자녀가 다르다는 사실을 부모가 놓치기 시작할 수 있음을 암시한다. Register(1991)는 부모들이 입양아가 직면할지 모르는 선입견과 인종 차별을 예민하게 인지하고 있어야만 하고, 열린 마음으로 논의하고 바꾸기 위해 긍정적인 반응을 보여야 한다고 경고한다.

입양한 많은 부모가 아이 갖기를 원하면서 불임 문제를 다루어야 하고, 상실의 문제는 입양아 발달 중에 다시 유발될 수 있는 문제라는 점에 유의하는 것도 중요하다(Johnston, 1992). 이 주제는 HeART Talks 부모 그룹에서 몇 차례 논의된 주제이다. 부모들은 아동들이 자신의 친부모나 태어난 나라에 대한 상실을 말하는 것을 들어주는 데 어려움을 겪을지도 모른다. 왜냐하면 그것이 자신들의 예전 슬픔을 상기시키기 때문이다. 부모들이 이 상황을 다루는 한 방법은 그들의 아이에 대한 상실과 슬픔을 공유해 아동이 자신이 느끼는 감정은 혼자만 느끼는 것이 아님을 알도록 하는 것이다. HeART Talks 부모 그룹의 가장 감동적인 논의 중 하나는 이 주제에 관한 것이었다. 한 여성은 그룹에게 생모를 잃은 것과 관련하여 9세 딸이 가진 어려움을 토로했다. 이것을 바꾼 사건은 취침 시간을 준비하면서 일어났다고 설명했다. 아동은 생모를 잃은 슬픔에 대해 이야기했고, 입양모는 아동의 슬픔을 존중하고 이해한다는 것을 전했다. 그녀는 딸에게 자신의 불임 문제와 생물학적 아이를 낳을 가능성이 없는 상실감에 대해 이야기하였다. 그녀는 서로를 끌어안고 울었다고 설명했다. 그리고 그룹에게 이 사건이 그들의 관계를 매우 발전시켰다고 이야기했다. 이전과는 달리 그 순간만큼은 엄마와 아동이 연결된 순간이었다. 그리고 지금까지도 주기적으로 상실에 대해 이야기한다고 덧붙였다. 그들은 서로를 돌보고 지지할 수 있었다. 그 결과로 그들의 관계는 깊어졌다. 가족이 이러한 어려운 정서적인 문제를 나누고, 아동이 자신의 모든 면을 수용하고 입양아로 자라면서 겪는 어려움을 나타내는 어휘를 발달시키는 것은 중요하다.

결론

CHC에서 HeART Talks 그룹을 장려하는 것이 필요하다는 것을 이해하는 것은 중요하다. 가끔은 220명의 아이가 보인다. 각 수업시간당 20~30명으로 이루어진 그룹은 다른 나이의 그룹과 함께한다. 재료 준비라는 일주일간에 걸친 과제뿐만 아니라 치료사의 내적 준비는 핵심 요소가 된다. 모든 치료사는 관찰자적인 관점을 공유하고, 어느 정도 수준의 내적 알아차림을 항상 성찰할 수 있어야 한다(Farrelly Hansen (Ed.), 2001). 치료사의 내적 평온과 진심은 필수적인데 이는 아동들에게 그룹과 자신의 진실된 이야기를 공유하면서 안전하다는 느낌을 준다. 치료사의 내적 준비는 아동들이 창조적 과정으로 가득 채울 수 있는 컨테이너를 제공한다. 많은 그룹의 큰 사이즈와 그에 따른 소음에도 불구하고, 대부분의 HeART Talks 세션은 무질서하다고 느껴지지 않고 오히려 동시에 생산적이고 바쁘게 일어나는 창조적 표현을 위한 공간으로 나타난다.

도전적인 만큼, HeART Talks는 보람되기도 한다. 모든 아동이 미술 프로젝트에 기뻐하고, 또 부모들은 부모 그룹에서 제공된 지지에 감사해한다. 무엇보다도 일회성의 간단한 미술치료 세션을 통해 입양 가족의 삶에 많은 열매를 맺을 수 있는 씨앗을 뿌리는 것에 대해 설명하는 편지들이 있다. 다음은 최고의 HeART Talks를 기록한 2001년 중국 캠프의 편지 내용이다.

우리 딸이 가장 좋아하는 캠프는 단연코 HeART Talks입니다. 그녀는 곰돌이에게 Miranda라는 이름을 붙였고, 한 달이 지난 후에도 곰돌이를 곁에 두고 있습니다. 딸은 많은 인형과 동물 인형을 가지고 있지만 지난 한 달간 Miranda에게만 지속적으로 관심을 보였습니다.

Tess는 캠프에서 Miranda를 위해 작은 집을 만들었습니다. 저에게 집을 보여주었을 때 저는 딸에게 딸의 스토리와 Miranda의 스토리가 비슷하다고 말할 수 있는 기회를 얻게 되었습니다. 캠프에서 이루어진 대화들은 더 많은 이야기로 이어졌고, Tess는 우리가 그녀의 친부모와 멀리 떨어진 출생국에 대해 안전하고 편안하게 이야기할 수 있다는 것을 배웠습니다. 캠프 이후 여러 번, 저는 별 아래에서 Tess를 품에 안고 서 있으면서, 우리 둘 다 Tess의 친부모가 우리 말을 들을 수 있었으면 좋겠다고 별들에게 이야기했습니다. 작은 Miranda가 HeART Talks 전에는 연결점이 없었던 우리[Tessa, 영원한 부모(입양 부모), 친부모] 모두를 연결하는 역할을 톡톡히 해냈습니다.

참고문헌

Alperson, M. (1997). *The international adoption handbook: How to make foreign adoption work for you*. New York: Henry Holt & Company.

Baden, A. L. (2000). The psychological adjustment of transracial adoptees: An application of the cultural-racial identity model. *Dissertation Abstracts International 61*(2-B), 1070.

Bascom, B. B. & McKelvey, C. A. (1997). *The complete guide to foreign adoption*. New York: Pocket Books.

Bazzoli, F. (1998). Explaining adoption: The process starts early. *Chosen Child 1*(2): 12-15.

Brodzinsky, D., Schecter, M., & Henig, R. (1993). *Being adopted: The lifelong journey*. New York: Anchor Books.

Brown, J. (2000). Why don't you look like your parents? *Chosen Child 2*(3): 41-42.

Clark, C. (2000). *After sorrow comes joy*. Westminster, CO: Lawrence & Thomas.

Conditt, P. M. (1998). Psychoeducational group therapy with adult adoptees: The treatment of self-esteem. *Dissertation Abstracts International 59*(6-B): 3051.

Des Jardins, K. S. (1996). Racial identity development and self-concept in adopted Korean women. *Dissertation Abstracts International 56*(9-B): 5166.

Evans, K. (2000). *The lost daughters of China*. New York: Tarcher.

Farrelly-Hansen, M. (Ed.). (2001). *Spirituality and art therapy: Living the connection.* London: Jessica Kingsley.

Giglio, M. (1984). *Group therapy for adolescent adoptees.* [Video].

Harvey, S. (1991). Creating a family: An integrated expressive approach to adoption. *The Arts in Psychotherapy 18*: 213-222.

Harvey, S. (1990). Dynamic play therapy: An integrative expressive arts approach to the family therapy of young children. *The Arts in Psychotherapy 17*: 239-246.

Huh, N. S. (2000). Intercountry, transracial adoption and ethnic identity: A Korean example. *International Social Work 43*(1): 75-87.

Huss, S. N. & Ritchie, M. (1999). Effectiveness of a group for parentally bereaved children. *Specialists in Group Work 24*(2): 186-196.

Jewett, C. (1982). *Helping children cope with separation and loss*. Boston, MA.: Harvard Common Press.

Johnston, P. I. (1992). *Adopting after infertility.* Indianapolis, IN: Perspectives Press.

Keefer, B., & Schooler, J. (2000). *Telling the truth to your adopted or foster child.* Westport, CT: Bergan & Garvey.

Koh, F. (1993). *Adopted from Asia: How it feels to grow up in America*. Minneapolis, MN: EastWest Press.

Lambe, M. (1999). Becoming a multi-ethnic family. *Chosen Child 1*(5): 32-33.

Lawlor, M. (2002). *The HeART Talks manual: A guide to utilizing art therapy techniques with transracially/transculturally adopted children*. Denver, CO: Colorado Heritage Camps.

Lifton, B. (1994). *Journey of the adopted self: A quest for wholeness*. New York: Harper Collins.

Malchiodi, C. (1998). *The art therapy sourcebook*. Los Angeles, CA: Lowell House.

Melina, L. (1986). *Raising adopted children: A manual for adoptive parents*. New York: Harper Collins.

Pan, E., & Keene-Osborn, S. (1999, October 4). Culture by the campfire: Families with kids from overseas share their stories. *Newsweek,* p. 75.

Pavao, J. M. (1998). *The family of adoption.* Boston: Beacon Press.

Pertman, A. (2000). *Adoption nation: How the adoption revolution is transforming America*. New York: Basic Books.

Register, C. (1991). *Are those kids yours? American families with children adopted from other countries*. New York: The Free Press.

Robertson, B. (2001). Drawing a blank: Art therapy for adolescent adoptees. *American Journal of Art Therapy 39*: 74–79.

Rowlett, R. K. (1999). Identity development in the adopted individual. *Dissertation Abstracts International 59*(7-B): 3711.

Schooler, J. (1998). Transcultural adoption: preparing for the challenges. *Adoptive Families 31*(2): 49–51.

Verrier, N. (1993). *The primal wound: Understanding the adopted child*. Baltimore, MD: Gateway Press.

Yoon, D. P. (1997). Psychological adjustment of Korean-born adolescents adopted by American families. *Dissertation Abstracts International 58*(6-A): 2396.

찾아보기

인명

내용

편저자 소개

Donna J. Betts

캐나다 출신의 전문 미술치료사로 플로리다 주립대학교에서 미술치료학 박사학위를 받았다. 1998년 조지워싱턴 대학교 졸업 후 워싱턴 D.C.의 국립아동센터에서 미술치료 프로그램을 만들었고, 미국 미술치료협회 회원 및 전국 창의적 미술치료협회 연합(NCCATA) 웹마스터와 기록관으로 활동하였으며, 2002~2004년에는 미국 미술치료협회 이사직을 역임하였다. 현재는 조지워싱턴 대학교 미술치료학과 교수로 재직 중이며, 입양아였던 그녀는 입양, 자폐, 미술치료 평가 기법 등을 주제로 강연도 하고 있다.

기고자

Victoria Bryan STOP-GAP 공동설립자

Sherry Diamond, M.A., RDT 전국 드라마치료협회장. California Garden Grove 아카시아 성년의 날 서비스 프로젝트/프로그램 이사

Mimi Farrelly-Hansen, M.A., ATR, LPC 콜로라도주 볼더의 나로파 대학교 설립자이자 전임 이사. 현재 대학원 미술치료 프로그램 겸임교수

Deborah Good, Ph.D., ATR-BD, LPAT, LPCC 뉴멕시코주 앨버커키에서 개인상담센터 운영. 미국 미술치료학회(AATA) 전 대표

Steve Harvey, Ph.D., ADTR, RPT-S, RDT 이탈리아 시고넬라 지역의 미 해군 병원 소속

Lisa D. Hinz, Ph.D., ATR 캘리포니아주 패서디나에서 개인상담센터 운영. Indian Saint-Mary-of-the Woods 지역 대학의 미술치료 프로그램 석사과정 겸임교수

Allison Hurwitz, M.A., ATR 뉴욕주 브롱크스 지역 Kennedy 어린이 학습센터의 미술치료사. 특수교육이 필요한 예술가를 돕는 비영리단체인 Fresh Art의 고문

David L. Hussey, Ph.D. 켄트 주립대학교 사법학과 조교수이자 대학 폭력의 연구와 예방 연구소 교수진. Beech Brook의 연구 및 평가 담당 이사

Donna Kaiser, M.S., LPC, LMFT, ATR-BC 버지니아주 윌리엄스버그 지역의 국제적인 장애인 전문 중독 치료시설인 William J. Farley 센터의 미술치료사이자 가족치료사

Fionnula Kenny, M.A. STOP-GAP 예술 감독

Don R. Laffoon, M.A., RDT/BCT STOP-GAP 공동 설립자이자 상임 이사

Melany Lawlor, M.A. 다문화/이인종 사이의 입양아와 작업하는 예술가이자 미술치료사

Deborah Layman, M.M., MT-BC 오하이오주 클리블랜드 지역의 Beech Brook 소속

Yun Jung Lee, M.A. AATA 및 Delaware Valley 미술치료협회 회원

Wendy Miller, Ph.D., ATR, REAT, LPC AATA 회원. 국제 표현예술치료협회(IEATA) 회원. California Institute of Integral Studies (CIIS) 겸임교수

Stacey Murray-Park, M.A. 캔자스 주립대학교의 드라마치료 전문극단 소속

Joan Phillips, M.A., M.S., LMFT, LPC, ATR-BC 오클라호마 대학교 소속. 개인상담센터 운영

Mary Reher, MTA, FAMI Canadian 음악치료협회 공인 회원. 음악과 심상협회 회원

Shanee Stepakoff, Ph.D., RPT, LCP 전문 임상심리학자이자 시 치료사. 레슬리 대학교 표현치료 대학원 프로그램의 겸임교수

Elizabeth Warson, M.A., ATR-BC, LPC 2002년 AATA 전문임상위원회 의장. ATAC 대표

역자 소개

최선남 Choi, Sunnam

영남대학교 가정학 박사

수련감독 미술치료전문가(한국미술치료학회)

현 영남대학교 환경보건대학원 미술치료학과 교수

한국미술치료학회장

이혜선 Lee, Hyesun

영남대학교 미술치료학 박사

미술치료전문가(한국미술치료학회)

현 대우조선해양(주) 특수선사업본부 인력관리 및 교육기획 책임

신라대학교 공공안전정책대학원 피해자상담심리학과 겸임교수

경남대학교 및 서울문화예술대학교 외래교수

이민정 Lee, Min Jung

영남대학교 미술치료학 박사

아동권리보장원 입양부모교육 전문강사

현 마음소리 심리상담센터 센터장

영남대학교 환경보건대학원 미술치료학과 겸임교수

이은주 Lee, Eunju

영남대학교 미술치료학 박사

미술치료전문가(한국미술치료학회)

현 한사람 심리상담연구소 소장

안동과학대학교 교양학부 외래교수

최은우 Choi, Eunwoo

영남대학교 미술치료학 박사

미술치료전문가(한국미술치료학회)

현 은우심리발달연구소 소장

영남대학교 환경보건대학원 미술치료학과 겸임교수

입양과 위탁 양육을 위한
창조적 미술치료
Creative Arts Therapies Approaches in Adoption and Foster Care

2021년 1월 15일 1판 1쇄 인쇄
2021년 1월 20일 1판 1쇄 발행

엮은이 • Donna J. Betts
옮긴이 • 최선남 · 이혜선 · 이민정 · 이은주 · 최은우
펴낸이 • 김진환
펴낸곳 • (주)학지사
04031 서울특별시 마포구 양화로 15길 20 마인드월드빌딩
대표전화 • 02-330-5114 팩스 • 02-324-2345
등록번호 • 제313-2006-000265호

홈페이지 • http://www.hakjisa.co.kr
페이스북 • https://www.facebook.com/hakjisa

ISBN 978-89-997-2253-0 93180

정가 23,000원

이 도서의 국립중앙도서관 출판시도서목록(CIP)은 서지정보유통지원시스템 홈페이지(http://seoji.nl.go.kr)와 국가자료공동목록시스템(http://www.nl.go.kr/kolisnet)에서 이용하실 수 있습니다.
(CIP 제어번호: CIP2020049184)